No. 1427.

AIDE-TOI, LE CIEL T'AIDERA.

COMPTES-RENDUS

DES

SESSIONS LÉGISLATIVES.

COMPTE-RENDU

DE LA SESSION DE 1831.

Paris. — **AUGUSTE MIE**, imprimeur, rue Joquelet, n. 9.

AIDE-TOI, LE CIEL T'AIDERA.

COMPTES-RENDUS

DES

SESSIONS LÉGISLATIVES.

COMPTE-RENDU

DE LA SESSION DE 1831,

POUR FAIRE SUITE AUX

NOTES ET JUGEMENS SUR LA CHAMBRE DE 1830.

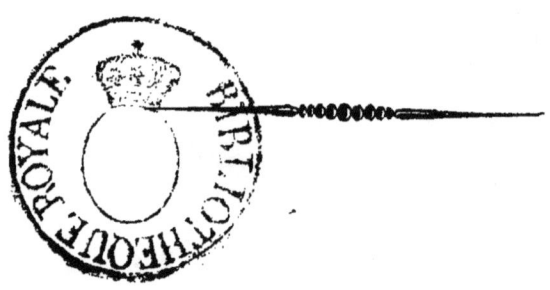

PARIS,

PAULIN, LIBRAIRE-ÉDITEUR, PLACE DE LA BOURSE.

5 JUILLET 1832

PRÉFACE.

Voici la seconde partie d'un ouvrage commencé l'année dernière, et que nous nous proposons de continuer pour chaque session. C'est l'analyse et le relevé fidèle des discours, et des votes de tous les députés qui ont figuré à la chambre de 1831.

Nous croyons fournir ici aux électeurs tous les élémens d'un jugement équitable sur leurs mandataires, et au pays sur ses législateurs. C'est au corps électoral de voir si ses délégués ont loyalement accompli le mandat qu'ils avaient reçu de lui. Pour les renseignemens biographiques, relatifs aux anciens députés, nous renvoyons au travail que nous avons publié sur la chambre de 1830. Dans l'ouvrage que nous publions aujourd'hui, nous nous sommes bornés à peu près exclusivement à rappeler les actes particuliers à la session qui vient de finir. Pour les hommes nouveaux, nous n'avons donné des détails sur leur position personnelle, et sur leurs antécédens politiques, que lorsque nous avons cru pouvoir le faire avec certitude, et nous sommes assurés que les sources auxquelles nous avons puisé sont parfaitement pures. Nous appelons du reste la lumière sur notre travail et la réfutation sur les erreurs que nous avons pu commettre. C'est aux inculpés de se défendre. Quant à nous, nous n'avons d'autre intention que de mettre le pays à même de surveiller, avec nous, les majorités parlementaires auxquelles ses affaires sont confiées.

On peut s'adresser, pour les réclamations, au bureau, rue Montmartre, n. 84.

PRÉSIDENCE DE M. GIROD (DE L'AIN).

4. Nomination de la commission de l'adresse : MM. Dupin aîné, Bernard, Etienne, Vatimesnil, de Tracy, Béranger, Martin, Schonen, Dupont (de l'Eure).

Déclaration de guerre à la Hollande.

Le ministère Périer reste jusqu'à l'adresse.

5, 6, 7, 8. La commission travaille à l'adresse.

9. Proposition de M. Salverte sur la pairie. — Proposition de M. Glaize-Bizoin pour la réduction du traitement du président et la suppression de celui des questeurs. — Discussion générale de l'adresse.

10. Suite de la discussion de l'adresse. — Explications politiques et diplomatiques. — Demande de deux nouveaux douzièmes provisoires.

11. Proposition de M. Demarçay sur la discussion du budget. — Proposition de M. de Schonen pour l'abolition du divorce. — Suite de la discussion de l'adresse et des explications politiques.

12. Discussion des paragraphes de l'adresse.

13. Rapport sur la demande de deux nouveaux douzièmes provisoires. — Suite de la discussion des paragraphes de l'adresse.

15. Loi sur les deux douzièmes provisoires. — Suite de la discussion de l'adresse.

16. Adoption de l'adresse : 282 voix contre 73.

17. Annulation de l'élection de M. Bourgeois (Creuse). — Projets de loi sur le recrutement et l'avancement militaire. — Projet de loi transitoire sur les listes électorales. — Développement et rejet de la proposition de M. Salverte sur la pairie.

18. Projet de loi portant règlement définitif du budget de 1829. — Discussion de la proposition de M. Glaize-Bizoin sur le traitement du président de la chambre. — Rapport sur les poursuites à intenter contre M. Gaëtan de Larochefoucault. — Développement de la proposition de M. Demarçay sur les huit commissions du budget. — Développement de la proposition de M. de Schonen sur le divorce. Ces deux dernières propositions sont prises en considération à l'unanimité. — M. de Las-Cases fils développe et retire sa proposition pour la communication des documens diplomatiques.

19. Présentation du budget de 1831 (1,172,000,000) : présentation du budget de 1832 (1,098,000,000). — Annulation de l'élection de M. Henri Fonfrède.

La chambre autorise les poursuites judiciaires en abus de confiance de MM. Mouret et Camus contre M. Gaëtan de Larochefoucault.

Les bureaux rejettent une proposition de M. Bavoux pour l'abolition du cautionnement et du timbre des journaux.

20. Projet de loi sur les primes pour la pêche de la morue et de la baleine. — Projet de loi sur le transit des objets prohibés. — Rapport sur la loi pour la révision des listes électorales et du jury. — Rapport de pétitions.

22. Discussion de la loi transitoire sur les listes électorales.

23. Suite et fin de la discussion de la loi transitoire sur les listes électorales : 266 voix pour, 34 contre. — Projets de loi d'intérêt local.

24. Proposition de M. Jaubert pour l'abolition des majorats à la seconde génération. — Proposition de M. Boissy d'Anglas pour la réhabilitation des légionnaires des cent jours. — Rapport de M. Laffitte sur la proposition de M. Demarçay pour l'examen du budget.

25. Pas de séance.

Les bureaux sont renouvelés dans le sens de la gauche.

26. La proposition de M. Boissy d'Anglas en faveur des légionnaires des cent jours est prise en considération. — La proposition amendée de M. Demarçay pour l'examen du budget est adoptée : la commission du budget se composera de trente-six membres.

27. Rapport de pétitions : rapport de M. Gillon sur les rentes d'Espagne. — Présentation du projet de loi sur la pairie.

29. Prise en considération de la proposition de M. Vatout sur les 150 électeurs par arrondissement. — Projets de loi d'intérêt local.

31. Rapport sur la proposition de M. Glaize-Bizoin relative au traitement du président. — Projets de loi d'intérêt local. — Présentation du projet de loi sur la réforme du code pénal.

SEPTEMBRE.

3. Adoption de la proposition de M. Glaize-Bizoin. Le président aura 5,000 fr. par mois de session ; les questeurs 6,000 fr. par an. — Projet de loi de M. Roger sur la liberté individuelle. — Développement de la proposition de M. Blondeau prise en considération : elle est relative au traitement des députés fonctionnaires publics. — Deux projets de loi sur les travaux publics et les mesures sanitaires. — Rapport de pétitions.

6. Projet de loi de M. de Tracy sur l'état des personnes dans

les colonies. — Proposition de M. Jouffroy sur le rapport des pétitions : elle est rejettée. — Proposition de M. Roger sur la liberté individuelle : elle est adoptée.

10. Développement de la proposition de M. de Tracy sur l'état des personnes dans les colonies : cette proposition est ajournée. — Rapport de pétitions : pétition du comité polonais de Paris pour la reconnaissance de la Pologne.

12. Rapport sur le supplément de crédit pour les canaux. — Rapport sur la proposition Boissy d'Anglas relative aux légionnaires des cent jours. — Rapport sur la loi de recrutement. — Rapport sur la proposition Vatout pour le minimum des électeurs dans chaque arrondissement.

13. Rapport de pétitions. — Présentation d'un projet de loi pour l'importation des grains à Bordeaux. — Présentation d'un projet de loi sur la construction de la chambre des députés. — Pétition sur le transport des cendres de Napoléon.

14. Projet de loi sur les attributions municipales. — Seconde présentation de la loi sur les listes électorales. — Adoption du crédit de 2 millions pour les canaux. — Rapport sur le projet de loi relatif aux mesures sanitaires. — Proposition de M. Bricqueville pour le bannissement des Bourbons.

15. Projet de loi sur l'organisation des conseils de département et d'arrondissement. — Discussion de la proposition de M. Boissy d'Anglas.

16. Projet de loi sur les attributions départementales. — Suite de la discussion sur la proposition Boissy d'Anglas.

17. Adoption du projet de loi en faveur des légionnaires. 197 voix contre 153. — Prise en considération de la proposition de M. de Bricqueville pour le bannissement des Bourbons.

19. Rapport sur le budget de 1831. — Rapport de M. Béranger sur la pairie. — Explications diplomatiques provoquées par M. Mauguin. — Rapport sur la proposition de M. Blondeau pour la réduction du traitement des députés fonctionnaires.

20. Suite des explications diplomatiques. — Violences contre des députés par la garde nationale.

21. Suite des explications diplomatiques; récriminations, personnalités, discussions pleines de violence.

22. La chambre adopte, après une orageuse séance, l'ordre du jour motivé de M. Ganneron qui approuve la politique extérieure du ministère : 221 voix pour, 136 contre.

23. Explications politiques sur les affaires intérieures, provoquées par M. Laurence : la chambre passe à l'ordre du jour pur et simple.

24. Rapport de pétitions.

26. Adoption de la loi sur les listes électorales, et du jury — Discussion du budget de 1831.

27. Projets de loi pour crédit de 13,000,000 au ministère des travaux publics, et 5,000,000 de police au ministère de l'intérieur. — Proposition de M. Lamarque pour la mobilisation de la garde nationale. — Suite de la discussion du budget de 1831.

28. Projet de loi d'intérêt local. — Suite de la discussion du budget de 1831.

29. Proposition de M. Cormenin sur la révision des pensions. — Fin de la discussion du budget de 1831 : 216 voix pour, 15 contre. (1,303,000,000 fr.).

30. Discussion de la proposition de M. Vatout : elle est rejettée sans discussion des articles par peur de l'amendement de M. Ch. Comte. — Commencement de la discussion sur la pairie. — M. Chalret-Durieu (Haute-Garonne.) parle pour l'hérédité. — Projet de loi relatif aux secours accordés aux étrangers.

OCTOBRE.

1er. Rapport de pétitions. — Rapport sur la loi relative à l'importation des grains dans la Gironde. — Suite de la discussion sur la pairie.

3. Rejet de la loi relative à l'importation des grains à Bordeaux. — Suite de la discussion sur la pairie : M. Thiers parle pour l'hérédité.

4. Suite de la discussion sur la pairie : M. Royer Collard parle pour l'hérédité. — Présentation de la liste civile : le ministère n'ose en fixer le chiffre.

5. Suite de la discussisn sur la pairie : MM. Guizot et Berryer parlent pour l'hérédité.

6. Suite de la discussion sur la pairie : MM. Kératry et Jars parlent en faveur de l'hérédité.

7. Suite de la discussion : la discussion générale est fermée.

8. Rapport sur le projet de loi relatif au crédit de 18,000,000 fr. pour travaux publics. — Rapport sur le *Sténographe*. — Rapport de pétitions.

10. Suite de la discussion sur la pairie. — Amendemens de MM. Enouf et Jay pour l'hérédité : L'HÉRÉDITÉ REJETÉE PAR 324 VOIX CONTRE 86.

11. Suite de la discussion sur la pairie. Discussion des amendemens : amendement de M. Teste pour une hérédité mitigée.

12. Suite de la discussion sur la pairie : amendement Mérilhou, Jollivet, etc., pour le système de la candidature.

13. Suite de la discussion : l'amendement Mérilhou, Jollivet, etc,. rejeté par 244 voix contre 186.

14. Suite de la discussion : adoption de l'amendement Mosbourg.

15. Rapport de pétitions. — Suite de la discussion sur la pairie. — Adoption du budget de 1831, amendé par la chambre des pairs qui a repoussé la proposition de M. Dubois-Aymé, sur la publicité des marchés de fournitures pour le gouvernement.

17. Projet de loi sur les céréales. — Adoption du projet de loi sur les grades et décorations, revenu de la chambre des pairs. — Suite de la discussion sur la pairie.

18. Adoption de la loi sur la pairie : 386 voix contre 40.

19. Rapport sur le crédit de 500,000 fr. accordés aux étrangers. — Discussion relative au crédit de 18,000,000 pour travaux publics.

20. Suite de la discussion pour les 18,000,000 applicables aux travaux publics.

21. Fin de la discussion : adoption de la loi : 221 voix contre 83.

22. Rapport de pétitions. — Discussion sur la Vendée.

24. Rapport sur le bannissement de Charles X. — Adoption de la loi portant supplément de crédit de 500,000 fr. pour la construction de la chambre des députés. — Discussion sur la proposition du général Lamarque, relative à la mobilisation de la garde nationale.

25. Suite de la discussion : rejet de la proposition du général Lamarque.

26. Adoption de la loi qui accorde 500,000 fr. aux réfugiés étrangers. — Présentation d'un projet de loi pour secours de 600,000 fr. aux pensionnaires de l'ancienne liste civile.

27. Présentation d'un projet de loi sur l'état et la qualité des personnes aux colonies. — Proposition de M. Ardaillon, sur le tribunal civil de Saint-Etienne ; ajournée. — Discussion sur le projet de loi relatif au recrutement.

28. Suite de la discussion sur la loi de recrutement.

29. Rapport de pétitions.

31. Suite de la discussion sur la loi de recrutement.

NOVEMBRE.

1er. Projet de loi sur la répartition de la réserve de la banque. uite de la discussion sur la loi de recrutement.

2. Suite de la discussion sur la loi de recrutement.

3. Suite de la discussion.

4. Suite de la discussion.

5. Suite de la discussion. — Rapport de pétitions. — Projet de loi pour les cadres de la garde nationale mobile.

7. Suite de la discussion sur la loi de recrutement.

8. Rapport sur l'avancement dans l'armée. — Fin de la discussion sur la loi de recrutement. Adoption de la loi : 250 voix contre 89.

9. Rapport sur la distribution de la réserve de la banque. — Projets de loi d'intérêt local. — Discussion sur les 600,000 fr. de supplément aux pensionnaires de la liste civile : adoption de la loi : 280 voix contre 30.

10. Proposition de M. Alby, pour l'appel nominal. — Discussion sur le projet de loi relatif à l'avancement dans l'armée.

11. Rapport sur les modifications du code pénal. — Projets de loi sur les entrepôts intérieurs et le transit. — Projet de loi sur le canal des Pyrénées. — Suite de la discussion sur la loi de l'avancement dans l'armée.

12. Rejet de la proposition de M. Alby sur l'appel nominal. — Rapport de pétitions : pétition des habitans de Metz, pour la translation des cendres de Ney au Panthéon.

14. Suite de la discussion du projet de loi sur l'avancement dans l'armée.

15. Proposition de M. Arago sur les écoles d'arts et métiers. — Adoption de la loi sur l'avancement dans l'armée : 236 voix contre 58. — Discussion sur la proposition Bricqueville, relative au bannissement des Bourbons.

16. Suite de la discussion sur la proposition Bricqueville.

17. Suite de la discussion.

18. Adoption de la proposition : 251 voix contre 73. — Adoption de la loi sur la réserve de la banque de France : 251 voix contre 16. — Discussion sur le budget de 1829.

19. Ordonnances du 19 novembre sur les légionnaires des cent jours : création de 36 pairs.

19. Rapport de pétitions. — Projets de loi d'intérêt local. — Développemens de la proposition de M. Cormenin, sur la loi de 1807, relative aux pensions : prise en considération. — Développemens de la proposition de M. Thabaud Linetière, sur les haras : ajournée. — Développemens de la proposition de M. Arago, sur les écoles d'arts et métiers. — Projet de loi sur l'avancement dans l'armée navale.

21. Ajournement de la proposition de M. Arago. — Projet de loi sur les pensions des officiers des cent jours. — Discussion sur le règlement du budget de 1829.

22. Rejet dans les bureaux d'un projet d'adresse contre la

ordonnances du 19 novembre : 217 contre 134. — Adoption de la loi relative au réglement définitif du budget de 1829 : 289 voix contre 19. — Discussion sur la réforme du code pénal.

23. Suite de la discussion sur le code pénal.

24. Suite de la discussion sur le code pénal.

25. Suite de la discussion sur le code pénal. — Communication du gouvernement sur les événemens de Lyon.

26. Discussion et adoption de l'adresse sur les événemens de Lyon : 294 voix contre 18. — Rapport de M. Odilon Barrot, sur la loi du divorce.

28. Rapport de pétitions. — Suite de la discussion sur la réforme du code pénal.

29. Proposition de M. Lachèze fils sur l'impôt personnel et mobilier : adoption et renvoi de cette proposition à la commission du budget. — Suite de la discussion sur la réforme du code pénal.

30. Projets de loi d'intérêt local. — Rapport sur la loi du transit et des entrepôts maritimes. — Suite de la discussion sur la réforme du code pénal.

DÉCEMBRE.

1er. Demande de trois douzièmes provisoires pour 1832. — Suite de la discussion sur la réforme du code pénal.

2. Suite de la discussion sur la réforme du code pénal. — Demande de 2,800,000 fr. de crédit supplémentaire pour le ministère de la guerre.

3. Rapport de pétitions. — Rapport sur la loi des entrepôts à l'intérieur.

5. Projets de loi d'intérêt local. — Rapport sur la loi relative à l'avancement dans l'armée navale. — Suite de la discussion sur la réforme du code pénal.

6. Suite de la discussion sur la réforme du code pénal. — Demande de 1,000,000 pour primes à la pêche de la morue. — Projets de loi d'intérêt local. — Rapport sur la proposition de M. Cormenin, relative à l'abrogation de la loi de 1807, sur les pensions.

7. Proposition de M. Salverte, sur la suite des travaux de la chambre. — Abolition de toute pénalité pour usurpation de titres de noblesse : adoption de la loi sur le code pénal : 212 voix contre 34.

8. Projet de loi sur les pensions des officiers des cent jours. — Discussion sur la loi du transit.

9. Adoption de la loi sur le transit : 256 voix contre 5. — Discussion sur la loi du divorce.

10. Rapport de pétitions. — Rapport sur les pensions militaires des cent jours.

12. Discussion sur les trois douzièmes provisoires.

13. Proposition de M. Alby, sur la négociation des effets publics. — Suite de la discussion sur les trois douzièmes provisoires. — Adoption de la loi : 255 voix contre 81. — Suite de la discussion sur le divorce.

14. Rapport sur la proposition Portalis, relative à l'abolition de l'anniversaire du 21 janvier. — Projets de loi d'intérêt local. — Adoption de la loi du divorce : 195 voix contre 70.

15. Projets de loi d'intérêt local.—Discussion sur la loi relative à l'avancement dans l'armée navale.

16. Rapport sur le projet de loi relatif aux primes de la pêche de la morue et de la baleine. — Projet de loi sur le régime législatif des colonies. — Adoption de la loi sur l'avancement dans l'armée navale : 256 contre 12. — Discussion sur la loi des entrepôts intérieurs.

17. Rapport de pétitions. — Projets de loi d'intérêt local. — Développement de la proposition de M. Alby, contre l'agiotage. — Communication ministérielle sur les événemens de Lyon. — Projets de loi sur quelques droits de douanes.

19. Rapport sur la loi relative aux cadres de la garde nationale mobile. — Discussion politique sur les événemens de Lyon.

20. Rapport sur la loi relative au canal des Pyrénées. — Suite de la discussion sur les événemens de Lyon et les embrigademens d'ouvriers.

21. Projets de loi d'intérêt local. — Rapport sur le projet de loi relatif aux décorés des cent jours. — Suite de la discussion sur les événemens de Lyon et les embrigademens d'ouvriers.

22. Suite des explications politiques sur les embrigademens. — Rapport de M. Daunou, sur l'enseignement primaire. — Adoption de la proposition Cormenin, sur les pensions : 263 voix contre 15. — Projet de loi pour une levée de 80,000 hommes sur la classe de 1831.

23. Rapport sur les trappistes de la Meilleraye. — Adoption de la proposition Portalis sur l'abrogation de l'anniversaire du 21 janvier : 232 voix contre 18. — Discussion sur la loi relative aux entrepôts.

24. Rapport de pétitions. — Adoption de la loi autorisant la construction du canal des Pyrénées : 179 voix contre 69.

26. Projets de loi d'intérêt local. — Suite de la discussion sur les entrepôts intérieurs.

27. Suite de la discussion sur les entrepôts intérieurs. — Projets de loi d'intérêt local.

28. Adoption de la loi sur les entrepôts intérieurs : 190 contre 76. — Adoption de la proposition Salverte, sur les travaux de la chambre : 230 contre 17. — Adoption de la loi sur la pêche de la morue et de la baleine : 193 contre 38.

29. Rapport de M. de Schonen sur la liste civile ; demande de renseignemens par M. Lherbette. — Demande d'un crédit supplémentaire de 18,923,200 fr. pour le ministère de la guerre.— Projet de loi pour indemnité à d'anciens fournisseurs. — Discussion sur les pensions des légionnaires des cent jours.

30. Adoption de la loi sur les grades des cent jours : 161 contre 111. — Rapport sur le budget de 1832.

31. Rapport de pétitions.—Fin de la discussion sur les trappistes de la Meilleraye. — Développement et prise en considération de la proposition de M. Roger sur les mariages entre beaux-frères et belles-sœurs. — Prise en considération de la proposition Salverte sur les honneurs du Panthéon.

JANVIER 1832.

2. Projet de loi autorisant la ville de Paris à faire un emprunt de 40 millions. — Projets de loi d'intérêt local. — Discussion sur les renseignemens relatifs à la liste civile. — Adoption du projet de loi sur les pensions des cent jours : 211 contre 43. — Discussion sur les cadres de la garde nationale mobile.

3. Adoption de la loi sur la garde nationale mobile : 205 contre 45.

4. Commencement de la discussion sur la liste civile. — Le mot *sujets*.

5. Suite de la discussion sur la liste civile.

6. Suite de la discussion sur la liste civile. — Rambouillet retranché de la dotation. — Protestation contre le mot *sujets*.

7. Rapport sur la proposition Roger pour mariages entre beaux-frères et belles-sœurs. — Rapport de pétitions. — Adoption de la loi des 80,000 hommes sur 1831 : 229 contre 5. — Projets de loi d'intérêt local.

9. Suite de la discussion sur la liste civile.

10. Suite de la discussion sur la liste civile.

11. Suite de la discussion sur la liste civile.

12. Suite de la discussion sur la liste civile ; 12 millions par an.

13. Suite de la discussion sur la liste civile.

14. Adoption de la loi sur la liste civile : 259 contre 107. — Rapport de pétitions. — Projets de loi d'intérêt local. — Prise en considération de la proposition de M. Meynard sur l'impôt des boissons.

16. Discussion du budget de la chambre. — Discussion du budget de 1832.

17. Suite de la discussion du budget de 1832.

18. Rapport sur les 18 millions de crédit supplémentaire au ministère de la guerre. — Suite de la discussion du budget de 1832.

19. Suite de la discussion du budget de 1832. — Proposition de M. Ch. Comte sur le réglement.

20. Proposition de M. Voyer d'Argenson sur les concessions de mines. — Suite de la discussion du budget de 1832.

21. Projets de loi d'intérêt local. — Rapport de pétitions. — Discussion de la proposition Roger pour le mariage entre beaux-frères et belles-sœurs.

23. Résumé de M. Thiers, rapporteur pour le budget de 1832.

24. Discussion sur l'amortissement.

25. Discussion sur l'amortissement.

26. Suite de la discussion sur l'amortissement, dont les 87 millions sont conservés.

27. Fin de la discussion sur l'amortissement.

28. Rapport de pétitions. — Projets de loi d'intérêt local.

30. Discussion sur les intérêts des cautionnemens et le déficit de M. Kessner, caissier central du trésor, à Paris.

31. Suite de la discussion sur le déficit Kessner ; résolution d'enquête sur l'état du trésor public. — Discussion sur le crédit supplémentaire de 18,923,000 à accorder au ministre de la guerre.

FÉVRIER.

1er. Suite de la discussion et adoption du crédit à accorder au ministre de la guerre. — Nomination de la commission d'enquête sur le déficit Kessner : MM. Odilon Barrot, Demarçay, Cunin Gridaine, Humann, Béranger, Demeufvre, Lepelletier-d'Aunay, Martin du Nord, Benjamin Delessert.

2. Discussion sur la dette flottante et sur les pensions du budget de 1832.

3. Suite de la discussion sur les pensions : scandale. Les centres se retirent pour empêcher l'opposition de voter.

4. Adoption du budget de 1829, sans les modifications introduites par la chambre des pairs : 264 contre 86. — Adoption

de la proposition de M. Roger pour mariage entre beaux-frères et belles-sœurs : 160 contre 71. — Rapport de pétitions.

6. Suite de la discussion sur la révision des pensions : la révision est repoussée par 223 voix contre 176.

7. Suite de la discussion sur les pensions : pensions de la pairie ; pensions civiles.

8. Suite de la discussion sur les pensions : pensions militaires. — Discussion sur les dotations.

9. Commencement de la discussion sur le budget du ministère de la justice.

10. Suite de la discussion sur le budget du ministère de la justice.

11. Rapports de pétitions. — Rapport sur la proposition Salverte, relative au Panthéon. — Rejet de la proposition Ch. Comte sur le réglement. — Prise en considération de la proposition Portalis sur le dimanche.

13. Rapport de la proposition Bricqueville, amendée par les pairs. — Projets de loi d'intérêt local. — Suite de la discussion du budget du ministère de la justice.

14. Proposition de M. Lapinsonnière sur les justices de paix. — Fin de la discussion sur le budget du ministère de la justice. — Commencement de la discussion sur le budget du ministère de l'instruction publique et des cultes.

15. Suite de la discussion sur le budget de l'instruction publique et des cultes.

16. Suite de la discussion du budget des cultes.

17. Fin de la discussion du budget des cultes. — Commencement de la discussion du budget de l'instruction publique.

18. Rapport de pétitions. — Projets de loi d'intérêt local. — Nomination de trois commissaires près la caisse d'amortissement. — Discussion sur la proposition Salverte relative au Panthéon.

20. Fin de la discussion du budget de l'instruction publique et des cultes.

21. Discussion sur le budget du ministère de l'intérieur.

22. Discussion du budget du ministère des travaux publics et du commerce.

23. Suite de la discussion du ministère des travaux publics et du commerce.

24. Suite de la discussion.

25. Rapport de pétitions. — Projets de loi d'intérêt local. — Discussion sur la loi relative au Panthéon. — Discussion sur l'emprunt de 40 millions pour la ville de Paris.

27. Suite de la discussion sur le budget du ministère des travaux publics.

28. Maintien, contre le vote des pairs, de l'abrogation du 21 janvier. — Suite de la discussion sur le budget du ministère des travaux publics.

29. Suite de la discussion sur le budget du ministère des travaux publics.

MARS.

1ᵉʳ. Suite de la discussion sur le budget du ministère des travaux publics.

2. Suite de la discussion.

3. Rapport de pétitions. — Nouveau rapport sur la proposition Salverte, relative au Panthéon. — Adoption de la loi pour l'emprunt de 40 millions de la ville de Paris. 187 contre 82.

5. Rapport de M. Ch. Dupin, sur la loi des céréales. — Fin de la discussion sur le budget du ministère des travaux publics. — Discussion sur la loi de recrutement, revenue de la chambre des pairs.

6. Présentation d'un projet de loi pour trois nouveaux douzièmes provisoires. — Commencement de la discussion sur le budget des affaires étrangères.

7. Suite de la discussion.

8. Suite de la discussion.

9. Suite et fin de la discussion sur le budget des affaires étrangères. — Projets de loi d'intérêt local.

10. Rapport de pétitions. — Suite de la discussion de la proposition Salverte, sur le Panthéon : scandale; séance levée au milieu du plus violent tumulte.

12. Discussion sur le procès-verbal du 10. — Rapport de M. Laurence sur les trois douzièmes provisoires. — Commencement de la discussion sur le budget de la guerre.

13. Suite de la discussion sur le budget de la guerre.

14. Adoption de la loi sur les trois nouveaux douzièmes provisoires. — Suite de la discussion du budget de la guerre.

15. Suite de la discussion du budget de la guerre.

16. Suite de la discussion du budget de la guerre.

17. Rapport de pétitions. — M. Salverte retire sa proposition sur le Panthéon. — Nouvelle adoption de la proposition Bricqueville. 223 voix contre 9.

19. Suite de la discussion du budget de la guerre.

20. Suite de la discussion. — Discussion incidente sur les affaires de Grenoble,

21. Fin de la discussion du budget de la guerre. — Projet de loi d'intérêt local.

22. Adoption de la loi sur l'avancement dans l'armée. 165 voix contre 101. — Commencement de la discussion des céréales.

23. Suite de la discussion des céréales.

24. Rapport de pétitions. — Discussion sur la loi relative à la pêche de la morue. — Proposition de M. Dupin aîné, sur les actes de société.

26. Rapport de M. Meynard sur la loi des douanes. — Projet de loi d'intérêt local. — Adoption de la proposition de M. Roger pour mariage entre beaux-frères et belles-sœurs. 212 voix contre 33. — Commencement de la discussion du budget de la marine.

27. Suite de la discussion du budget de la marine.

28. Fin de la discussion du budget de la marine. — Suite de la discussion sur les céréales.

29. Rapport sur la loi relative à l'importation des cartes à jouer. — Rapports divers sur la comptabilité de la chambre. — Projet de loi pour une allocation nouvelle de 1,500,000 fr. de dépenses secrètes. — Demande de 500,000 fr. pour secours aux réfugiés politiques. — Projet de loi pour la suspension des lois municipales et départementales. — Projet de loi pour les pensions de la caisse de vétérance. — Projet de loi pour le séjour et l'éloignement des réfugiés politiques. — Retour de la chambre des pairs du code pénal réformé. — Suite de la discussion sur les céréales.

30. Suite de la discussion sur les céréales.

31. Rapport de pétitions. — Fin de la discussion sur les céréales. Adoption de la loi : 218 contre 24.

AVRIL.

2. Discussion du budget des finances.

3. Suite de la discussion du budget des finances.

4. Suite et fin de la discussion du budget des finances. ADOPTION DU BUDGET DES DÉPENSES POUR 1832 : 205 VOIX CONTRE 60.

5. Rapport sur les 1,500,000 fr. de police. — Rapport sur le projet de loi relatif à la suspension de la loi municipale. — Rapport sur le modèle de chauffage dans la nouvelle salle des séances. — Discussion et adoption de la loi sur la contrainte par corps. 237 voix contre 8.

6. Discussion et adoption du projet de loi sur la navigation du Rhin. 230 voix contre 11. — Suite de la discussion et adop-

tion du projet de loi sur la pêche de la morue. 200 voix contre 29. — Rapport sur le projet de loi relatif à l'avancement dans l'armée navale.

7. Rapport de pétitions. — Rapport de M. Parant sur la loi relative aux réfugiés politiques. — Rapport sur le crédit supplémentaire pour secours aux réfugiés. — Adoption du projet de loi sur la pêche de la baleine. 240 voix contre 13. — Adoption du projet de loi sur l'avancement dans l'armée, 210 voix contre 23. Le scrutin reste ouvert jusqu'à 8 heures et 1/4 du soir.

8. — *Séance du dimanche.* — Rapport sur le projet de loi relatif à l'emprunt de la ville de Bordeaux. — Rapport sur le projet de réforme du code pénal, revenu de la chambre des pairs. Adoption, 252 voix contre 4. — Rapport sur la caisse de vétérance. — Rapports divers de la commission de comptabilité de la chambre. — Adoption, sans discussion, du projet des 1,500,000 fr. pour police secrète : 184 voix contre 85. — Adoption de la loi pour la suspension de la loi municipale : 231 voix contre 7.

9. Projets de loi d'intérêt local. — Discussion et adoption du projet de LOI DE POLICE SUR LA RÉSIDENCE DES RÉFUGIÉS POLITIQUES : 166 VOIX CONTRE 99.

10. Rapport sur la proposition Dupin aîné, relative à la publication des actes de société. — Rapport sur le projet de loi relatif à l'état des officiers, revenu de la chambre des pairs. — Rapport de M. Martin sur le déficit Kessner. — Discussion et adoption des deux projets de lois pour secours aux réfugiés politiques : 224 voix contre 19. — Commencement de la discussion du budget des recettes.

11. Demande d'un nouveau crédit de 2,000,000 pour mesures sanitaires. — Adoption du projet de loi sur les droits du sceau : 220 voix contre 9. — Projets de loi d'intérêt local. — Adoption du projet de loi pour le canal latéral à la Garonne. — Suite de la discussion du budget des recettes.

12. Adoption du projet de loi relatif aux 2,000,000 pour mesures sanitaires. — ADOPTION DU BUDGET DES RECETTES POUR 1832 : 230 VOIX CONTRE 44.

13. La chambre n'est plus en nombre pour délibérer.

14.   id.

21. Clôture de la session : 150 membres à peu près sont présens.

RÉCAPITULATION
DES PRINCIPAUX VOTES.

	Pour.	Contre.
16 août. Adoption de l'adresse.	282.	73.
17 septembre. Adoption du projet de loi de M. Boissy d'Anglas en faveur des légionnaires des cent jours.	191.	153.
22 septembre. Adoption de l'ordre du jour motivé de M. Ganneron en faveur de la diplomatie du ministère.	221.	136.
29 septembre. Adoption du budget de 1831.	216.	15.
10 octobre. Rejet du principe de l'hérédité de la pairie.	324.	86.
13 octobre. Le principe de la candidature repoussé.	244.	186.
18 octobre. Adoption de la loi sur la pairie.	386.	40.
18 novembre. Adoption de la proposition Bricqueville sur le bannissement des Bourbons.	251.	73.
22 novembre. Adoption du réglement définitif du budget de 1829.	289.	19.
26 novembre. Adoption de l'adresse sur les événemens de Lyon.	294.	18.
7 décembre. Adoption des réformes du code pénal.	212.	34.
15 décembre. Adoption de la loi du divorce.	195.	70.
23 décembre. Adoption de l'abrogation du 21 janvier (proposition Portalis).	232.	18.
28 décembre. Adoption de la loi sur les entrepôts intérieurs.	190.	76.
30 décembre. Adoption de la loi sur les légionnaires et officiers des cent jours. (Voir au 17 septembre.)	161.	111.
14 janvier. Adoption de la liste civile.	259.	107.
6 février. Rejet de la révision des pensions.	223.	176.
31 mars. Adoption de la loi des céréales.	218.	24.
4 avril. Adoption du budget des dépenses pour 1832.	205.	60.

9 avril. Adoption de la loi contre les réfugiés politiques. 166. "
12 avril. Adoption du budget des recettes pour 1832. 230. 44.
21 avril. Clôture de la session; 150 membres à peine sont présens.

AVERTISSEMENT.

Quand on lit dans ces notices qu'un député a *voté constamment pour le ministère*, cela veut dire implicitement que ce député a voté :

Dans les questions d'honneur parlementaire et national.

1° Pour la nomination de M. Girod de l'Ain à la présidence, et pour l'exclusion de M. Laffitte, imposée par M. Périer comme question de cabinet (1er août 1831).

2° Pour le rejet de l'adresse contre les ordonnances du 19 novembre, qui créaient trente-six pairs, aux termes de la charte de 1814, et qui étaient attentatoires aux prérogatives constitutionnelles de la chambre, relativement aux légionnaires et officiers des cent jours (23 novembre et 30 décembre 1831).

3° Contre la communication des renseignemens demandés par M. Lherbette sur la liste civile (2 janvier 1832).

4° Pour l'insultante et inconstitutionnelle dénomination de *sujets*, appliquée aux citoyens français par M. de Montalivet (4 janvier 1832).

5° Pour l'ordre du jour absolvant la conduite de M. Girod de l'Ain, dans la journée du 10 mars, où il leva la séance malgré la chambre (12 mars 1832).

6° Pour l'arbitraire ministériel et la faveur dans les promotions aux grades de l'armée (7 avril 1832).

Dans la question constitutionnelle de la pairie.

Pour l'hérédité, ou tout au moins, pour le système des catégories au moyen desquelles le ministère conservera l'hérédité, en joignant à tous les inconvéniens du privilège tous ceux du servilisme et de l'obéissance passive des fonctionnaires publics (10, 13 octobre 1831).

Dans les questions de politique extérieure.

1° Pour l'ordre du jour motivé de M. Ganneron, approuvant

l'abandon de la Pologne et la marche honteuse de notre diplomatie depuis juillet (22 septembre 1831).

2° Contre la mobilisation de la garde nationale (25 octobre 1831).

3° Pour la loi de proscription contre les réfugiés politiques. (9 avril 1832).

Dans les questions de finances.

1° Pour que Rambouillet fût ajouté à la dotation déjà si riche de la couronne ; que la liste civile fût de 12 millions ; que le Prince royal reçût un million par an, et que Rambouillet lui fût donné ; que les 10 millions précomptés à la couronne depuis juillet ne fussent point répétés ; enfin, pour l'énorme liste civile, mobilière et immobilière, concédée si aveuglément et sans renseignemens positifs (6 janvier, 12, 13, 14 janvier 1832).

2° Pour le maintien des pensions des chouans, verdets, chauffeurs, etc., assassins des patriotes (7 février).

3° Pour le maintien des pensions des pairs (id.).

4° Pour les gros traitemens du clergé (15, 16, 17 février 1832).

5° Pour le maintien du traitement de M. Lobau, comme général en chef de la garde nationale de Paris (21 février).

6° Pour le supplément de 1500,000 fr. à la police sécrète (8 avril 1832).

7° Pour tous les abus du budget, etc., etc.

En un mot, avoir voté pour le ministère, c'est avoir abandonné aveuglément aux hommes du 13 mars le trésor public, la sûreté du pays et l'honneur national : chacun sait ce qu'ils ont fait de notre argent, de nos alliés, et ce qu'ils veulent faire de notre liberté.

Les lettres A. et N., placées après les noms des députés, signifient : A. ancien, ou ayant fait partie de quelque assemblée antérieure ; N. nouveau, ou n'ayant encore fait partie d'aucune assemblée. On sait que ces deux classes comprennent à peu près l'une et l'autre un nombre égal de députés.

Les dates mises entre parenthèses sont celles des séances où les députés ont parlé ou voté.

CLASSIFICATION DES DÉPUTÉS

SUIVANT LEURS VOTES ET LEURS DISCOURS

DURANT LA SESSION DE 1831-1832.

(Ce tableau, publié d'abord dans les journaux, contenait quelques erreurs que nous avons rectifiées ici.)

Députés votant contre le ministère.

Allier (Hautes-Alpes).
Arago (Pyrénées Orientales).
Audry-de-Puiraveau (Charente-Inférieure).
Auguis (Deux-Sèvres).
Bacot, César (Indre-et-Loire).
Basterrèche (Landes).
Bastide-d'Izard (Haute-Garonne).
Baudet-Dulary (Seine-et-Oise).
Baudet-Lafarge (Puy-de-Dôme).
Bayoux (Jura).
Beauséjour (Charente-Inférieure).
Bellaigue (Yonne).
Bérard (Seine-et-Oise).
Bernard (Côtes-du-Nord).
Bernard (Var).
Berthois (Ille-et-Vilaine), mort.
Bertrand, le général (Indre).
Beslay fils (Morbihan).
Bignon (Eure).
Bioche (Eure).
Blacque-Belair (Finistère).
Blondeau (Doubs).
Boudet (Tarn-et-Garonne).
Bousquet (Gard).
Boyer de Peireleau (Gard).
Bricqueville (Manche).
Brosse (Saône-et-Loire).
Bryas, le marquis de (Gironde).
Cabet (Côte-d'Or).
Chaigneau (Vendée).
Charamaule (Hérault).
Charlemagne (Indre).
Charpentier (Moselle).

Clausel, le maréchal comte (Ardennes).
Clerc-Lasalle (Deux-Sèvres).
Cogez (Nord).
Colin (Jura).
Colomès (Hautes-Pyrénées).
Ch. Comte (Sarthe).
Corcelles (Saône-et-Loire).
Cordier (Ain).
Cormenin (Ain).
Couderc (Rhône).
Coulmann (Bas-Rhin).
Couturier (Isère).
Daguilhon-Pujol (Tarn).
Daunou (Finistère).
Demarçay, le général (Vienne).
Demeufve (Aube).
Desaix (Puy-de-Dôme).
Dubois (Ardèche).
Dubois (Loire-Inférieure).
Dubois-Aymé (Isère).
Ducayla de Montblanc (Lozère).
Duchaffault, le comte (Vendée).
Ducluzeau (Dordogne).
Dulong (Eure).
Dupont (Eure).
Duris-Dufresne (Indre).
Escanyé (Pyrénées-Orientales).
Eschassériaux (Charente-Inférieure).
Faure (Hautes-Alpes).
Faure-Dère (Tarn-et-Garonne).
Fiot (Seine-et-Oise).
Galabert (Gers).

Garnier-Pagès (Isère).
Gauthier de Rumilly (Somme).
Gavaret (Gers).
Genot (Moselle).
Genoux (Haute-Saône).
Girardin (Charente).
Girot-Pouzol (Puy-de-Dôme).
Glais-Bizoin (Côtes-du-Nord).
Grammont, de (Haute-Saône).
Gréa (Doubs).
Gouve de Nuncques, de (Pas-de-Calais).
Guillemault (Saône-et-Loire).
Havin (Manche).
Hérambault, d' (Pas-de-Calais).
Hernoux (Côte-d'Or).
Joly (Arriége).
Jousselin (Loiret).
Junyen (Vienne).
Kermorial (Finistère).
Kœchlin (Haut-Rhin).
Laboissière (Vaucluse).
Lafayette, le général (Seine-et-M.)
Lafayette, Georges (Seine-et-M.)
Laffitte, le général (Arriége).
Laffitte, Jacques (Basses-Pyrénées).
Lamarque, le général (Landes).
Larabit (Yonne).
Laurence (Landes).
Legendre (Eure).
Legrand (Oise).
Levaillant (Loire-Inférieure).
Leyraud (Creuse).
Lherbette (Aisne).
Loyer (Côtes-du-Nord), mort.
Ludre, de (Meurthe).
Luminais (Loire-Inférieure).
Luneau (Vendée).
Mallye (Haute-Loire).
Marchal (Meurthe).
Marchegay (Vendée).
Mauguin (Côte-d'Or).
Meilheurat (Allier).
Milori (Vienne).
Mornay, le baron de (Ain).
Mornay, le marquis de (Oise).
Muntz (Bas-Rhin).
Nicod (Gironde).
Odilon-Barrot (Bas-Rhin).
Pagès (Arriége).
Pelet, le général (Haute-Garonne).
Périn (Dordogne).
Perreau (Vendée).
Petou (Seine-Inférieure).
Picot-Désormeaux (Sarthe).
Podenas, le baron de (Aude).
Portalis (Var).
Pourrat (Puy-de-Dôme).
Poux-Thierry (Tarn-et-Garonne), démissionnaire.
Proust (Deux-Sèvres).
Raynaud (Allier).
Réal, Félix (Isère).
Réalier-Dumas (Rhône).
Reboul-Coste (Hérault).
Renouvier (Hérault).
Resnier (Haute-Vienne).
Reynard (Bouches-du-Rhône).
Robert (Ardennes).
Robineau (Maine-et-Loire).
Roger, le baron (Loiret).
Roussilhe (Cantal).
Sade, le comte (Aisne).
Salverte (Seine).
Sans (Haute-Garonne).
Saubat (Haute Garonne).
Senné (Charente-Inférieure).
Subervic, le général (Gers).
Sulpicy (Haute-Vienne).
Taillandier (Nord).
Tardieu (Meurthe).
Teisseire (Aude).
Teulon (Gard).
Thévenin (Puy-de-Dôme).
Thiard, le comte de (Saône-et-L.).
Thouret (Calvados).
Thouvenel (Meurthe).
Tracy, Victor (Allier).
Tribert (Deux-Sèvres).
Tueux (Côtes-du Nord).
Vandeul (Haute-Marne.)
Varsavaux (Loire-Inférieure).
Vidal (Hérault).
Voyer-d'Argenson (Bas-Rhin).

Députés votant tantôt pour, tantôt contre le ministère.

Alby (Tarn).
Aroux (Seine-Inférieure).
Ballot (Orne).
Barada (Gers).
Bastard de Kerguiffinec (Finistère).
Baude (Loire).
Blaise, Louis (Ille-et-Vilaine).
Bourqueney (Doubs).

Brigode, de (Nord).
Cabanon (Seine-Inférieure).
Caminade-Chatenay (Charente).
Chasles (Eure-et-Loir).
Chassiron (Charente-Inférieure).
Delpont (Lot).
Dumeylet (Eure).
Enouf (Manche).
Falgayrac (Tarn).
Fleury (Calvados).
Gauthier d'Hauteserve (H.-Pyrén.).
Gillon (Meuse).
Gouin, Alex. (Indre-et-Loire).
Granier (Hérault).
Jollivet (Ille-et-Vilaine).
Jouffroy (Doubs).
Laborde, le comte de (Seine).
Lachèze fils (Loire).
Las-Cazes père, le comte de (Seine).
Lempereur (Jura).
Lenouvel (Calvados).
Mangin d'Oins (Ille-et-Vilaine).
Mérilhou (Dordogne).
Mercier, le baron (Orne).
Mosbourg, le comte de (Lot).
Penet (Isère).
Pommeraye, de la (Calvad.), mort.
Pons (Vaucluse).
Poulle, Emmanuel (Var).
Raimbert-Sévin (Eure-et-Loir).
Rouget (Aude).
Semélé, le général (Moselle).
Teste (Gard).
Toupot de Bévaux (Haute-Marne.)

Députés à tendance légitimiste, votant avec le ministère.

Amilhau (Haute-Garonne).
d'Andigné de la Blanchaye (Maine-et-Loire.)
Belleyme, de (Seine).
Bertin de Vaux Seine-et-Oise).
Cambis d'Orsan, le marq. (Vauclu.)
Decazes, le vicomte (Aveyron).
Dollon, le marquis de (Sarthe).
Dozon (Marne).
Drée, le marquis de (Saône-et-Loire).
Duprat (Tarn-et-Garonne).
Estancelin (Somme).
Falguerolles (Tarn).
Gras-Préville, le mar. de (B.-du-R.)
Guizot (Calvados).
d'Harcourt (Seine-et-Marne).
Hector d'Aulnay (Nièvre).
Hély-d'Oissel, le baron (Seine-Inf.)
Laugier de Chartrouze, le baron (Bouches-du-Rhône).
Lepelletier d'Aulnay, le b. (S.etO.)
Leyval, le bar. Fél. de (Puy-de-D.)
Martignac, le vicom. de (L.-et-G.), mort.
Meynard (Vaucluse).
Montépin, de (Saône-et-Loire).
Montozon, le vicomte de (Nord).
Nogaret (Aveyron).
Pavée de Vandœuvre (Aube).
Rouillé de Fontaine (Somme).
Royer-Collard (Marne).
Sivry, de (Morbihan).
Tavernier (Ardèche).
Vauguyon, de (Sarthe).
Voisin de Gartempe (Creuse).

Députés votant avec le ministère.

Accarier (Haute-Saône).
Admyrault (Charente-Inférieure).
André (Haut-Rhin).
Angot (Manche), démissionnaire.
Ardaillon (Loire).
Aubert (Gironde).
Auberville (Orne).
Aventurier, Philibert (H.-Vienne).
Baillod, le général (Manche).
Bailliot (Seine-et-Marne).
Barbet (Seine-Inférieure).
Barrachin (Ardennes).
Barrois-Virnot (Nord).
Barthe (Seine).
Bédoch (Corrèze).
Bérenger (Drôme).
Bériguy (Seine-Inférieure).
Bermond (Tarn).
Berthollon de Pollet (Ain).
Bertrand (Haute-Loire).
Beslay père (Côtes-du-Nord).
Bidault (Mayenne).
Blaniac, de (Lot-et-Garonne).
Bleuart (Loiret).
Bodin, Félix (Maine-et-Loire).
Boignes (Nièvre).

Boissy-d'Anglas (Ardèche).
Bonnefons (Cantal).
Bresson (Vosges).
Bugeaud, le général (Dordogne).
Calmon (Lot).
Carrichon (Rhône).
Caumartin (Somme).
Chaillou (Loire-Inférieure).
Chastelier (Gard).
Chédeaux (Moselle), mort.
Chevandier (Meurthe).
Chevrier de Corcelles (Ain).
Clément (Doubs).
Conté (Lot).
Cornudet, Emile (Creuse).
Courmes (Var).
Crignon-Bonvallet (Loir-et-Cher), mort.
Crignon de Montigny (Loiret).
Cunin-Gridaine (Ardennes).
Danse (Oise).
Dariste (Gironde).
Daude (Aveyron).
Defermon Jacques (Ille-et-Vilaine).
Defermon, Joseph (Loire-Infér.)
Delauncy (Mayenne).
Delaroche (Seine-Inférieure).
Delessert, Benjamin (Maine-et-Loire).
Delessert, François (Seine).
Delort, le général (Jura).
Desprez (Orne).
Devaux (Cher).
Didot, Firmin (Eure-et-Loir).
Dintrans (Hautes-Pyrénées).
Dubois, d'Angers (Maine-et-Loire).
Duchâtel, le comte (Charente-Inférieure).
Ducordic (Morbihan).
Dudouyt (Manche).
Dufau (Basses-Pyrénées).
Dufour, le général (Lot).
Dufour de Nesle (Aisne).
Dufour du Bessan (Gironde).
Dugas Montbel (Rhône).
Dulimbert (Charente).
Dumon (Lot-et-Garonne).
Dupin aîné (Nièvre).
Dupin, Charles (Seine).
Dupont-Minoret (Vienne).
Dupouy (Nord).
Durosnel, le général (Seine-et-Marne).
Duvergier de Hauranne (Cher).

Destourmel, le comte (Nord).
Etienne (Meuse).
Failly, de (Haute-Marne).
Félix de Beaujour, le baron (Bouches-du-Rhône).
Finot (Yonne).
Fleury (Orne).
Fournier (Sarthe).
Foy (Aisne).
Francoville, de (Pas-de-Calais).
Fruchard (Morbihan).
Fulchiron (Rhône).
Gaillard (Gironde).
Gaillard Kerbertin (Ille-et-Vilaine).
Gallimard (Aube).
Ganneron (Seine).
Garcias (Pyrénées-Orientales).
Garraube (Dordogne).
Gauguier (Vosges).
Gauthier-d'Uzerche (Corrèze).
Gay-Lussac (Haute-Vienne).
Gellibert (Charente).
Génin (Meuse).
Gérard, le maréchal comte (Oise).
Giraud (Drôme).
Giraud, Augustin (Maine-et-Loire).
Giraud, Charles (Maine-et-Loire).
Girod, de l'Ain (Indre-et-Loire).
Gosse de Gorré (Pas-de-Calais).
Goupil (Sarthe).
Gouvernel (Vosges).
Gravier (Basses-Alpes).
Harispe, le général (Basses-Pyrénées).
Harlé (Somme).
Harlé père (Pas-de-Calais).
Harlé fils (Pas-de-Calais).
Hartmann (Haut-Rhin).
His (Orne).
Humann (Bas-Rhin).
Jacqueminot (Vosges).
Jars (Rhône).
Jaubert, le comte (Cher).
Jay (Gironde).
Jouvencel, le chevalier (Seine-et-Oise).
Kératry (Finistère).
Lacaze Pèdre (Basses-Pyrénées).
Lachèze père (Loire).
Lafond, Narcisse (Nièvre).
Leydet, le général (Basses-Alpes).
Lallemant (Meuse).
Lallier (Nord).
Lameth, le comte (Seine-et-Oise).

Lamy (Dordogne).
Las-Cazes fils (Finistère).
Lavialle de Masmorel (Corrèze).
Lecarlier d'Ardon (Aisne).
Leclerc (Seine-Inférieure).
Lecour (Mayenne).
Lecreps, Abel (Calvados).
Lefèvre, Jacques (Seine).
Lemaire (Nord).
Lemercier, le vicomte (Orne).
Leroy-Mion (Marne).
Lesergeant de Bayenghem (Pas-de-Calais).
Lévêque de Pouilly (Marne).
Leverdays (Manche).
Levraud (Charente).
Limperani (Corse).
Lobau, le comte (Seine).
Louis, le baron (Marne).
Lusignan, le marquis (Lot-et-Garonne).
Madier de Montjau (Ardèche).
Mahul (Aude).
Maille, Eugène (Seine-Inférieure).
Mallet (Seine-Inférieure).
Marmier, le marquis de (Haute-Saône).
Martell (Gironde).
Martin (Nord).
Martineau (Vienne).
Massey (Somme).
Merle Massonneau (Lot-et-Garon.).
Merlin (Aveyron).
Meynadier, le général (Lozère).
Morin (Drôme).
Niay (Aisne).
Noël Desvergers (Yonne).
Odier (Seine).
Paillard Ducléré (Mayenne).
Panis (Seine).
Parant (Moselle).
Passy (Eure).
Pataille (Bouches-du-Rhône).
Paturle (Seine).
Pelet, le baron (Lozère).
Périer, Camille (Sarthe).
Périer, Casimir (Aube).
Persil (Gers).
Petit (Loir-et-Cher).
Peyre (Aude).
Pinsonnière, de la (Indre-et-Loire).
Plazanet (Corrèze).
Pouliot (Haute-Vienne).
Poulmaire (Moselle).

Prévost-Leygonie (Dordogne).
Prunelle (Rhône).
Rambuteau, le comte (Saône-et-Loire).
Reinach, le baron (Haut-Rhin).
Rémusat (Haute-Garonne).
Rénet (Seine).
Renouard (Somme).
Riboissière, le comte de la (Ille-et-Vilaine).
Richemont, le baron de (Allier).
Rigny, l'amiral de (Pas-de-Calais).
Rihouet (Manche).
Rimbaud (Var).
Riollay (Côtes-du-Nord).
Rivière de Larque (Lozère).
Robert Fleury (Loire).
Rochefoucauld, Gaëtan, le marquis de la (Cher).
Rochefoucauld, Jules, le comte de la (Loiret).
Roul (Gironde).
Rumigny, de (Mayenne).
Saglio (Bas-Rhin).
St-Aignan, Auguste de (Loire-Inférieure).
St-Cricq, le comte (Basses-Pyrén.).
Salvage (Cantal).
Sapey (Isère).
Schonen, le baron de (Seine).
Sébastiani, le comte Horace (Aisne).
Sébastiani, Tiburce (Corse).
Simmer (Puy-de-Dôme).
Stroltz, le général (Haut-Rhin).
Tardif (Calvados).
Teillar l-Nozerolles (Cantal).
Texier (Eure-et-Loir).
Thabaud Linetière (Indre).
Thiers (Bouches-du-Rhône).
Tirlet, le général (Marne).
Tixier-Lachassaigne (Creuse).
Tronchon (Oise).
Vatimesnil (Nord).
Vatout (Côte-d'Or).
Vaulot (Vosges).
Vergnes (Aveyron).
Verrollot (Yonne).
Viennet (Hérault).
Vigier (Morbihan).
Villemain (Morbihan).
Villequier, le baron (Seine-Inf.).
Virey (Haute-Marne).
Warein (Nord).

Récapitulation.

Députés votant contre le ministère.	157
Députés votant tantôt pour, tantôt contre le ministère. . . .	42
Députés à tendance légitimiste, votant avec le ministère. . .	32
Députés votant avec le ministère.	226

Ne sont point classés dans ce tableau :

M. Basile, Louis (Côte-d'Or), qui n'a pas siégé pendant la session.	1
M. Berryer (Haute-Loire), qui seul a fait ouvertement de l'opposition légitimiste.	1
Total.	459.

NOTES INDIVIDUELLES
ET JUGEMENS
SUR LES DÉPUTÉS.

(DU 23 JUILLET 1831 AU 21 AVRIL 1832.)

AIN.

Ce département nomme cinq députés.

MM. Chevrier de Corcelles, arrondissement de Bourg. — Cordier, id. de Pont-de-Vaux. — Cormenin, id. de Belley. — Laguette-Mornay, id. de Nantua. — Pollet, id. de Trévoux.

Sur cinq députés, le département de l'Ain compte trois patriotes; les seuls partisans du ministère sont MM. Chevrier de Corcelles et de Pollet. L'arrondissement de Belley a eu le bonheur de garder un homme que se sont disputé quatre colléges électoraux, et qui sera l'une de nos illustrations parlementaires, sans avoir, pour ainsi dire, jamais paru à la tribune. L'arrondissement de Trévoux s'est trompé dans le remplaçant qu'il a donné à M. Puvis. A sa place, on attendait un patriote, et M. de Pollet n'est entré à la Chambre, que pour appuyer d'un vote aussi muet qu'aveugle, toutes les mesures d'un ministère antinational. Quant à M. Chevrier, la faiblesse de ses principes n'était point tellement connue, qu'on ne pût encore tenter de se servir de sa présence au Palais-Bourbon; mais nous espérons que cet essai sera le dernier.

A aucune époque de la restauration, le département de l'Ain, malgré tous les efforts de son patriotisme, n'avait obtenu une représentation aussi libérale. C'était à grand'peine, si le tiers de ses députés pendant 15 ans, avaient compté dans les rangs de l'opposition..

CHEVRIER DE CORCELLES. A.

M. Chevrier de Corcelles a silencieusement voté pour toutes les mesures du ministère, en politique et en finances. Il a voté pour l'ordre du jour motivé de M. Ganneron (22 septembre 1831), approuvant ainsi notre honte diplomatique, l'abandon des Polonais, des Italiens, des Belges, etc. Il a souffert, sans protestation, les ordonnances illégales du 19 novembre, c'est-à-dire l'arbitraire ministériel ; il a souffert, sans protestation, l'insultante dénomination de *sujets* (7 janvier 1832) ; c'est un adversaire des principes de Juillet : il a voté pour toutes les prodigalités du budget, les pensions des chouans, etc.

Il est membre du conseil-général du département de l'Ain.

CORDIER. A.

On doit tenir compte à M. Cordier de l'indépendance de ses votes. Il est du petit nombre de ces fonctionnaires publics dont le traitement n'a point étouffé la conscience. Les électeurs peuvent en croire ses lumières : quand il s'est élevé contre l'allocation de 18 millions que demandait le ministère pour travaux publics (20 octobre 1831), M. Cordier prouva que cette dépense était peu nécessaire, et surtout qu'elle était mal répartie. Le député de Pont-de-Vaux, comme ingénieur, repoussait pertinemment la demande de M. d'Argout : et comme patriote, il n'avait pas moins raison de la combattre, puisque près du tiers de ces 18 millions devait passer, entre les mains du premier ministre, à des dépenses de police.

M. Cordier n'était pas encore à la chambre, lorsqu'on vota sur l'ordre du jour motivé de M. Ganneron. Il a protesté contre l'insultante dénomination de *sujets* (7 janvier 1832).

Sous la restauration, M. Cordier fut nommé en 1827, par le ministère Villèle, président du collège de Lons-le-Saulnier, et contribua pour sa part, à empêcher l'élection de M. Jobez, dont le ministère redoutait le patriotisme. Les électeurs du Jura n'ont point oublié la conduite de M. Cordier dans cette occasion ; mais nous pouvons dire que par sa conduite parlementaire, il paraît être revenu à des sentimens plus fermes et plus indépendans. M. Cordier, membre de l'Académie des sciences (section de minéralogie), inspecteur divisionnaire des ponts et chaussées, est connu dans le monde savant par plusieurs ouvrages fort remarquables.

Il est membre du conseil général du département du Doubs.

CORMENIN. A.

M. Cormenin nous a montré un phénomène inouï dans nos fastes parlementaires. On n'avait point encore vu un député, de peur de gâter et de perdre sa pensée, s'abstenir de la tribune, et s'en créer, à côté de celle de la chambre, une autre plus utile et plus redoutable. On ne savait point encore que dans ces discussions politiques, si rapides et si fugitives, la plume pût être plus formidable que la parole. Les *Lettres* de M. Cormenin nous l'ont appris, et elles resteront comme le monument le plus original et le plus vrai des débats et des vœux des patriotes, sur toutes les questions fondamentales où s'attache l'avenir du pays. Réunion et nécessité des assemblées primaires, inévitable conséquence de Juillet, absurdité et inanité absolue d'une pairie héréditaire, abus et monstruosité de la liste civile à douze millions, fatuité et insuffisance du premier ministre et des intrigans qui l'entourent et l'exploitent, choses et hommes, M. Cormenin a tout jugé, tout apprécié, tout flétri.

S'il a préféré la presse à la tribune, c'est, comme il l'a dit lui-même, qu'il ne voulait pas que le ministère l'attachât au *poteau de sa majorité*. Les centres et M. Girod (de l'Ain) lui eussent refusé la parole, ou mutilé ses discours par leurs interruptions, M. Cormenin a mieux fait de s'adresser au pays. La France entière a lu ses *Lettres*, et en gardera un long souvenir.

M. Cormenin a paru deux fois à la tribune. Dans la discussion de l'adresse en réponse au discours du trône, il demanda un paragraphe en faveur du peuple (11 août 1831). Il voulait qu'on soulageât sa misère par l'espérance de droits municipaux et politiques et d'éducation gratuite. Chose inouïe! les centres, peu disciplinés encore, laissèrent à une première épreuve passer ce paragraphe, mais le lendemain, le ministère, par une déloyale manœuvre, trouva quelque subterfuge pour recommencer le vote, et cette fois, le paragraphe, déclaré simple amendement, fut rejeté. Plus heureux dans sa seconde tentative (29 septembre et 19 novembre 1831), M. Cormenin a pu faire abolir la loi de 1807, relative aux pensions dites *nationales*, et dont étaient sortis tant de monstrueux abus.

M. Cormenin était entré à la chambre de la manière la plus brillante, nommé dans quatre colléges électoraux. Il a tenu tout ce qu'il avait promis ; et si parmi tous ses collègues, il était presque le seul qui eût obtenu auprès des électeurs un si éclatant triomphe, voulant se montrer reconnaissant de cette faveur, il a été le seul qui ait représenté ses commettans par la presse, au lieu de la parole. Ainsi la cause du pays y a doublement gagné. Tandis que la tribune retentissait des courageuses interpellations des orateurs de l'opposition et des admonitions nestoriennes de Lafayette, M. Cormenin soutenait la lutte par la publicité; et la défense des intérêts populaires n'en a été que plus complète.

M. Cormenin a constamment voté contre le ministère.

Nommé Maître des Requêtes en 1814, M. Cormenin quittait en 1815 ces fonctions, parce qu'alors il fallait, selon lui, des soldats, et non des Maîtres des Requêtes : il partit simple soldat pour la journée de Waterloo. La Restauration ne crut point pouvoir se passer de ses connaissances administratives, et le rappella au Conseil d'État malgré les preuves d'ardent patriotisme qu'il venait de donner. M. Cormenin a publié en 1822 un ouvrage, fruit de sa longue expérience et des plus profondes études. Ce sont les *questions de droit administratif*, qui seules eussent suffi pour lui faire un nom. Depuis la révolution de Juillet, il a refusé plusieurs fois les offres les plus brillantes; il préféra garder son indépendance. Le pays lui doit depuis cette époque deux améliorations importantes, la destruction du cumul, et la publicité des jugemens du Conseil d'État. M. Cormenin a richement doté la cause nationale en lui apportant la double puissance de son talent et de son caractère.

LAGUETTE-MORNAY. A.

Si la majorité eût voulu en croire M. Laguette-Mornay, la pairie aurait reposé sur l'élection directe des colléges, seul principe qui puisse aujourd'hui donner quelque vie aux institutions politiques et constitutionnelles (10 octobre 1831). La majorité adopta le système des catégories, par lequel le ministère vendra l'entrée du Luxembourg à ceux qu'il voudra bien y laisser entrer, fils de pairs comme tous autres, au prix d'un long noviciat d'obéissance et de servilité.

M. Laguette demanda aussi, mais sans plus de succès, la destruction de l'inique et absurde institution des passeports (12 décembre 1831). Un jeune commissaire du Roi, M. Duchâtel, le fils du député de ce nom, combattit la proposition de M. de Mornay, et réclama pour le trésor quelques cent mille francs que rapportent les passeports. Nous croyons, malgré ce qu'a pu dire M. le commissaire du Roi, que le gouvernement tient peu aux passeports en tant qu'impôt, mais qu'il y tient beaucoup, comme moyen d'espionnage et de vexation contre les patriotes.

M. Laguette Mornay a constamment voté contre le ministère. Il est membre du conseil-général de l'Ain.

(BERTHOLON) DE POLLET. N.

M. de Pollet vote comme M. Chevrier de Corcelles, pour toutes les demandes du ministère.

AISNE.

Ce département nomme sept députés.

MM. *Dufour de Nesle*, 1er *arrondissement de Saint-Quentin.* — *Alphonse Foy*, *id. de Chauny.* — *Lecarlier*, *id. de Laon.* — *Lherbette*, *id. de Soissons.* — *Niay*, *id.* 2e *de Saint-Quentin.* — *de Sade*, *id. de Château-Thierry.* — *H. Sébastiani*, *id. de Vervins.*

Il y aurait eu patriotisme aux électeurs qui ont nommé M. H. Sébastiani, de venir, après la chûte de Varsovie, répudier hautement l'homme et la politique qui avaient amené cette déplorable catastrophe. Les électeurs de Vervins ont, nous n'en doutons pas, partagé la douleur et l'indignation de la France; mais ils avaient peut-être un devoir de plus à remplir, et c'était de prouver qu'en donnant au ministre des affaires étrangères leur mandat électoral, ils n'avaient point entendu approuver par là les hontes et les désastres de son système diplomatique.

Le département de l'Aisne, sur sept députés, ne compte que deux patriotes : ce sont MM. de Sade et Lherbette. MM. Sébastiani et Lecarlier ont déserté depuis juillet les principes qu'ils affectaient jadis de professer. MM. Dufour de Nesle, Niay et Alph. Foy, hommes nouveaux, n'ont fait preuve ni de haute intelligence ni de patriotisme.

C'est sans doute par l'influence funeste du ministre des affaires étrangères, que le département de l'Aisne, si patriote sous la Restauration, s'est tant refroidi depuis juillet, à en juger du moins par sa députation.

DUFOUR DE NESLE. N.

Pourquoi M. Dufour vote-t-il avec les centres? est-il aveugle, ou voit-il trop bien? Tout ce que nous pouvons dire, et M. de Nesle ne le niera pas, c'est qu'il vote constamment avec le ministère.

Il a voté pour l'ordre du jour motivé de M. Ganneron (22 septembre 1831); il a souffert sans protestation la fournée illégale des trente-six pairs (23 novembre 1831), et l'insultante dénomination de *sujets* (7 janvier 1832); c'est-à-dire qu'il approuve notre honte diplomatique, l'abandon des Polonais, des Italiens, des Belges, etc.; qu'il approuve le bon plaisir des ordonnances ministérielles, et qu'il déteste l'égalité. C'est un adversaire des principes de Juillet. Il a voté toutes les prodigalités du budget, le maintien des pensions des chouans, etc.

Il est membre du conseil-général de l'Aisne.

ALPHONSE FOY. N.

Avant d'arriver à la chambre, M. Alp. Foy avait eu un singulier courage : il avait accepté la place d'un patriote destitué; et, comme directeur des lignes télégraphiques, il touchait un traitement élevé, que le désintéressement de son prédécesseur, M. Marchal, homme de Juillet, n'avait pas voulu recevoir. Il était tout naturel qu'après son élection, et tenant toujours au ministère par de si doux liens, M. Foy votât avec ses amis. Aussi n'y a-t-il pas manqué. Il avait promis, dans le collége où il fut nommé, de s'asseoir parmi les patriotes de la *gauche* et de voter avec eux. Il n'a tenu que la moitié de sa parole : il s'assied, il est vrai, à gauche, mais il n'a pas cessé de voter avec les centres. C'est un fort ingénieux moyen de tenir parole aux électeurs en même temps qu'au ministère.

M. Foy ne doit la croix d'honneur qu'il porte, et sa place aux télégraphes qu'à son nom et aux liens d'amitié qui unissent sa tante, veuve de l'illustre général, à M. le président du conseil. Le fils du général Foy, encore mineur, ne doit point à d'autres titres la pairie que lui a conférée, en dépit de son âge, l'ordonnance inconstitutionnelle du 19 novembre 1831.

LECARLIER. N.

M. Lecarlier a complètement déserté les principes de son père le Conventionnel, qu'il avait jadis suivis. Il y a déjà longtemps que les patriotes ont averti M. Lecarlier qu'il s'éloignait de leur route; mais, d'abord incertain et chancelant, il s'est enfin complétement fixé : il a repoussé tous les souvenirs paternels, et s'est fait le partisan d'hommes que son père aurait certainement méprisés.

La profession de foi de M. Lecarlier (publiée à Laon le 1er juillet 1831) prouvait qu'il était partisan honteux de l'hérédité, et annonçait suffisamment, par sa faiblesse et son incertitude, quelle serait la conduite de l'homme qui s'exprimait d'une manière si méticuleuse. Les électeurs, le croyant toujours, comme eux, ennemi de l'hérédité, ne s'étaient pas mis en quête d'un autre député ; et quand sa profession de foi parut, il était trop tard pour s'adresser ailleurs. De généreux citoyens firent en vain quelques efforts pour faire porter M. Laffitte.

Ainsi M. Lecarlier ne dut son élection qu'à une méprise. Il avait du reste mille motifs pour se faire le partisan fanatique du 13 mars. Depuis 1825, il a pris pour guide de sa conduite politique M. Casimir Périer, qu'il regarde, avec des yeux d'admiration, comme le *nec plus ultrà* des députés et des ministres. Toute sa fortune, dit-on, est placée dans la maison de banque de M. Périer : par affection et par intérêt, il doit être le séide du ministère.

Il est membre du conseil-général de l'Aisne.

LHERBETTE. N.

M. Lherbette avait demandé et fait adopter l'impression de documens divers sur la liste civile, pour éclairer le vote et la conscience de la chambre (28 décembre 1831) ; mais la commission, M. de Schonen en tête, qui avait apparemment intérêt à ce que la chambre ne sût point ce qu'elle faisait, trompa l'attente et la loyauté de l'opposition. Les renseignemens imprimés étaient si imparfaits, si obscurs, qu'ils en devenaient complétement inutiles. M. Lherbette eut beau réclamer (27 janvier 1832), la majorité passa outre, jugeant sans doute que c'était encore y voir assez que de n'y pas voir du tout. Cependant M. Lherbette alla faire en hâte et sur les documens de la commission, des recherches qu'il communiqua à la chambre, et qui montrèrent du moins nettement au pays le dévouement aveugle et la prodigalité des centres (6 janvier 1832). Le discours de M. Lherbette, dans cette occasion, fut remarquable. Il ne voulait point donner à la couronne de domaine, ni privé ni extraordinaire ; il ne voulait que lui constituer une dotation en argent. Il demandait en outre que les biens de l'ex-duc d'Orléans, et c'était une évidente justice, fissent retour à la couronne (4 janvier). Mais il n'obtint pas plus la diminution de cette effrayante liste civile que la destruction des pensions de la pairie (7 février 1832). M. Lherbette expliquera sans doute à ses commettans pourquoi il n'a point voté contre l'ordre du jour motivé de M. Ganneron, qui absolvait la diplomatie du ministère (22 septembre 1831), et pourquoi il a souffert sans protestation la fournée illégale des trente-six pairs (23 novembre); il a protesté contre l'insultante dénomination de *sujets* (7 janvier 1832). Les patriotes n'ont pas toujours trouvé M. Lherbette d'accord avec eux pour repousser les mesures désastreuses du ministère.

Nous sommes d'autant plus étonnés de cette dissidence, tout passagère qu'elle ait été, que M. Lherbette a sur les questions les plus importantes des opinions fort arrêtées.

NIAY. A.

M. Niay est resté aussi muet que ses deux collègues ministériels, MM. Dufour et Lecarlier : il peut se rendre ce témoignage, qu'en bon compagnon, il n'a voulu se séparer d'eux ni dans leur silence ni dans leurs votes. Il a constamment voté pour le ministère.

M. Niay ne paraît point solliciter pour lui-même, mais il sollicite pour sa famille. Il vient de faire nommer tout récemment l'un de ses frères conseiller de préfecture à Laon. Il est lui-même membre du conseil-général de l'Aisne.

DE SADE. A.

M. de Sade est resté à la chambre de 1831 ce qu'il avait été dans celle de 1830, patriote constant et dévoué; résistant à des entraînemens d'amitié pour n'obéir qu'à sa conscience, oubliant ses liaisons d'affection avec les doctrinaires pour voter constamment avec l'opposition contre les hommes du 13 mars.

Il est membre du conseil-général de l'Aisne.

H. SÉBASTIANI. A.

Quand la Pologne est vaincue et tombe dans son sang, quand le vainqueur entre dans Varsovie et qu'il lui prépare la clémence de Souwarow, que pensez-vous que ce lamentable récit ait inspiré à M. Sébastiani? « *L'ordre règne à Varsovie.* » (16 septembre 1831.) Si nous ne l'eussions entendu, si mille Français ne l'eussent entendu comme nous, si la presse française, européenne, universelle, ne l'eussent répété, nous n'aurions point voulu faire à M. Sébastiani l'injure de le croire! Quoi, l'homme qui a fait les campagnes de la République et celle de Russie, l'homme qui est chargé de présider aux destinées extérieures de la France a osé parler ainsi de la Pologne ensevelie! Lutte et martyre héroïques d'un peuple tout entier, épouvantables vengeances d'un czar, souvenirs d'anciens services rendus à notre France par cette nation qui se meurt, insurrection arrêtant l'invasion qui nous menace, nécessité d'une puissante barrière contre les empiétemens et les conquêtes russes, il n'a donc rien senti, il a donc tout oublié, il n'a donc rien compris! Héroïsme, reconnaissance, utilité, rien ne l'a donc touché cet homme qui ose venir nous dire sur le tombeau de la Pologne : « *L'ordre règne à Varsovie!* » Pour nous, nous le déclarons malgré notre indignation et notre désespoir, cet homme est profondément à plaindre. La France, l'Europe, l'histoire s'élèvent et témoigneront contre lui : il sera le but éternel de leurs malédictions: et s'il vient à descendre dans sa propre conscience, il n'y trouvera qu'un bas et honteux égoïsme qui l'a contraint, pour la mesquine vanité d'un portefeuille, à se faire le bouc émissaire d'atrocités et d'infamies diplomatiques qu'assurément son cœur n'avait point conçues.

Qu'on veuille bien en effet considérer les choses avec franchise. La présence de M. Sébastiani au ministère a-t-elle influé en rien sur la marche des affaires? Durant son absence, causée par une grave maladie, la direction de notre diplomatie a-t-elle un seul instant changé? (de décembre 1831 à la fin de février 1832.) Non : c'est que M. Sébastiani est pour bien peu de chose dans le ministère qu'il dirige; c'est à peine s'il peut y décider de la forme et du style d'une dépêche, mais ce n'est pas lui qui la conçoit. Il est juste de rapporter à d'autres qu'à lui la honte et le sang dont la diplomatie française s'est couverte depuis deux ans.

A la tribune, le langage de M. Sébastiani a toujours porté l'empreinte de cette déplorable position. Étudiez ses discours, cherchez à démêler le fil qui les unit et les dirige, vous ne le trouverez pas. L'orateur n'a point su l'y faire voir, par une raison simple, c'est qu'il ne l'y voit point lui-même. Dans une seule séance (10 août 1831), il fait trois lourdes chutes. Il expose son système comme un homme qui ne le comprend pas; la chambre l'écoute sans y rien concevoir : il veut réfuter le général Lamarque, et il échoue; il veut réfuter M. Mauguin, et il échoue encore; il veut réfuter M. Bignon, et il échoue une troisième fois, sans que sa gravité importante en soit troublée le moins du monde. Si on lui prouve, pièces en main, ses contradictions, et, tranchons le mot, ses mensonges (10 août 1831), il n'en soutiendra pas moins son dire et sa déloyauté notoire contre l'opposition, contre les réfugiés italiens et plus tard contre M. Guilleminot : il le soutiendra contre le *Moniteur* fidèle qui est là pour attester ses paroles. Il donnera au pays et à l'Europe, en moins de dix-huit mois de temps, deux ou trois définitions du principe de non-intervention. Il prétendra sans rougir qu'il le maintient toujours (26 octobre 1831), bien que la Prusse ait aidé à égorger la Pologne, et l'Autriche à enchaîner l'Italie. Lui, le chef de la France diplomatique, le directeur au moins putatif de nos relations avec l'étranger, a osé dire au pays, à la nation, qu'elle ne serait pas envahie *si elle était sage* (19 septembre 1831). Etre sage, ce serait de rester sans défense contre les coups de l'ennemi, et de ne point organiser notre garde nationale mobile (25 octobre 1831).

Ce ministre, qui s'oppose avec acharnement à la reconnaissance de la Pologne (15 août, 10 septembre 1831), et qui ne s'émeut pas quand elle meurt, aura cependant un instant de pitié. Et pour qui? pour les Carlistes (30 juillet 1831). Il viendra les défendre à la tribune nationale, lui qui est venu y célébrer les funérailles polonaises. Envers les vaincus, il a été plus insolent et plus orgueilleux que jamais pacha ne l'a été envers ses captifs. Le dey d'Alger, vaincu, détrôné, cherche à Paris une hospitalité confiante, que le peuple ne lui eût pas assurément refusée : eh bien! M. Sébastiani, par sa morgue insultante, par ses injurieuses réceptions, a forcé le fugitif d'aller chercher ailleurs un asile qu'on lui fit payer moins cher. Ce n'est là qu'un tort personnel, une faute après tout blâmable, mais légère. Quant aux griefs profonds, incurables, que la nation et l'Europe conserveront éternellement contre le nom de Sébastiani, ce n'est point à lui seul qu'on les doit reporter : d'autres avec lui doivent partager le fardeau de la honte.

Malgré une incapacité irrémédiable, suite de la maladie, M. Sébastiani reste ministre, prêtant, comme jadis, sa signature responsable. Aujourd'hui, il ne sait même plus ce qu'il signe.

ALLIER.

Ce département nomme quatre députés.

MM. *Meilheurat, arrondissement de la Palisse.* — *Reynard, id. de Gannat.* — *Richemond, id. de Montluçon.* — *Tracy, id. de Moulins.*

De ses quatre députés, le département de l'Allier en compte trois dévoués aux intérêts populaires. L'un, qui porte et qui soutient avec honneur un nom illustre, est entré dès long-temps dans la carrière politique, et s'y est fait une haute réputation de lumières et d'indépendance. Deux autres, plus nouvellement appelés à la chambre, marchent sur ses traces patriotiques. Quant au quatrième, M. le baron de Richemond, il a cru sans doute que ses trois collègues avaient assez de désintéressement et de patriotisme pour qu'il fût dispensé lui-même d'en avoir. Si l'occasion leur en est offerte, les électeurs de Montluçon feront bien d'épargner à leur représentant l'embarras qu'il doit nécessairement éprouver, entre les fonctions de trois espèces dont il n'a pas craint de charger sa consciencieuse capacité.

Depuis la révolution de Juillet, le département de l'Allier a fait d'immenses progrès. Jamais depuis 1815, sa députation n'avait offert autant de talent ni de patriotisme.

Les quatre députés de l'Allier sont membres du conseil-général du département.

MEILHEURAT. N.

Appelé à remplacer M. de Tracy qui avait opté pour Moulins, M. Meilheurat s'est montré digne de celui à qui il succédait, il est allé s'asseoir parmi les jeunes patriotes de la droite, et ses votes se sont constamment confondus avec les leurs. Il n'était point encore à la chambre quand M. Ganneron proposa son fameux ordre du jour motivé, pour absoudre la diplomatie du ministère, mais il n'en désapprouve pas moins la honteuse conduite des hommes du 13 mars à l'extérieur. Il a protesté contre la fournée illégale des 36 pairs (23 novembre 1831), et contre l'insultante dénomination de *sujets* (7 janvier 1832). Il a constamment voté contre le ministère.

REYNAUD. A.

Dans cette session qui pour M. Reynaud est la seconde, le député de Gannat a prouvé aux patriotes que leur choix n'avait point erré en se fixant sur lui. Il a été fidèle aux conditions de son mandat, et ses votes ont constamment repoussé les mesures désastreuses du ministère.

Baron DE RICHEMOND. A.

M. de Richemond est député en même temps qu'il commande l'école de Saint-Cyr, et comme sa présence est presque toujours nécessaire ailleurs qu'à la chambre, il n'y paraît que fort rarement. A ces fonctions de deux espèces, il en joint encore d'autres, celles de conseiller d'état. M. de Richemond qui sait faire usage de la parole quand il le veut, et qui l'a prouvé dans les autres sessions, n'est pas monté une seule fois à la tribune dans le cours de celle-ci. Nous pouvons dire que dans les rares apparitions de M. le Baron, il n'a jamais manqué d'accorder son vote à toutes les propositions ministérielles.

On a remarqué que M. de Richemond, occupé sans doute des fonctions de sa place à Saint-Cyr, resta quatre mois entiers sans paraître à la chambre, et qu'il y revint précisément le jour où l'on délibérait sur le traitement des officiers généraux. M. le général de Richemond vota pour que ses appointemens fussent maintenus dans leur intégrité. Il touche au budget de 30 à 40 mille francs.

V. DE TRACY. A.

M. Dupin l'aîné, par une de ces boutades incompréhensibles qui lui sont familières, venait de faire un magnifique éloge du despotisme impérial; il avait loué avec emphase la façon miraculeuse dont le grand homme avait discipliné la magistrature; puis il s'était permis, contre nos juges de la République, de ces invectives et de ces trivials lazzis qui épanouissent les centres de joie. Des acclamations scandaleuses avaient accueilli ce déplorable éloge du despotisme et de la servilité judiciaire, quand M. de Tracy, prenant la parole, exprima son indignation avec toute la verve d'un esprit éclairé et d'un cœur patriote. La majorité, émerveillée de cette magnifique inspiration, rappelée à la pudeur et à la raison par cette parole d'un honnête homme, l'écoutait en silence, et les centres eux-mêmes rougirent de l'approbation qu'ils donnaient quelques instans auparavant au député de la Nièvre (10 février 1832).

C'est que ce qui distingue particulièrement M. de Tracy, ce qui fait toujours respecter sa parole, c'est une parfaite évidence d'honneur, de sagesse et d'intelligente loyauté.

Dans la discussion des céréales, il a vivement réclamé pour le peuple (30 mars 1832). Il a été l'un des premiers à demander pour nos déplorables colonies, les améliorations que la légitimité leur avait promises, et que la quasi-restauration ne leur donnera pas (10 septembre 1831). Il a voulu aussi réduire les charges énormes qui pèsent sur la nation, il a voulu remonter à la cause du mal qui nous travaille, et son discours sur les nécessités de l'état social et du gouvernement, est un des plus profonds, des plus philosophiques et des plus savans que cette discussion ait produits (18 janvier 1832). Il s'est élevé, avec raison, contre le monopole de l'Université et l'odieuse amende dont elle fait payer l'instruction déplorable qu'elle est chargée de vendre au pays (17 février). Ce fut par des motifs non moins louables et non moins éclairés qu'il demandait que l'École Polytechnique, illégalement enlevée au Ministère de l'intérieur, lui fût restituée, de peur sans doute qu'abandonnée au Ministère de la guerre, la science et l'étude ne fussent compromises entre les mains d'un soldat (16 mars). M. de Tracy fut un de ceux qui soutinrent le plus vivement la nécessité d'annuler les rentes rachetées (21 janvier 1832), et qui combattirent l'allocation mystérieuse des 5,000,000 que le premier ministre demandait pour sa police, sous prétexte de bien public (21 octobre 1831).

M. de Tracy blâma surtout le scandaleux emploi des recettes nationales, appliquées à satisfaire la petite vanité des orateurs ministériels, et à publier 40 ou 50,000 exemplaires des *superbes* discours de MM. Thiers, Sébastiani et consorts. Pour montrer tout le ridicule de ces publications, M. de Tracy prenant au mot les louanges intéressées que le *Moniteur* leur avait prodiguées, conseillait à M. Thiers et à la chambre de faire tirer à 3,000,000 d'exemplaires, ces discours dont l'effet devait être si salutaire et si magique.

M. de Tracy avait dans son illustre père un modèle bien rare, mais bien difficile à imiter. Il s'en est montré le digne fils par son patriotisme, ses lumières et son énergie. Pour qui connaît l'un et l'autre, c'est beaucoup dire, et c'est cependant ne pas dire trop.

Dans l'intervalle des deux sessions, l'artillerie parisienne a prouvé à l'illustre patriote toute l'estime qu'elle ressentait pour son noble caractère, en lui offrant le commandement de la légion qu'elle compose. M. de Tracy a bien voulu l'accepter; et c'est encore un service qu'il a rendu à la cause nationale, car son refus eût autorisé et peut-être fait réussir des candidatures qu'elle devait repousser.

M. de Tracy a constamment voté contre le ministère.

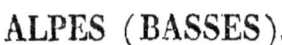

ALPES (BASSES).

Ce département nomme deux députés.

MM. Gravier, arrondissement de Digne. — Leydet, id. de Sisteron.

Nous pensons, pour l'honneur des électeurs de Digne, que deux fois en 15 ans ils se sont trompés sur le compte de M. Gravier, qu'ils ne l'ont jamais connu, et qu'ils ne le connaissent pas encore. Il a passé pendant long-temps, nous ne savons pourquoi, pour patriote, malgré les faveurs de la restauration. M. Leydet est ministériel en 1832 comme en 1830. MM. Leydet et Gravier ne sont guères plus patriotes l'un que l'autre; mais du moins M. Leydet n'a jamais prétendu le paraître.

GRAVIER. A.

M. Gravier, loin de désavouer les éloges qu'il donnait en 1815 à Loverdo et à la trahison, loin de désavouer ses éloges à *l'opposition vraiment nationale qui livra aux étrangers le chemin de la capitale*, a répété ces épouvantables paroles dans une circulaire du 30 juin 1831, et a déclaré que telle était encore son opinion. Après un aveu si formel, on ne saurait guères compter sur M. Gravier pour repousser l'invasion étrangère, et nous ne pouvons comprendre comment il a pu recevoir de nouveau le mandat législatif. La profession de foi de M. Gravier ne l'engageait que sur l'hérédité; quant à toutes les autres questions, elle était tellement vague, tellement indécise, qu'elle n'obligeait à rien celui qui l'avait faite.

Il est inutile de dire que M. Gravier, dévoué au ministère du 13 mars, a voté pour l'ordre du jour motivé de M. Ganneron, qui absolvait la diplomatie du ministère (22 septembre 1831); qu'il a souffert sans protestation la fournée illégale des 36 pairs, (19 novembre 1831), et l'insultante dénomination de *sujets* (7 janvier 1832): c'est-à-dire qu'il approuve notre honte diplomatique, l'abandon des Polonais, des Italiens, etc.; qu'il approuve le bon plaisir des ordonnances ministérielles, et qu'il déteste l'égalité. Il a soutenu toutes les prodigalités du budget, les pensions des chouans, etc. Il a voté constamment pour le ministère. Depuis 1816, il est caissier général de la caisse d'amortissement.

DE LEYDET. A

M. le général Leydet a obtenu, comme nous le lui avions prédit, la fortune que ses services ministériels, autant que ses services militaires, lui ont gagnée. Les électeurs, en le renommant, lui ont assuré le commandement d'une brigade. Le ministère n'a pas voulu demeurer en reste avec un homme que les colléges électoraux traitaient si favorablement. Il lui devait bien aussi quelque chose de son côté ; car, dans la session dernière, M. Leydet ne s'était pas montré des plus intraitables ; et, comme il veut être reconnaissant, il est devenu dans celle-ci, complétement dévoué. M. Leydet a cru faire un acte fort louable de franchise et de vertu politique, en annonçant hautement à la tribune qu'il avait toujours soutenu et était encore prêt à soutenir le ministère (12 mars 1832). Nous le savions depuis long-tems. Cependant M. Leydet réclama énergiquement quelques réformes utiles, et signala surtout des abus scandaleux dans le budget de la guerre.

Nous devons ajouter que M. Leydet a voté deux ou trois fois avec l'opposition sur des questions de mince importance ; mais ses infidélités au ministère sont rares, et il vote assez constamment en sa faveur. M. Leydet est cousin de M. Casimir Périer. On doit croire que son dévouement est de famille, tout autant que de conviction politique.

ALPES (HAUTES).

Ce département nomme deux députés.

MM. Allier, arrondissement d'Embrun. — Pascal Faure, id. de Gap.

Le département des Hautes-Alpes s'est noblement vengé depuis Juillet de la députation que la légitimité lui avait imposée durant 15 ans. A deux représentans humblement ministériels, il en a substitué deux autres indépendans et patriotes : à

MM. Amat et Colomb, MM. Faure et Allier. C'est un exemple qu'aurait dû suivre le département si voisin des Basses-Alpes, dont les mandataires politiques sont si différens, bien que les intérêts des deux départemens soient absolument les mêmes.

ALLIER N.

Dans un âge assez avancé, M. Allier a conservé toute la vigueur d'un cœur patriote ; il s'est politiquement associé à tout ce que la chambre renferme de plus jeune, et son énergie n'est point restée au-dessous de celle de ses collègues de la droite. Les électeurs d'Embrun avaient bien apprécié son caractère et son dévouement. Après une première élection, déclarée nulle pour quelque manque de formes, ils ont renvoyé M. Allier à la chambre, assurés de ne pouvoir trouver un représentant plus ferme. Dans la discussion de la pairie (10 octobre 1831), il a proposé un amendement qui aurait pu concilier les prétentions de tous les partis. Il voulait une nomination mixte des pairs ; des listes de candidats eussent été présentées au roi par les colléges, et des pairs choisis par la couronne sur ces listes auraient formé la chambre du Luxembourg.

Il a constamment voté contre le ministère. Il est conseiller de préfecture du département des Hautes-Alpes. Il a occupé jusqu'à la Restauration quelques emplois de finance importans. Le patriotisme de M. Allier est né avec notre première révolution.

PASCAL FAURE. N.

Comme son collègue de députation, M. Faure, jeune avocat, a tenu tout ce qu'il avait promis aux électeurs patriotes qui l'ont nommé. Il a pris rang parmi les défenseurs des libertés nationales, et son vote a constamment soutenu les véritables intérêts du pays, les intérêts populaires. Lorsque M. Jouffroy (du Doubs) proposa de régulariser l'examen des pétitions soumises à la chambre, M. Faure combattit ce projet (6 septembre 1831), non qu'il se défiât des intentions de son collègue, mais il craignit, sans doute, que la mesure proposée ne donnât occasion à des gens intéressés de satisfaire leur haine ou leur caprice, en portant dans le choix des pétitions des distinctions jusqu'alors sévèrement repoussées. M. Faure voulait, dans la discussion de la loi du recrutement (28 octobre 1831), que les étrangers fussent soumis à la conscription ; la chambre en a décidé autrement, et nous croyons que sur ce point la chambre a eu raison. A son retour à Gap, M. Faure a été accueilli par une sérénade (2 mai 1832).

Il a constamment voté contre le ministère. Il est membre du conseil-général des Hautes-Alpes.

ARDÈCHE.

Ce département nomme quatre députés.

MM. Boissy-d'Anglas, arrondissement de Tournon. — Dubois, id. de Privas. — Madier-Montjau, id. de l'Argentière. — Tavernier, id. d'Annonay.

Le département de l'Ardèche, en nommant quatre députés au lieu de trois, depuis Juillet, y a gagné du moins d'avoir un représentant patriote. C'est M. Dubois. MM. Madier-Montjau et Tavernier valent tout juste MM. de Bernardy et Cassaignoles, légitimistes et députés sortans. M. Boissy est resté ce qu'il était, ministériel dévoué. Ainsi, sur quatre députés, le ministère en compte trois pour lui. Il est vrai que deux tiennent de près aux gens qui ont les cordons de la bourse nationale : l'un comme magistrat de la Cour suprême, l'autre comme intendant militaire. En principe, les électeurs ne devraient jamais jeter le cumul de la députation sur la conscience des fonctionnaires publics : surtout ils devraient s'abstenir, quand ces fonctionnaires sont de la force de MM. Boissy et Madier-Montjau.

Baron DE BOISSY-D'ANGLAS. A.

M. Boissy est un des secrétaires de la chambre. En passant du centre où il siégeait à l'autre session, au bureau où il s'assied dans celle-ci, il a gagné cet avantage, que la publicité des assis et des levés ne l'atteint pas; mais M. Boissy ne s'en mêle pas moins à la discussion. Quand la gauche et la droite lancent contre les centres qui les provoquent et souvent les insultent, quelques paroles de juste indignation, M. Boissy, au milieu du tumulte, se lève avec fureur, et croit sans doute imiter son père, au 1er prairial, en s'écriant : « Ah! vous ne voulez pas qu'on « vous nomme *sujets*, allez-vous-en donc proclamer la République! » (5 janvier 1832).

Dans la discussion du budget, M. Boissy a pris la parole,

mais il serait difficile de trouver dans toutes les pauvretés dont cette session a été fatiguée, rien de plus faible que ce discours-là (18 janvier 1832). Il a parlé, parce qu'il a voulu paraître remplir, en déchiffrant tant bien que mal, 40 ou 50 feuillets de son éloquence, le mandat des patriotes qui s'étaient fiés à lui : mais nous pouvons leur affirmer que des milliers de discours aussi beaux que le sien, n'avanceraient pas les affaires d'une seule ligne, et que surtout, ils n'ôteraient pas au budget qui nous écrase, un seul centime.

M. Boissy a reproduit dans cette session l'honorable proposition qu'il avait faite dans l'autre, en faveur des officiers et des décorés des cent jours (24, 26 août 1831). On sait quel fut le sort de cette pauvre loi. Mais, M. Boissy s'est bien donné de garde de permettre à son amour-propre, à défaut de patriotisme, de réclamer contre les ordonnances du 19 novembre 1831.

Il a constamment voté pour le ministère. M. Boissy a fait conserver en place les fonctionnaires carlistes de son département. Il est membre du conseil général de l'Ardèche.

DUBOIS (DE L'ARDÈCHE). N.

Les électeurs de Privas ne pouvaient point se tromper en chargeant M. Dubois de les représenter à la chambre. Il y a long-temps qu'ils connaissent son patriotisme et ses lumières : leur maire a été au Palais-Bourbon ce qu'il est dans sa commune, le défenseur constant des principes de notre révolution. Il a repoussé, sous la direction d'une conscience indépendante, toutes les mesures qui lui ont paru blesser l'honneur ou le bien-être national. Le ministère, qui ne songe ni à l'un ni à l'autre, l'a trouvé parmi ses adversaires les plus énergiques et les plus constans.

M. Dubois, ancien aide-de-camp de M. Sébastiani, a conservé avec son ancien général de fréquentes relations ; mais il n'en profite que pour lui donner sur la marche des affaires, des conseils francs et patriotiques, que le ministre ne suivra pas, mais qu'il est louable à M. Dubois de faire entendre. Il est membre du conseil général de l'Ardèche.

MADIER-MONTJAU. A.

« Bravo, bravo ! C'est cela, c'est cela ! Bien, bien ! Très « bien, très bien ! » Pour ceux qui n'ont jamais été à la chambre, voilà un échantillon sincère, quoique peu croyable', de l'éloquence de M. Madier. Dès qu'un orateur ministériel est à la tribune, MM. Thiers, Mahul, et autres, surtout quand un ministre daigne en laisser tomber ses paroles, de cinq en cinq minutes régulièrement, une voix caverneuse, sortant d'un corps long et maigre, une voix se fait entendre, pour répéter machinalement, et presque sans aucune apparence de volonté ou de dessein, ces lambeaux d'éloquence. Cette voix, c'est celle de M. Madier-Montjau, voix fidèle, voix laconique, mais constante. Il a trouvé encore un raffinement de fidélité peut-être plus rare : « Quoi ! dit M. Madier, à des « députés patriotes qui se plaignaient d'avoir été insultés, mal« traités même par quelques soldats furieux de la garde bour« geoise de Paris (20 septembre 1831); quoi ! vous vous plai« gnez ! Eh bien ! si me rendant à la chambre, j'eusse attrapé « quelque horion, je ne m'en serais pas fâché. Je me serais « dit : j'ai été frappé, blessé même, tant mieux, je n'ai que ce « que je mérite! » Ainsi, M. Madier a donné aux ministres nonseulement le superbe organe de sa voix, il leur donne encore son dos, son échine. Qu'ils frappent, qu'ils frappent à tours de bras ! M. Madier les en remerciera. Plus l'épreuve sera rude, plus son dévouement en sera satisfait ! C'est un second Zopyre ! On pourrait croire que ceci est une plaisanterie : mais le *Moniteur* est là, à la date du 21 septembre 1831, pour dire comme nous, et témoigner de l'abnégation touchante de M. Madier.

Il faut dire cependant que l'éloquence de M. Madier ne se borne pas à ses harangues monosyllabiques. Il a pris la parole (21—22 septembre, 20 décembre 1831), pour venir deux fois lire et deux fois dénoncer, pensait-il, à la chambre, une lettre qu'il tenait de M. Mauguin, et des conversations qu'il avait eues avec lui. Il y avait déloyauté d'abord à trahir des communications confidentielles : et, en outre, il y avait inconvenance à venir rapporter à la chambre des choses dénuées de toute importance, et de tout intérêt. Cependant l'intention mauvaise de M. Madier était patente, bien qu'elle eût échoué, et tous les cœurs honnêtes en furent soulevés de dégoût.

Il ne faut pas oublier que M. Madier a pris encore une fois la parole ; et lui, le grand révélateur, le dénonciateur de secrets, il a demandé le secret pour le vote sur l'hérédité de la pairie (10 octobre 1831). Ceux qui savent combien la conscience de M. Madier sur ce point était chancelante, ne font pas le moindre doute que l'honorable ne se soit senti pris d'un remords ; et que le secret ne lui ait permis de satisfaire les vieilles affections légitimistes qui couvent et fermentent dans son cœur.

Le ministère qui paie tous les services, de quelque part qu'ils viennent, même les services de M. Madier, l'a fait comme on sait, de procureur-général auprès de la cour de Lyon, conseiller inamovible à la cour de Cassation. Pour notre part, nous le déclarons franchement, nous ne croyions pas que la robe de conseiller suprême pût descendre jusque-là.

Le 24 mai 1831, M. Madier avait eu l'imprudence de lancer de Paris une circulaire où il se prononçait *pour* l'hérédité de la pairie, s'appuyant, disait-il, sur l'opinion des Fox, des Mackintosh, des *Thiers*, des *Mignet*. Mais M. Madier se pressait un peu trop : la circulaire fit mauvais effet : il la retira autant qu'il put de la circulation, et en substitua une seconde où il se prononçait *contre* l'hérédité. En quinze jours, la conviction inébranlable de M. Madier avait tourné du nord au sud. Un tel homme a tenu à la chambre tout ce que sa versatilité et sa faiblesse promettaient. Il n'est pas de député qui ait voté avec plus d'emportement toutes les mesures ministérielles, et surtout les prodigalités du budget.

TAVERNIER. N.

M. Tavernier est un de ces honorables des centres, qui ne perdent point une occasion de déclamer contre les excès de la presse, et contre l'anarchie. Si l'on discute l'adresse, M. Tavernier sera l'un des premiers à manifester son dévouement ministériel, qu'il a la bonhomie d'appeler *monarchique* (10 août 1831), en déclamant contre la démagogie et la licence. Pour lui, il s'est bien permis aussi quelques licences, dont les patriotes lui pourront tenir compte. Il est venu faire du sentiment sur Charles X et son auguste race (18 novembre 1831); il a parlé avec une touchante sympathie de ces souches vénérables de rois qui avaient régné huit cents ans sur ce beau pays de France. Il a même été jusqu'à parler d'ingratitude nationale. Nous pensons rendre service à M. Tavernier, en lui apprenant à lui-même, s'il ne le sait, qu'il a tout ce qu'il faut en conscience pour être un parfait légitimiste. Ceux qui le connaissent, ne sauraient penser autrement que nous. Il a constamment voté pour le ministère.

ARDENNES.

Ce département nomme quatre députés.

MM. Barrachin, arrondissement de Mézières. — Clausel, id. de Rhétel. — Cunin-Gridaine, id. de Sedan. — Robert, id. de Vouziers.

La révolution de Juillet a donné un député de plus au département des Ardennes, et les électeurs de Vouziers ont eu soin que ce nouveau venu fût un patriote. Ils ont nommé M. Robert, qui, avec le maréchal Clausel, représente tout le patriotisme et la gloire du département. M. Cunin-Gridaine est resté, comme devant, fidèle au juste-milieu. M. Barrachin remplace très dignement M. le vicomte Armand d'Abancourt. C'est aux électeurs de Mézières de savoir si le partisan de la quasi-restauration vaut un légitimiste.

Durant les seize années de la Restauration, le département des Ardennes compta le tiers à peine de ses députés parmi les défenseurs des libertés nationales. La représentation actuelle est la plus patriote qu'il ait jamais obtenue.

BARRACHIN. N.

Inconnu avant d'arriver à la chambre, M. Barrachin ne le sera pas moins en en sortant; c'est un maître de forges qui peut fabriquer d'excellent fer, mais qui fait un député plus qu'ordinaire. Par intérêt ou par peur, il s'est fait un des champions fidèles du juste milieu.

Le maréchal comte CLAUSEL. A.

Les électeurs de Réthel ne se sont point trompés en confirmant à l'unanimité au maréchal Clausel le mandat qu'ils avaient confié au général Clausel (2 septembre 1831). Élevé à ce grade suprême, qu'il n'a point demandé, mais qui était dû à ses longs et éclatans services, M. Clausel semble y avoir puisé une énergie nouvelle de patriotisme. Il a déclaré généreusement, que dans les économies méditées par la chambre, il était prêt à faire le sacrifice d'un traitement qui n'était rien à ses yeux. Le maréchal brilla surtout dans cette bataille d'argent auprès du maréchal Soult, ministre secrétaire d'état de la guerre, soldat retraité riche à millions, fonctionnaire rétribué par centaines de mille francs, et qui déclarait sérieusement à la tribune, qu'il mourrait sur son traitement de maréchal plutôt que de l'abandonner.

Dans la discussion de l'adresse (10 août 1831), M. Clausel s'éleva avec raison et dignité contre cette servile et ridicule coutume de ne faire de cette réponse au discours de la couronne qu'une banalité d'étiquette. Il se plaignit aussi que la couronne eût traité du même ton et confondu dans les mêmes reproches, le parti carliste et le parti républicain, comme si les hommes qui abhorrent le plus l'étranger et ceux qui l'appellent à grands cris, pouvaient être mis sur la même ligne. Le maréchal Clausel demanda et obtint que l'adresse renfermât une phrase formelle en faveur les héros de la Vistule.

C'est par un sentiment aussi noble, que M. Clausel demanda l'apothéose du Panthéon pour l'illustre victime de la triple complicité, des étrangers, des Bourbons et des pairs.

Quand le moment est venu de parler d'Alger, M. le maréchal a cru devoir au pays et se devoir à lui-même de dire toute sa pensée sur notre colonie (20 et 21 mars 1831). Il montra les incalculables avantages que la France en pourrait retirer pour son commerce, son industrie et le bien-être général de ses habitans. Il découvrit à tous les yeux patriotes les principes larges et féconds qui l'avaient guidé pendant sa trop courte administration; mais, en même temps, cette discussion laissa voir au pays, que nos ministres, aussi peu soigneux de notre bonheur que de notre dignité, envisageaient sans effroi la perte de notre conquête africaine, et que, pour le fantôme d'une décevante alliance avec l'Angleterre, ils étaient prêts à sacrifier ce sol, payé du sang de nos soldats.

Le maréchal Clausel s'est prononcé contre l'hérédité de la pairie (6 et 14 oct. 1831). Il proposait un système mixte de nomination royale et de candidature. Il appuya aussi de tout le poids de son opinion le projet du général Lamarque sur la mobilisation de la garde nationale (25 octobre 1831). Avec deux semblables témoignages, le pays peut croire que le ministère, en refusant ce que demandaient deux guerriers aussi éclairés, ne lui a pas rendu un grand service.

M. Clausel a constamment voté contre le ministère.

CUNIN-GRIDAINE. A.

Secrétaire de la chambre dans cette session, comme dans l'autre, M. Cunin-Gridaine a cru répondre dignement au choix de la majorité, en se dévouant, comme par le passé, aux votes et aux principes qu'elle lui imposait. Il paraît que les questions de finances sont particulièrement du domaine du député de Sedan, et, pour sa part, il abhorre les économies. Il a repoussé (18 août 1831) la proposition si équitable de M. Glais-Bizoin sur le traitement du président. S'il n'eût dépendu que de lui, l'allocation sans doute eût été doublée, au grand bonheur de M. Girod, mais, nous le croyons, au grand déplaisir des contribuables. Envers les ministres, M. Cunin ne se montra pas plus impitoyable qu'envers le président. Rapporteur de la loi sur les 18 millions pour travaux publics, il se décida d'enthousiasme à octroyer gracieusement au ministère ce qu'il demandait. Il accorda, sans la moindre difficulté, les 5 millions de dépenses mystérieuses que se réservait le président du conseil (8 et 19 octobre 1831). A toute force, M. Cunin-Gridaine est du nombre de ces hommes dont on peut faire des pairs de France; un fauteuil au Luxembourg conviendrait à M. le fabricant de draps comme à tout autre, et ceux qui le connaissent savent que l'hermine, bien qu'elle ne soit plus héréditaire, est l'objet de tous ses vœux.

Il a constamment voté pour le ministère. Il est membre du conseil-général des Ardennes.

ROBERT. N.

Si la liste civile, avec sa dotation pécuniaire et sa dotation réelle, se monte à plus de trente millions, les électeurs n'auront point à s'en prendre à M. Robert. Il a combattu (5 janvier 1832), autant qu'il dépendait de lui, cette monstruosité constitutionnelle. Il a voté pour toutes les économies larges et patriotiques que la majorité n'a pas voulu faire, et, à son avis, le plus sage était de commencer par battre en brèche le plus gros traitement de l'État. M. Robert a pris place parmi les députés patriotes dont le dévouement et la fermeté sont inébranlables. Il a constamment voté contre le ministère.

Il est membre du conseil-général des Ardennes.

ARRIÈGE.

Ce département nomme trois députés.

MM. Joly, arrondissement de Pamiers. — Le général Laffitte, id. de Foix. — Pagès, id. de Saint-Girons.

Le département de l'Arriège est un de ceux auxquels la révolution de Juillet a été le plus profitable; au lieu de trois légitimistes aveugles et muets, il a envoyé à la chambre trois patriotes distingués à divers titres : M. le général Laffitte, qui ne doit qu'à sa bravoure et à son mérite personnel le grade éminent qu'il occupe; M. Joly, l'un des représentans les plus énergiques et les plus éclairés de la génération nouvelle; enfin, M. Pagès, le collaborateur de Benjamin-Constant, l'un des publicistes les plus profonds et les plus instruits dont puisse s'honorer la France. Jusqu'à notre dernière révolution, l'Arriège, l'un des départemens les plus éloignés de la capitale, était, à en juger par sa représentation, l'un des plus arriérés en fait de liberté et de patriotisme : ses députés n'étaient connus que par l'emportement de leur dévouement ministériel. Aujourd'hui, le département de l'Arriège peut passer pour l'un des premiers, par les illustrations et les talens qui le représentent.

JOLY. N.

En arrivant à la chambre, M. Joly, procureur général à Montpellier, était bien décidé, malgré les fonctions révocables qu'il tenait du ministère, à ne point laisser perdre au pays et à la cause nationale les brillantes facultés qui le distinguent Lorsque M. le président du conseil se permit, avec une inhumanité révoltante, de venir insulter à la face de l'Europe tous les proscrits de la liberté que notre sol avait reçus, M. Joly ne put maîtriser son indignation, il défendit avec l'énergie et le talent qu'on lui connaît, la cause des réfugiés. Il blâma l'exposé des motifs dans lequel l'humeur intraitable du premier ministre avait voulu les flétrir. Il parla surtout en faveur de ces Espagnols, à qui la France doit non seulement secours, mais réparation pour l'attentat de 1823. M. Périer, qui souffre peu patiemment la contradiction, entra dans une de ces fureurs qui lui sont si habituelles. Du haut de la tribune, un ministre constitutionnel osa menacer de destitution un fonctionnaire éclairé et honorable, parce qu'il ne votait point comme lui.

La chambre entière, et quelques ministériels même réclamèrent contre ce dégradant système. M. Périer dut se taire, mais jura dans son cœur qu'il se vengerait. M⁰ Barthe fut chargé d'exécuter la sentence, et trois mois après, la destitution de M. Joly était prononcée (20 février 1832). Les électeurs de Pamiers ont prouvé à leur intègre représentant, qu'ils ne pensaient point comme le ministère, et que leur mandataire, pour avoir encouru la disgrâce de M. Périer, n'en était que plus estimable à leurs yeux. Ils ont témoigné leurs sentimens à M. Joly par les attentions délicates et honorables qu'à la nouvelle de sa destitution, ils ont prodiguées aux membres de sa famille.

M. Joly a constamment voté contre le ministère. Persécuté sous la Restauration, M. Joly l'a encore été sous la quasi-légitimité. Il devait sa place à M. Dupont (de l'Eure) : il était juste que M⁰ Barthe la lui ôtât. A son passage à Vierzon, à Toulouse, et à son retour à Limoux, M. Joly a été reçu par l'enthousiasme de la population et de la garde nationale (2, 5, 8 mai 1832).

Général LAFFITTE. N.

M. le général Laffitte a constamment voté contre le ministère. Nous devons regretter qu'il n'ait point paru une seule fois à la tribune, où nous savons qu'il pourrait donner à l'opposition un talent de plus. Il est probable que durant cette session, les infirmités dont M. le général souffre depuis la campagne de Russie, l'ont empêché de se livrer à toutes les inspirations de son patriotisme. En Juillet 1830, M. Laffitte fut encore un des premiers à arborer les couleurs nationales ; et il sut alors donner un vif élan à l'esprit public dans le département de l'Arriège, qu'il a commandé avec distinction en 1814, et où son nom exerce la plus grande influence.

J .J. PAGÈS. N.

La discussion de l'adresse était à peine commencée, que M. Pagès saisit cette première occasion de manifester à la chambre les pensées qui, long-tems avant et depuis Juillet, fermentaient dans son cœur patriote. La fermeté, la noblesse de sa pensée et de sa diction, l'énergie de ses reproches, épouvantèrent le banc ministériel. Le président, rarement long à comprendre les ordres qui partent des gens placés en face de lui, lui coupa la parole et le rappela à l'ordre. M. Pagès avait dit, comme le pensent tous les patriotes, en parlant de la France et du triste rôle qu'on lui fait jouer depuis les Trois jours : « Il est impossible qu'un grand peuple tombe plus bas » (11 août 1831). Dans toutes les grandes questions que cette session dut agiter ou résoudre, M. Pagès proclama les immuables principes de liberté, de raison, d'humanité et d'économie, que la France est appelée à réaliser en dépit de toutes les passions et de tous les égoïsmes qui cherchent encore à les étouffer. Si un ministre vient insulter, pour une aumône de 500,000 fr., les proscrits de tous les pays, les victimes de la liberté, que le pays a pu recevoir et abriter (26 octobre 1831), M. Pagès lui rappellera ce que mérite d'égards et de fraternité un malheur qui nous attendait tous, nous autres hommes des barricades, si la fortune eût tourné contre nous: aussi s'est-il énergiquement opposé à l'abominable loi de proscription contre les réfugiés politiques (9 mars 1832).

La profusion ministérielle se trouve à l'étroit dans cette vaste mer d'un budget de 1,500,000,000 ; il n'y a point place à la plus mince économie : « Vous désorganisez les services ; vous « êtes des insensés, des fous ; vous êtes saisis du vertige ; vous « êtes de mauvais citoyens. » Tels sont les encouragemens que le ministère n'a cessé de donner aux efforts et aux travaux des représentans. M. Pagès leur a prouvé, à ces dévorantes capacités de finances, que même en suivant leur système et sans rien supprimer de tous ces rouages merveilleux qui broient le peuple sous le pressoir de l'impôt, on pouvait encore retrancher à ce budget le luxe de 145,000,000 : il leur a prouvé qu'un changement de système rendrait 400,000,000 à l'industrie, au commerce, à la portion laborieuse et productrice de la nation (15 janvier 1832). M. Thiers essaya vainement de réfuter ces calculs positifs.

Les mutilations inouïes que M. Delaborde a fait subir à la proposition si patriotique, si utile, de M. Salverte, sur le Panthéon, trouvèrent dans la censure mordante, et la grave réprimande de M. Pagès, le salaire que la légèreté ou la mauvaise intention méritait à juste titre (18 février 1832). C'est en vain, sans doute, que M. Pagès a réclamé une place au Panthéon pour le *brave des braves* : les cendres de Ney resteront dans un cimetière public, et sa mémoire sous le poids d'un inique jugement.

Quand M. Pagès a pris la parole dans la discussion si malheureusement provoquée par le ministère sur la catastrophe de Lyon, les centres impatiens couvrirent sa voix de murmures, car il parlait du peuple, de ses misères, de ses droits, de ses besoins (19 décembre 1831).

M. Pagès a prouvé par ses discours à la tribune, comme il l'avait prouvé par ses travaux si complets et si profonds (presque toute la partie politique de l'*Encyclopédie moderne* de M. Courtin est de M. Pagès), que les électeurs de l'Arriège avaient doté la cause nationale d'un penseur et d'un orateur de plus.

Il a constamment voté contre le ministère.

A son passage à Toulouse le 23 avril 1832, **M.** Pagès a reçu une brillante sérénade, témoignage de l'estime des électeurs pour sa conduite parlementaire.

AUBE.

Ce département nomme quatre députés.

MM. Demeufvre, arrondissement de Nogent-sur-Seine. — Gallimard, id. de Bar-sur-Seine. — Pavée de Vandeuvre, id. de Bar-sur-Aube. — Casimir Périer, id. de Troyes.

En acquérant par la révolution de Juillet le droit de nommer un député de plus, le département de l'Aube a pu du moins envoyer à la chambre un homme qui ne fût pas en contradiction avec les principes qui appelaient de nouveaux députés : c'est M. Demeufvre, qui est chargé de représenter à lui seul tous les patriotes de l'Aube. Les électeurs de Troyes, sans parler des griefs généraux que nous avons tous contre le ministère du 13 mars, en devaient encore avoir contre le candidat qui avait refusé de leur découvrir sa pensée sur la question de la pairie. S'ils lui ont pardonné l'insulte qu'il s'est permise envers eux, ils auraient bien dû ne point lui pardonner si aisément toutes celles qu'il a faites au drapeau tricolore.

Quant à M. Pavée de Vandeuvre, il est resté ce qu'on l'a toujours connu, croyant effacer sa roture par des complaisances ministérielles. M. Gallimard, enfin, n'est guères moins silencieux que M. le comte de Labriffe, l'un des députés sortans.

DEMEUFVRE. N.

Lorsque le déficit Kessner vint révéler au pays tout ce que notre comptabilité avait d'admirable, au dire du financier M. Thiers, la chambre choisit, pour un des hommes qu'elle chargea de l'enquête, M. Demeufvre (1 février 1832). Les votes de M. Demeufvre, assez souvent confondus avec ceux des plus fermes patriotes, ne les accompagnent pas cependant avec toute la constance désirable. Si M. Demeufvre a voté contre l'ordre du jour motivé de M. Ganneron, qui absolvait la diplomatie du ministère (22 septembre 1831), nous regrettons de ne point trouver son nom dans les protestations patriotiques et constitutionnelles contre la fournée illégale des 36 pairs, et contre l'insultante dénomination de *sujets* (23 novembre 1831, 7 janvier 1832). Il est membre du conseil-général de l'Aube.

GALLIMARD. N.

Soit par peur des émeutes, soit par dévouement monarchique, M. Gallimard était gagné au juste-milieu du jour où il mit les pieds dans la chambre; depuis ce temps il peut se rendre cette justice, qu'il est resté invariablement attaché au ministère, et son vote, non plus que sa parole, n'est presque jamais allé se fourvoyer dans ces principes de liberté et d'économie, de dignité et d'honneur, que défend l'opposition. C'est un de ces hommes fidèles au juste-milieu, sans savoir précisément pourquoi, qui ne le comprennent pas fort bien, mais qui le suivent pour ne point avoir la peine d'ouvrir les yeux et de penser par eux-mêmes.

Les électeurs de Bar-sur-Seine, et ceux de Gyé, surtout, ont protesté contre la conduite parlementaire de leur représentant. A son défaut, ils ont énergiquement repoussé les injurieuses paroles du jeune Montalivet, et M. Gallimard peut être regardé comme un des hommes de la chambre qui sont aujourd'hui le moins d'accord avec les opinions de ceux qu'ils sont censés représenter. Il a voté presque constamment pour le ministère; sur les questions de moindre importance, il s'est laissé parfois aller à partager l'avis de l'opposition.

Il est membre du conseil-général de l'Aube.

PAVÉE DE VANDEUVRE. A.

Lorsque M. Glaise-Bizoin proposa de réduire le traitement de la présidence, M. Pavée de Vandeuvre fut effrayé de l'économie, et lui, qui s'était abstenu de prendre la parole sur l'Adresse, et qui ne devait la prendre qu'une seule fois pendant toute la session, il est venu soutenir à la face du pays, que la place de président n'était pas trop chèrement rétribuée à 100,000 fr. par an, et que la chambre devait s'estimer fort heureuse de posséder à ce prix l'incomparable capacité de M. Girod (de l'Ain) (18 août 1831). M. Pavée a continué, durant cette session, la conduite d'intrigues et de manœuvres ministérielles qu'il avait tenue dans l'autre. Il a soutenu avec emportement toutes les prodigalités du budget, les pensions des chouans, etc. Il est membre du conseil-général de l'Aube.

M. de Vandeuvre, qui vise à un fauteuil de pair, a déjà pris dans ses manières tout aristocratiques, la fatuité, sinon l'élégance, d'un homme digne de siéger au Luxembourg. Depuis deux ou trois ans, et surtout depuis le 13 mars, il ressent une amitié fort vive pour M. le président du conseil, qui l'admet dans son intimité. A la chambre, il sert de truchement à M. Périer, quand celui-ci désire, dans un cas d'urgence, faire passer le mot d'ordre aux centres. M. de Vandeuvre est encore un des ministériels plus particulièrement chargés de donner le signal des tapages et des trépignemens de pieds, quand il faut couper la parole à un orateur patriote. Il s'acquitte à merveille de tous ces petits services. Son couteau de bois et son pupitre qu'il frappe à coups redoublés, souffrent beaucoup de son dévouement dans les grandes occasions.

CASIMIR PÉRIER. A.

M. Périer avait promis à la France paix au dehors, paix au dedans. La bourse et l'aristocratie bourgeoise ne l'appelèrent au pouvoir qu'à ce prix. L'intérêt et la peur lui avaient fait leurs conditions; et il les avait acceptées, personnifiant en lui la richesse égoïste et timide.

Au dehors, M. Périer a sacrifié la Pologne à la Russie, et abandonné à la domination russe les frontières orientales de l'Europe. A nos portes, il a laissé l'Autriche dominer sans rival en Piémont et en Italie; car, notre expédition d'Ancône avec ses deux mille hommes, n'est qu'une dérision à l'opinion nationale, et ne nous a d'ailleurs donné aucun résultat : il a laissé l'Angleterre occuper sur notre sol, sous le nom de Léopold, la Belgique, objet constant de la politique française depuis plus de 500 ans; notre possession d'Alger est incertaine. Au prix de tant de concessions, a-t-il obtenu la paix? Loin de là; la conclusion des affaires belges est moins rapprochée que jamais. Les ratifications si long-temps attendues n'ont été qu'une duperie à laquelle le cabinet français s'est laissé prendre. La Pologne n'est plus là pour arrêter Nicolas : deux millions de soldats ennemis n'attendent, malgré les promesses mille fois répétées de désarmement, que le signal du combat auquel chacun s'apprête.

Au dedans, le commerce languit et se meurt; le peuple décimé par la faim et la misère, se soulève; les partisans de la dynastie déchue volent et assassinent, au mépris de la paix publique, dans l'Ouest et dans le Midi. Si le ministère précédent a été, comme l'ont dit les partisans du pouvoir nouveau, le ministère de l'émeute, celui de M. Périer est celui de l'insurrection et de la guerre civile.

Ainsi au dedans comme au dehors, M. Périer n'a point tenu les décevantes promesses dont il avait payé son avènement.

Sans qu'il l'eût promis, la nation était en droit d'exiger de son gouvernement dignité à l'étranger, et loyauté à l'intérieur. A l'étranger, les hommes du 13 mars nous ont fait la risée de l'Europe; notre entrée en Belgique n'a pas même été une longue promenade; en 15 jours nous franchissions deux fois la frontière pour aller et revenir. Nous avons souffert deux fois que les Autrichiens fissent la loi dans les Légations; et notre expédition d'Ancône, véritable avorton politique, n'a prêté qu'à la gaîté des diplomates et des peuples, et n'a effrayé personne. Nous avons assisté, muets et tranquilles, à la violation des traités garants de l'existence nationale de la Pologne. Notre drapeau flotte *sous* les murs des villes ennemies, mais il ne les domine plus. Enfin, grâce à des lois de proscription, le sol de France n'a pas été pour les réfugiés politiques plus hospitalier que les terres du despotisme. Comme on l'a dit: un grand peuple ne saurait tomber plus bas. A l'intérieur, on s'est efforcé, au prix d'une plate indulgence, de rattacher les carlistes et leur aristocratie à l'aristocratie nouvelle de l'argent; on a persécuté les patriotes, et dressé contre la presse indépendante des guet-à-pens et des violences. On a concentré toute l'action du gouvernement dans les intérêts de quelques banquiers avides; la diplomatie n'a travaillé que pour la Bourse. Jamais le scandale de lucres infâmes n'a été plus audacieusement exploité. Le parquet et la coulisse ont été les véritables bureaux du ministère. La Bourse a volé le trésor national.

M. Périer a ressuscité, pour sa part, tous ces vieux et tristes principes de gouvernement, haillons de la légitimité, et que nous croyions ensevelis avec elle : d'abord le mensonge dont il a fait un si étrange usage pour les affaires de Lyon, celles de Grenoble, et surtout pour les ratifications que nous n'avons point telles qu'on les a promises et que nous n'aurons pas; puis le servilisme absolu des fonctionnaires, hautement professé et mis en application par de brutales destitutions; puis des appels à toutes les passions viles et basses de l'égoïsme, de la peur, de la vanité; calomnies contre les principes de notre première révolution; préoccupation exclusive des intérêts matériels aux dépens de notre honneur; profusion scandaleuse de décorations et de sots éloges à la garde nationale, à l'armée, qu'on veut compromettre, etc.; voilà les théories et les actes des hommes du 13 mars, gens qui ont jugé la nation sur leur propre cœur, et qui ont cru le peuple aussi petit qu'ils le sont eux-mêmes.

Et telle a été la sollicitude de M. Périer, pour les manœuvres de sa police, qui assassine les citoyens, et celles de sa diplomatie, qui assassine les peuples, qu'il a laissé sous ses yeux dilapider le trésor public, et qu'il a oublié de préparer la capitale aux attaques du choléra-morbus, qui, de Londres, la menaçait depuis plus de deux mois. Ainsi, il a été prouvé, par de déplorables révélations, que ces gens qui se donnaient pour les dieux tutélaires de la France, n'ont su défendre ni l'honneur du pays, ni le trésor national, ni même la santé publique.

Que M. Périer vive ou qu'il meure, son système est mort avant lui; le peuple l'a jugé, et sa décision sera sans appel. Si, comme la vanité du premier ministre l'a mille fois dit par ses amis, par ses journaux, par ses partisans, il est l'homme de la dynastie nouvelle, il est l'homme de la paix en Europe, nous touchons à une révolution prochaine et à la guerre européenne. Les patriotes ne redoutent ni l'une ni l'autre.

Pour notre part, nous l'avons toujours pensé, le système du 13 mars était une énigme sans mot, un problème sans solution. Il fallait toute l'insuffisance de M. Périer, et surtout l'ignorance la plus profonde de l'histoire et des intérêts de la France et de l'Europe, pour poser un système pareil.

Comme chef parlementaire de la majorité, M. Périer a été aussi déplorable que son système politique. Violence épileptique, personnalité insupportable, despotisme avilissant, voilà ce qu'il apporta dans la chambre; la majorité qu'il s'était formée était digne de lui : honneur et fortune nationale, elle a tout gaspillé de concert avec son chef. Sous le fouet de sa parole, de ses menaces ou de ses promesses, elle s'est faite rampante, égoïste et peureuse. Grâce à elle, on peut dire que la représentation nationale a été annulée; en d'autres termes, que la nation n'a point été représentée. La nation n'est ni lâche, ni servile, ni corrompue.

Ainsi, M. Périer ne sera monté au pouvoir, après une hypocrisie libérale de quinze années, que pour y faire voir à nu sa profonde insuffisance, et pour y renier solennellement les principes qu'il affecta de professer durant une vie tout entière. Il s'éteint politiquement au milieu des bruits d'une guerre formidable, et des ravages d'une épidémie, précurseurs d'autres ravages plus terribles encore. Il n'aura paru à la tête des affaires, lui, libéral de la restauration, que pour tenter de créer une aristocratie bourgeoise, pour refaire cette restauration qu'il feignit jadis de combattre, mais qu'il voulait seulement exploiter. M! Périer n'aura été qu'un ministre plus médiocre encore que vaniteux.

Si l'on cherche quelle sera la place de M. Périer dans les annales du pays, on trouverait difficilement quelque comparaison qui pût lui convenir. Le cardinal de Fleury avait à peu près comme lui à rassurer l'Europe sur l'ambition de la France, si redoutable et si entreprenante sous Louis XIV ; mais Fleury ne descendit jamais aussi bas que M. Périer : la France ne fut pas glorieuse sous son ministère, mais du moins elle ne fut pas avilie. Fleury, d'ailleurs, n'avait pas derrière lui les désastres de deux invasions à réparer, ni la gloire et les conséquences d'une révolution à soutenir. A côté du ministère Périer, le ministère Fleury fut courageux et grand. Le ministère du 13 mars est aussi mesquin que peureux.

A tout prendre, on ne pouvait attendre mieux d'un agioteur devenu ministre. Ses conceptions doivent avoir tout juste autant de largeur qu'il en faut pour spéculer à la Bourse ; et tout juste autant de désintéressement qu'en demande la direction d'un Mont-de-piété. Malheureusement les gens qui portèrent M. Périer au maniement des affaires, et qui se trouvaient en ce moment à la tête de la nation, étaient précisément aussi généreux et aussi intelligens que lui. La France et l'histoire s'en souviendront long-temps.

AUDE.

Ce département nomme cinq députés.

MM. Mahul, 2e arrondissement de Carcassonne. — Peyre, id. de Limoux. — Podenas, id. de Narbonne. — Rouger, id. de Castelnaudary. — Tesseyre, 1er id. de Carcassonne.

Le département de l'Aude peut compter sur deux patriotes au moins. M. de Podenas est dès long-temps connu par les lumières, l'utilité et l'énergie de son patriotisme. M. Tesseyre a donné preuves irrécusables du sien ; et nous pouvons espérer que M. Rouger rentrera dans la voie qu'il avait d'abord suivie, et où il doit retrouver ses collègues. M. Peyre vote avec le ministère.

Si les électeurs du deuxième arrondissement de Carcassonne tiennent à maintenir en belle humeur la chambre et tous ceux qui lisent les journaux, nous les félicitons du choix miraculeux qu'ils ont su faire de M. Mahul.

La députation actuelle est la plus patriote que le département de l'Aude ait nommée depuis seize ans.

BROUSSE. N.

M. Brousse est mort, durant le cours de la session, le 19 janvier 1832. Il votait avec les patriotes.

MAHUL. N.

Si vous voulez un échantillon de l'éloquence de M. Mahul, prenez son fameux discours sur le budget (19 janvier 1832). M. Mahul y parle de *ses* électeurs et de *son* département comme un autre parlerait de *sa* valetaille et de *son* domaine ; et comme il est homme d'importance, il rappelle les sages paroles qu'il a dites à ses amis, et celles que ses amis lui ont répondues. Puis il énonce des axiômes dont vous ne vous doutez guère. D'abord, si vous croyez que le cumul soit un mal, vous avez tort, attendu que le cumul est un bien et une économie, et pour preuve, M. Mahul vous soutiendra que Colbert a organisé le cumul. Bien plus ; le budget ne paie pas une seule sinécure, et la chose est évidente de soi : « *Mon* département, a dit M. Ma-
« hul, ne renferme pas une seule sinécure : mes amis me l'ont
« assuré ; donc il n'y en a pas ailleurs. » Vous savez du reste que les trois premières fonctions seulement sont payées ; la quatrième ne l'est pas. « C'est, ajoute M. Mahul, un moyen de
« tirer parti des grandes capacités. » Pour notre part, nous sommes très portés à en douter ; car M. Mahul ne cumule pas. Vous croyez peut-être que le budget est lourd, écrasant : pas le moins du monde, vous dit le député de Carcassonne : le budget est fort léger pour la France, attendu qu'elle est baignée par les *plus vastes mers*, et qu'on y *travaille jour et nuit* ; et s'il s'élève des plaintes, si le peuple réclame contre ses souffrances et ses misères, ne l'écoutez pas ; c'est un *mal d'imagination ; c'est une envie sociale.* Nous ne pensons point que personne songe à envier l'esprit ou l'humanité de M. Mahul. Dans une belle inspiration, M. Mahul s'emportera contre

les organes des plaintes du peuple, contre la presse démagogique, qu'il appelle les *Gazettes* ; et, comme les grands génies ont besoin d'une langue originale pour exprimer leurs pensées neuves et profondes, M. Mahul aura une langue à lui. Pascal, Montesquieu, Rousseau, ne seront rien auprès. Savez-vous quelle est la *plaie saignante* de notre époque? c'est ce cri *factice* qui s'élève *à l'endroit* des fonctionnaires publics, dira M. Mahul qui est fort heureux dans le choix de ses archaïsmes : il ira même jusqu'à demander la *fortification des prérogatives gouvernementales* ; ce qui veut dire sans doute qu'à son avis le fossé des Tuileries n'est pas assez profond, ni le château de Vincennes assez fort : c'est peut-être M. Mahul qui a imaginé de fortifier Montmartre.

Aussi, avec une éloquence si prodigieusement originale, une pensée et un à-plomb si étonnans, M. Mahul ne paraît jamais à la tribune sans y être accueilli par l'hilarité de la chambre ; mais, comme il entend fort bien la plaisanterie, il se met à rire de lui-même, comme il rirait d'un autre ; et quand la chambre s'est suffisamment mise en belle humeur, « c'est assez ! c'est assez » ! lui crient de toutes parts des voix que le rire étouffe, et qui lui demandent grâce. M. Mahul saute alors vingt ou trente feuillets de son éloquence, et s'empresse de courir à sa péroraison, qui vaut toujours au moins son exorde : « Je n'ai plus que quatre lignes à lire, dit-il obligeamment » (16 novembre 1831), et la chambre, au risque d'étouffer, permet à M. Mahul de lire ses quatre lignes, en faveur de la *générosité du sang*, et de la *débonnaireté* du cœur de nos rois.

Et cependant M. Mahul s'est fait un nom peut-être immortel. Il est vrai que le chemin qu'il a pris pour aller à la gloire n'est pas moins original que son éloquence. Il a émis sur les devoirs des fonctionnaires une doctrine inouïe, inappréciable, mais non impayable, qui, pour l'honneur du siècle, ne périra sans doute pas ; formulée et réduite en axiôme à l'usage des simples, voici sa merveilleuse théorie : « Tout fonctionnaire employé par le ministère *est la chair de sa chair, et les os de ses os* (12 novembre 1831). »

Un tel homme devait naturellement se constituer le champion de toutes les prodigalités et de toutes les inutiles dépenses qui paient *tant de chair et tant d'os* à s'engraisser et à ne rien faire. Aussi M. Mahul a-t-il défendu les chanoines et leurs appointemens (16 février 1832), avec tout le noble courage d'un cœur qui, lorsqu'il s'agit du peuple et de l'impôt des boissons, vous dit impitoyablement : *Il faut payer, il faut payer* (28 septembre 1831).

Il s'est opposé avec non moins de raison à ce que la chambre diminuât d'un centime le traitement des secrétaires généraux de préfecture (2 mars 1832). Nous ne savons point ce que les étrangers et les proscrits, réfugiés sur notre sol, avaient fait à la *chair et aux os* de M. Mahul : mais, rapporteur au commencement de la session, du misérable crédit de cinq cent mille francs, qu'on leur accordait, il a eu le courage de les insulter. Le choix d'un tel rapporteur et un semblable rapport valaient assurément plus de cinq cent mille francs ; et nous croyons qu'en recevant un secours à ce prix, les étrangers ne doivent rien, ni à M. Périer, ni à M. Mahul, à moins qu'ils ne soient en reste d'admiration pour l'éloquence de l'un et l'humanité de l'autre.

M. Mahul veut entrer au Conseil d'Etat ; mais comme la loi sur la réélection est sévère, et que M. Mahul n'est pas très sûr de sa nomination à Carcassonne, il faut trouver un expédient ; mais un génie, fertile en ressources, n'est jamais embarrassé ; M. Mahul s'est fait faire *maître des requêtes en service extraordinaire* (12 novembre 1831). Par cet ingénieux milieu, il pourra tout à la fois aller s'asseoir auprès de l'illustre M⁰. Barthe, et il s'épargnera le désagrément de soumettre son nom aux dangers d'un nouveau scrutin.

La profession de foi de M. Mahul avait été ce qu'on devait attendre d'un tel homme, pâle, faible, indécise même sur la question de la pairie, et si peu satisfaisante, que les électeurs furent obligés de demander de nouvelles explications (Voir une circulaire datée de Carcassonne, 16 juin 1831). M. Mahul laissait maladroitement entrevoir sa spéculation sur le mandat législatif. Il disait naïvement qu'il ne renonçait pas à certains emplois élevés, qui n'étaient point regardés par lui comme incompatibles avec les fonctions de député. Il a dû se contenter d'une place de maître des requêtes en service extraordinaire. Mais pour M. Mahul c'est une place extraordinairement élevée. Il a justifié toutes les craintes qu'on avait conçues de lui. L'électeur patriote de Carcassonne qui s'opposait à son élection l'avait parfaitement jugé. Au ministère, on le juge à peu près aussi bien. Le lendemain du jour où M. Mahul avait fait son fameux discours sur *la chair* et *les os*, M. Périer, s'entretenant avec ses familiers, disait, du ton qu'on lui connaît : « Nous avons fait ce petit homme maître des requêtes ; je le fais Con-
« seiller-d'État, s'il veut passer à l'opposition. »

Le grand tort de M. Mahul, c'est de n'avoir point suffisamment connu ceux dont il se croit l'ami politique. Homme de conviction religieuse, élevé dans toute la réserve de la piété bourgeoise, il ne devait point aller se mêler aux *doctrinaires*, véritables athées en politique, se jouant de toute croyance, de tous principes, et se moquant de ceux qui, comme M. Mahul, ont encore la naïveté d'en avoir. Il a pris, par imitation et faiblesse, un rôle que ne peuvent tenir ni son esprit ni son caractère. Il a forcé sa nature en voulant suivre celle d'autrui. Il ne partait pas du même point que ses prétendus amis ; aussi les *doctrinaires*, avec leur cynisme et leur façon cavalière de traiter les choses et les personnes, sont-ils arrivés tout droit à l'impertinence : M. Mahul, avec sa candeur, n'est arrivé qu'au ridicule.

PEYRE. N.

M. Peyre, jouissant d'une fortune peu considérable, [avocat avant la révolution de Juillet, a été nommé depuis maire de Limoux. Son administration a donné dans la localité une assez mauvaise opinion de sa capacité et de ses principes politiques. Il a fait maintenir en place les fonctionnaires carlistes, dont plusieurs sont ses parens. Il a défendu au peuple les chants patriotiques ; et comme l'injonction était assez mal observée, M. le maire a obtenu du préfet, M. B. Dejean, son grand ami, et si connu par l'insurrection de Carcassonne, une petite garnison de 150 ou 200 hommes, dont l'entretien et le logement ont absorbé tous les fonds communaux, au grand préjudice des rues et de l'éclairage de Limoux. Jamais élection ne coûta plus de peine que celle de M. Peyre ; malgré l'appui des carlistes et de l'administration, il est telle place, nous assure-t-on, que le candidat dut promettre à dix-sept personnes à la fois. L'une des dupes provoqua M. Peyre en duel.

Nommé vers la fin de la session, M. Peyre a cependant assez long-temps siégé à la chambre pour y justifier déjà ses antécédens. C'est un des ministériels les plus dévoués des centres.

Il est membre du conseil-général de l'Aude.

PODENAS. A.

M. Podenas s'est montré dans cette session aussi patriote et aussi laborieux que dans toutes les autres ; on peut même dire qu'il y a eu un très remarquable progrès dans la direction de ses travaux. Son discours contre l'hérédité de la pairie est un des mieux pensés et des mieux écrits de toute cette discussion (5 octobre 1831). Il y a posé sur la souveraineté du peuple les véritables principes. Nul n'a discuté plus complétement ni plus savamment la loi transitoire sur les listes électorales (22 et 29 août 1831). Il combattit avec constance pour empêcher le ministère d'enlever le droit politique à 25,000 citoyens. Il voulait aussi que les listes électorales fussent affichées dans toutes les communes indistinctement. Grand partisan des économies, parce qu'il compâtit sincèrement aux misères du peuple, il vota pour la réduction du traitement de la présidence (3 septembre 1831) ; et doué d'une énergie et d'une franchise peu ordinaires, il n'hésita point à dénoncer à la France cette demande mystérieuse de 5,000,000 que le premier ministre comptait employer aux dépenses de sa police, à la création de journaux ministériels, et à la publication des discours de MM. Thiers, Guizot, Sébastiani, etc. (21 octobre 1831).

M. de Podenas fut un des premiers à demander l'annulation des 43,000,000 de rentes rachetées (25 janvier 1832). Dans la discussion si longue et si pénible du Code pénal réformé, et dans celle de la loi du recrutement (novembre et décembre 1831), M. de Podenas a fait preuve d'un savoir remarquable. Il n'est point une seule des dispositions de ces deux lois qu'il n'ait éclairée de son examen et de sa discussion.

M. de Podenas a constamment voté contre le ministère.

ROUGER DE VILLESAVARY. N.

Au début de la session, quelques patriotes crurent trouver dans M. Rouger un compagnon de vote et d'opposition : M. Rouger, en effet, suivit quelques temps la même ligne qu'eux, mais nous pouvons affirmer qu'il s'en est éloigné plus d'une fois, et que la fin de la session ne l'a pas vu sur le chemin où il était entré durant les premiers jours. Pendant les derniers mois, il a constamment voté pour le ministère.

M. Rouger possède une fortune immobilière assez considérable, qu'il doit en partie à son travail, et dont il a su faire un louable usage. Nous regrettons qu'à cette fortune il n'ait pas su joindre le patriotisme et l'indépendance politique. Nous croyons que M. Mahul n'a point été sans influence sur sa conduite parlementaire. Après s'être mis plusieurs fois en vain sur les rangs pour la députation, M. Rouger réussit enfin en 1831, mais ce fut à l'aide des carlistes et des gens du juste-milieu, coalisées pour repousser la candidature du maréchal Clausel. C'est un fâcheux antécédent que M. Rouger devait tâcher d'effacer. Il songe, dit-on, à faire retraite.

Il est membre du conseil-général de l'Aude.

TESSEYRE. N.

Si quelques scrupules restaient à M. Tesseyre sur l'hérédité de la pairie au moment de son élection, nous sommes assurés aujourd'hui qu'il les a bien radicalement perdus. Il a vu facilement que cette question, que le ministère faisait à dessein si formidable, n'en était plus une à la chambre; et, sans hésiter, il a été prendre rang parmi les adversaires les plus prononcés du privilége : son vote ne s'est point une seule fois séparé des leurs. Partisan des économies, non moins que de l'égalité, il a soutenu la proposition de M. Glaise-Bizoin (18 août 1831), sur la réduction du traitement du président, et nous croyons même que s'il n'eût tenu qu'à lui, il aurait totalement supprimé une allocation d'argent pour la remplacer par une allocation, moins facile à obtenir, d'estime et de considération.

M. Tesseyre a été révoqué depuis peu de ses fonctions de maire de Carcassonne, et jouit d'une fortune considérable. Son patriotisme est de longue date. Sous la restauration, il fut à Carcassonne le centre et le guide des efforts des libéraux dans les comités qu'ils formèrent pour assurer la loyauté des opérations électorales.

AVEYRON.

Ce département nomme cinq députés.

MM. Daude, arrondissement d'Espalion. — Decazes, id. de Villefranche. — Merlin, id. de Rhodez. — Nogaret, id. de Milhau. — Vergnes, id. de Sainte-Affrique.

Les électeurs de l'Aveyron n'ont pas la main heureuse. En 1829, ils avaient deux représentans patriotes; en 1830, ils n'en avaient plus qu'un; en 1832, ils n'en ont pas un seul, et qui pis est, on peut, sans injustice, soupçonner deux de leurs cinq députés d'être légitimistes. Les dernières élections offraient cependant aux électeurs une belle occasion de réparer leurs longs revers durant la restauration. Ce qu'on pouvait chercher dans des députés après Juillet, indépendamment de toute opinion politique, c'était l'amour des économies : eh bien! même en cela, le département de l'Aveyron a été le plus infortuné de France. Il a nommé l'homme qui a proposé la plus haute liste civile dans toute la chambre; M. Merlin a été plus libéral de notre argent que la commission elle-même, et, chose à peine croyable! il a proposé 15 millions pour dotation de la royauté bourgeoise! Nous espérons qu'au prochain renouvellement de la chambre, les électeurs de l'Aveyron feront justice de tous leurs mandataires, et qu'ils tiendront à honneur de les remplacer par des patriotes.

DAUDE. N.

On a dit que M. Daude avait des connaissances fort étendues et fort variées. Il faut alors que M. Daude soit encore plus modeste que savant, ou du moins bien avare de ses richesses intellectuelles. Il est certain qu'il n'en a pas fait la moindre part ni au pays, ni même à ses collègues de députation, qui, cependant, en ont besoin tout comme d'autres. Il a constamment voté pour le ministère. M. Daude est juge de paix et propriétaire dans l'arrondissement d'Espalion qui l'a élu. Il possède une très médiocre fortune, et les électeurs avaient cru nommer un patriote en le choisissant. Une rivalité fâcheuse entre quelques cantons put seule assurer son élection.

Il est membre du conseil-général de l'Aveyron.

Le vicomte DECAZES. A.

Repoussé du Tarn, M. Decazes s'est réfugié dans l'Aveyron, et les électeurs de Villefranche, qui avaient à remplacer M. Humann, n'ont pas cru déroger en lui substituant M. Decazes. MM. Decazes et Humann se valent sans nul doute, l'un l'autre; mais nous croyons qu'il n'eût pas fallu se mettre beaucoup en peine pour trouver un député qui valût mieux que tous les deux. M. Decazes est le frère du célèbre favori de Louis XVIII; comme lui, il a servi la Restauration, et c'est à elle qu'il doit honneurs, fortune, dignités. Nous croyons rendre justice aux sentimens de M. le vicomte en affirmant qu'il suit en tout la voie politique de son frère, l'ancien ministre de la police, l'ancien premier ministre sous les Bourbons. M. le vicomte est légitimiste comme M. le duc; et, en attendant l'heure du dévouement, il s'en tient comme lui au présent, qui est le juste-milieu. Il a voté constamment pour le ministère. Il doit son élection aux carlistes de Villefranche.

MERLIN. A.

Autant valait que M. Delauro, le légitimiste, ne quittât pas la chambre, s'il devait être remplacé par M. Merlin. Nous maintenons même que M. Delauro ne se serait point permis certaines licences dont M. Merlin a chargé sa conscience de député. Tandis que la meilleure partie de la chambre cherche à réduire le fardeau écrasant de la liste civile, que la majorité s'arrête à 12 millions, et que 107 boules patriotes protestent contre ce chiffre exagéré, M. Merlin a le courage de proposer 15 millions, sans tenir compte d'une immense dotation (12 janvier 1832). Le *Moniteur* est là officiel pour nous prouver que nous ne nous sommes pas trompés. Assurément les sentimens religieux sont une chose fort louable, mais cependant nous croyons qu'aujourd'hui les théologiens les plus éclairés admettent que le progrès aussi est une religion, et qu'avant tout il faut satisfaire aux besoins de la société. Pourquoi donc M. Merlin vient-il repousser par des motifs religieux, le divorce, demandé par la société comme une chose dont elle ne peut désormais se passer, et qu'elle aura, malgré M. Merlin, et la chambre des pairs (9 décembre 1831)? La réponse est fort simple : M. Merlin a été prêtre dans sa jeunesse, et a jeté le froc aux orties en 89 ; mais il a conservé un vieux levain de sa première éducation, et repousse le divorce, quoiqu'il en sente parfaitement bien toute l'utilité pratique, et qu'il ne puisse nier, par l'expérience qu'il doit avoir acquise dans la vie, que le divorce vaut mieux que le concubinage. M. Merlin, une fois sorti des ordres, s'est fait avoué ; il a été député dans les cent jours, et nommé en 1831 par les légitimistes de Rhodez.

Le baron NOGARET. A.

Voilà cinq ans bientôt que M. le baron Nogaret, ancien membre de la *Constituante* ou de la *Législative*, et sous la remise pendant 12 ou 15 ans, après ce service révolutionnaire, a reparu dans nos assemblées nationales. C'était un homme tout juste assez éclairé pour ne point approuver de tout point le système Villèle, mais qui s'épouvantait des concessions dangereuses de M. Martignac. Dans cette session comme dans l'autre, il a été fidèle du moins à sa marche antérieure, c'est-à-dire, qu'il a voté contre toutes les mesures patriotiques d'économie, de dignité et d'honneur national. Malgré les glaces de l'âge, on peut dire de M. le baron que c'est un des séides du juste-milieu. Il a retrouvé pour lui un peu de cette ardente passion qu'il avait vouée jadis à Napoléon, qui l'anoblissait par reconnaissance. Malgré sa tendance légitimiste, il a voté constamment pour le ministère. Il sollicite très souvent pour sa famille dans les bureaux. Il a eu le crédit de faire nommer un de ses cousins directeur des contributions directes de l'Aveyron. M. Nogaret est le protecteur-né de tous les fonctionnaires carlistes du département, et il a réussi en général à les maintenir en place. Il est membre du conseil-général de l'Aveyron.

VERNHES. N.

M. Vernhes, après avoir été professeur au collége de Rhodez, devint presque guerrier pendant les campagnes de la Révolution. Il fut commissaire des guerres sous l'Empire et la Restauration, et ne se retira qu'après la guerre d'Espagne en 1823, non sans une belle fortune qu'il dut en partie à la protection du maréchal Soult. Aujourd'hui, dit-on, il est dans sa retraite, animé de sentimens fort dévots: nous pouvons affirmer qu'au Palais-Bourbon, il n'a eu qu'une dévotion ministérielle.

BOUCHES-DU-RHONE.

Ce département nomme six députés.

MM. Beaujour, 3ᵉ arrondissement de Marseille. — Laugier de Chartrouze, arrondissement d'Arles. — Pataille, 1ᵉʳ id. de Marseille. — Préville, id. de Tarascon. — Reynard, 2ᵉ id. de Marseille. — Thiers, id. d'Aix.

Le département des Bouches-du-Rhône n'a rien gagné à nommer six députés au lieu de cinq, si ce n'est qu'il a pu envoyer à la chambre un carliste de plus. M. Reynard est encore, comme il était en 1830, le seul patriote de toute la députation : seulement il a cinq collègues à combattre au lieu de quatre. MM. Laugier et Préville se font gloire de leur dévouement à la légitimité, et mettent au moins cette franchise dans leurs opinions. MM. Pataille et Beaujour sont pour le moment au juste-milieu, et ce n'est pas sans doute leur faire injure que de supposer qu'à leurs yeux, le juste-milieu, malgré tous ses efforts, est encore bien loin de la légitimité. Quant à M. Thiers, le transfuge du camp patriote, on sait qu'il est peu d'hommes qui aient fait autant de mal au pays.

Nous avions espéré que la Révolution de Juillet aurait ranimé dans le département des Bouches-du-Rhône, ce feu de patriotisme qui s'y montra si brûlant au début de notre première révolution. Il y a quelque chose de triste à penser que, durant toute la Restauration et pendant les deux années de la quasi-restauration, les députations des Bouches-du-Rhône ont été constamment anti-nationales. Aussi, doit-on avoir une véritable reconnaissance pour le 2e arrondissement de Marseille, qui a doté enfin la chambre d'un défenseur de la liberté. M. Reynard est le seul patriote, depuis 18 ans, qui ait obtenu un semblable triomphe.

Le Baron de BEAUJOUR. N.

On accorde généralement à M. Beaujour d'assez grandes lumières, un cœur généreux et toutes les qualités nécessaires à un bon député. Il a de plus une fortune considérable, dont il sait faire au besoin un noble usage. Aussi avons-nous quelque peine à concevoir comment M. Beaujour a pu, de prime abord, aller se jeter dans la galère du juste-milieu. Nous sommes assez portés à croire que les électeurs n'ont pas bien connu le caractère et les sentimens de M. Beaujour. Dans la discussion de la pairie (12 octobre 1831), il a voulu présenter un amendement où la candidature et l'élection se trouvaient singulièrement amalgamées; c'était une conception tout-à-fait avortée, et personne dans la chambre n'a voulu aider à l'accouchement, en défendant les idées de M. Beaujour.

Il a soutenu toutes les prodigalités du budget, les pensions des chouans, etc., etc. Il a constamment voté pour le ministère.

M. Beaujour, élevé dans un séminaire, a d'abord porté le petit collet; nommé, plus tard, secrétaire d'ambassade par Louis XVI, il a, depuis cette époque, suivi la carrière consulaire, et a gagné sa fortune aux Etats-Unis. Il doit son titre de baron à la Restauration. Il est aujourd'hui fort vieux, et paraît sujet à des infirmités qu'accroissent encore les fatigues de la députation.

LAUGIER DE CHARTROUZE. A.

M. Laugier ne s'en est jamais caché et ne s'en cache même point encore : il est légitimiste. Compagnon fidèle de M. Berryer, il a voté constamment avec le député de la Haute-Loire. Seuls tous les deux, ils se sont levés à la contre-épreuve pour le maintien de l'anniversaire du 21 janvier (23 décembre 1831). Nous espérions bien sincèrement que M. Laugier ne reparaîtrait plus à la chambre. Il est inutile de dire que M. Laugier a voté pour toutes les mesures déplorables de la session.

PATAILLE. A.

Si déjà nous n'avions vu avec peine que M. Arnavon, nommé en septembre 1831, eût refusé le mandat électoral, le nom seul de son successeur suffirait à nous le faire bien vivement regretter. Repoussé, ou, pour mieux dire, complétement oublié dans deux premières élections, M. Pataille triompha à la troisième. Il se donnait de 1827 à 1830 pour libéral, et s'était brouillé, nous ne saurions dire pourquoi, avec la Restauration; mais le juste-milieu, en lui assurant une place inamovible de président de cour royale à Aix, a désormais fixé toutes ses incertitudes. C'est l'un des soutiens les plus ardens du ministère. M. Pataille a du moins la vertu de la reconnaissance.

Dans la discussion des céréales, M. Pataille avait compilé d'immenses et sans doute fort précieux documens, mais l'instant de prendre la parole arriva sans qu'il eût eu le temps de mettre en ordre le fruit de ses études, et sans qu'il sût bien lui-même quel résultat devait en sortir. Il pria très humblement la chambre de vouloir bien remettre au lendemain pour l'entendre. Mais M. Roul, qui venait après lui, ne voulait absolument parler qu'à son tour (22 mars 1832). Force fut à M. Pataille de s'exécuter; mais le lendemain il reprit sa revanche, et il entama la séance en continuant son discours, précisément au point où il l'avait laissé la veille. Du reste, si M. Pataille a soutenu dans cette circonstance des principes un peu larges, c'était un calcul tout personnel de sa part. La loi des céréales intéressait de trop près la ville de Marseille pour que M. Pataille risquât sa future élection en la combattant. Il n'était pas encore à la chambre quand elle a voté sur l'ordre du jour motivé de M. Ganneron, et sur la fournée illegale des trente-six pairs. Il a souffert sans protestation l'insultante dénomination de *sujets*. Nous pouvons affirmer que M. Pataille approuve notre honte diplomatique, l'abandon des Polonais et des Italiens, etc.; qu'il approuve le bon plaisir des ordonnances ministérielles et qu'il déteste l'égalité. C'est un adversaire des principes de Juillet.

M. Pataille n'a dû son élection qu'aux efforts de l'administration. Toutes les autorités du lieu furent mises en jeu; le ministère savait, à n'en pas douter, que M. Pataille serait homme dévoué.

Le Marquis de GRAS-PRÉVILLE. N.

M. Préville pense absolument comme M. Laugier et ne parle pas plus que lui. C'est le flatter que de dire de lui qu'il est légitimiste. Les carlistes qui l'ont envoyé à la chambre peuvent être assurés que son vote ne leur a pas manqué. Il a voté toutes les prodigalités du budget, et avec enthousiasme les pensions des chouans, etc. En attendant mieux, il soutient la quasi-légitimité.

M. Préville a émigré au commencement de la révolution : mais par le crédit de quelques dames influentes, il obtint presqu'aussitôt de rentrer en France. Il jouit d'une immense fortune. Plusieurs fois déjà il s'était mis sur les rangs pour la députation, sans avoir pu réussir, bien qu'il n'eût rien épargné pour s'assurer le succès ; démarches, visites, diners même, tout avait été inutile jusqu'en 1831.

REYNARD. A.

Dès les premiers jours de la session, M. Reynard montra nettement au pays quelle ligne d'opinions indépendantes et courageuses il comptait suivre (30 juillet 1831). Il dénonça sans crainte, à l'administration et à la chambre, les menées carlistes dont Marseille venait tout récemment d'être témoin ; et réfutant les singulières assertions et les sympathies plus singulières encore de M. Sébastiani, il prouva que la faiblesse seule du ministère était coupable de l'insolence des légitimistes.

Quand M. le Président du Conseil et M. Soult à son exemple s'obstinèrent à garder sur notre conquête d'Afrique et son avenir un sinistre silence (21 mars 1832), M. Reynard les adjura de tranquilliser au moins par quelques paroles le commerce français tout entier, et surtout celui de Marseille, qui, sur la foi de notre gloire et de notre dignité, avait entrepris sur Alger de vastes spéculations , et voyait d'immenses capitaux compromis par une inconcevable hésitation. M. Reynard a montré toute sa sympathie pour le peuple dans la discussion des céréales (29 et 30 mars 1832).

M. Reynard a voté contre le ministère : mais il pousse si loin ses principes d'indépendance politique qu'il vote quelquefois contre son propre parti.

Il est membre du conseil-général des Bouches-du-Rhône.

THIERS. A.

De l'audace, toujours de l'audace, voilà l'unique maxime de

M. Thiers. C'est à l'audace qu'il demande toutes les inspirations de sa conduite et de son talent ; de là l'assurance, et l'on pourrait dire, l'effronterie de sa contenance parlementaire, de là le paradoxe perpétuel de son éloquence.

C'est par audace qu'il s'est fait l'avocat-général du système du 13 mars, et qu'il a défendu toutes ses platitudes diplomatiques et ses prodigalités financières.

C'est par audace, qu'au mépris de la douleur et de l'indignation de la France entière, il a soutenu qu'une Pologne libre et indépendante était une chimère, et que le ministère avait bien mérité du pays en l'abandonnant (10 août, 20, 21 septembre 1831, 6 mars 1832); c'est par audace qu'il a applaudi à la Belgique livrée à l'Angleterre, pour prix d'une alliance impossible (6 mars 1832).

C'est par audace et pour se jouer de la conviction nationale, qu'il a affirmé que nous avions cinq cent mille hommes à mettre en ligne, et que l'Europe pouvait à peine nous en opposer la moitié (25 octobre 1831).

C'est par audace qu'il a défendu les carlistes et loué leurs services (10 août, 23 septembre 1831); qu'il s'est fait l'apologiste des chouans, des émigrés, des verdets (2 février 1832), et qu'il a fait conserver leurs pensions.

C'est par audace qu'il n'a proposé sur le budget de 1832, dont il était rapporteur, qu'une économie de 10 millions (30 décembre 1831).

C'est par audace qu'il a vingt fois, à la tribune, insulté ses collègues de l'opposition (23 septembre 1831, 18, 23 janvier, 9 mars 1832), et qu'il fatigue impitoyablement la chambre, durant quatre heures de suite, par son *caquetage* et son éloquence à l'heure, comme on l'a dit.

C'est par audace qu'il a loué le *coup de collier* de la rue Saint-Denis en 1827 (23 septembre 1831).

C'est par audace que le 3 février 1832, il a scandaleusement engagé les centres de la chambre, ce jour là en minorité, de déserter la salle pour empêcher l'opposition de délibérer sur la révision des pensions.

C'est par audace et par mépris de l'opinion publique, que, dans ses discours, il a fait l'usage le plus déréglé du paradoxe, affirmant que s'il défendait le pouvoir, c'est qu'il aimait à soutenir le plus faible contre le plus fort (11 août 1832); que l'Europe faisait à la France de Juillet d'immenses concessions (20 septembre, 1831, 6 mars 1832); que l'opposition en demandant la guerre craignait l'étranger (23 septembre 1831); qu'il venait défendre la révolution de Juillet en défendant les carlistes (10 août, 23 septembre 1831, 2 février 1832); que le gouvernement avait raison de persécuter les patriotes; qu'il fallait affaiblir l'aristocratie en la fondant par l'hérédité de la pairie (4 octobre 1831); que l'opposition voulait constituer l'aristocratie (9 mars 1831); en affirmant que notre comptabilité était admirable, précisément au moment même où le déficit Kessner frappait le pays comme une foudroyante révélation (11 janvier 1832) etc., etc., etc.

C'est par audace, plus encore que par maladresse, que M. Thiers a avoué à la face de la France que le système de paix à tout prix était adopté, parce que la guerre renverserait la dynastie du 7 août (20, 21 septembre 1831).

En résumé, le talent si prôné de M. Thiers se réduit à une audace de paroles et de paradoxes vraiment incroyable : la nature ne l'a pas doué d'un organe d'orateur, mais il ne tient pas plus de compte de la nature que de ses collègues; il parlera, en dépit de son organe, comme en dépit de la chambre, tant qu'il lui plaira, au risque de briser l'un, et d'assommer l'autre. M. Thiers est, avant tout et pour toujours, homme du pouvoir. Il est de l'école de ces gens qui prétendent faire de la politique en artistes, auxquels il faut toujours des affaires à manier pour exercer leurs facultés, qui gravitent sans cesse autour d'un gouvernement, quel qu'il soit, dont M. de Talleyrand est un type, s'accommodant de tous les régimes, de toutes les révolutions, pourvu qu'ils y soient quelque chose, sans conviction politique, servant la messe au champ de la Fédération, jetant le froc aux orties, ambassadeur du directoire, du consulat, de l'empire, de la restauration, de la quasi-légitimité, etc. Pour sa part, M. Thiers a déjà servi sous trois ministères, dont un au moins était antipathique aux deux autres, et est sans doute appelé à fournir une très brillante carrière, à moins que le gouvernement ne se trouve bientôt replacé dans des voies de franchise, d'économie et de probité.

M. Thiers est, pour le moment, et en attendant mieux, l'homme du ministère du 13 mars. Il a déjà la gloire de dire à la tribune : *nous*, en parlant du gouvernement. Le paradoxe général de M. Thiers est jusqu'à nouvel ordre celui-ci :

« Le gouvernement (dont je fais partie) et la majorité (dont
« je fais partie) ont l'intelligence parfaite des intérêts de l'Eu-
« rope. » (6 mars 1832).

On ne peut pas dire de M. Thiers qu'il soit un déserteur,

car les hommes comme lui n'ont pas de camp ; il a jadis combattu avec les patriotes, tout aussi indifférent à leur cause qu'il l'est à celle qu'il soutient aujourd'hui contre eux.

A son passage à Aix, M. Thiers fut reçu par un charivari (23 avril 1832). A la discordante musique se mêlaient les plus sanglans et les plus justes reproches. « A bas l'apostat ! à bas le « traître ! le traître à son pays, à la France, le traître à la « Pologne ! le traître à l'Italie ! » Les cris et la symphonie ne cessèrent que par l'intervention de la force armée, que, par prudence, on avait réunie quelques heures avant. Le lendemain, la sérénade recommença, et plusieurs jours de suite M. Thiers reçut les bruyantes salutations de ses compatriotes. Enfin il s'échappa pour se rendre à Marseille ; mais le même accueil l'y attendait, et les symphonies reprirent de plus belle. M. Thiers ne pouvait paraître sur les places publiques, dans les rues, qu'avec l'escorte fort commode de deux ou trois cents soldats. Le charivari put le saluer encore à Brignolles, comme il allait franchir la frontière. Il quitta Marseille, mais il n'osa point aller s'embarquer à Toulon, où le charivari fatal le poursuivait. Il dut se soustraire aux honneurs qui l'attendaient, et s'embarquer incognito pour sa mission diplomatique.

CALVADOS.

Ce département nomme sept députés.

MM. Fleury, arrondissement de Falaise. — Guizot, id. de Lisieux. — Lecreps, 2ᵉ id. de Caen. — Lenouvel, arrondissement de Vire. — La Pommeraye, 1ᵉʳ id. de Caen (mort). — Tardif, arrondissement de Bayeux. — Thouret, id. de Pont-Lévêque.

Des sept députés du Calvados, trois sont patriotes, avec des nuances diverses d'énergie et de dévouement ; ce sont, d'abord M. Thouret, puis M. Fleury, enfin M. Lenouvel. Le second a des intermittences de patriotisme, dont nous avons peine à nous rendre compte ; mais nous espérons qu'à l'avenir il sera plus constant.

M. Tardif est un apostat. Pour M. Guizot, chacun le connaît ; et en se déclarant le mortel ennemi de Juillet, il n'a fait que revenir à ses premières affections, qui étaient toutes légitimistes. Le seul homme que nous voyions avec peine dans cette déplorable ornière, c'est M. Lecreps, que ses antécédens ne forçaient pas de s'annuler dans le juste-milieu. M. de Lapommeraye est mort dans le courant de la session.

Depuis 16 ans, le Calvados n'a jamais eu une députation aussi forte en patriotisme que celle qu'il possède aujourd'hui. On peut même dire que depuis 1829, il a fait de très notables progrès, bien que M. Guizot n'ait point cessé d'y répandre la contagion de sa doctrine et de le représenter.

FLEURY, (du Calvados). A.

C'était avec peine que, nous rappelant les anciens services de M. Fleury, nous n'avions vu son nom ni parmi ceux des patriotes qui ont voté contre l'ordre du jour motivé de M. Ganneron (22 septembre 1830), ni parmi ceux qui ont repoussé la fournée illégale des trente-six pairs; mais il s'est retrouvé dans cette courageuse minorité, qui a repoussé par 164 voix l'insultante dénomination de *sujets* (7 janvier 1832). Nous aurions seulement à désirer que le vote de M. Fleury fût un peu plus constant, et qu'il flottât moins du blanc au noir. Il est membre du conseil-général du Calvados.

GUIZOT. A.

Il y a ceci de fort singulier dans la position de M. Guizot, que le triomphe du juste-milieu l'a complétement annulé, bien qu'il en fût l'un des plus ardens promoteurs, et qu'il eût été l'illustre inventeur de la *quasi-légitimité*.

Par sentiment sans doute de cette indifférence avec laquelle la majorité l'accueille, et en partie aussi par un instinct qui lui est propre, M. Guizot a tâché de réveiller l'attention et le goût de ses anciens auditeurs. Il a épicé ses discours, qu'il a eu le soin aussi de faire un peu moins longs, de latin, d'images agréables ou repoussantes, parfois de gros mots et d'injures contre notre révolution. Peine perdue! L'oreille du centre est désormais sourde pour M. Guizot. Il a beau lui dire : « Le « parti républicain, n'est qu'un républicain prétendu; c'est le « *caput mortuum* de tout ce qui a vécu chez nous de 89 à 1830; « c'est la queue, la mauvaise queue de notre révolution; c'est « un animal immonde qui vient traîner sur les places publi- « ques sa face dégoûtante et y exposer les ordures de son âme». La parole de M. Guizot n'en est pas moins, pour les centres, nauséabonde et narcotique (11 août 1831). M. Guizot cherche alors à les stimuler par quelques secousses galvaniques, et il se met à injurier l'opposition: il prétend qu'elle ne présente que des *amendemens misérables* (16 février 1832); il va même jusqu'à injurier ses intentions qu'il ne connaît pas (20 septembre 1831). Il parle de proscription, d'échafauds, de 93, avec toute la conviction de M. Lameth. Il parle pendant une heure sur les événemens de Lyon et sur les embrigademens de faux ouvriers par la police, personne ne l'écoute (21 décembre 1831). Il défend l'amortissement si cher aux centres (24 janvier 1832), on ne l'écoute pas davantage. Il parle sur la politique extérieure (7 mars 1832), et pour le coup, on s'impatiente, on trépigne des pieds, et force est à l'orateur d'abréger son homélie.

Il est fort louable à M. Guizot, protestant, de soutenir l'utilité des séminaires catholiques (16 février 1832), mais un député, quelque peu soigneux de la bourse des contribuables qu'il représente, n'aurait pas alloué aussi lestement onze et douze cents mille francs à des établissemens créés par la Restauration, dans un intérêt tout particulier, et dont certes le public n'a pas le moindre besoin. M. Guizot est un des honorables qui vinrent à la tribune résolument soutenir l'hérédité de la pairie (5 octobre 1831); mais, si nous nous en souvenons bien, nous ne pensons pas que la réunion de la *Halle aux toiles*, *à Lisieux*, eût imposé ce vote à M. Guizot, et, même à l'époque où les électeurs tinrent le doctrinaire sur leur plaisante sellette, la conviction du professeur en droit représentatif n'était pas fort bien arrêtée. M. Guizot a prétendu que la France avait toujours repoussé toute tentative de conspiration contre les Bourbons; et il a pris de là occasion d'instituer le procès du Carbonarisme (16 novembre 1831): mais M. Guizot est un ingrat, car sans le carbonarisme il n'eût jamais été nommé député en 1828, ni ministre en 1830. M. Guizot s'est signalé à l'attention des patriotes et des électeurs, par deux démarches qu'ils ne doivent pas oublier : c'est lui qui, en amendant l'ordre du jour motivé de M. Ganneron, et le rendant encore un peu plus favorable au ministère, le fit adopter par les centres (24 septembre 1831); c'est lui encore qui, le 3 février 1832, engagea les centres, ce jour là en minorité, à se retirer lâchement de la chambre, pour empêcher l'opposition de voter. M. Guizot s'en est vanté comme d'un tour fort habile; pour nous, nous le déclarons impardonnable! On se rappelle qu'il s'agissait de la révision des pensions, c'est-à-dire, d'une économie de 8 ou 10 millions, peut-être, pour le pays.

Nous devons dire à la louange de M. Guizot, que, tout ministre déchu qu'il est, il a fait plus d'une fois office de bon camarade envers M. Périer, et que, s'il a de la rancune, il a eu du moins le bon esprit de la cacher. Dans cette séance mémorable où l'entêtement maniaque de M. le président du conseil faillit amener une rixe, M. Guizot vint soutenir que M. Casimir Périer, ministre secrétaire d'état au département de l'intérieur, et président du conseil, avait le droit de parler même après la clôture (16 août 1831). Deux ou trois fois il est venu à la tribune soutenir gravement le système de politique extérieure de M. Périer (20 sept. et 20 oct. 1831, 7 mars 1832). C'était, nous l'avouerons, acte de bonne amitié; mais ici il y avait bien quelques petits retours d'égoïsme: M. Guizot ne le niera pas, il ressent pour ce système une sorte de tendresse paternelle.

Sur la fin de la session, M. Guizot qui paraissait avoir quelques chances pour reprendre un portefeuille, s'est fait décidément le complaisant du ministère. Il ne dédaignait point, durant les discussions, de voltiger de banc en banc pour donner le mot d'ordre aux centres peu intelligens. Il s'est chargé du rapport de l'allocation supplémentaire de 1,500,000 fr. pour la police secrète (7, 8 avril 1832), demandant tout exprès et en grande hâte une séance de dimanche. Il s'est signalé surtout dans la discussion de l'abominable loi contre les réfugiés politiques (9 avril). Son nom, avec celui de M. Barthe, restera éternellement attaché à cette loi désormais historique.

M. Guizot, ministre de la quasi-légitimité aussitôt après Juillet, paraît être aussi un des hommes auxquels elle doit aujourd'hui recourir *in extremis*. On sait qu'il a toujours porté malheur aux gens qu'il a servis.

Il a su peupler l'arrondissement de Lisieux de ses créatures, distribuant les places, les rubans avec une incroyable profusion, destituant les plus fermes patriotes, faisant nommer des carlistes et des hommes de 1815, etc. Il n'est pas de député qui ait plus largement usé de toutes ces petites manœuvres et de ces moyens déloyaux qui peuvent seuls assurer l'élection des ministériels.

LECREPS. N.

La profession de foi nébuleuse et flottante de M. Lecreps, au moment de sa candidature, annonçait précisément tout ce qu'il a été et tout ce qu'il devait être à la chambre. Il avait su avec une grande finesse ne se prononcer ni pour ni contre l'hérédité.

Le juste-milieu était précisément fait pour lui, et il a été s'y
enfouir. C'est sans doute par erreur qu'il n'a pas repoussé la
proposition de M. Glaise-Bizoin (3 septembre 1831).

Il a soutenu du reste les prodigalités du budget, les pensions
des chouans, etc. Il a voté constamment pour le ministère.
M. Lecreps est fort riche et fort économe ; il avait promis de
traiter le budget de l'État comme le sien, et de le réduire au
plus strict nécessaire. Il ne s'est trompé que du tout au tout :
nous l'avertissons que les boules *blanches* adoptent, et que les
noires rejettent.

LENOUVEL. N.

Nous hésitons quelque peu à classer M. Lenouvel parmi les
patriotes : son vote s'est quelquefois confondu avec le leur, mais
souvent il s'en est séparé. Il a déclaré, et nous l'en croyons fort
bien sur parole, qu'il aurait voté contre l'ordre du jour motivé de
M. Ganneron (22 septembre 1831) ; il n'a pas protesté contre
la fournée illégale des 36 pairs (23 novembre), mais il a protesté
contre l'insultante dénomination de *sujets* (7 janvier 1832).

Il est membre du conseil-général du Calvados.

LAPOMMERAYE. A.

Mort à Paris, le 15 avril 1832.

Dans cette session comme dans celle de 1830, M. de Lapommeraye avait été peu fidèle à la cause qu'il avait défendue sous
la Restauration : il votait plus souvent pour le ministère qu'a-
vec l'opposition.

TARDIF. A.

Parmi les conversions les plus déplorables du juste-milieu,
on peut compter celle de M. Tardif qui désormais lui est tout
acquis. Sous le ministère Villèle, M. Tardif était de l'extrême
gauche. En 1830 toute cette belle ardeur était amortie ; en 1832
elle est complétement disparue.

Il a constamment voté pour le ministère. Il est membre du
conseil-général du Calvados.

THOURET. N.

Fils du célèbre Thouret le Constituant, M. Thouret s'est montré digne de son père en soutenant avec constance et énergie
les principes de liberté. Dans la discussion de la pairie, il

s'est prononcé pour le système des candidatures (4 octobre 1831).

Il a toujours voté contre le ministère.

CANTAL.

Ce département nomme quatre députés.

MM. Bonnefonds, arrondissement d'Aurillac. — Roussilhe, id. de Saint Flour. — Salvage fils, id. de Mauriac. — Teillard-Nozerolles, id. de Murat.

La Révolution de Juillet a eu cet avantage pour le département du Cantal, qu'elle lui a assuré un représentant patriote : c'est M. Roussilhe. Ses trois collègues sont hommes du milieu, aussi complétement que qui que ce puisse être. Deux n'ont fait en cela que persévérer dans des habitudes prises pendant la session précédente ; le troisième s'est laissé entraîner au mauvais exemple. Dans les dernières années de la Restauration, le département du Cantal était, sous le rapport du libéralisme de ses députés, un des plus arriérés de toute la France. Tous ses représentans étaient alors dévoués corps et âme au ministère : aujourd'hui les trois quarts seulement lui appartiennent : c'est un progrès, et nous espérons que ce ne sera point le dernier.

BONNEFONDS. A.

Cette session n'a fait que confirmer le jugement défavorable que les patriotes avaient porté, dans la précédente, sur M. Bonnefonds. Son vote ne s'est pas rencontré une seule fois avec les leurs. Il a voté constamment pour le ministère. M. Bonnefonds a été nommé depuis Juillet substitut du procureur du roi à Aurillac. En 1830, la disette de candidats avait pu seule faire jeter les yeux sur lui : son élection en 1831 lui a coûté les plus grands efforts : les électeurs commençaient déjà à l'apprécier à sa juste valeur. Comme il échouerait infailliblement à une troisième épreuve, M. Bonnefonds songe à se pourvoir auprès du ministère. C'est grande prudence à lui.

Il est membre du conseil-général du Cantal.

ROUSSILHE. N.

Le seul patriote que les électeurs du Cantal fussent parvenus à nommer, M. Roussilhe, s'est dignement acquitté de leur mandat. Son énergie, et la constance de son vote ont parfaitement répondu à ce qu'on attendait de lui.

M. Roussilhe a voté contre l'ordre du jour de M. Ganneron (22 septembre 1831), et il a protesté contre l'insultante dénomination de *sujets* (7 janvier 1832). Il a constamment voté contre le ministère. Il jouit d'une fortune considérable, qu'il doit en grande partie à son travail personnel. L'administration lui avait opposé pour concurrent le président du conseil, M. Casimir-Périer. Cette manœuvre fut déjouée par les patriotes, bien qu'elle fût soutenue par les gens du juste-milieu réunis aux carlistes.

Il est le seul des 4 députés du Cantal qui ne soit pas membre du conseil-général du département.

SALVAGE fils. N.

Les électeurs de Mauriac n'ont point envoyé un patriote à la chambre dans la personne de M. Salvage : loin de là, c'est un des fidèles du juste-milieu, ne disant rien pour la cause qu'il sert, mais la soutenant constamment de ses votes. Avocat, et jouissant d'une réputation de lumières et de patriotisme, ce fut triple modestie à M. Salvage de ne pas prendre une seule fois la parole. C'est sans doute à la recommandation de M. Salvage fils, que M. Salvage père doit la croix d'honneur qu'il a récemment reçue. La conduite de M. Salvage à la chambre a complétement trompé les électeurs qui l'avaient élu pour soutenir des principes tout différens de ceux qu'il a montrés durant la session.

Il est membre du conseil-général du Cantal.

TEILLARD-NOZEROLLES. A.

M. Teillard-Nozerolles a été nommé depuis Juillet substitut du procureur du roi, à Murat. C'est un des hommes les plus effrayés parmi les plus effrayés des centres. Il redoute les principes de la liberté, et leur développement naturel, beaucoup plus que le despotisme. Il ne voit notre salut que dans le ministère et la personne de M. Périer. Il a constamment voté pour le juste-milieu. Par la faiblesse de son caractère, M. Teillard appartenait de droit aux centres. Il n'a fait du reste que continuer en 1832 la conduite qu'il avait déjà tenue dans la session de 1830. Mutisme et dévouement ministériel, voilà ses deux qualités parlementaires. Il a déserté la chambre avant la fin de la session.

Aussitôt après les journées de Juillet, M. Teillard s'empressa d'accourir à Paris, et y obtint sa place de substitut. Ces fonctions ne lui ont pas été inutiles pour faciliter son élection en 1831 : et grâces aussi à l'influence administrative et à quelques carlistes, sa nomination fut enfin emportée. Le père de M. Teillard était fort patriote : il a laissé à son fils une belle fortune, mais ne lui a transmis ni son énergie ni son patriotisme.

M. Teillard est membre du conseil-général du Cantal.

CHARENTE.

Ce département nomme cinq députés.

MM. Caminade, arrondissement de Cognac. — Gellibert, id. d'Angoulême. — Girardin, id. de Ruffec. — Levrault, id. de Barbezieux. — Pougeard-Dulimbert, id. de Confolans.

Le renouvellement de la chambre en 1831 a permis aux patriotes de la Charente de se faire enfin représenter. Leurs opinions ont deux voix sur cinq dans la députation actuelle. C'est un notable succès, si l'on se reporte à l'année 1830, et même aux quinze années de la Restauration. A aucune époque la députation de la Charente n'avait été aussi forte en patriotisme, et nous pourrions ajouter en lumières. Nous ne savons pas à quels titres MM. Pougeard et Gellibert se sont inféodés la représentation de deux arrondissemens, l'un pour la transmettre à son fils après quinze ans de jouissance, l'autre pour en jouir malgré quatre dissolutions et quatre réélections générales. M. Girardin, et M. Caminade bien que de plus loin, sont les seuls qui aient dignement compris leur mandat électoral. Des trois autres députés de la Charente, deux sont ministériels avec un emportement dont il est difficile de se faire une idée : ce sont MM. Levrault et Gellibert. Quant à M. Pougeard, son abnégation, quoiqu'un peu moins complète, lui laisse encore beaucoup trop peu d'indépendance.

CAMINADE. N.

M. Caminade a soutenu l'amendement de M. Bignon en faveur de la Pologne (11 août 1831). Le traitement des questeurs nous semble assez élevé à 6,000 fr., et nous ne croyons pas avec M. Caminade qu'il soit bien nécessaire de le porter à 10,000 fr. (3 septembre 1831); mais si, dans cette occasion, il s'est montré un peu large en allocations d'argent, il ne faut pas oublier que, par une économie bien entendue, il a proposé de réduire la liste civile à 10,000,000 (12 janvier 1832), et d'annuler 22,000,000 de rentes rachetés (27 janvier). M. Caminade a proposé dans la discussion de la pairie un amendement pour le système des candidatures (10 octobre 1831), qui pouvait donner quelques jours encore d'existence à la pairie, et qui, sans le moindre doute, valait infiniment mieux que les catégories adoptées par la majorité. Il a défendu à plusieurs reprises les droits des légionnaires des cent jours (26 août et 16 septembre 1831). Mais l'acte qui fait le plus d'honneur à M. Caminade, c'est sa proposition de remplacer l'impôt du sel par une taxe somptuaire (26 septembre 1831). La majorité n'a pas même permis que cette proposition vînt jusqu'à la tribune, et elle l'a tuée dans le guet-à-pens des bureaux. Espérons que M. Caminade ne se tiendra pas pour battu, et qu'il reproduira sa proposition autant de fois que la majorité la rejetera. M. Caminade a voté contre l'ordre du jour motivé de M. Ganneron, qui absolvait la diplomatie du ministère (22 septembre 1831), mais il a souffert sans protestation la fournée illégale des trente-six pairs (23 novembre 1831), et l'insultante dénomination de *sujets* (7 janvier 1832). M. Caminade vote assez souvent pour le système du 13 mars.

GELLIBERT. A.

Ministériel en 1828, sous M. de Martignac, ministériel en 1830 sous M. Guizot, M. Gellibert aurait montré peu de tenue et peu de caractère s'il n'eût continué de l'être sous M. Périer. Il l'a servi comme il avait servi ses devanciers, par des votes silencieux mais constans. On peut tenir pour assuré qu'il n'est point une prodigalité du budget, qu'il n'est point une des hontes de notre politique, soit au dedans, soit au dehors, que M. Gellibert n'ait approuvée. Les patriotes soupçonnaient déjà vivement M. Gellibert de cette conduite si peu d'accord avec les principes qui l'amenèrent pour la première fois en 1827 sur les bancs de la chambre. Aujourd'hui leurs soupçons sont pleinement confirmés, et M. Gellibert peut passer pour l'un des honorables qui ont prodigué avec le moins de réserve le trésor public et la dignité nationale au système du juste-milieu. C'est un violent adversaire des principes de Juillet.

M. Gellibert a embrassé, quitté, repris trois ou quatre fois la profession de médecin, après avoir fait ses études pour être avocat. Plus tard, il s'est occupé quelque temps du commerce des vins. Il paraît aussi inconstant dans ses votes politiques que dans ses occupations particulières. Établi depuis cette session à Paris avec toute sa famille, ses compatriotes pensent qu'après avoir siégé à la chambre, il obtiendra quelque emploi qui lui permettra de continuer le séjour de la capitale, fort dispendieux pour lui.

Il est membre du conseil-général de la Charente.

GIRARDIN. N.

M. Girardin, fils de l'illustre Stanislas Girardin, est entré précisément à la chambre pour voter contre l'ordre du jour motivé de M. Ganneron. C'était commencer honorablement sa carrière politique, et indiquer tout d'abord la ligne qu'il comptait suivre. M. Girardin s'est placé parmi les jeunes patriotes de la droite les plus énergiques. Il a protesté contre la fournée illégale des trente-six pairs (23 novembre 1831), et contre l'insultante dénomination de *sujets* (7 janvier 1832). Il a toujours voté contre le ministère.

M. Girardin avait un nom célèbre à soutenir, il s'en est montré digne par la fermeté de ses opinions et la constance de ses votes.

LEVRAULT. N.

M. Levrault a tenu tout ce qu'il promettait. Il est peu de gens, même dans les plus purs et les plus fidèles des centres, qui montrent avec plus de courage le dévouement ministériel dont ils sont atteints. Si M. Félix Bodin, ministériel de la même force, vient présenter un amendement contre celui d'un patriote, sur quelque grave question de politique extérieure (16 août 1831), M. Levrault, au mépris de toute justice, de toute raison, au mépris du réglement lui-même, soutiendra que l'amendement ministériel doit avoir la priorité. Si M. Benjamin Delessert, avec la finesse et la légèreté qui lui ont fait un nom, vient furtivement couler dans la loi de la pairie un amendement tout honteux de sa déloyauté en faveur du principe héréditaire (15 octobre 1831), M. Levrault combattra pour cette fraude, et se fera l'un des champions du privilége. Si quelque voix consciencieuse vient réclamer des documens sur la liste civile (2 janvier 1832), c'est-à-dire vient demander que la chambre soit éclairée et puisse voter en connaissance de cause, M. Levrault repoussera de toutes ses forces cette mesure, à ses yeux déraisonnable et inconvenante.

M. Levrault qui a été jadis médecin du duc d'Orléans, jouit encore de ses entrées aux Tuileries et fait partie de la nouvelle cour. Il ne pouvait se dispenser de voter avec constance pour le ministère. Le département de la Charente est en outre redevable à M. Levrault de quelques nominations de fonctionnaires si populaires, que le préfet a été obligé de différer leur installation pendant plusieurs mois.

POUGEARD-DULIMBERT fils. N.

M. Pougeard, colonel d'un régiment de cavalerie (5e chasseurs), a constamment voté pour le ministère ; son père n'eût point été plus fidèle.

CHARENTE-INFÉRIEURE.

Ce département nomme sept députés.

MM. Admyrault fils, 1er *arrondissement de la Rochelle. — Audry-de-Puiraveau, id. de Rochefort. — Beauséjour, id. de St. Jean-d'Angely. — Chassiron, 2e id. de la Rochelle. — Duchâtel, id. de Jonzac. — Eschassériaux, id. de Saintes. — Senné, id. de Marennes.*

La réélection intégrale de 1831 a donné au département de la Charente-Inférieure une députation beaucoup plus patriote que la précédente. Sur sept représentans, quatre sont de sincères et constans défenseurs de la liberté. Deux se sont fait un nom par leur énergie et leur vertu politique : ce sont MM. Audry de Puiraveau et Beauséjour. Deux autres marchent sur leurs traces et votent comme eux : ce sont MM. Senné et Eschassériaux. Ce dernier a hérité d'un nom célèbre dans nos fastes parlementaires, et sait dignement le soutenir. Pour les trois autres, le ministère les compte parmi ses plus fidèles ; et le dévouement de M. Admyrault en particulier, se signale par une ferveur fort bonne peut-être dans l'armée, mais qui n'est pas tout-à-fait de mise dans une chambre souveraine.

Sous la Restauration, le département de la Charente-Inférieure avait su obtenir des députations aussi fortes que celle qui le représente aujourd'hui. En 1830, à la chambre dernière, le patriotisme de ses envoyés paraissait un peu refroidi, si ce n'est dans l'inébranlable Audry de Puiraveau.

ADMYRAULT fils. A.

M. Admyrault devait sans doute au dévouement ministériel qui le distingue, de ne pas laisser passer comme un autre la protestation des patriotes contre l'insultante dénomination de *sujets*. Il a fait une contre-protestation (voir la Révolution-Courrier-des-électeurs, 12 janvier 1832), et a blâmé l'opposition d'avoir repoussé les paroles de M. de Montalivet; il a voté pour l'ordre du jour motivé de M. Ganneron, qui absolvait la diplomatie du ministère (22 septembre 1831), c'est-à-dire qu'il approuve notre honte diplomatique, l'abandon des Polonais, des Italiens, etc.; il a souffert sans protestation la fournée illégale des 36 pairs (23 novembre 1831), c'est-à-dire, qu'il approuve le bon plaisir des ordonnances ministérielles.

Il a soutenu toutes les prodigalités du budget, les pensions des chouans, etc. Il a voté constamment pour le ministère.

AUDRY DE PUIRAVEAU. A.

Le lendemain du jour où M. de Montalivet, par une légèreté assez peu pardonnable au ministre des cultes, appela les Français des *sujets*, ce fut une grande joie aux bancs ministériels de trouver un rapport oublié depuis 15 mois, où M. Audry de Puiraveau se disait le très humble et très fidèle *sujet* de Louis-Philippe. C'était la sagacité de M. Guizot qui avait fait cette précieuse découverte. Dans le compte rendu par la commission municipale de Juillet, au moment qu'elle cessa ses fonctions, se trouvait cette banale et insignifiante formule, que le brave de Juillet avait signée, même sans la lire. « Je viens déclarer à cette « tribune, dit M. Audry de Puiraveau, que je n'ai jamais été « le *sujet* de personne, et que je ne le serai jamais. » (5 janvier 1832). 164 députés et le pays entier avec ceux-là ont pensé comme le député de Rochefort : il n'y a plus de sujets !

La constitution si malheureuse et si étrange de la pairie a donné à M. Audry de Puiraveau l'occasion de manifester énergiquement les principes sur lesquels s'appuie son patriotisme, et de rappeler à la chambre ce qu'exigeait dans cette circonstance les intérêts de sa dignité et de son mandat. Il soutint que sur cette question la chambre était constituante, qu'à elle seule appartenait l'initiative et la décision ; et que la présentation de la loi par la couronne était déjà un empiétement de la prérogative royale (30 septembre 1831). Le 25 septembre 1831, M. de Puiraveau se rendait à la chambre, lorsque, au milieu de la garde nationale et du peuple qui encombraient le pont de la Révolution, et les abords du Palais-Bourbon, il fut témoin des brutalités inouïes de quelques furieux de la force armée, ivres des sentimens d'ordre public dont le ministère les avait aveuglés. Fantassins, cavaliers, oubliant qu'ils avaient affaire à des citoyens, à des frères, frappaient de la baïonnette, de la crosse, du sabre. M. de Puiraveau fut maltraité; et moins patient que M. Madier Montjau, qui eut le courage de s'applaudir des coups qu'il aurait reçus, M. de Puiraveau se plaignit hautement à la chambre de l'atteinte portée au caractère national dont un député est toujours revêtu; et la France tant de fois abusée par les proclamations du ministère et du général en chef, sur les émeutes de Paris, a pu savoir par le témoignage irrécusable d'un honnête homme, que la garde parisienne n'apportait pas dans son service, cette tolérance et cette humanité qui doivent toujours distinguer des citoyens-soldats.

M. de Puiraveau demanda (16 janvier 1832) sur l'ensemble du budget, une réduction de 500,000,000 fr. Les centres accueillirent cette demande par des murmures et des rires. M. de Puiraveau n'a eu en cela qu'un tort, c'est d'avoir eu trop bonne opinion de la majorité. Il lui croyait autant de patriotisme et d'énergie qu'à lui-même. C'était l'erreur d'un excellent citoyen, et il n'y a pas de cœur patriote qui ne voulût se tromper comme lui, et par les mêmes motifs.

M. de Puiraveau s'est abstenu de voter contre l'ordre du jour de M. Ganneron, parce que la question lui paraissait inconstitutionnelle, ainsi qu'à d'autres patriotes (22 septembre 1831); mais il a protesté contre la fournée des 36 pairs (23 novembre 1831), et contre l'insultante dénomination de *sujets* qu'il a combattue et par sa signature, et par sa parole à la tribune (5 et 7 janvier 1832).

BEAUSEJOUR. A.

Dans la chambre de 1819, dans celle de 1823, l'un des patriotes les plus énergiques, les plus dévoués, c'était M. Beauséjour: en 1831, il a montré qu'il n'avait rien perdu, ni de son courage, ni de sa fermeté politique. Les intérêts du peuple n'ont point trouvé de défenseur plus dévoué. C'est que M. Beauséjour a vu de près le peuple; il a connu toutes ses misères tous ses besoins, toutes ses vertus. Retiré dans ses terres qu'il exploite lui-même, après avoir servi son pays sur les champs de bataille, il a puisé, dans une vie simple et laborieuse, toute l'énergie et l'imperturbable bon sens d'une conscience pure et d'un esprit droit. Devant ces hommes qui peuplent les centres, et que le budget, c'est-à-dire la nation, rétribue si grassement, M. Beauséjour s'est replacé sur le terrain de son ancienne opposition : un seul principe l'a guidé : « Les peuples, comme il « l'a dit, ont intérêt à être gouvernés au meilleur marché pos- « sible. » Ainsi des économies, toujours des économies, tel doit être, et aujourd'hui plus que jamais, le soin de tout député patriote. Des économies! et sur quoi ? — Sur les chanoines, par exemple, répond M. Beauséjour (16 février 1832). Economisez un million : vous le pouvez sans peine. — Mais la chambre passe outre, et les chanoines peuvent toujours s'engraisser à ne rien faire. — Economisez du moins sur vos propres dépenses, reprend le député de Saint-Jean-d'Angely. Que servent 100,000 fr., ou même 60,000 fr. à votre président? A la Constituante, le président changeait tous les quinze jours, ne recevait pas un sou, et se tenait encore fort honoré de diriger les débats d'une si illustre assemblée (16 janvier 1832. — 3 septembre 1831). — La chambre a conservé le traitement de son président annuel, de même qu'elle avait conservé celui des chanoines. M. Beauséjour a demandé que le service militaire ne durât que quatre années (27 octobre 1831), mais le budget est avare du sang qu'il consomme, ainsi que de ses écus : et la proposition de M. Beauséjour a été rejetée. Dans les questions de principe, le député de Saint-Jean-d'Angely n'a point été moins radical, ni moins énergique. Il a démontré à la chambre, que, nommée par 160 mille électeurs, sans mandat spécial, elle ne pouvait pas se flatter de représenter la nation (3 décembre 1831), et qu'à tout prendre, elle émanait du privilége et n'était elle-même que privilége assez étroit. La majorité, comme on pense bien, n'a point enduré patiemment une vérité de cette force, et, comme il était plus facile de clore la bouche à l'orateur que de lui répondre, les murmures et les cris n'ont pas manqué. Mais la vérité avait été dite et enregistrée même au *Moniteur*, et la singulière argumentation, par laquelle on la rétorquait, prouvait trop bien que le coup avait porté juste. Au reste, les tumultes de la tribune n'épouvantent pas M. Beauséjour, parce qu'il y porte l'énergie de la raison et la puissance d'une nature forte et qui ne se lasse point aisément.

Baron de **CHASSIRON**. N.

Si M. Chassiron a voté quelques petites économies, comme ses amis le prétendent, il est probable que sa conscience est, sous ce rapport, bien peu chargée. Dans les trois votes rendus publics, M. Chassiron ne s'est pas rencontré une seule fois avec les patriotes. Il a soutenu presque toutes les prodigalités du budget, et voté bien plus souvent avec le ministère qu'avec l'opposition. M. le baron de Chassiron ambitionne un fauteuil de pair, et sollicite avec succès dans les bureaux. Dernièrement, il a fait obtenir une décoration à l'un de ses compatriotes.

Il est membre du conseil-général de la Charente-Inférieure.

Le comte **DUCHATEL**. A.

M. Duchâtel est doyen d'âge de la chambre, ce qui ne lui donne guère moins de quatre-vingts ans, et ce qui lui a procuré l'avantage de présider ses collègues pendant dix ou douze jours, du 23 juillet au 3 août 1831. L'âge de M. Duchâtel ne nous permet pas de réflexion sur son compte : nous nous bornerons à dire qu'il a constamment voté pour le ministère, sous l'inspiration de son fils, M. Duchâtel, Conseiller d'Etat, et qui a paru à la tribune comme commissaire du roi, dans la discussion de diverses lois de finances. Il est bon de dire, pour l'instruction des historiens futurs, que les MM. Duchâtel, actuellement vivans et fort en faveur à la nouvelle cour, ne sont en rien descendans des anciens Duchâtel, fameux dans notre histoire. On pourrait s'y tromper, car pour rendre la chose probable avec le temps, M. Duchâtel le père a eu l'attention de donner à son aîné le beau nom de Tanneguy pour prénom. Le *Moniteur* est là pour faire foi qu'en 1807 la famille des Duchâtel était on ne peut plus roturière, et que sa noblesse date de 1808. Dire l'origine et la cause de cette noblesse serait chose assez difficile. C'est un adversaire des principes de Juillet.

M. Duchâtel n'avait pas fait de profession de foi, et malgré la demande de quelques électeurs (21 juin 1831), il avait refusé de se prononcer sur la question de la pairie : on peut le regarder comme un partisan honteux de l'hérédité.

ESCHASSÉRIAUX. N.

Issu d'une famille où le patriotisme est le plus précieux héritage, M. Eschassériaux s'est montré le digne successeur de ses parens. Fils et neveu de conventionnels, petit-fils de Monge, il a prouvé qu'il n'avait rien perdu, ni de leur énergie, ni de leur talent. Son discours sur le budget (18 janvier 1832) est un des plus remarquables de tous ceux qui ont été prononcés dans cette occasion. Sa sympathie pour les souffrances du peuple lui a fait demander de promptes et larges économies. Aux yeux de M. Eschassériaux, la première conséquence de Juillet, c'est l'amélioration physique et morale des classes inférieures. La chaleur de son âme et la générosité de son cœur lui ont inspiré de nobles et touchantes paroles (22 décembre 1831), et, avec l'aide d'un de ses jeunes et ardens collègues, M. Luneau de la Vendée, il a obtenu (15 octobre 1832), sur le traitement des archevêques et évêques, une réduction de 435,000 francs; avec M. Dubois de la Loire-Inférieure, autre jeune patriote aussi éclairé qu'indépendant, il a fait diminuer de 26,800 fr. les facultés de théologie; mais il a échoué contre l'inutilité si coûteuse du chapitre de Saint-Denis (17 février 1832).

M. Eschassériaux a constamment voté contre le ministère. A son retour à Saintes, il a été reçu avec enthousiasme par les autorités, la population entière et la garde nationale, qui lui ont donné une sérénade.

SENNÉ. N.

M. Senné a gardé, malgré son âge, toute l'ardeur et l'activité qui pourraient distinguer un jeune patriote. C'est un digne collègue des Beauséjour, des Audry de Puiraveau. Dans toutes les questions de principes, il s'est montré comme eux énergique et radical. Il voulait comme eux que la chambre supprimât complétement les appointemens de son président (3 septembre 1831), et fît à notre écrasant budget cette première économie, qui pouvait être le gage de bien d'autres.

Il présenta et fit passer dans l'Adresse un amendement contre la chouannerie (12 août 1831). C'était, dès les premiers jours de la session, indiquer clairement dans quel camp il allait se placer.

M. Senné a voté contre l'ordre du jour motivé de M. Ganneron, qui absolvait la diplomatie du ministère (22 sept. 1831);

il a protesté contre la fournée illégale des trente-six pairs (23 novembre 1831), et contre l'insultante dénomination de *sujets* (7 janvier 1832). Il a constamment voté contre le ministère. M. Senné a gagné l'estime et le profond attachement de tous les électeurs qui l'ont nommé. L'acceptation des fonctions législatives est un nouveau sacrifice qu'il a fait à la cause nationale. Il avait d'abord refusé, et n'a cédé qu'aux plus pressantes sollicitations et à des considérations d'intérêt général.

CHER.

Ce département nomme quatre députés.

MM. Devaux, 1er arrondissement de Bourges. — Duvergier de Hauranne, id. de Sancerre.—Jaubert, id. de Saint-Amand. — Gaëtan de Larochefoucault, 2e arrond. de Bourges.

Le département du Cher est peut-être de tous les départemens de la France celui qui a la députation la plus homogène; sur quatre députés, il a l'honneur d'en avoir trois complétement doctrinaires : ce sont MM. Devaux, Jaubert et Duvergier; et le quatrième, s'il n'est dans le giron de la doctrine, est digne d'y entrer, et fait un ardent noviciat dans le juste-milieu.

Ainsi la députation du Cher ne compte pas un seul représentant patriote. Durant toutes les années de la Restauration, le Cher avait vu la moitié au moins de ses mandataires, fidèles à la cause nationale.

DEVAUX. A.

Les incertitudes de M. Devaux paraissent enfin fixées, il se sentait déjà une secrète affection pour le ministère qui l'avait nommé procureur-général à Bourges, mais une place de conseiller d'Etat a désormais conquis son dévouement. Il est vrai de dire que le ministère était intéressé autant que M. Devaux à cette faveur; en restant procureur-général à Bourges, il ne pouvait plus y être nommé député, et le 13 Mars eût perdu une voix. Ce n'était point assez pour lui de voter constamment en faveur du juste-milieu, il lui fallait donner d'autres preuves d'amitié et de savoir-faire. Il s'est associé avec M. Kératry pour répondre à la *Lettre* de M. Cormenin sur le droit constituant de la chambre (6 septembre 1831).

Il a combattu la proposition de M. Salverte sur la pairie (17 août 1831), et au ton qu'il a pris pour réfuter les idées du patriote, on peut croire, sans faire injure à M. Devaux, que l'hérédité avait dans la chambre des ennemis plus prononcés que lui. Il peut donc désormais passer pour un déserteur de la cause nationale. Le ministère n'a guère compté de voix plus fidèle que la sienne.

Il est membre du conseil-général du Cher.

Bien que sous la Restauration, M. Devaux combattit l'institution du Conseil d'État, il n'en a pas moins reçu pour lui-même une place de conseiller en service ordinaire, et en a fait donner une d'auditeur à son fils. Les patriotes du Cher se rappellent encore la conduite pusillanime de M. Devaux à l'occasion de l'association pour refus de l'impôt en 1830.

DUVERGIER DE HAURANNE. A.

En arrivant à la chambre, M. Duvergier ne s'est pas caché de son affection ministérielle. Dès les premiers jours, il a bien voulu consentir à se faire le secrétaire de la réunion à Rivoli, succursale du juste-milieu. C'est un de ces jeunes hommes, éblouis par la perfection aristocratique de la constitution anglaise, qui croient, comme paroles irréfragables tout ce que l'imagination de M. Guizot et de M. Royer-Collard peut enfanter de rêveries sur le gouvernement des sociétés humaines. M. Duvergier, qui faisait une sorte d'opposition sous la branche aînée, a conservé contre les patriotes une certaine rancune dont les renégats ont grand'peine à se défaire. Il se croit encore dans le parti national, et voyant des gens qui ne pensent pas autant de bien que lui du système actuel et du représentatif anglais, il s'emporte et lance l'anathème contre les prétendus amis de la révolution, *qui sont au fond*, dit-il, *ses plus cruels ennemis* (19 janvier 1832). Il s'est fait un des promoteurs de l'alliance prétendue des extrêmes, des patriotes et des carlistes, soutenant gravement cette niaiserie déloyale à la tribune, comme d'autres bons jeunes gens la soutiennent dans le *Constitutionnel* et la *France-Nouvelle*.

En voyant de l'autre côté du canal un budget de 1,700 millions, M. de Hauranne a pris le nôtre en dédain, car il n'est que d'un milliard en temps ordinaires et de 1,500 millions en temps extraordinaires, lesquels temps extraordinaires paraissent nous devoir très heureusement devenir habituels. M. Duvergier en a tiré cette conséquence toute naturelle, que le budget n'est pas lourd et qu'il n'y a pas d'économie possible (19 janvier 1832). Or, à côté de ce fait incontestable, un autre fait non moins incontestable, c'est que tout le monde se plaint amèrement de la légèreté de ce budget et de l'économie de nos gouvernans. M. Duvergier en tirera cette seconde conséquence, que tous nos maux viennent d'imagination, et que si nous nous plaignons, nous sommes des visionnaires. Le vénérable M. Salverte a pris la peine de répondre et de prouver qu'il fallait avoir l'imagination bien malade pour ne voir que des maux d'imagination là où la conscience nationale découvre tant de réelles et effroyables misères. Pour nous, si M. Duvergier demande des faits, nous le prierons, puisqu'il est maire de Herry, de se donner quelquefois la peine d'aller dans les cahuttes de ses administrés, ou bien, tandis qu'il est à Paris, de passer aux municipalités voir les registres où figurent plus de cent mille indigens, et d'aller quelquefois aussi sur la place du Châtelet où se font, comme on sait, les ventes du mobilier des gens heureux et riches par exécution de justice. Il a constamment voté pour le ministère.

Dans une première profession de foi de douze petites pages, M. Duvergier avait parlé de tout, excepté de l'hérédité de la pairie (Herry, 30 avril 1831). Un électeur lui demanda son avis sur cette question, fort étonné que le jeune doctrinaire n'en eût dit mot. Le candidat répondit (8 mai 1831) en citant Shakespeare et force anglais, qu'il attachait peu d'importance à l'hérédité de la pairie. Il déclara cependant qu'il était disposé à voter contre le privilége, mais qu'après tout, la discussion pourrait bien éclairer sa conscience. Il s'éleva du reste avec une grande énergie contre le principe du mandat impératif. Cette conduite du jeune M. Duvergier était tortueuse et faible, et promettait ce qu'il a tenu à la chambre.

Le Comte JAUBERT. N.

Dans la coterie des jeunes hommes *gouvernementaux*, M. Jaubert tient un rang distingué, d'abord parce qu'il est comte : en second lieu, il n'est pas un de ses compagnons qui le vaille pour l'aplomb et l'imperturbable assurance que M. Jaubert apporte dans le sein de la législature. C'est un homme à venir déclarer qu'il se fait gloire d'être ministériel (30 novembre 1831). Il a adopté dans toute leur extension les principes de l'illustre M. Mahul sur le servilisme des fonctionnaires publics;

et quand cent soixante-quatre de ses collègues se sont permis de trouver insultant le mot de *sujets* appliqué aux citoyens français (4 janvier 1832), M. Jaubert ne se posséda plus de fureur, et il aida de toute la puissance de ses poumons, M. Boissy-d'Anglas à crier contre l'opposition : « Allez-vous-en proclamer la Ré-« publique ! » D'abord, c'est qu'il n'est point d'interruption puérile, de tapage parlementaire, où la voix de M. Jaubert ne se fasse entendre, glapissante et sonore ; puis c'est qu'il faut savoir que la République est la grande antipathie de M. Jaubert. Aussi, tandis qu'il s'attendrit dans ses nobles douleurs sur les tombes de Saint-Denis et ce caveau dépositaire de trois races de rois ; tandis que le sépulcre lui arrache des larmes d'attendrissement ; tandis qu'il ne peut parler de Napoléon qu'avec un fanatisme à peine pardonnable aux compagnons du grand capitaine (19 février 1822), il n'a point assez d'exécrations, d'anathèmes pour la République.

M. Jaubert, rapporteur du projet de loi de M. Boissy d'Anglas en faveur des légionnaires des 100 jours (12 décembre 1831), se plut à mutiler le projet primitif : et lorsque les ordonnances de l'arbitraire ministériel eurent fait si bon marché de la prérogative constitutionnelle de la chambre, il ne se fit pas le moindre scrupule d'élaborer un second rapport. En bon doctrinaire, il a des théories fort singulières et que lui envierait M. Mahul : il veut, par exemple, proscrire à tout prix l'instruction gratuite pour le peuple (13 août 1831), attendu, dit-il, qu'on attache d'autant plus de prix aux choses qu'elles coûtent plus cher. A suivre ce raisonnement, il est certain que le beau idéal de l'instruction serait de n'en pas donner du tout, car alors on l'estimerait autant que la pierre philosophale. M. Jaubert a déclaré que les demandes de M. Cormenin en faveur du pauvre *populaire* étaient de *graves imprudences*. Il demanda encore que les majorats actuellement existans pour la pairie fussent abolis après deux générations (24 août 1831). Voyez un peu le machiavélisme et l'habileté de M. le comte : il demandait l'abolition des majorats précisément pour les conserver deux générations encore. Il voulait aussi que les évêques pussent être pairs. M. le comte est un grand ennemi des associations nationales (24 septembre 1831), qu'il déteste au moins autant que les économies au budget. Il a défendu avec une rare obstination les prodigalités des traitemens diplomatiques (9 mars 1832), par la même raison sans doute qu'il repoussait la proposition de M. Blondeau (3 septemb.

1831) pour la réduction du traitement des députés fonctionnaires.

Lorsque M. le comte veut bien se faire rapporteur de pétitions, et qu'un malheureux roturier lui tombe sous la main, il faut voir avec quelle urbanité, quelle politesse féodale M. de Jaubert le traite. Il y a eu peu de choses dans la session aussi scandaleuses que son rapport sur la pétition de M. Souquet, l'imprimeur patriote du *Propagateur du Pas-de-Calais* (12 novembre 1831).

M. Jaubert est conseiller-d'Etat en service extraordinaire (9 septembre 1831), de même que M. Mahul est maître des requêtes en service non moins extraordinaire. Ces messieurs ont imaginé cet ingénieux expédient, et, tout en satisfaisant sa vanité, M. le Comte s'est évité le désagrément un peu dangereux de paraître devant des électeurs, qui auraient peut-être eu l'impolitesse de prendre un représentant moins noble que lui.

M. Jaubert a constamment voté pour le ministère.

Sous la Restauration, il passa quelque temps pour patriote; mais cependant il fréquentait les salons de M. Peyronnet, et son ardeur politique paraissait fort refroidie lorsque la Révolution éclata. Sa conduite à cette époque fut peu intelligible; reparti de Bourges pour Paris, il affirma plus tard n'avoir pu entrer dans la capitale, bien qu'il soit certain que si les barrières étaient fermées aux voitures, elles fussent parfaitement ouvertes aux piétons. Il se présenta en 1830, aux élections du mois d'octobre, mais il échoua: en juillet 1831, nommé au bureau provisoire, il n'obtint point la majorité suffisante pour faire partie du bureau définitif; et sa nomination paraissait manquée, quand ses amis, à force de démarches et de promesses, d'invocations à l'ordre et de menaces de l'anarchie, de la guillotine, etc., parvinrent à l'emporter. Nous ne savons si M. le Comte a tenu toutes ses promesses, pour des routes, des ponts, des canaux, etc.; mais il a fait destuer plusieurs fonctionnaires patriotes, au grand scandale du département, parce qu'ils avaient voulu rester *neutres* dans la bataille électorale.

M. Jaubert est membre du conseil-général du Cher.

MM. Duvergier de Hauranne et Jaubert sont beaux-frères, et ils paraissent avoir porté dans leur conduite parlementaire, un accord, une union parfaite de famille. Tous les deux se sont faits fort humblement les satellites et les instrumens de MM. Thiers, Rémusat, Dumon, les meneurs de la queue doctrinaire, et les roués de l'ordre. Les deux beaux-frères ont été chargés de tous les détails matériels de la réunion Rivoli: ce sont eux qui font les billets de convocation, vont dans les grands jours relancer les tièdes à domicile, porter l'ordre du jour pour le lendemain, avec l'indication de la tactique que suivra le centre dans telles et telles questions ; à la chambre, ces deux messieurs voltigent de banc en banc, et vont donner la consigne à tous les fidèles, au moment décisif de la bataille : ce sont de vrais aides-de-camp, ou pour mieux dire ils remplissent à peu près l'office des petits-clercs dans les études de notaire. Mais les deux beaux-frères sont glorieux et infatués de la haute importance que ces soins leur donnent. Ils ne sollicitent point encore pour eux-mêmes ; et d'ailleurs leur ambition paraît assez mesquine, puisque M. de Jaubert se contente d'une charge bien inoffensive de conseiller d'Etat en service extraordinaire : mais il paraît qu'ils sollicitent assez bien pour leurs parens et amis. C'est à leur recommandation que M. Cheminade, leur oncle, secrétaire général de l'Isère, a été nommé préfet des Basses-Alpes, quand les secrétaires généraux ont été supprimés par la chambre. Les deux beaux-frères sont fort utiles à la doctrine, bien qu'en sous-ordre : sans eux rien ne se ferait, pas plus que le travail des ministères sans commis. Nous devons dire cependant que nous faisons grande différence entre les deux beaux-frères, M. Duvergier ayant fait preuve de loin en loin d'un talent dont nous croyons M. Jaubert fort peu capable.

Le Marquis GAETAN de LAROCHEFOUCAULT. A.

M. Gaëtan est l'un des plus furieux partisans du désarmement général. Il voulut obstinément (13 août 1831), qu'on en parlât dans l'Adresse ; et comme un homme qui jadis a su faire sa *cour* et la fait encore, il prétendit que c'était une haute *générosité* à Louis-Philippe de désirer le désarmement.

M. Gaëtan, pour se conformer aux désirs paternels, est venu déclarer à la chambre qu'il devait refuser le Panthéon pour les restes de son illustre père : c'était une modestie de famille fort louable (31 décemdre 1831); et M. Gaëtan ne mériterait que des éloges, s'il ne s'était permis à ce sujet d'injurier la nation. Il a déclaré que le Panthéon était souillé, et qu'un homme qui se respecte ne voudrait plus entrer dans ce temple prétendu national. Ainsi, on doit croire que c'est bien moins par modestie, comme d'abord on avait pu le penser, que par vanité aristocratique, si M. le Marquis dédaigne le Panthéon. Dans la discussion sur les réformes du code pénal, M. Gaëtan a appris à la chambre, avec une modestie moins dédaigneuse, qu'il a fondé de ses deniers philanthropiques une maison de détention, et qu'il a su y établir un ordre merveilleux (2 décembre, 23 novembre 1831). Dans la discussion du budget, M. le Marquis a cru de bon ton de présenter deux ou trois petits amendemens inadmissibles, que la chambre a dû rejetter, mais dont M. Gaëtan ne manquera sans doute pas de se targuer bien haut (8 et 10 février 1832). Du reste, il est si peu soigneux de la fortune nationale, qu'il s'opposa de toutes ses forces à l'enquête que la chambre voulait faire sur le déficit *Kessner* (31 janvier 1832). Nous ne parlerons pas des poursuites judiciaires que la chambre a dû autoriser contre l'inviolabilité de l'honorable (18 et 19 août 1831). (Voir le journal des Débats du 3 août).

M. Gaëtan a constamment voté pour le ministère.

CORRÈZE.

Ce département nomme quatre députés.

MM. Bédoch, arrondissement de Tulle. — Gauthier, id. d'Uzerche. — Lavialle, id. de Brives. — Plazanet, id. de Ussel.

Les électeurs de la Corrèze ont vraiment du malheur. La Révolution accorde un député de plus au département, la députation tout entière est renouvelée, et les patriotes n'y peuvent pas compter sur une seule voix. Dans les temps les plus mauvais de la Restauration, jamais si complète défaite n'avait été essuyée par eux. La Corrèze avait toujours obtenu au moins un libéral sur trois députés; ce ne fut que dans la chambre de 1830, que les choses changèrent. On y trouvait pour représenter la Corrèze, trois légitimistes: aujourd'hui, on y trouve quatre hommes du milieu. Pour notre part, nous ne saurions auxquels donner la préférence. MM. Gaujal, De Noailles et de Valon, légitimistes, ne valaient ni plus ni moins que les quatre députés qui leur succèdent. M. Gauthier est un déserteur de la cause nationale. Bien des gens affirment que M. Bédoch ne l'a jamais servie, et nous croyons pouvoir assurer que MM. Lavialle et Plazanet ne la serviront jamais.

BEDOCH. A.

Presque complétement silencieux, durant le cours de cette session, M. Bédoch a négligé de nous donner des échantillons fréquens de cette éloquence que, dit-on, il possède. En revanche, son vote muet ainsi que sa parole, n'a pas un seul instant abandonné le ministère.

C'est un adversaire des principes de Juillet. Il a soutenu toutes les prodigalités du budget, les pensions des chouans, etc., etc.

GAUTHIER. N.

Il faut se bien garder de confondre M. Gauthier d'Uzerche, avec M. Gauthier de Rumilly, ou avec M. Gauthier de Hauteserve. De ses deux homonymes, le premier vote constamment avec les patriotes, l'autre vote quelquefois avec eux; quant à lui, il a préféré voter avec les centres et le ministère.

M. Gauthier a refusé de prendre, avant son élection, aucun engagement; ainsi nous pouvons le regarder comme un de ces partisans honteux de l'hérédité, qui sont venus au nombre de 86, protester clandestinement contre le vœu unanime de la France (10 octobre 1831). Malgré la croix de Juillet, qui brille à sa boutonnière, c'est un adversaire des principes de Juillet. Il a soutenu toutes les prodigalités du budget, les pensions des chouans, etc.

LAVIALLE DE MASMOREL. N.

M. Lavialle n'est pas tellement dévoué au ministère qu'il ne puisse de loin en loin demander quelques petites économies (10 février 1832), mais son exigence n'est pas fort redoutable. Comme ses collègues, MM. Gauthier, Bédoch et Plazanet, il a voté constamment pour le ministère.

PLAZANET. N.

M. Plazanet vote aussi mal que M. Gauthier d'Uzerche, et a constamment soutenu, comme lui, le système ministériel.

CORSE.

Ce département nomme deux députés.

MM. Limpérani, arrondissement de Bastia. — Tiburce Sébastiani, id. Ajaccio.

Durant toute la Restauration, la moitié au moins des députés de la Corse put passer pour libérale. Depuis Juillet, M. H. Sébastiani, en devenant ministre des affaires étrangères, semble s'être inféodé le département tout entier. Il a fait nommer, dans un arrondissement, son frère qui lui est complétement dévoué, et dans l'autre, il a fait nommer son neveu qui ne le lui est pas moins.

LIMPÉRANI. N.

Remplaçant de M. H. Sébastiani et son neveu, M. Limpérani ne pouvait manquer d'être dévoué au système du 13 mars. Il a constamment voté pour lui. Nous sommes assurés cependant que M. Limpérani est fort loin d'approuver les principes et les actes de la quasi-légitimité. Sous la Restauration, il s'était fait connaître par le libéralisme de ses opinions, et nous pensons que ses affections le portent toujours vers la liberté : mais soit faiblesse, soit entraînement de famille, il donne ses votes à son oncle, bien qu'il préférât les donner à l'opposition.

M. Limpérani, conseiller à la Cour royale de Corse, et hôte de son oncle, devrait se souvenir un peu plus de ses antécédens politiques, et se rappeler qu'il n'est rien de plus blâmable qu'un homme qui pense d'une façon et qui vote d'une autre.

TIBURCE SÉBASTIANI. A.

Comme M. Limpérani, M. Tiburce est ministériel, au moins autant par affection de famille que par conviction politique : mais, en définitive, leurs votes n'en sont pas moins funestes à la cause nationale. Ces deux Messieurs devraient être éloignés de la représentation tant que M. Sébastiani sera ministre ou conservera quelqu'influence dans le gouvernement. M. Tiburce cède d'autant plus aisément à son attachement fraternel, qu'à tout prendre, il s'en trouve assez bien.

Il est membre du conseil-général de la Corse.

COTE-D'OR.

Ce département nomme cinq députés.

MM. Cabet, 2ᵉ arrondissement de Dijon. — Hernoux, 1ᵉʳ id. id. — L. Bazile, arrondissement de Chatillon. — Mauguin, id. de Beaune. — Vatout, id. de Sémur.

Sans M. Vatout, qui, nommé aussi dans la Charente, opta pour l'arrondissement de Sémur, la députation de la Côte-d'Or serait parfaitement homogène, et composée, tout entière, de patriotes; jamais la Côte-d'Or n'avait obtenu une représentation aussi dévouée à la cause nationale. Sous la Restauration, c'est à peine si, par les plus grands efforts, on était arrivé à conquérir les 3/5 de libéraux; telle était encore la proportion dans la chambre dernière. MM. Mauguin et Hernoux ont dès long-temps fait leurs preuves; M. Cabet vote avec eux; M. Louis Bazile a eu le tort, par son absence durant toute la session, d'enlever une voix à l'opposition; et enfin M. Vatout tient de si près à la cour nouvelle, qu'il ne pouvait guère se montrer autre qu'il n'a été; seulement il eût été sage aux électeurs de s'adresser partout ailleurs que chez un courtisan.

CABET. N.

Dans la discussion de l'Adresse (12 août 1831), M. Cabet donna la mesure de son patriotisme et de son énergie en invitant la majorité, au nom de la raison et de la justice, à ne point placer sur la même ligne les opinions républicaines et les opinions carlistes. Il combattit avec courage le dégradant système de politique que la quasi-restauration suit au dehors comme au dedans (15 août). Il soutint vivement, et comme un homme qui en sentait toute l'urgence, la proposition du général Lamarque sur la mobilisation de la garde nationale (25 octobre). Il demanda plus tard que les sommes, précomptées à la royauté depuis Juillet, fissent retour aux caisses de l'État (19 janvier 1832): c'étaient dix ou douze millions qui eussent été réintégrés au trésor public. En se plaignant, dans la discussion de notre budget diplomatique, de cette étrange licence qui permet à nos ambassadeurs de se faire payer leurs monstrueux appointemens sans résider à leurs postes, M. Cabet valut à la France, et l'on pourrait ajouter à l'Europe (9 mars 1832), le discours de M. d'Harcourt, si fécond en révélations.

M. Cabet a voté contre l'ordre du jour motivé de M. Ganneron, qui absolvait la diplomatie du ministère (22 septembre). Il a protesté contre la fournée illégale des 36 pairs (23 novembre 1831) et l'insultante dénomination de *sujets* (7 janvier 1832). Il a constamment voté contre le ministère.

Dans une brochure adressée à ses commettans, M. Cabet a tâché d'éclairer le pays sur sa situation vraie, tant au dedans qu'au dehors. Cette démarche était toute patriotique : mais M. le président du conseil ne pardonna point à M. Cabet ses révélations et son énergie; il le vint attaquer publiquement à la tribune. M. Cabet repoussa ces inculpations avec une vigueur pleine de convenance et de dignité. Plus tard, le député de Dijon se défendit aussi victorieusement contre quelques sourdes calomnies, répandues à dessein sur sa position électorale, à la chambre. La lettre de M. Cabet, publiée dans tous les journaux patriotes, eut ce double résultat, d'abord de repousser la calomnie, et de faire avancer, de quelques pas, la grande question de l'indemnité due aux fonctions législatives.

HERNOUX. A.

Dans cette session, comme dans la précédente, M. Hernoux a conservé cette énergie de principes qui l'avait dès longtemps signalé à l'estime des patriotes. Les habitans de Dijon doivent être heureux et fiers de voir à leur tête, comme chef municipal, un homme qui sait aussi bien défendre les intérêts populaires à la chambre, que les administrer lorsqu'il est de retour au milieu de ses concitoyens. Dijon est une des trois ou quatre villes qui peuvent en France offrir ce double témoignage d'une confiance aussi honorable et aussi bien méritée. M. Hernoux a constamment voté contre le ministère.

Il est membre du conseil-général de la Côte-d'Or.

LOUIS BAZILE.

M. Louis Bazile a été absent de la chambre durant tout le cours de la session. C'est à lui d'expliquer à ses commettans comment, après avoir accepté leur mandat, il l'a rempli d'une si étrange façon. Les antécédens de M. Bazile nous font d'autant plus regretter son absence que son vote était acquis à la cause nationale : il a envoyé son adhésion à la protestation contre l'insultante dénomination de *sujets* (anvier 1832).

Il est maître de forges et membre du conseil-général de la Côte-d'O

MAUGUIN. A.

M. Mauguin a eu la gloire d'introduire dans nos mœurs parlementaires l'habitude de ces interpellations adressées au ministère sur les questions générales. Trois ou quatre jours à l'avance, il indique l'heure, le jour, le lieu du combat. Le ministère se prépare et n'en est pas moins battu (16 septembre 1831). C'est surtout sur la politique extérieure que le patriotisme et l'éloquence de M. Mauguin se sont exercés. Vingt fois il a traîné aux gémonies de la tribune le déplorable système qui souille notre honneur au dehors comme il ruine notre bien-être au dedans (10 août, 19 septembre, 21 septembre, 25 octobre, 26 novembre, 19 décembre 1831, 7 mars 1832). La Pologne n'a point trouvé de défenseur plus sympapathique et plus vigoureux : la douleur nationale n'a point trouvé d'interprète plus éloquent et plus vrai (19 sept. 1831, 21 février 1832). Il s'est opposé avec une noble énergie à l'abominable loi de police lancée contre les réfugiés polonais par les hommes du 13 Mars (9 avril 1832). En quelques paroles, il résume et flétrit les discours de ses adversaires : M. le président du Conseil peut se rappeler à quoi se réduisait celui qu'il avait si merveilleusement élaboré pour son accidentel budget des affaires étrangères. Si Alger est abandonné, comme nous pouvons le craindre, M. Mauguin pourra se rendre cette justice, qu'il a fait tout pour qu'on le conservât à la nation (21 mars 1832).

Dans la discussion de la liste civile, nul orateur n'a été ni plus profond, ni plus éclairé, ni plus économe. Si la couronne, riche déjà de tant de biens, possède encore quelques cent mille hectares de bois, que la nation ne s'en prenne point à M. Mauguin (6 janvier 1832). Si l'on eût voulu l'en croire, Compiègne, et surtout l'apanage d'Orléans, destiné il y a deux cents ans à réparer une inégalité de naissance, qu'un trône a dû si complétement effacer, eussent fait retour au domaine de la nation (9 et 10 janvier). Il a demandé, non moins vainement, qu'on publiât les dépenses de la royauté depuis Juillet, et que les sommes précomptées à la cour fussent rendues au trésor public (14 janvier). La majorité a préféré en engraisser la cour, et sacrifier l'argent du peuple contre toute raison et toute justice. M. Mauguin a été l'un des premiers et des plus ardens à soutenir la nécessité d'annuler les 43 millions de rentes rachetées par la caisse d'amortissement

(25 janvier). C'est encore malgré lui que l'on a maintenu les onéreux marchés consentis à l'Académie de musique (1er mars); mais on doit dire que pour ce discours il fut sévèrement puni, car l'interminable M. d'Argout se chargea de lui répondre, et M. Mauguin eut la patience de l'écouter et de le réfuter. Dans la discussion sur l'octroi de la navigation du Rhin, il a vivement réclamé les sommes dues à la France par la Prusse (6 avril 1832).

Le ministère a parfois essayé de lancer contre M. Mauguin d'autres agressions que les cris et les murmures des centres. L'un de ses orateurs, M. Thiers, voulut une fois se mesurer avec l'athlète patriote ; mais apparemment qu'une joûte si rude le mit peu en haleine (21 septembre 1831), car il ne crut pas prudent d'en engager une seconde. Pour M. Viennet, il n'a trouvé pour argument qu'un canon de pistolet (12 déc.), mais M. Mauguin s'est défendu sur le terrain comme à la tribune, avec calme et fermeté. M. le président du conseil a pris un milieu entre M. Thiers et M. Viennet : il a trouvé plus court d'injurier M. Mauguin (26 novembre). *Cet individu ! cet individu !* deux fois répété, malgré les clameurs et les haro de la chambre, lui a paru une réfutation complète et sans réplique. M. Mauguin a dit à M. Périer qu'il ne répondait point à une impertinence à la tribune, et M. Périer se l'est tenu pour dit. M. Girod de l'Ain a voulu aussi faire preuve de dévouement: il s'est ameuté contre M. Mauguin, et l'a rappelé à l'ordre parce qu'il blâmait le maréchal Soult d'avoir jeté des croix d'honneur dans le sang lyonnais (1er février 1832). M. Girod de l'Ain a lancé encore son rappel à l'ordre contre l'orateur, parce qu'il avait dit qu'une certaine portion de la chambre avait une profonde antipathie pour la révolution de Juillet (9 avril 1832).

Doit-on dire maintenant que M. Mauguin, orateur si entraînant, si remarquable dans les questions de politique générale, dans les questions de finances, les questions de dignité et de sentimens populaires, a tout aussi bien traité les questions d'économie politique, si arides et si rebutantes (20 décembre 1831)? qu'il a fait rendre à vingt-cinq mille citoyens leur droit de vote électoral, que le ministère allait leur escamoter (23 août), et qu'il a défendu les légionnaires des cent jours (15 septembre)? Certes, s'il était possible que le talent de M. Mauguin acquît de nouveaux droits à l'admiration et à l'estime du pays, cette session les lui aurait donnés. On devait croire qu'un si rare talent, combattant de semblables adversaires, trouverait bientôt la calomnie sur son chemin. La calomnie n'a pas manqué à notre orateur patriote : mais c'est une parure de plus ; c'est un nouveau triomphe, c'est un nouveau combat dont la patrie saura gré à son défenseur.

VATOUT. N.

Un jour que M. de Corcelles s'élevait avec énergie contre les courtisans, *cette peste d'hommes gangrénés* qui pullulent autour des princes, M. Vatout, qui prenait apparemment pour lui ce que venait de dire le député de Saône-et-Loire, demanda la parole pour un fait personnel ; mais la chambre eut le bon esprit de ne point vouloir écouter M. Vatout, attendu que si M. de Corcelles avait frappé juste, il était peu nécessaire que chacun vînt à la tribune étaler ses plaies et ses blessures ; peut-être aussi se résigna-t-il au silence sur la très juste représentation de M. Dupin, qui lui dit : *Eh ! Monsieur, vous n'êtes pas un courtisan, vous êtes un employé.*

M. Vatout fit, nous ne savons pas trop pourquoi, une proposition concernant les listes électorales (26, 29 août 1831). Le résultat le plus clair de cette proposition fut de faire perdre à la chambre trois ou quatre séances : et lorsque M. Comte voulut la rendre quelque peu utile en y introduisant l'admission des capacités, M. Vatout, fort irrité (28 septembre), vint repousser l'annexe de M. Comte, et déclara qu'il retirerait sa proposition plutôt que d'assumer la solidarité d'un acte de justice et de bon sens.

M. Vatout, qui trouve sans doute que le réglement de la chambre est encore trop large et trop raisonnable, a voulu l'amender selon ses vues : il exigeait que cinq bureaux, au lieu de trois, eussent approuvé une proposition pour qu'elle pût être lue à la tribune (29 août 1831). M. Girod (de l'Ain) aurait pu lui dire que, même avec le simple assentiment de trois bureaux, il n'est pas de proposition, quelque utile et patriotique qu'elle soit, que le ministère ne puisse toujours étouffer.

Il a voté pour le maintien des pensions de la pairie (7 février 1832). Nous ne savons pas trop pourquoi, après avoir proposé de grever le budget de deux ou trois millions de pensions parfaitement inutiles, il propose ensuite une réduction de 20,000 f. sur le conseil du commerce et des colonies (22 février 1832). Ces velléités d'économie sont assurément de nature à surprendre dans un homme qui a voté sans la moindre peine une liste civile de 12 millions, et qui, bien volontiers, en aurait voté une deux fois aussi forte. C'est que M. Vatout doit au patronage qu appuya son élection, et peut-être aussi aux patriotes auprès desquels il s'est donné comme fort indépendant, de faire de loin en loin quelques fausses mines de patriotisme sur des questions de nulle importance. C'est ainsi qu'il annonça hautement son vote négatif contre le projet ministériel sur la garde nationale mobile (3 janvier 1832). Mais il n'en vote pas moins constamment pour le ministère.

L'opposition factice de M. Vatout ne nous paraît qu'une finesse de courtisan. On veut que tout ce qui sort des Tuileries porte au dehors une apparence d'indépendance et de patriotisme; mais nous sommes bien sûrs que l'indépendance de M. Vatout ne fera jamais un tort réel au ministère. Il n'est point possible qu'il se sépare de lui sur une seule question de quelque importance. Cette session l'a bien prouvé.

COTES-DU-NORD.

Ce département nomme six députés.

MM. Bernard de Rennes, arrondissement de Lannion. — Beslay, père, id. de Dinan. — Glaise-Bizoin, id. de Loudéac. — Loyer, id. de Guinguamp. — Riollay, id. de Saint-Brieuc 1er. — Tueux, id. de Saint-Brieuc 2e.

Le département des Côtes-du-Nord pouvait compter parmi ses six députés quatre patriotes énergiques et assurés: ce sont MM. Glaise-Bizoin, Tueux, Bernard de Rennes, et Loyer, mort dans le cours de la session. M. Beslay père est partisan du juste-milieu comme M. Riollay.

Le département des Côtes-du-Nord, si l'on se reporte à l'année 1829, doit paraître avoir fait d'immenses progrès de patriotisme. A cette déplorable époque, ses six représentans appartenaient corps et âme au ministère; sous la Restauration, les Côtes-du-Nord étaient le plus arriéré de tous les départemens de la France. En 1830, on y comptait encore M. de Quélen et M. Bizien-du-Lézard.

BERNARD DE RENNES. A.

Dans la discussion de l'Adresse pour laquelle il avait été commissaire (16 août 1831), M. Bernard a pris l'initiative dans une proposition importante souvent renouvelée dans le cours de la session et toujours rejetée. Il demanda que le ministère vînt communiquer à la chambre les documens diplomatiques qui devaient éclairer sa conscience sur les affaires extérieures de l'État.

Nous regrettons que M. Bernard ait quelquefois séparé ses votes de ceux de ses amis parlementaires.

BESLAY, père. A.

M. Beslay père a voté dans le commencement de la session (22 septembre 1831), contre l'ordre du jour motivé de M. Ganneron, qui absolvait la diplomatie du ministère; mais cet effort sembla fait pour épuiser tout son patriotisme : circonvenu par des menées doctrinaires, il abandonna ses premiers amis, et il paraît définitivement séparé d'eux. C'est un adversaire des principes de Juillet. Il a soutenu toutes les prodigalités du budget, les pensions des chouans, etc. A dater du troisième mois de la session, il a constamment voté avec le ministère. M. Beslay père, quoique fort riche de sa fortune personnelle et par les spéculations heureuses qu'il a faites sur les canaux de l'État, sollicite cependant pour sa famille. Il a fait nommer l'un de ses fils receveur des finances à Saint-Malo; il a contribué aussi à faire maintenir en place les fonctionnaires carlistes de son département.

GLAISE-BIZOIN. N.

Jaloux surtout de soulager le peuple en dégrévant le budget des énormes traitemens qui l'écrasent, M. Bizoin voulut prendre une glorieuse initiative; et afin de pousser la chambre dans cette voie, il l'engagea à commencer sur elle-même la série des économies que le pays attendait depuis si longtemps. Il proposa et fit adopter une réduction à 5000 francs par mois du traitement de la présidence (9, 18 août 1831). Dans une séance où les centres avaient obstinément refusé des secours à l'agriculture, six ou sept amendemens avaient été successivement écartés, quand arriva celui de M. Glaise-Bizoin. Le président semblait incertain s'il devait le mettre aux voix, et priait en termes assez formels M. Glaise-Bizoin de le retirer sans même le soumettre à l'épreuve de l'assis et du levé. « Non, « non, dit le député de Loudéac, je veux les honneurs du « refus. » La majorité ne les lui refusa pas (28 février 1832).

C'est avec cet esprit de persévérance et de justice que M. Bizoin demanda le maintien des 30 centimes de l'impôt foncier et la suppression de l'impôt du sel (10 décembre 1831); mais l'égoïsme et la dureté des centres préféra écraser le peuple sous un impôt inique, et dégrever les riches propriétaires. Dans la discussion de l'amortissement, l'opposition venait de recevoir sept ou huit échecs successifs : l'amortissement des rentes rachetées serait-il totalement annulé? perdrait-il seulement 30, 22, 18, 15 millions? M. Glaise-Bizoin vint à son tour proposer une annulation de 12 millions (27 janvier 1832). Cette proposition fut repoussée comme toutes les autres; mais c'était un vrai courage de l'avoir faite. M. Bizoin voulait aussi supprimer le ministère des cultes comme inutile (14 février 1832). La majorité y voulut encore bien moins entendre qu'à l'annulation des rentes rachetées, et M. Glaise-Bizoin n'en proposa pas moins, deux jours après, 500,000 francs de diminution sur l'entretien des églises (16 février). Il échoua cette fois comme les autres. Il ne put même obtenir une réduction de 100,000 fr. sur le traitement du ministre de l'instruction publique et des conseillers de l'Université (17 février 1832).

Il a constamment voté contre le ministère.

M. Glaise-Bizoin est fort jeune encore: il est à peine âgé de trente-trois ans. Des études longues et sérieuses pour sa profession d'avocat, des voyages instructifs et nombreux, une fortune honnête, sans être considérable, font de M. Glaise-Bizoin un des hommes les plus éclairés et les plus indépendans de la chambre.

LOYER. A.

M. Loyer est mort à Paris du choléra le 16 avril 1832. Il avait constamment voté contre le ministère.

RIOLLAY. A.

M. Riollay, lieutenant-colonel du génie, a justifié dans cette session tous les soupçons des patriotes. Incertain encore dans la chambre précédente, il s'est définitivement fixé au juste-milieu. Il a constamment voté avec le ministère.

C'est une chose bien connue à Saint-Brieuc que M. Riollay, qui ne l'a emporté que de deux voix sur son concurrent patriote, M. Ch. Armez, après un ballotage, n'a dû sa nomination qu'à l'intervention des carlistes, qui formèrent le tiers des voix en sa faveur. M. Riollay n'a pas démenti, par sa conduite, l'origine de son mandat. Il a soutenu toutes les prodigalités du budget, et a voté pour les pensions des chouans. Il devait cependant moins que tout autre approuver de pareilles allocations. Son beau-père a été assassiné par des chouans pensionnés. Mais M. Riollay ambitionne, dit-on, un fauteuil de pair. Il a contribué, avec M. Beslay père, à faire maintenir en place les fonctionnaires carlistes du département des Côtes-du-Nord.

TUEUX. N.

M. Tueux avait été envoyé à la chambre comme patriote ferme et éclairé. Il a pleinement justifié la confiance que ses commettans avaient si sagement mise en lui. Il a constamment voté contre le ministère.

M. Tueux ne doit qu'à son travail une fortune assez considérable, qu'il a gagnée, en grande partie, dans l'exploitation des pêches de Terre-Neuve. Son caractère ne le rend pas moins indépendant que sa position. Il est maire de Saint-Brieuc, en même temps qu'il en est le député.

Il est membre du conseil-général des Côtes-du-Nord, comme son collègue M. Beslay père.

CREUSE.

Ce département nomme quatre députés.

MM. Cornudet, arrondissement d'Aubusson. — Leyraud, id. de Bourganeuf. — Tixier Lachassaigne, id. de Guéret. Voisin de Gartempe, id. de Boussac.

En 1829, la Creuse comptait parmi ses députés, deux libéraux sur trois. Durant la Restauration, la proportion n'avait jamais été si favorable. En 1830, la députation ne comptait plus un seul patriote; en 1832, on peut dire qu'il en est à peu près de même: M. Leyraud vote seul avec l'opposition. Quant à ses trois collègues, ils sont attachés au système ministériel, bien qu'ils aient été nommés par les patriotes. Ils disposent entr'eux de toutes les places du département de la Creuse; et leurs choix se ressentent de leurs opinions politiques.

CORNUDET. N.

Quand les électeurs demandèrent à M. Cornudet, fils d'un pair de France, quel parti il comptait prendre dans la discussion de la pairie, il répondit que, comme intéressé, il s'abstiendrait de la délibération : c'était précisément un juste-milieu entre la décision d'un homme qui, étant aussi fils de pair, aurait voté pour le privilége, et la décision de M. de Tracy qui, tout fils de pair qu'il est, n'en a pas moins voté contre l'hérédité. Cette première résolution semble avoir tracé la ligne de conduite politique que M. Cornudet a suivie constamment à la chambre. Il s'est fait le partisan du juste-milieu. C'est un adversaire des principes de Juillet. Il a soutenu toutes les prodigalités du budget, les pensions des chouans, etc. Il a constamment voté pour le ministère. M. Cornudet a hérité d'une immense fortune patrimoniale. La tranquillité de son caractère et de ses occupations habituelles, le rend peu propre aux débats législatifs.

Il est membre du conseil-général de la Creuse.

LEYRAUD. N.

M. Leyraud a obtenu à la chambre deux succès remarquables. Il a demandé et fait adopter, presque coup sur coup, deux diminutions assez considérables sur le budget. La première de 120,000 fr. (13 mars 1832), portait sur le traitement des maréchaux; la seconde de 560,000 fr. sur les frais de représentation accordés aux généraux. M. Leyraud a aussi proposé sur la pairie, un amendement qui consacrait le système des candidatures (12 octobre 1831). A la fin de la session, M. Leyraud s'est complétement rapproché des patriotes : il vote beaucoup plus souvent avec l'opposition qu'avec le ministère. A son retour à Guéret, les électeurs lui ont offert un banquet. M. Leyraud, avocat, jouit d'une belle fortune, qu'il doit, en partie, à l'exercice honorable de sa profession.

TIXIER LACHASSAIGNE. N.

M. Tixier a cherché à se rendre utile à la chambre en faisant quelques rapports de pétitions assez peu importantes (22 octobre 1831). Il a parlé contre l'élection frauduleuse de M. Bourgeois (17 août 1831).

Il a constamment voté comme M. Cornudet, en faveur du ministère. Il est conseiller à la Cour royale de Limoges.

VOISIN DE GARTEMPE. A.

M. Voisin, quoique l'un des plus ardens parmi les légitimistes, ne put suivre la course trop rapide du ministère *déplorable* vers l'année 1826 et 1827, mais il se soumit complétement en 1828 au juste-milieu de M. Martignac, et redevint ministériel comme devant. Il l'a été dans la chambre de 1830 : en 1832, il l'est encore fort assidûment. Il croit qu'il n'y a que reconnaissance, là où d'autres voient servilité. Sa qualité inamovible de Conseiller à la Cour suprême devrait cependant lui permettre de suivre les velléités de patriotisme qui pourraient de temps à autre se réveiller dans son cœur.

M. Voisin est un député à tendance légitimiste, ne votant avec le ministère que comme pis aller. Il a fait maintenir en place dans son département tous les fonctionnaires carlistes.

DORDOGNE.

Ce département nomme sept députés.

MM. Bugeaud, arrondissement d'Excideuil. — Ducluzeau, id. de Riberac. — Garraube, id. de la Linde. — Lamy, id. de Nontron. — Mérilhou, id. de Sarlat. — Perrin, id. de Périgueux. — Prévot Leygonie, id. de Bergerac.

La réélection générale a procuré au département de la Dordogne un véritable avantage : sur sept représentans, deux sont des patriotes qui ont donné, dans cette session, des preuves non équivoques de leur dévouement. M. Perrin a continué, dans la chambre de 1832, cette opposition vigoureuse et éclairée qui le distinguait dans la chambre de 1830 et dans celle de 1815 ; c'est un de ces hommes dont les opinions inébranlables, parce qu'elles sont profondément raisonnées, n'ont pas un seul instant varié durant nos tourmentes politiques. M. Ducluzeau, plus récent dans la carrière parlementaire, semble devoir y suivre les traces de M. Perrin. L'opposition de M. Mérilhou a été beaucoup plus incertaine, et nous ne savons si sa place de conseiller à la Cour de Cassation lui rendra l'indépendance qu'il semblait avoir perdue pendant qu'il la sollicitait. Quant aux autres députés, il serait difficile de trouver, dans toute la chambre, des hommes plus aveuglément dévoués au système du juste-milieu ; des habitudes d'obéissance et de discipline militaires ont évidemment influé sur leurs opinions politiques. A tout prendre, la Dordogne n'a jamais eu, pendant les quinze années de la Légitimité, une députation aussi patriote que celle qu'elle présente aujourd'hui.

Le Général **BUGEAUD. N.**

M. Bugeaud a pris soin, comme quelques autres militaires de la chambre, de dessiner si nettement son ministérialisme, que c'est ne rien apprendre à personne que de dire de M. Bugeaud, qu'il est dévoué corps et âme au ministère. Peu disposé à inventer par lui-même des argumens en faveur de la cause qu'il a embrassée, M. le général a pris de toutes mains ceux qu'il a mis en œuvre, et l'on peut dire qu'il est loin d'avoir fait un bon choix. La chambre le lui a fait comprendre plus d'une fois par son hilarité. A M. Soult, il emprunte un mot sur les carlistes, et il répète, comme un écho fidèle, que pour lui, *il ne connaît pas les carlistes* (15 septembre 1831). Cependant M. le général, en ennemi généreux, est prêt à les embrasser après la victoire : du moins c'est lui qui l'a dit dans la même séance. M. Bugeaud a souvent entendu dire que nous ne pouvions pas secourir la Pologne, et, s'émerveillant de ce que la France a fait pour elle, il assure qu'en la laissant mourir nous avons fait plus en sa faveur qu'en lui envoyant huit cent mille hommes (22 septembre 1831). Enfin, quand il a fait quelques autres démonstrations de cette force, il s'écrie : « Il ne me reste « plus qu'à voter pour l'ordre du jour motivé de M. Ganne- « ron. » Franchement, nous croyons que M. le général a encore bien autre chose à faire, ne serait-ce que de polir son style. M. Bugeaud a encore entendu dire que les théories étaient chose pendable et mortellement nuisible au gouvernement; dès-lors, M. Bugeaud est l'ennemi furibond des théories (20 mars 1832). Cependant il a bien aussi lui-même des théories, théories fort curieuses, au moyen desquelles il assimile les chouans aux Guérillas; il a encore, quoiqu'il en puisse dire, des théories militaires. Il prétend, par exemple, que nous avons bien amplement assez de cinq cent mille hommes sous les armes, attendu, dit-il, que jamais on n'a vu plus de cinq cent mille soldats sur le même champ de bataille (11 août 1831). Pour nous, nous ne nous piquons pas d'être stratégistes, bien que M. Bugeaud se pique d'être orateur, mais le simple bon sens nous dit que si nous n'avons pas besoin de cinq cent mille soldats dans la même plaine, nous pouvons en avoir besoin de plus d'un million pour défendre cinq à six cents lieues de frontières, sur dix ou douze champs de bataille. M. Bugeaud, dans un accès de bravoure et de dévouement non moins ministériel que guerrier, a proclamé que, pour sa part, il était toujours prêt à combattre les factieux (1ᵉʳ février 1832). Comme le ministère est de force à se fier à de si nobles promesses, il est possible que M. Bugeaud ait quelque jour deux ou trois régimens suisses à commander contre les factieux. Dans la discussion sur le budget de la guerre, M. Bugeaud a pris la parole pour appuyer le maintien du traitement intégral des généraux (13 mars 1831). La question était délicate pour un général. M. Bugeaud, qui a du tact et la main légère, se tira de ce pas comme à son ordinaire, et les centres eux-mêmes, si nous avons bien vu, ont rougi pour M. le général.

M. Bugeaud a cependant eu une fois, à lui en propre, une idée : il a demandé 2,000,000 à la chambre pour création de comices agricoles, la chambre ferma l'oreille ; M. Bugeaud se réduisit à 500,000 fr., la chambre n'entendit pas davantage ; M. Bugeaud descendit par un violent effort à 200,000 fr., déclarant avec émotion que si la chambre lui accordait sa demande, ce serait *le plus beau jour de sa vie*. Mais la chambre ne fut pas attendrie, et, avec une inconcevable dureté, elle ne voulut pas même, pour 200,000 fr., orner d'un si beau jour l'existence de M. le général. Elle accorda beaucoup moins que ces 200,000 fr. si ardemment souhaités. Quand le ministère voulut repousser la patriotique proposition de M. Salverte sur le Panthéon, M. Bugeaud se chargea de venir, par un sous-amendement qui n'en était pas un, amener dans la discussion un tumulte scandaleux, dont M. Girod profita subtilement pour lever la séance, sans en faire part à qui que ce fût (10 mars 1832). Dans une autre occasion, non moins scandaleuse (3 février 1832), M. Bugeaud s'élança vers le bureau, et, comme il est fort obligeant, il offrit un chapeau pour que M. le président voulût bien se couvrir et empêcher la délibération sur la révision des pensions. Dans la discussion des céréales, M. Bugeaud a montré l'égoïsme le moins noble du propriétaire, et une véritable cruauté envers le peuple souffrant et mourant de faim (30 mars 1832). Cependant il passe dans son canton pour avoir fait faire des progrès à l'agriculture ; c'est que M. Bugeaud veut bien améliorer ses terres, mais serait désolé de rien perdre sur le prix de ses fermages. On lui reproche encore d'avoir apporté une personnalité aussi peu louable dans des circonscriptions de canton, et certains arrangemens de casernement avec les autorités militaires du département où sont situées ses propriétés.

Outre son idée sur les comices agricoles, M. Bugeaud en a encore une autre qui le passionne ; idée peu louable dans un homme des centres, et ami par conséquent de la dynastie nouvelle : il pense que notre époque aura son Buonaparte, faiseur de coups d'état, comme la République a eu le sien. M. le général soutient toujours cette idée avec une grande chaleur de conviction. Un jour entre autres, qu'il venait de prédire son grand homme avec toute l'inspiration d'une sybille, il s'arrête tout-à-coup, lève les yeux au ciel, se pose un doigt sur le front, et poussant un soupir, il s'écrie : « Ah! si j'étais ambitieux! » Quel Cromwell!

DUCLUZEAU, N.

Il est peu de patriotes à la chambre plus fermes et plus dévoués que M. Ducluzeau. Toutes les mesures anti-nationales ou les prodigalités des hommes du 13 Mars l'ont eu et l'auront constamment pour adversaire. Il a voté contre l'ordre du jour de M. Ganneron (22 septembre 1831). Il a protesté contre la fournée illégale des 36 pairs (23 novembre 1831), et l'insultante dénomination de *sujets* (7 janvier 1832).

Il est membre du conseil-général de la Dordogne.

GARRAUBE. N.

M. Garraube a pris trois ou quatre fois la parole dans la discussion de la loi sur l'avancement de l'armée, en novembre 1831. C'est un des séides du juste-milieu: il le dispute sous ce rapport à ses collègues M. le Colonel Lamy et M. le général Bugeaud.

Il est bon que les électeurs sachent, bien que généralement on appelle M. Garraube colonel, qu'il n'est encore que lieutenant-colonel ; mais grâce à ses services parlementaires, il peut monter d'un degré. Voici, si nos renseignemens ne nous trompent, la carrière militaire fournie par M. Garraube : en 1816 il obtint, comme survivance de son père, une sous-lieutenance aux *cent-suisses*, ce qui lui donnait sur-le-champ le grade de chef-de-bataillon. Plus tard, la Restauration, satisfaite sans doute de ses services, le nomma lieutenant-colonel d'un régiment où M. Garraube ne fut pas toujours très assidu. En revanche, il paraît l'être beaucoup aujourd'hui à voter pour le juste-milieu. Du reste, il ne cache point son affection ministérielle, et il la confesse avec une franchise toute militaire. La faveur dont M. Garraube a joui durant la Restauration, n'a pas d'autre origine que le dévouement tout chevaleresque dont il fit preuve à la petite cour de la duchesse d'Angoulême à Bordeaux, au 12 mars 1814. Il fut alors nommé *chevalier du Brassard*.

M. Garraube, qui paraît fort puissant solliciteur, a fait nommer le sous-préfet de Bergerac : et grâce à cette nomination et à quelques autres, l'élection de M. le Lieutenant-Colonel fut assurée en 1831. Il a fait aussi maintenir en fonctions une bonne partie des carlistes du département.

Il est membre du conseil-général de la Dordogne.

Garraube n'est pas précisément le nom de M. le Lieutenant-Colonel, mais celui d'une terre : le nom véritable de sa famille est Valleton.

LAMY. N.

M. le colonel Lamy a pris deux ou trois fois la parole sur des sujets militaires de peu d'importance (28 octobre 1831, 16 mars 1832). Il vote, comme ses deux collègues MM. Garraube et Bugeaud, constamment pour le ministère. L'élection de M. Lamy ne put être emportée qu'après trois tours de scrutin. Les patriotes furent enfin vaincus par l'union des légitimistes et des gens du juste-milieu en faveur du Colonel. M. Lamy s'est montré digne des électeurs qui l'ont nommé.

MÉRILHOU. A.

La conduite de M. Mérilhou durant toute la session avait été presque inexplicable. Lui, l'ancien patriote, l'ex-ministre de Louis-Philippe, voter pour les hommes du 13 Mars qui faisaient tant de mal au pays et contre les quels il devait au moins avoir quelques griefs personnels : c'était à n'y rien comprendre. A la fin de la session tout s'est expliqué : M. Mérilhou a été nommé conseiller à la Cour de Cassation. C'est une assez lourde chûte pour un ancien ministre de la justice : mais M. Mérilhou paraît avoir perdu toute ambition : il lui faut une retraite ; et nous croyons que les électeurs feront bien, puisque l'occasion se présente, de le rendre au repos de la vie privée, et aux travaux qui l'attendent à la Cour suprême. M. Mérilhou avait un noble exemple à suivre, dans son ancien patron, et prédécesseur. M. Dupont (de l'Eure) sortant du ministère avait noblement refusé des offres plus brillantes encore que celles qui ont séduit M. Mérilhou. Quelle que soit du reste la conduite de M. Mérilhou dans la prochaine session, il ne pourra faire que, durant celle qui vient de finir, ses votes n'aient été presque constamment acquis au ministère. Il n'a voté avec l'opposition que rarement, sur des questions sans importance.

Réuni à plusieurs patriotes, il a présenté un amendement

pour le système des candidatures dans la discussion de la pairie (12 octobre 1831).

PERRIN. A.

On pourrait difficilement citer à la chambre un patriote plus éclairé et plus constant que M. Perrin. Ses titres à l'estime des hommes indépendans datent de loin. En l'an 12, il s'opposait vivement au principe de l'hérédité, dans la personne et la famille de Napoléon. En 1815, il se signala par l'énergie de son patriotisme, et l'on peut croire que si, dans la chambre des représentans, tous les membres lui eussent ressemblé, la ruine de la France eût été un peu moins vite et moins complétement consommée. En 1830, il a continué contre la quasi-restauration l'opposition qu'il avait vouée à la légitimité; et, dans la session qui vient de s'écouler, aucun patriote n'a été plus ferme que lui.

M. Perrin s'est fait remarquer dans ses discours par une argumentation pleine de force et de logique. Lorsque, sur la proposition de M. Glaise-Bizoin, la chambre vint à discuter le traitement de son président et de ses questeurs, M. Perrin, remontant tout d'abord aux principes, prouva : que la loi, déclarant gratuites les fonctions de député, un traitement quelconque, alloué pour ces fonctions, était une violation flagrante de la loi; et que, pour sa part, il ne croyait pas même qu'on dût mettre en discussion un point qui lui paraissait aussi clairement résolu que celui-là (3 sept. 1831, 16 janvier 1832). Il fut plus heureux dans la discussion du budget de 1829. Il demanda et obtint (22 novembre 1831) qu'à l'avenir, les ministres ne reçussent plus de frais de premier établissement. A voir le changement rapide de nos prétendues Excellences, il est facile de calculer que c'est à peu-près une centaine de mille francs d'économie que M. Perrin procurera à la France, année moyenne. Il a constamment voté contre le ministère.

Il est membre du conseil-général de la Dordogne.

PRÉVOT LEYGONIE. A.

Il paraît que M. Prévot est un homme fort délicat sur le choix des mots, et non moins susceptible en fait de convenances politiques. C'est lui qui a demandé que les Bourbons fussent *exclus* et non *bannis* de France (17 mars 1831). Exclus ou bannis, il est défendu aujourd'hui aux Bourbons de remettre les pieds en France, sous peine de se placer eux-mêmes, et de plein droit, hors la loi. Mais le pays n'en doit pas moins savoir beaucoup de gré à M. Leygonie de sa distinction grammaticale, et il y aurait évidemment un grand profit à n'avoir à la chambre que des députés qui sussent aussi bien leur langue. Il vote constamment pour le ministère, comme ses trois collègues guerriers. M. Prévot Leygonie, de concert avec M. Garraube et le sous-préfet de Bergerac, a contribué autant qu'il a dépendu de lui, à conserver en place tous les carlistes du département de la Dordogne, comme moyen de s'assurer plus certainement sa propre élection, en cas de besoin. Nous espérons que, le cas échéant, les patriotes déjoueront cette manœuvre. M. Leygonie doit être regardé par eux comme un véritable ennemi. A la fin de la session, il a reçu le prix de son assiduité ministérielle : il a été nommé conseiller à la Cour royale de Bordeaux. Nous espérions, mais en vain, que le patriotisme des électeurs ferait justice, par une exclusion formelle, de la conduite parlementaire de M. Leygonie.

Il est membre du conseil-général de la Dordogne.

DOUBS.

Ce département nomme cinq députés.

MM. Blondeau, arrondissement de Montbéliart. — Bourqueney, 2ᵉ id. de Besançon. — Clément, id. de Baume. — Gréa, 1ᵉʳ id. de Besançon. — Jouffroy, id. de Pontarlier.

Le patriote le plus énergique et le plus constant de la députation du Doubs, c'est M. Gréa. Trois de ses collègues le suivent à des degrés plus ou moins éloignés : ce sont MM. Blondeau, Bourqueney et Jouffroy. M. Clément appartient au juste-milieu. M. Clément et M. Gréa faisaient partie tous deux de la chambre de 1830, où leurs opinions n'étaient pas moins opposées que dans celle de 1831. MM. Bourqueney et Blondeau ont remplacé, avec quelque avantage, MM. Grillet et Bouchot. Quant à M. Jouffroy, c'est une acquisition nouvelle pour le département du Doubs. A aucune époque, le Doubs n'avait, à tout prendre, obtenu une représentation aussi patriotique que celle-là.

BLONDEAU. N.

M. Blondeau est l'auteur d'une proposition qui avait pour

but de réduire de moitié les appointemens des députés fonctionnaires qui touchent, hors de Paris, un traitement au-dessus de 3,000 fr. (31 août 1831). Cette proposition fut prise en considération (3 septembre 1831); mais, par des motifs qu'il est aisé de comprendre, la discussion en fut toujours retardée, malgré les réclamations de plusieurs patriotes. Il faut remarquer que cette proposition, développée dans les premiers jours de la session, avait été approuvée à une époque, où le ministère n'avait point encore réussi à se faire la belle majorité compacte, dont les trois cents de M. de Villèle nous avaient seuls, jusqu'à présent, donné l'exemple.

M. Blondeau vote plus souvent avec les patriotes que pour le ministère.

Il est membre du conseil-général du Doubs.

BOURQUENEY. N.

En votant contre l'ordre du jour motivé de M. Ganneron (22 septembre 1831), M. Bourqueney avait fait espérer aux patriotes qu'il entrait dans leur camp et leur apportait une voix de plus. M. Bourqueney, nommé depuis Juillet président de chambre à la Cour royale de Besançon, semblait devoir être un de ces magistrats, en petit nombre, qui préfèrent les inspirations de leur conscience à celles du ministère. Nous ne pouvons pas dire que M. Bourqueney ait absolument trompé notre espoir par un dévouement ministériel, mais c'est avec étonnement que nous l'avons vu s'abstenir de protester contre la fournée illégale des trente-six pairs (23 novembre 1831), et contre l'insultante dénomination de *sujets* (7 janvier 1832). Nous espérons cependant encore qu'un homme qui désavoue notre honte diplomatique est loin d'approuver l'arbitraire et les prétentions inconstitutionnelles des hommes du 13 Mars. Durant la Restauration, il avait constamment fait preuve d'un libéralisme assez prononcé ; mais l'on sait que le juste-milieu a fait de bien étranges conversions.

CLEMENT. A.

M. Clément a voté pour l'ordre du jour motivé de M. Ganneron (22 septembre 1831); il a souffert sans protestation la fournée illégale des trente-six pairs (23 novembre), et l'insultante dénomination de *sujets* (7 janvier 1832); c'est-à-dire qu'il approuve notre honte diplomatique, l'abandon des Polonais, des Italiens, etc., et qu'il déteste l'égalité. C'est un adversaire des principes de Juillet. Il a soutenu toutes les prodigalités du budget, les pensions des chouans, etc. Il vote constamment pour le ministère.

M. Clément a été, comme l'on sait, l'un des muets du Corps-législatif, et touchait, comme tel, 10,000 fr. par an. Il n'a jamais pardonné à la Restauration de n'avoir point aussi chèrement prisé son silence : et de là, son ancienne apparence d'opposition. Il attend mieux sans doute de la quasi-légitimité et de son amour pour elle.

Il est membre du conseil-général du Doubs, ainsi que M. Gréa.

GRÉA. A.

Depuis quatre ans que M. Gréa siège à la chambre, son vote, acquis aux intérêts populaires, a constamment aussi appartenu à l'opposition. Tous les ministères déplorables qui depuis cette époque ont pesé sur la France, Martignac, Polignac et Périer, l'ont toujours rencontré parmi leurs adversaires : c'est qu'en 1832, comme en 1829, les principes embrassés par M. Gréa et ses amis parlementaires ont été méconnus et outragés. Il a constamment voté contre le système du 13 Mars.

M. Gréa jouit d'une belle fortune, dont il sait faire le plus noble et le plus charitable usage. L'indépendance de son caractère est si bien connue, que les électeurs de Besançon ne lui ont demandé aucun engagement, bien qu'ils en eussent exigé de son concurrent.

JOUFFROY. N.

Au début de la session, M. Jouffroy semblait pencher vers le parti patriote, et il votait avec lui contre l'ordre du jour motivé de M. Ganneron (22 septembre 1831); mais, entraîné sans doute par ses liaisons d'amitié et d'études avec les principaux membres de la *doctrine*, M. Jouffroy abandonna bientôt la route où il était d'abord entré, et son vote a le plus souvent suivi ceux de MM. Rémusat, Thiers, Duvergier de Hauranne, etc., et autres adeptes de la coterie ministérielle et doctrinaire. Cependant M. Jouffroy s'est en général fort peu mêlé au mouvement des affaires, et surtout aux petites intrigues dont ses jeunes amis sont si glorieux de s'occuper. Pour ceux qui connaissent le député de Pontarlier, ou qui l'ont entendu professer à la Sorbonne, il y a lieu de s'étonner que M. Jouffroy n'ait point su faire à la tribune un autre usage du rare talent d'improvisation qu'il possède. Il a pris fort rarement la parole dans le cours de cette session, et sur des objets de mince importance.

Dans la discussion de l'Adresse, il s'efforça de nier non-seulement l'importance, mais encore l'existence du parti républicain (12 août 1831), et il se servit, pour qualifier les principes républicains, d'expressions aussi peu justes que peu bienveillantes. Il est l'auteur d'une proposition qui fut repoussée par la chambre, et qui, dans l'intention de celui qui l'avait conçue, pouvait régulariser le droit de pétition, mais qui, par le fait, lui portait une grave atteinte, puisqu'elle devait avoir pour résultat immédiat de le restreindre. C'est en vain que l'on a dit que le droit d'initiative accordé à la chambre remplaçait en partie le droit de pétition accordé à tout citoyen. L'initiative de la chambre est à reléguer, comme cette session l'a prouvé, avec toutes les autres promesses de Juillet. Le guet-à-pens des bureaux a tué l'initiative. Le droit de pétition doit donc plus que jamais rester entier, et la chambre a repoussé avec raison la demande de M. Jouffroy, comme attentatoire à la constitution (6 septembre 1831). Il a aussi demandé, dans la discussion du budget de l'instruction publique, que l'Institut national fût rétabli sur les bases posées par la Convention, et il a rappelé, avec de louables éloges, quelques-uns des titres que notre grande assemblée doit éternellement avoir à la reconnaissance du pays (27 février 1832).

L'élection de M. Jouffroy avait été patronée par le ministère contre celle de M. Patel, maire de Pontarlier, patriote énergique. Nous ajouterons que M. Jouffroy a eu le crédit de faire placer plusieurs de ceux qui avaient voté pour lui, mais ces nominations furent généralement approuvées.

Il faut remarquer que trois députés du Doubs, MM. Jouffroy, Blondeau et Bourqueney, après avoir voté contre l'ordre du jour motivé de M. Ganneron, ont souffert tous trois sans protestation la fournée illégale des trente-six pairs, et l'insultante dénomination de *sujets*. Il est probable que ces trois messieurs auront concerté leurs votes ; mais nous regrettons que leur triple inspiration ne les ait pas mieux conseillés.

DROME.

Ce département nomme quatre députés.

MM. Bérenger, arrondissement de Valence. — Giraud, id. de Romans. — Morin, id. de Montélimart. — Réalier-Dumas, id. de Crest.

En nommant un député de plus depuis Juillet, le département de la Drôme a gagné M. Réalier-Dumas, qui seul est patriote. MM. Bérenger et Morin avaient donné dans la chambre dernière la mesure de leur patriotisme. M. Giraud remplace fort dignement M. d'Arbalestier. M. Bérenger, le plus connu de tous ces députés, s'est fait un nom comme criminaliste, et s'en est fait un aussi à la chambre, moins par son talent, que par une sorte de modération qui va jusqu'à la faiblesse; chez lui, cette indécision de principes, qui fait la base du système du juste-milieu, est poussée si loin, qu'elle se trahit jusque dans ses paroles. On aurait peine à le croire, M. Bérenger, en parlant de l'assassinat du maréchal Ney (19 septembre 1821), a très modérément déclaré qu'à son avis, c'était un *acte de faiblesse*. Si le peuple avait eu, en décembre 1830, de ces faiblesses-là, les trois hommes que M. Bérenger fut chargé d'accuser, au Luxembourg, ne vivraient point, à l'heure qu'il est, dans le fort de Ham.

BÉRENGER. A.

Dès le 30 juillet 1831, M. Bérenger était nommé l'un des commissaires de la réunion Rivoli, pour le juste-milieu, et, quelques jours après, il était porté à la vice-présidence de la chambre (1ᵉʳ août 1831). Il fit partie de la commission pour la rédaction de l'Adresse (4 août). L'acte le plus important de M. Bérenger est son rapport sur la pairie (19 septembre). On sait avec quelle impatience ce rapport était attendu par la chambre et par le pays : il ne satisfit personne; œuvre de milieu, s'il en fût jamais, ce rapport restait indécis sur la grande question de l'hérédité. Le rapporteur se borna, dans une dissertation longue, diffuse, obscure, à exposer les deux avis contraires, sans se prononcer nettement pour aucun. Cependant il était très facile de voir que ses affections penchaient vers le privilége; mais, par un de ces secrets que les hommes seuls du milieu possèdent, M. Bérenger, partisan *in petto* de l'hérédité, vint, comme organe de la commission, s'en faire le bourreau, et proposa le beau système des catégories, le moins franc et le plus incomplet de tous. A l'aide des catégories, le ministère maintiendra tous les inconvéniens de l'hérédité, en y joignant de plus le servilisme de ceux auxquels il la vendra, au prix de huit ou dix années d'obéissance. C'est un adversaire des principes de Juillet. Il a soutenu toutes les prodigalités du budget, les pensions des chouans, etc. Il a constamment voté pour le ministère.

M. Bérenger a beaucoup nui au département de la Drôme, en y faisant maintenir une foule de fonctionnaires carlistes. Il est le seul député du département influent auprès des ministères. Sans lui, son collègue, M. Morin, n'aurait pu placer aucun de ses parens.

GIRAUD. N.

On se tromperait, en comptant M. Giraud parmi les patriotes : il a constamment voté pour le ministère, à l'exemple de M. Bérenger.

Nommé maire de Romans après la révolution de Juillet, il a fait conserver en place les fonctionnaires carlistes de la ville, et la plupart de ceux de l'arrondissement. Aux élections de 1831, il refusa de prendre aucun engagement envers ses commettans; et plusieurs patriotes, qui avaient jugé déjà la timidité de ses opinions durant la Restauration, refusèrent leurs suffrages à un homme qui se présentait comme un partisan honteux de l'hérédité de la pairie. Ces patriotes avaient bien jugé M. Giraud.

MORIN. A.

M. Morin a constamment voté pour le ministère. Il sollicite très activement pour lui et sa famille. Il a fait placer son cousin-germain comme juge de paix à Dieu-le-Fit; et, quoique protestant, il a voté dans le conseil-général, en 1831, pour le maintien de toutes les scandaleuses allocations accordées au clergé durant la Restauration. M. Morin, industriel, possède une fortune considérable.

Il est membre du conseil-général de la Drôme, et y a fait nommer son frère.

RÉALIER-DUMAS. N.

Parmi les partisans des économies, M. Réalier ne s'est pas montré l'un des moins ardens. Rapporteur de la proposition

Glaise-Bizoin, il fit réduire à 5,000 fr. par mois, durant le cours des sessions, le traitement du président, et à 6,000 fr. par an celui des questeurs (31 août 1831). Dans la discussion du budget, il exposa quelques vues d'économie assez larges (17, 25 janvier 1832). Il proposa sur les rentes rachetées une réduction de 14,000,000, qui fut repoussée comme toutes les autres (27 janvier). Il voulait enfin que le ministre des finances fût responsable du déficit Kessner (30 janvier), et que toutes les pensions de la pairie fussent supprimées (7 février).

M. Réalier est conseiller à la Cour royale de Riom; il a constamment voté contre le ministère, et nous pensons qu'il saura suivre avec persévérance la ligne politique qu'il a prise durant cette session.

EURE.

Ce département nomme sept députés.

MM. Bignon, arrondissement des Andelys. — Bioche, id. de Brionne. — Dulong, id. de Verneuil. — Dumeylet, id. d'Evreux. — Dupont, id. de Bernay. — Legendre, id. de Pont-Audemer. — Passy, id. de Louviers.

Le département de l'Eure possède encore en 1832 le grand citoyen qui, depuis dix ans, n'a cessé de le représenter à la chambre avec toute l'influence d'une haute vertu et d'une grande capacité. Plus récens que lui, MM. Legendre, Dulong et Bioche marchent dans la même ligne politique; M. Bignon soutient, avec le talent qu'on lui connaît, la cause nationale. M. Dumeylet passe avec la plus grande facilité d'un camp dans l'autre; et la même séance le voit souvent flotter du blanc au noir. M. Passy s'est fait homme du milieu. Ainsi le département de l'Eure compte plus de la moitié de ses représentans dans les rangs patriotes. Il avait déjà obtenu un pareil succès en 1829; mais, durant la Restauration, tous les efforts du libéralisme avaient été impuissans à produire un aussi heureux résultat.

BIGNON. A.

Comme les patriotes l'espéraient, M. Bignon a été l'un des plus ardens adversaires de la triste diplomatie du 13 Mars. Il a flétri de la manière la plus énergique le système de honte que M. Périer et ses associés infligent à la France de Juillet, comme punition de ses trois grandes journées (10, 11 août, 21 septembre 1832). Il démontra plusieurs fois toute l'insuffisance et la faiblesse du parti qui livrait la Belgique à l'Angleterre, et il déclara, avec le pays tout entier, qu'il n'est point donné à la diplomatie de faire, *dans le cours d'un siècle, deux fautes* pareilles à celles-là. Il a dit, et tous les patriotes pensent comme lui, que la conférence de Londres n'est que la continuation de la Sainte-Alliance, et que nous sommes ramenés aux beaux jours de Laybach et de Vérone. M. Bignon a surtout énergiquement réclamé en faveur de la nationalité polonaise. Il demanda, dans l'Adresse, une phrase expresse en faveur des héros de la Vistule (10 août 1831). Plus tard, il demanda, avec le vénérable Lafayette et le comité polonais, la reconnaissance expresse de la Pologne (10 septembre). M. Bignon a pris aussi la parole dans la discussion de la pairie (4 octobre 1831), et il avait proposé un amendement en faveur du pouvoir constituant de la chambre. Les patriotes applaudissaient à cette démarche qui avait pour elle l'assentiment national, et, de plus, l'assentiment de la logique et de l'équité; mais, par un motif que nous avons peine à nous expliquer, M. Bignon, cédant à des considérations qui du moins auraient dû le toucher plus tôt, retira son amendement (18 octobre); déjà M. Bignon avait donné l'exemple de concessions pareilles. Dans l'amendement qu'il avait présenté en faveur de la Pologne, il voulait que l'on déclarât que la chambre avait la *certitude* que la nationalité polonaise ne périrait pas. Les ministres, qui sont fort grammairiens, déclarèrent qu'ils préféraient *l'assurance* à la *certitude*. Une grande bataille grammaticale fut engagée. Les champions du ministère vinrent rompre huit ou dix lances, et, pour déterminer le succès, M. Périer dut déclarer, avec sa politesse et son urbanité ordinaires, que si la chambre voulait être *certaine* au lieu d'être *assurée*, il allait sur-le-champ, en donnant sa démission, abandonner la France et l'Europe. M. Bignon et la majorité se contentèrent de l'*assurance*; quant aux patriotes, ils étaient assurés et certains que la majorité n'avait pas plus de pitié pour les peuples que le ministère; et sur la foi sinistre de M. Sébastiani, ils savaient dès long-temps que la Pologne était un peuple destiné à périr. M. Bignon a voté contre le ministère.

Il est membre du conseil-général de l'Eure.

BIOCHE. N.

Quoique M. Bioche vote ordinairement avec les patriotes, cependant il n'a protesté ni contre la fournée illégale des trente-six pairs, ni contre l'insultante dénomination de *sujets* (7 janvier 1832). On espérait beaucoup plus de fermeté de sa part.

Il est membre du conseil-général de l'Eure.

DULONG. N.

En remplaçant M. Odillon-Barrot par M. Dulong, les électeurs de Verneuil ont acquis à l'opposition une voix constante et énergique. Bien que fonctionnaire public et employé supérieur au ministère de la justice, M. Dulong a conservé intactes ses opinions et son indépendance. Me Barthe l'en a scandaleusement puni en le destituant (28 mars 1832), mais l'estime de tous les cœurs honnêtes le vengera de Me Barthe. Nous n'avons point appris que M. Renouard, secrétaire-général du ministère de la justice, et député, se soit en rien opposé à la destitution d'un fonctionnaire dont il se faisait gloire de partager les principes, au commencement de la session. M. Dulong vote constamment contre le ministère.

DUMEYLET. A.

M. Dumeylet avait été nommé, dès les premiers jours de la session, commissaire de la réunion Rivoli pour le juste-milieu, et bientôt il fut porté par ses amis politiques à la questure de la chambre (3 août 1831). Il paraissait d'abord devoir suivre la ligne parlementaire qu'il avait tenue dans l'autre session, c'est-à-dire inclinant un peu plus vers les centres que vers la gauche. Cependant il se rapprocha des patriotes, et proposa, de concert avec eux, le système de la candidature pour la constitution de la pairie (12 octobre 1831). Il soutint son amendement avec une persévérance digne d'éloges. Dans la discussion du budget de l'intérieur, M. Dumeylet demanda une réduction de 40,000 francs. Dans les trois votes rendus publics durant cette session, il semble avoir tenu la même conduite que pour ses autres actes parlementaires. Il n'a point voté contre l'ordre du jour motivé de M. Ganneron (22 septembre 1831). Il a souffert sans protestation la fournée illégale des trente-six pairs (23 novembre). Mais sur la fin de la session, il a fait cause commune avec les patriotes, et il a protesté contre l'insultante dénomination de *sujets* (7 janvier 1832).

Il est membre du conseil-général de l'Eure.

DUPONT, de l'Eure. A.

M. Dupont ayant annoncé à la chambre (9 février 1832), que durant son ministère, il avait été résolu en conseil que le traitement des conseillers d'État serait réduit de 15 à 12,000 fr., Me Barthe, qui daignait parler sur les détails de son budget, après s'être tu sur l'ensemble, s'élança à la tribune, et prétendit que M. Dupont révélait les secrets de l'État. Son digne acolyte, M. Renouard, ayant reçu son thème, renouvela l'accusation. Comme secrétaire-général, il ne pouvait moins faire que de répéter les paroles du patron; car il est payé pour les prendre, les yeux fermés, comme paroles d'évangile. M. Dupont répondit que ce secret, si audacieusement révélé, n'en était pas un, et qu'il se trouvait imprimé tout au long, tout publiquement, dans le budget de 1830.

M. Dupont a déclaré, et la France l'en croira, qu'il n'a consenti en 1830 à une liste civile de 18 millions (4 et 14 janvier 1832), que dans la ferme persuasion que les sommes précomptées seraient rapportées au trésor national, proportionnellement à la dotation qui serait plus tard fixée par la loi.

Nommé vice-président de la chambre (1er août 1831), M. Dupont occupa le fauteuil une ou deux fois, et montra ce que peuvent la dignité dans cette place, et l'autorité morale de l'homme qui la remplit.

Durant le cours de cette session, M. Dupont, toujours fidèle à ses principes d'indépendance, a refusé plusieurs fois des offres brillantes qui lui furent faites par les hommes du 13 Mars. S'il avait encore quelque chose à acquérir dans l'estime de ses concitoyens, nous le louerions de ce désintéressement, que la fortune n'a pas fait sans quelques inconvéniens pour M. Dupont. Il est inutile de dire qu'il a constamment voté contre le ministère.

Il est membre du conseil-général de l'Eure.

LEGENDRE. A.

M. Legendre a demandé sur le budget de la gendarmerie, que la Restauration et la quasi-Restauration ont porté jusqu'à la somme énorme de 18 millions, une réduction des deux tiers o des trois quarts (28 septembre 1831), déclarant que le peuple n'était point *un gibier de gendarmerie :* ce mot, dans son énergique vérité, souleva la délicatesse de MM. des centres, et des clameurs de colère couvrirent la voix de l'orateur. Le discours de M. Legendre contre le budget des dépenses (17 janv. 1832), est assurément l'un des plus remarquables de la session par le ton d'énergie et d'humanité qui y règne. Il demandait de larges réductions. M. Legendre a voté constamment contre le ministère. Quelques jours après la clôture de la session, il fit publier dans les journaux patriotes le discours qu'il devait prononcer sur le budget des recettes, et que la rapidité scandaleuse de cette discussion ne lui permit pas de lire à la tribune. C'est un beau plaidoyer en faveur des droits et des misères du peuple. Il est difficile de montrer à la fois une sympathie plus vraie et une intelligence plus élevée.

Il est membre du conseil-général de l'Eure.

PASSY. A.

M. Passy a pleinement confirmé, durant le cours de cette session, les craintes que sa conduite incertaine et méticuleuse avait inspirées aux patriotes dans le chambre de 1830. Rapporteur à diverses fois sur des objets d'assez grande importance, rapporteur de la loi du recrutement (13 septembre), rapporteur du budget de 1829 (31 octobre 1831), rapporteur du budget particulier de la guerre pour 1832, M. Passy a soutenu avec fermeté et talent toutes les conclusions de la commission ; mais le talent, fût-il bien au-dessus de celui de M. Passy, ne devrait point exclure le patriotisme. C'est un adversaire des principes de Juillet. Il a soutenu toutes les prodigalités du budget, les pensions des chouans, etc. Il a voté constamment pour le ministère.

En examinant le rapport de M. Passy sur le budget de la guerre, il ne faut point oublier qu'il est le neveu de M. Daure, directeur de l'administration de la guerre, chargé de la solde, de l'habillement, des vivres, des transports, etc., pour l'armée.

M. Passy est membre du conseil-général de l'Eure.

EURE-ET-LOIR.

Ce département nomme quatre députés.

MM. Chasles, arrondissement de Chartres. — F. Didot, id. de Dreux.—Raimbert-Sévin, id. de Châteaudun. — Texier, id. de Nogent-le-Rotrou.

En repoussant la candidature de M. Isambert, les électeurs de Chartres ont privé le département de l'Eure-et-Loir du seul représentant patriote qu'il eût pu compter dans la chambre de 1831. Il est vrai, qu'à voir la profession de foi de M. Chasles, on pouvait fort aisément le prendre pour un patriote; mais ce n'était point à ses administrés, car M. Chasles est maire de Chartres, de se laisser tromper par ces beaux-semblans. M. Chasles doit réellement s'applaudir d'avoir si habilement joué son rôle.

C'est à peine si, durant les plus mauvaises années de la Restauration, la représentation d'Eure-et-Loir fut aussi faible.

CHASLES. N.

Dans sa profession de foi, M. Chasles ne parlait de rien moins que de combattre le privilége *partout où il se présenterait*. La théorie nous semblait prodigieusement audacieuse, mais nous nous rassurions en voyant le théoricien prétendant en même temps que le représentatif anglais était une *république* avec un chef héréditaire; et nous prévîmes tout d'abord que ce n'était point un homme à incendier la chambre. La conduite de M. Chasles, durant toute la session, a justifié nos prévisions. M. Chasles est revenu des extrémités auxquelles il semblait d'abord vouloir se porter, et il s'en est tenu très modérément au juste-milieu. Il s'est fait le partisan, sinon fort utile, du moins suffisamment dévoué, du ministère du 13 Mars. M. Chasles a du malheur : son élection n'avait été emportée qu'à la majorité d'une voix, dans le collége électoral : à la chambre, elle faillit être annulée. M. Salverte opina pour ce dernier parti, et fut bien près d'obtenir la majorité. Mais M. Chasles, qui, s'il est prêt à soutenir les intérêts du ministère, n'est pas disposé non plus à négliger les siens, défendit sa propre élection (30 juillet 1831) avec une immodestie vraiment rare.

M. Chasles a demandé que le budget et les documens relatifs aux finances de l'État fussent déposés aux bibliothèques publiques (29 septembre 1831). Il était assez disposé, dans la discussion du budget de 1832, à soutenir la légalité de la révision des pensions (5 février 1832) : mais M. Chasles a beaucoup plus souvent appuyé le ministère que l'opposition.

FIRMIN DIDOT. A.

Si M. Didot est l'un des premiers imprimeurs de la France, on peut assurer qu'il est fort près d'être l'un de ses derniers députés. Il a continué en 1831 ce dévouement muet, mais inébranlable, de ministérialisme, dont il avait fait preuve durant la session précédente.

Il a soutenu toutes les prodigalités du budget, les pensions des chouans, etc. Il a voté constamment pour le ministère.

RAIMBERT-SEVIN. A.

M. Raimbert a voté contre l'ordre du jour motivé de M. Ganneron, mais il ne s'est pas joint aux patriotes pour protester contre la fournée illégale des 36 pairs, et l'insultante dénomination de *sujets* (7 janvier 1832). Nous croyons qu'en cela M. Raimbert n'a commis qu'une simple omission ; mais nous l'engageons, s'il se sent quelques velléités pour le juste-milieu, de bien peser les nouveaux principes qu'il irait embrasser, et ceux qu'il abandonnerait.

Il est maire de Châteaudun et membre du conseil-général d'Eure-et-Loir.

TEXIER. A.

M. Texier a voté constamment pour le ministère, comme M. Firmin Didot.

Il est membre du conseil-général d'Eure-et-Loir.

FINISTÈRE.

Ce département nomme six députés.

MM. Le Bastard de Kerguifinnec, arrondissement de Quimper. — Blacque-Belair, id. de Châteaulin. — Daunou, id. de Brest. — Kératry, id. de Morlaix. — Kermorial, id. de Quimperlé. — Las-Cases fils, id. de Landernau.

M. Las-Cases fils, en abandonnant les principes de liberté, et

M. Kératry, en venant apporter de la Vendée la contagion des siens, ont pu seuls troubler l'unité patriote de la députation du Finistère. A la chambre dernière, le département pouvait compter ses six députés sur les bancs de la gauche. **M.** Las-Cases n'était point encore suffisamment connu, et il professait des opinions dont il s'est depuis hautement séparé. M. Kervern, que M. Kératry a si malheureusement remplacé, votait avec le vénérable **M.** Daunou. Cependant, à tout prendre, le Finistère présente aujourd'hui une députation plus patriote que toutes celles qu'il a eues durant la Restauration.

BASTARD DE KERGUIFINNEC. A.

M. Bastard, que les patriotes comptent dès long-temps dans leurs rangs, a proposé à la session dernière une mesure qui fut rejetée par la majorité, mais qui annonce dans son auteur un cœur profondément compatissant, et de vives sympathies populaires. Il demanda que le produit des biens distraits de la dotation royale fût employé à fonder dans chaque département des maisons d'asile pour les indigens infirmes des campagnes et des villes (10 janvier 1832).

Dans la discussion de la loi sur l'avancement maritime, M. Kerguifinnec proposa quelques amendemens utiles (15 décembre 1831). Il a voté assez constamment contre le ministère.

BLACQUE-BELAIR. A.

Peu connu pendant la dernière session, M. Blacque-Belair a montré clairement dans celle-ci qu'il appartenait à la portion la plus énergique et la plus patriote de la chambre. Il a voté contre l'ordre du jour motivé de M. Ganneron (22 septembre 1831); il a protesté contre la fournée illégale des trente-six pairs (20 novembre), et contre l'insultante dénomination de *sujets* (7 janvier 1832). Il a voté constamment contre le ministère.

Il est membre du conseil-général du Finistère.

DAUNOU. A.

Il serait difficile de trouver rien de plus complet et de plus promptement applicable, que le projet présenté par M. Daunou sur l'instruction primaire (22 décembre 1831); il nous suffira de dire que, dans ce système, il n'est pas une seule commune qui ne pût instruire à très peu de frais tous ses enfans. La session de 1831 n'a pas vu cette loi votée et promulguée; mais, du moins, les premiers fondemens d'un si bel édifice auront été jetés par l'un de nos citoyens les plus éclairés, les plus vertueux, les plus vénérables.

Quand M. Daunou prit la parole sur la pairie (1er octobre), la chambre, dont l'attention était fatiguée par une longue séance, parut se réveiller tout-à-coup. L'opinion d'un de nos historiens les plus distingués, d'un vétéran de toutes nos assemblées nationales, était chose précieuse à entendre. Un cercle se forma, nombreux et attentif, au pied de la tribune, et un religieux silence accueillait la voix de M. Daunou. C'était pour l'orateur un triomphe d'autant plus beau, qu'il est bien rare. M. Daunou se prononça pour la candidature : c'était un compromis entre la volonté nationale et l'arbitraire royal, ou, pour mieux dire, ministériel. Il a constamment voté contre le ministère.

Il est membre de l'Académie des inscriptions et belles-lettres, et garde-général des Archives du royaume.

KERATRY. A.

Dans la question de la pairie, M. Kératry ne manqua pas de se prononcer pour l'hérédité. Avec MM. Guizot, Thiers, Royer-Collard, il fut des cinq ou six chevaliers généreux qui vinrent se dévouer au ridicule en brisant une lance pour cette beauté surannée (6 octobre 1831). M. Kératry dira que c'était chez lui conviction de sa vie entière, résultat d'études profondes et consciencieuses, soit; mais la conviction était triste et les études fort mal dirigées, qui menaient à cette conséquence. M. Kératry a été le rapporteur de la proposition Portalis sur l'abolition du 21 janvier (14 décembre 1831). C'était un beau texte d'élégie doctrinaire sur le principe auguste de l'inviolabilité royale. Pathétique, éloquence entraînante, effrayantes images de l'anarchie, rien ne manqua; éloges démesurés de Louis XVI, regrets plaintifs sur le roi-martyr, telles furent les fleurs que la douleur et l'âme sensible de M. Kératry répandirent sur la déplorable victime.

M. Kératry, qui manie la plaisanterie aussi bien au moins que la logique, est un de ceux qui se sont si agréablement moqués de la patriotique proposition de M. Eusèbe Salverte sur le Panthéon. En cela, M. le député de Morlaix ne fit qu'imiter M. Etienne, l'académicien, dont le ministère avait lancé l'éloquence ironique contre cette demande, acquit d'une promesse de Juillet (18 fév. 1832). Comme M. Kératry redoute par-dessus tout les émeutes, il ne laissa point passer une aussi belle occasion de les exorciser, et son éloquente parole fit une effrayante peinture des émotions populaires, venant briser les portes du temple pour y placer les restes souillés d'un prétendu grand homme. Les raisons de M. Kératry étaient à la portée de la majorité, qui obligea enfin, par ses scandaleuses discussions, M. Salverte à retirer sa proposition.

M. Kératry, cotisant son esprit avec celui de M. Devaux, autre conseiller-d'Etat, fut employé à réfuter fort malheureusement la lettre de M. Cormenin sur le pouvoir constituant de la chambre et la réunion des assemblées primaires. M. Kératry, conseiller-d'Etat, a constamment voté pour le ministère. Il a soutenu toutes les prodigalités du budget, les pensions des chouans, etc.

KERMORIAL. A.

Pendant la session de 1831, M. Kermorial a voté comme en 1830, avec l'opposition et contre le système du juste-milieu. Il est membre du conseil-général du Finistère. Il a été accueilli à Rennes, le 18 mai 1831, par une sérénade patriotique.

LAS CASES fils. A.

Dès les premiers jours de la session, M. Las-Cases s'empressa de se faire inscrire à la réunion Rivoli, succursale, comme on sait, du juste-milieu, et ses votes à la chambre n'ont en rien démenti cette première démarche. S'il a réclamé pour l'instruction primaire (20 février 1832, 26 septembre 1831), il a été en même temps l'un des plus ardens à soutenir les prodigalités du budget pour nos fastueuses ambassades. Par respect sans doute pour Napoléon, mais par un respect fort mal entendu, il a rappelé que l'Empereur donnait un million à son ambassadeur Caulaincourt, à Saint-Pétersbourg (9 mars 1832). Après avoir demandé communication de renseignemens diplomatiques, il retira sa proposition sans que cependant le ministère eût satisfait en rien à une aussi juste exigence (15, 18 août 1831). Dans la discussion de la pairie, il a soutenu le système des candidatures par un discours que personne ne remarqua (7, 13 octobre 1831). Nous ne saurions dire si cette faiblesse d'opinions politiques tient, chez M. Las-Cases fils, à une faiblesse de tempérament et de nature, mais, à la tribune, il a dû suspendre une fois son discours, arrêté par une indisposition subite (7 octobre 1831), suivie bientôt d'une grave maladie. Sa convalescence a paru surtout être fatale à ses principes politiques. Depuis cette époque, et séduit, dit-on, par quelques témoignages intéressés d'amitié que lui prodigua l'un des ministres, M. Las-Cases fils s'est complétement dévoué au système du 13 Mars. Nous ne saurions dire si, dans ce brusque changement de conviction, il n'entre point aussi quelque calcul d'ambition personnelle, et si l'éclat d'une de ces missions diplomatiques dont M. Las-Cases a fait un si pompeux éloge, ne l'a point ébloui. Toujours est-il qu'à dater du milieu de la session, il a complétement abandonné les patriotes pour le camp ministériel.

GARD.

Ce département nomme cinq députés.

MM. Bousquet, arrondissement du Vigan. — Boyer-Peireleau, id. d'Alais. — Chastellier, 1er id. de Nîmes. — Teste, id. d'Uzès. — Teulon, 2e id. de Nîmes.

Sur cinq députés, le département du Gard peut en compter trois franchement patriotes : MM. Bousquet, Boyer-Peireleau et Teulon. M. Teste a voté beaucoup plus souvent pour le ministère que pour l'opposition. Quant à M. Chastellier, il a tenu ce qu'il promettait à la session dernière, c'est-à-dire un vote de plus pour le système du milieu. Il était le seul député sortant qui eût été réélu. De ses quatre collègues, légitimistes dévoués, trois ont été remplacés par d'excellens patriotes.

Jamais, depuis seize ans, le département du Gard n'avait eu une représentation plus patriote que celle qu'il possède aujourd'hui.

BOUSQUET. N.

En proposant la révision de toutes les pensions depuis 1814 (2 février 1832), M. Bousquet a rendu un vrai service au pays, bien que son amendement ait été repoussé. Ce fut comme le réveil de toutes les passions contre-révolutionnaires et égoïstes, couvant dans cette majorité qui fait si bon marché des trésors de la France. M. Thiers surtout vint, comme organe du ministère et de la commission, trahir assez maladroitement les secrètes prédilections du parti. Mais la cause était si mauvaise et le défenseur si malhabile, ses raisons si scandaleuses, si immorales, que la chambre allait voter, comme M. Bousquet, la révision des pensions, quand les centres, en masse, sur l'avis de MM. Thiers et Guizot, disparurent de la salle, parce que, ce jour-là, leur assiduité était en défaut et leur nombre incomplet, et ils mirent l'opposition dans l'impossibilité de voter. Scandale inouï dans notre histoire parlementaire ! Enfin, grâce à ce délai et à une convocation du ban et de l'arrière-ban servile, le ministère l'emporta ; la justice et les convenances furent vaincues ; et les partisans d'Holy-Rood purent en paix toucher en pensions l'argent de la France et conspirer encore contre elle. M. Bousquet a constamment voté contre le ministère.

Il est ancien élève de l'Ecole polytechnique : et retiré depuis plusieurs années dans ses terres, il tâche, par des essais de procédés nouveaux en culture, d'être encore, dans sa retraite, utile au pays par ses travaux, comme il l'est à la chambre par sa parole et par ses votes. On ne saurait trouver, dans la représentation nationale, un patriote plus ferme et plus dévoué que M. Bousquet.

BOYER-PEIRELEAU. N.

Quand M. Boyer vint courageusement dénoncer à la tribune les menées des carlistes dans le midi, et leur organisation (3, 8, 10 sept. 1831), le ministère fut effrayé qu'on dévoilât, à la tribune, les projets et les conspirations d'un parti qu'il tient tant à ménager. Il voulut faire croire que M. Peireleau s'était trompé ; il le fit répéter dans tous les journaux assermentés ou payés ; il le fit même affirmer dans le *Moniteur* par M. Foudras, fort respectable autorité, puisque M. Casimir Périer l'a fait maître des requêtes en même temps que M. Vitet : mais le bon sens indique qu'on doit peu de confiance aux paroles des gens de police : et nous croirons toujours, malgré les dénégations ministérielles, que M. Boyer avait raison. Quoi qu'il en puisse être, sa démarche était courageuse ; et les patriotes ont su l'apprécier. Du reste, elle ne les a point dû surprendre de la part de M. Boyer ; ils savent qu'en 1815 il fit arborer le drapeau tricolore à la Guadeloupe, dont il avait été autrefois gouverneur, et que, pour cet acte de patriotisme, il fut condamné à mort. Avec cette énergie et ces opinions, M. Boyer devait venir prendre place parmi les patriotes les plus constans et les plus fermes. Il repoussa vivement les attaques de M. le président du conseil contre l'opposition (12 mars 1832), et soutint, avec justice et humanité, le droit de nos colonies à la représentation législative (15 octobre 1831). Il a constamment voté contre le ministère.

Le 28 avril, M. Boyer a rendu, à ses commettans, un compte aussi franc que patriotique de sa conduite parlementaire.

CHASTELLIER. A.

Si, durant la session dernière, les patriotes pouvaient avoir quelqu'incertitude sur les opinions de M. Chastellier, ils doivent être aujourd'hui fixés. M. Chastellier est homme du milieu, s'il en fut, silencieux, mais constant et impitoyable dans son vote toujours acquis aux hommes du 13 Mars. Il prétend, dit-on, à un fauteuil de pair, et il est probable qu'il saurait l'obtenir si le ministère Périer avait chance de vivre. M. Chastellier, maire de Nîmes depuis 1825, et membre du conseil-général du Gard, se montre le protecteur indulgent des carlistes. Il en a fait nommer ou maintenir en place un grand nombre.

TESTE. N.

Un des enfantemens les plus singuliers et les plus inintelligibles de la session fut sans contredit l'amendement de M. Teste à la constitution de la pairie, on pourrait presque dire son système (10 octobre 1831). Conserver l'hérédité en l'unissant à l'élection, c'était un problème digne d'être posé par un cerveau doctrinaire, et la solution ne nous paraissait point en devoir être tentée par M. Teste, MM. Guizot, Thiers et autres subtils docteurs de droit représentatif et faiseurs d'affaires, étant là. Cependant M. Teste essaya, et il imagina de n'admettre les fils de pairs à la chambre qu'après avoir fait éprouver la validité de l'héritage par les colléges électoraux. Le projet était bizarre, et sentait tout-à-fait le privilége et la *doctrine*. Les patriotes le rejetèrent tout d'abord; mais le ministère, battu sur la question fondamentale par une effrayante majorité, se jeta sur l'amendement de M. Teste, comme un homme qui se noie se précipite sur un brin de paille. « Dieu merci, s'écriait le *Journal des Débats*, Dieu merci! nous avons demain l'amendement de M. Teste. » C'était une insigne lâcheté aux partisans de l'hérédité de la laisser ainsi mutiler; mais comme il vaut mieux avoir peu de chose que néant, les intrigans du parti se promirent de tirer bon parti de l'amendement de M. Teste. Quoi qu'il en fût, la chambre eut la sagesse de rejeter l'amendement comme le principe d'hérédité lui-même.

M. Teste, commissaire du septième bureau pour la liste civile, demanda, mais en vain, communication des pièces relatives aux dépenses de la couronne (8 octobre 1831). Elles furent refusées par le ministère : mais le pays fut dès-lors averti de ce qu'il devait attendre de cette discussion, et sut avec quelle aveugle prodigalité ses trésors allaient être dissipés. M. Teste parla après M. de Martignac dans le projet de loi sur le bannissement des Bourbons (15 novembre 1831). Il se distingua dans la discussion de la loi du divorce, et donna plus tard au ministre de la guerre une sévère admonition sur les marchés scandaleux passés pour diverses fournitures (16 mars 1832). Il a aussi repoussé la loi de proscription contre les réfugiés politiques (9 avril 1832). Dans la discussion relative à la proposition Salverte sur le Panthéon, il présenta un amendement qui n'était guère moins compliqué que son amendement en faveur de l'hérédité, et qui devait avoir un résultat favorable au ministère; car il tendait à repousser Foy, Manuel, Benjamin Constant, etc., du temple national. M. Teste est vraiment malheureux dans ses conceptions d'amendemens. Il n'a que fort rarement voté pour l'opposition, et quand il l'a soutenue, ce n'était que sur des questions sans importance politique. Il est beaucoup plus près du camp ministériel que du camp patriote.

Sur la fin de la session, et quand M. Périer tomba malade, le nom de M. Teste figura dans quelques combinaisons ministérielles : nous croyons ces bruits peu fondés. La conduite parlementaire de M. Teste lui a donné trop peu d'influence à la chambre, pour que sa présence au gouvernement puisse être jugée nécessaire ni même utile.

Avocat distingué du barreau de Nîmes, il avait été nommé en 1815 par le Gard à la chambre des représentans; mais il n'y siégea point, parce qu'il fut, à cette époque, nommé lieutenant-général de police à Lyon. Durant la plus grande partie de la Restauration, il habita la Belgique. C'est sans doute depuis lors que M. Teste a voué, aux intérêts du roi de Hollande, l'attachement sans bornes dont il fait profession pour lui.

TEULON. N.

C'était une noble réparation de la disgrace ministérielle que l'élection de M. Teulon. Il cessait d'être secrétaire-général d'une préfecture, amovible, révocable, corvéable, au caprice d'un ministre, pour devenir le représentant énergique et dévoué d'électeurs patriotes. M. Teulon était fait, du reste, aux persécutions politiques. Sous la légitimité, il s'était vu poursuivre, ruiner, parce qu'il correspondait avec les patriotes de Paris ; sous la quasi-légitimité, il devait se voir frapper par une brutalité officielle, parce qu'il refusait d'obéir à un ordre scandaleux qui l'éloignait de la candidature électorale.

Dans la discussion de l'Adresse, M. Teulon a été l'un des premiers à réclamer contre la faiblesse du ministère, qui laissait l'administration du Gard entre les mains des carlistes (12 août 1831). Il n'était guère possible de nier le fait contre un homme qui revenait du pays, et qui en avait connu et jugé tous les fonctionnaires. Le ministère garda le silence : mais l'opposition apprit qu'elle comptait dans le député de Nîmes une voix de plus, courageuse et éclairée. Il a constamment voté contre le ministère.

HAUTE-GARONNE.

Ce département nomme six députés.

MM. Amilhau, arrondissement de Saint-Gaudens. — Bastide-d'Isard, id. de Toulouse, (2ᵉ). — Le général Pelet, id. de Toulouse (1ᵉʳ). — De Rémusat, id. de Muret, — Sans (François), id. de Toulouse (3ᵉ). — Saubat, id. de Villefranche.

Sur six députés, la Haute-Garonne en compte quatre décidément patriotes : ce sont d'abord MM. Sans, Saubat et Bastide-d'Isard, tous trois au début de leur carrière parlementaire. Connu par les plus honorables antécédens, M. le général Pelet soutient aussi avec constance les principes de l'opposition. Enfin les deux autres députés sont complétement dévoués au système du juste-milieu : ce sont MM. Rémusat et Amilhau, le premier par affection, l'autre par intérêt. Il est à remarquer que durant toute la Restauration, le département de la Haute-Garonne, sous le patronage et l'influence contagieuse de M. de Villèle, fut un des plus arriérés de toute la France, et que durant quinze années, sur quarante députés, il réussit à peine à en envoyer deux tant soit peu libéraux. Depuis Juillet, au contraire, le patriotisme y a repris ses avantages, et on peut dire qu'aujourd'hui il y est en majorité.

AMILHAU. A.

M. Amilhau a été nommé, durant le cours de la session, président de chambre à la Cour royale de Toulouse. En le réélisant après la brillante faveur ministérielle qu'il venait de recevoir, les électeurs ont assuré une voix de plus aux hommes du 13 Mars. Son zèle pour le système du juste-milieu va jusqu'à dépasser la quasi-légitimité, et nous pensons qu'il s'arrangerait au moins tout aussi bien, si ce n'est mieux, d'une légitimité tout entière. Aussi il est curieux de voir avec quelles circonlocutions de respect et de tendre vénération, M. Amilhau, rapporteur de la proposition Bricqueville, parle des Bourbons et du bannissement de Charles X. D'abord il ôte toute sanction pénale, c'est-à-dire qu'il ôte à la loi toute sa virtualité (17 novembre 1831); puis, lorsque cette loi amendée, corrigée, adoucie surtout dans son langage, qui ne péchait point assurément par sa dureté, revient de la chambre des pairs, M. Amilhau adopte d'enthousiasme toutes les modifications qu'un dévouement légitimiste, un peu plus ingénieux que le sien, y avait introduites (19 février 1832).

A son retour à Toulouse, il avait été reçu par un charivari. L'arrivée successive de trois députés patriotes, accueillis par des sérénades, lui en valut trois nouveaux, et la population de Toulouse paraît décidée à ne point fêter un patriote sans donner aussi quelque souvenir à M. Amilhau. En effet, pour le passage de M. Joly, député patriote de l'Arriège, M. Amilhau a reçu un cinquième charivari, malgré toutes les précautions de force armée qu'il avait fait prendre. Il s'est en vain sauvé dans le département du Tarn, à Lavaur: l'impitoyable charivari l'y a suivi et sifflé comme à Toulouse.

BASTIDE D'ISARD. N.

M. Bastide est arrivé trop tard à la chambre pour y donner, avec les patriotes, son vote d'opposition dans les trois occasions solennelles où le système du 13 Mars a été condamné et flétri d'une publique réprobation; mais il profita de la première occasion favorable, pour déclarer qu'il était dans les rangs de l'opposition (13 mars 1832); que le ministère méconnaissait absolument l'état de la France, et qu'il voulait tromper la chambre, en le représentant tout autre qu'il n'était. On sait qu'il remplace un homme qui avait parlé en faveur de l'hérédité de la pairie, M. Chalret Durieu. Nous sommes assurés que M. Bastide sera une heureuse acquisition pour la cause nationale.

A son retour à Toulouse. Il a été accueilli par une brillante sérénade (23 avril 1832).

Il est membre du conseil-général de la Haute-Garonne.

Le Général PELET. A.

Le général Pelet, malgré la place élevée qu'il remplit au ministère de la guerre (directeur du dépôt), n'a pas craint de voter très souvent contre les hommes du 13 Mars. Si nous regrettons qu'il n'ait point repoussé l'ordre du jour motivé de M. Ganneron, qui absolvait la diplomatie du ministère (23 septembre), et qu'il ait souffert sans protestation la fournée illégale des trente-six pairs (20 novembre), il a du moins protesté contre l'insultante dénomination de *sujets* (7 janvier 1832). Il doit compter parmi les patriotes, et le pays lui doit tenir compte d'une indépendance qui n'est point sans danger.

Charles DE REMUSAT. A.

Pour qui connut M. Rémusat du temps qu'il combattait avec les patriotes contre la Restauration, du temps qu'il était l'un des publicistes les plus actifs et les plus distingués de l'opposition, il y a vraiment peine à voir ce que sont devenus son talent et son patriotisme. Il est aujourd'hui un des adeptes et un des meneurs de cette coterie qui depuis Juillet a flétri la dignité et le bonheur de la France. Il semble en avoir accepté toutes les croyances ; mais, par une contradiction qui pour nous reste inexplicable, M. Rémusat, doctrinaire, ministériel de bonne foi et par affection, s'est prononcé contre l'hérédité de la pairie (7 octobre 1831). Il a défendu dans toutes ses parties le projet du gouvernement, comme s'il en eût été l'un des auteurs ; et, par une seconde contradiction aussi singulière que la première, revenant à la *doctrine* qu'il abandonnait quelques instans auparavant, il s'élevait, à son exemple, contre la souveraineté du peuple, insultait le grand principe de notre ordre politique et social depuis 89, et se félicitait avec une véritable satisfaction, de n'avoir plus *à demander un roi au peuple souverain*. M. Rémusat qui, durant la précédente session, avait gardé un silence dont la raison était facile à comprendre, n'a pas été heureux en se hasardant à la tribune dans celle-ci. Peu écouté dans ses débuts, il cessa même de l'être tout-à-fait vers la fin de la session. Comme tous ses collègues doctrinaires, il a tâché de réveiller une attention languissante par l'usage immodéré être conséquent, il faudrait, après l'avoir portée dans toute l'Europe, la porter en Afrique, en Asie, dans l'Inde et l'Amérique. Si ce sont des plaisanteries, elles sont peu convenables à la tribune, et d'assez mauvais goût; si ces paroles sont dites avec quelque sérieux, il suffira de rappeler à M. Rémusat quel rôle depuis trois cents ans l'Europe joue sur notre terre, et quel rôle en particulier la France joue en Europe depuis cinquante ans. Le discours où M. Rémusat fit le plus singulier et le plus pompeux étalage du paradoxe, fut celui qu'il prononça sur le budget. C'est de lui que vient ce fameux axiome comparable à tous ceux débités par des hommes que nous ne ferons pas l'injure à M. Rémusat de nommer après lui : « *L'impôt est le meilleur placement qu'on puisse faire.* » Sans entrer dans aucune explication sur cet axiome, chacun sent, ou que c'est une vérité triviale, ou une sanglante ironie aux souffrances du peuple. Par suite de ce premier axiome, et comme déduction, M. Rémusat en énonce un autre : « *Toute économie est une banqueroute à la société.* » Et, si l'on vient à parler de la misère effroyable d'une certaine partie de la population, il ajoute alors, en se bouchant les oreilles et se fermant le cœur, pour ne point compâtir et ne point entendre, qu'il faut faire de la politique et non pas des finances. S'il vient à parler de la Pologne, c'est à peine s'il montrera de la pitié pour son martyre, votant impitoyablement pour qu'on l'abandonne, par cet autre axiome aussi raisonnable que les deux autres : « *La guerre détruirait la liberté.* »

M. Rémusat s'est surpris, dans la discussion du budget, à proposer une économie de 27,000 fr. sur les conseillers de préfecture. Suivant sa théorie, c'était faire une banqueroute à la société; mais la somme était légère, et M. Rémusat consentit à être banqueroutier, probablement par inadvertance, car il retira son amendement presqu'aussitôt, et même avant qu'il ne fût discuté. Ceci peut s'expliquer assez aisément : la commission du budget présentait sur ce même chapitre une diminution beaucoup plus forte que celle de M. Rémusat; mais la réduction de la commission fut rejetée d'après quelques explications d'un ministre. M. Rémusat se hâta de renoncer au projet d'économie qu'il avait eu d'abord l'intention d'opposer à un autre beaucoup plus *banqueroutier* que le sien, et il s'abstint de rien soustraire au bilan social.

Une chose assez peu pardonnable à M. Rémusat, parce qu'elle n'est point du tout parlementaire, et qu'elle serait inconvenante même au-dehors de la chambre, c'est la sortie d'impolitesse du paradoxe. S'il parle de la propagande, il ajoutera que, pour qu'il se permit contre M. Laffitte (20 janvier 1832), se moquant de la courte mémoire d'un homme à qui tout le monde doit estime et respect. M. Laffitte releva avec dignité et une parfaite convenance les expressions du jeune homme, et ajouta, aux applaudissemens unanimes de la chambre : « Ce dont je ne manque pas, c'est de conscience, si je manque de mémoire. » Le mot était dur, mais il était mérité. M. Rémusat se tut, et, de fait, il était dans son tort.

Ce qu'il faut remarquer dans M. Rémusat, c'est que, jusqu'à présent, il est resté pur de tout intérêt personnel, et que tandis que ses amis servant le ministère se faisaient payer leur dévouement en places largement rétribuées ou en décorations vaniteuses, il gardait son indépendance, et n'avait sur la poitrine que la décoration de Juillet noblement gagnée. Il faut ajouter cependant qu'après la clôture de la session, son nom s'est trouvé mêlé dans quelques combinaisons administratives qu'autorisait la maladie de M. Périer. On le présentait comme préfet de la Seine. Nous ne savons jusqu'à quel point ces bruits étaient fondés, mais son désintéressement aspire, dit-on, à plus hauts emplois qu'une préfecture.

Il est membre du conseil-général de la Haute-Garonne.

SANS. N.

A peine arrivé à la chambre, M. Sans montra, dans la discussion de l'Adresse (13 août 1831), des principes, aussi fermes que consciencieux. Le système du ministère lui parut ce que tous les amis du pays et tous les cœurs généreux en pensent; une honte, une platitude causée par l'égoïsme et la peur. M. Sans parla comme il sait penser, avec vigueur et indépendance. Depuis lors, son caractère et ses opinions ne se sont pas un seul instant démentis. Il a constamment voté contre le ministère.

A son retour à Toulouse (29 avril 1832), M. Sans a été accueilli par une brillante sérénade.

Il s'est fait remarquer à la chambre par l'énergie de son patriotisme. Il n'est point une des manœuvres déloyales du président ou des centres qu'il n'ait vivement blâmées et flétries. Il a défendu la dignité de la représentation nationale contre les atteintes qui lui furent si souvent portées, avec autant de vigueur qu'il en a mis à défendre l'honneur du pays contre les hommes du 13 Mars. La chambre ne compte point de patriote plus ferme et plus dévoué.

SAUBAT. N.

M. Saubat, admis à la chambre le 24 octobre 1831, n'a pu voter contre l'ordre du jour motivé de M. Ganneron: mais ses sentimens patriotes et énergiques n'en repoussent pas moins la politique honteuse de notre diplomatie.

Le 16 février 1832, M. Saubat a demandé, sur les émolumens des Cours royales, une diminution de 420,000 fr.; et il a contribué, pour sa part, à faire adopter, à défaut de l'amendement qu'il présentait, une réduction qui se montait encore à 365,000 fr. Il a constamment voté contre le ministère.

Comme ses deux collègues patriotes, M. Saubat a été accueilli à Toulouse par une sérénade.

GERS.

Ce département nomme cinq députés.

MM. Barada, arrondissement d'Auch. — Galabert, id. de Mirande. — Gavaret, id. de Condom. — Persil, id. de Lombez. — Le général Subervie, id. de Lectoure.

Le département du Gers compte, dans sa députation, l'un des hommes qui seront le plus tristement célèbres dans les annales du ministère du 13 Mars, par la servilité de leur dévouement et leur acharnement contre la liberté de la presse : c'est M. Persil, que nous croyions à jamais banni d'une assemblée nationale. MM. Gavaret et Subervie se sont distingués par un patriotisme aussi constant qu'éclairé. M. Galabert, dont le nom va s'attacher à une entreprise qui peut être d'une grande utilité, s'est placé, comme ses deux collègues, dans les rangs patriotes, et nous espérons l'y retrouver toujours. Quant à M. Barada, sa couleur politique est beaucoup plus incertaine, mais nous espérons que la session prochaine le fixera définitivement dans l'opposition.

Le département du Gers compte au moins, parmi les défenseurs de la liberté, les trois cinquièmes de sa députation ; c'est un progrès remarquable. En 1829, tous ses représentans, sans exception, étaient acquis au ministère, et durant toute la Restauration, c'est à peine s'il avait envoyé de temps à autre, à la chambre, quelques soutiens des libertés nationales.

BARADA. N.

M. Barada vote parfois avec les patriotes, et il a notamment voté avec eux quelques-unes des économies proposées au budget; mais il est très peu fidèle à un drapeau politique, il passe fort aisément d'un camp dans l'autre, et dans trois occasions solennelles, il a abandonné l'opposition. S'il n'est un adversaire, il est tout au moins un ami très équivoque des principes de Juillet. M. Barada est avocat: il combattit long-temps, sous la Restauration, le parti national; il sembla plus tard s'en rapprocher pour quelques instans, mais ayant hérité de la fortune immense de son père, ses sentimens politiques parurent se fixer définitivement en faveur de la légitimité. Les patriotes d'Auch se rappellent qu'il fit échouer, en 1827, l'élection du candidat constitutionnel, et assura celle de M. de Lamézan, bien connu par ses opinions ultra-légitimistes, et qu'à plusieurs autres élections, il se trouvait dans les rangs de leurs ennemis. Il paraît qu'il ne manque point d'influence dans les bureaux du ministère. Il a obtenu, sinon pour lui, du moins pour d'autres, des emplois civils et militaires, des croix d'honneur, etc. M. Barada dut en partie son élection à des influences tout aristocratiques. Nous l'avons classé, par erreur, parmi les patriotes, dans le premier tableau publié par les journaux. Il doit être placé dans la deuxième catégorie, parmi les incertains.

GALABERT. N.

M. Galabert est l'auteur du projet de canal qui doit joindre Bayonne à Montpellier, et unir par une nouvelle route la Méditerranée à l'Océan. La chambre a autorisé la construction de son canal (24 décembre 1831). C'est sans contredit une des entreprises qui peuvent être le plus favorables à la prospérité nationale.

M. Galabert a constamment voté contre le ministère.

GAVARET. N.

Les électeurs de Condom avaient songé à remplacer M. Persil leur député sortant par M. Charles Comte sa victime; la candidature de ce dernier était partout annoncée, lorsque M. Gavaret se mit sur les rangs. Quelques personnes qui ne connaissaient pas assez la véritable position des choses, le blâmèrent de cette conduite, mais l'événement prouva qu'il avait eu raison. L'élection de M. Charles Comte, incertaine à Condom, fut assurée à Mamers, et la cause nationale compta deux voix au lieu d'une. M. Gavaret a pris rang parmi les patriotes les plus énergiques et les plus éclairés, et le pays lui doit reconnaissance pour avoir accepté une candidature qui lui attira pendant quelque temps des récriminations assez nombreuses. Il proposa et fit adopter un amendement important relativement aux bois de la couronne (12 janvier 1832). Désormais les coupes extraordinaires dans les bois royaux ne pourront être faites qu'en vertu d'une loi. Il est bon de prévenir l'État contre les dilapidations intéressées. Il a constamment voté contre le ministère.

M. Gavaret est membre du conseil-général du Gers. En retournant à Condom (26 avril 1832)', il a été reçu par la garde nationale et une partie de la population, qui s'étaient transportées à sa rencontre jusqu'aux limites du département; et pour célébrer dignement cette ovation, une souscription volontaire improvisée fournit sur le champ à tous les indigens de la ville de quoi prendre part à cette fête de famille. Le soir, une brillante sérénade fut donnée au député patriote, en dépit de la pluie qui tombait par torrens.

PERSIL. A.

M. Persil est si prodigieusement occupé des affaires de son parquet, qu'il peut à peine accorder quelques soins à celles du pays. Il s'est complétement annulé à la chambre, mais en revanche il a fait acte d'une prodigieuse activité au dehors. En sa qualité d'exécuteur des hautes œuvres du 13 Mars, c'est lui qui est chargé d'abord de surveiller la presse parisienne, et en second lieu de tirer, des lambeaux d'émeutes, de tapages nocturnes, de placards incendiaires que lui transmettent tant bien que mal les limiers de la police, ce grand système de conspirations permanentes républicaines, carlistes, prolétaires, etc. Il avait été surtout chargé de prouver à la France que les patriotes et les carlistes s'entendaient comme des frères, et conspiraient avec un merveilleux accord pour substituer à la dynastie bourgeoise, une république légitimiste ou une légitimité républicaine. La chose était en soi-même prodigieusement difficile à prouver, et malgré toute la sagacité prétendue de M. Persil et de sa meute, on ne trouva rien, et le *Constitutionnel* fut seul assez adroit pour avoir vu le *traité d'alliance* entre les deux monstres, la république et le carlisme, auxquels, du reste, le *Constitutionnel* a bien des obligations, car sans eux il eût été fort embarrassé pour soutenir sa polémique. Quoi qu'il en soit, M. Persil manqua sa pierre philosophale, et tout porte à croire que lui ou ses dignes successeurs la manqueront encore plus d'une fois.

Les souterraines campagnes de la police vinrent aboutir à deux échauffourées à peu près aussi incompréhensibes l'une que l'autre : la conspiration dite des *tours Notre-Dame*, la seconde dite de *la rue des Prouvaires*. Quant à la première, des débats publics ont eu lieu ; la discussion a été longue, pénible, aussi complète qu'elle pouvait l'être, et, grâce à la clarté que la police sait toujours mettre dans ses œuvres de ténèbres, après un jugement solennel et des condamnations juridiques, le pays n'en sait pas plus qu'auparavant, et l'on est encore à y concevoir quelque chose. Mais ce qu'il y a de vraiment déplorable dans ces énigmes et ces logogryphes dégoûtans, c'est que des hommes simples et ignorans se laissent abuser, et que les infortunés, pour justifier la sagacité des espions et des embaucheurs jurés de la police, sont frappés de peines effrayantes. Il faut se rappeler encore que, dans cette déplorable cause, M. Persil fit soutenir une accusation de non-révélation, là où le complot n'était pas même prouvé, et qu'il demanda, pour ce prétendu délit, une pénalité qu'abolissait le Code réformé, discuté dans ce moment même par les chambres. Nous espérons encore que la Cour de cassation pourra réparer de telles iniquités. Quant à la conspiration de la rue des Prouvaires, un fait fut irrécusablement prouvé, même avant tout jugement, au grand déplaisir de M. le président du conseil, c'est que les patriotes, bien qu'on en eût arbitrairement saisi quelques-uns et frappé indignement quelques autres, n'étaient absolument pour rien dans cette prétendue conspiration des extrêmes.

C'est surtout contre la presse que M. Persil a été chargé de déployer ce talent que chacun lui connaît pour interpréter la pensée et incriminer les mots. En un an, il est homme à intenter deux à trois cents procès pour obtenir trente ou quarante condamnations. Il a tout un système de guerre contre la presse : d'abord les saisies qui ruinent un journal auprès de ses abonnés, puisqu'alors il ne peut les servir ; en second lieu, les amendes, quand il peut en obtenir, qui ruinent pécuniairement l'entreprise ; en troisième lieu, l'emprisonnement des délinquans, quand il parvient à les faire condamner. Voilà déjà trois puissantes batteries pour renverser la mauvaise presse, *l'exécrable presse*, comme dit M° Dupin; mais la Restauration, les Bellart, les Marchangy, etc., en possédaient autant. Le procureur-général de la quasi-légitimité doit avoir de bien autres tours dans son sac. Le génie de M. Persil a dépassé celui de ses immortels devanciers. Il a imaginé contre les publicistes l'iniquité et l'illégalité des arrestations préventives : écrivait-on quelque article de journal vigoureusement pensé contre le système du 13 Mars, aussitôt, et sans autre motif, un mandat d'arrêt était lancé contre l'écrivain patriote; il était emprisonné sans autre forme de jugement, et sa plume, avec son corps, se trouvait sous les verroux : c'est chose à peine croyable, mais dix arrestations de ce genre sont là pour prouver qu'en 1832, c'est ainsi que la quasi-légitimité traitait la presse, sans laquelle elle ne serait rien. Le journalisme, ruiné par les saisies et les amendes, c'est-à-dire dans sa propriété, allait être tué définitivement dans la personne des écrivains que menaçait sans cesse une arrestation arbitraire. Un publiciste eut assez de courage pour arrêter à l'instant même ce dévergondage d'iniquité. Il déclara que si les suppôts de M. Persil venaient illégalement pour le saisir, il opposerait la loi à l'illégalité, et la force à la force. La presse indépendante se hâta d'adopter ces nobles principes. M. A. Carrel fut poursuivi, mais non point arrêté, pour sa généreuse déclaration, et un acquittement solennel, prononcé par le jury, vint à jamais flétrir l'incroyable théorie de M. Persil. Il fut authentiquement prouvé, la loi à la main, que les arrestations préventives pour délits de la presse, étaient une infamie sans excuses, comme sans motifs; et dès lors le droit fut acquis à tout citoyen de défendre personnellement sa liberté contre de tels mandats d'arrêt. Dans cette cause du *National*, déjà deux fois fatal, par de juridiques acquittemens, au ministère du 13 Mars, M. Persil voulut prendre la parole comme il l'avait fait dans quelques causes importantes, et donner un échantillon de son éloquence; mais sa parole fut trouvée aussi faible que ses argumens. Et l'on s'étonna qu'avec 1,500,000 francs de dépenses secrètes, et tant d'autres moyens d'indemnité, le ministère en fût encore à trouver un homme qui eût plus d'adresse et de talent que M. Persil! A la chambre, le procureur-général a paru une ou deux fois à la tribune. C'est lui qui vint faire, dans la vérification des pouvoirs, ce singulier rapport, dont toute la chambre, et M. le premier ministre lui-même, témoignèrent un profond dégoût (30 juillet 1831). M. Persil a proposé, dans la discussion du Code pénal, un arrangement tout matériel pour la disposition numérique des anciens et des nouveaux articles (25 novembre).

Dans une profession de foi, de seize pages et sans date, M. Persil a cherché, avant les élections, à se justifier de ses persécutions contre la presse, et il a eu l'audace de déclarer qu'il voulait la liberté de la presse *sans réserve et sans arrière-pensée*. M. Persil ne s'est trompé que d'un mot : ce n'est pas la liberté, mais la mort de la presse qu'il a voulu dire. Il confirme le grand axiôme : *qui aime bien, châtie bien*. M. Persil est évidemment dévoré de l'amour de la presse.

Dans une tournée électorale que fit M. Persil en juin 1831, on sait qu'il fut accueilli dans sa ville natale par un charivari dont les journaux retentirent autant que la ville de Condom. On lui préparait des sérénades pareilles dans plusieurs villes où il devait passer ; mais, prévenu à temps, il eut soin de les traverser rapidement. Du reste, il n'a pu réussir à se faire nommer qu'à Lombez, où tout le carlisme du Gers a réuni ses forces.

SUBERVIE. N.

M. Subervie, qui partage tous les principes du général Lamarque, pense surtout comme lui sur la mobilisation de la garde nationale. Il voulait qu'on en fît une mention expresse dans la réponse au discours de la couronne (11 août 1831). Plus tard, quand le ministère présenta sa misérable loi sur le même objet M. Subervie chercha du moins à l'améliorer par une discussion savante et consciencieuse. La majorité rejeta entre autres amendemens l'un des siens, qui avait pour but de réunir quelques fois par an, les parties de la garde nationale destinées à la mobilisation. M. Subervie a constamment voté contre le ministère.

Il a fait toutes les campagnes de la république et de l'empire, et a été l'aide-de-camp du maréchal Lannes. Il ne doit qu'à sa bravoure et à son mérite militaire son grade de lieutenant-général. Il ne voulut point accepter de service sous la Restauration. Sous l'empire même, il s'était fait connaître par l'indépendance de son caractère ; et la cour impériale ne le vit pas plus dans ses antichambres que la cour de la Restauration ou celle de la quasi-légitimité. Le 29 juillet 1830, le général Subervie était nommé, à l'Hôtel-de-Ville, commandant de la première division militaire; mais, huit jours après, ce commandement lui était retiré. Le juste-milieu redoutait déjà dans le général l'énergie et l'indépendance de son patriotisme. Il fut nommé membre de la commission chargée d'examiner les titres des officiers qui demandaient alors en foule de l'emploi. Plus tard, on lui confia une inspection de cavalerie, et il rentra ensuite dans les cadres de disponibilité où la Restauration l'avait laissé, toujours prêt à servir le pays dès que le moment sera venu.

GIRONDE.

Ce département nomme neuf députés.

MM. *Aubert*, arrondissement de *Blaye*. — *Le marquis de Bryas*, 2ᵉ id. de *Bordeaux*. — *Dariste*, 1ᵉʳ id. de *Bordeaux*. — *Dufour-du-Bessan*, 3ᵉ id. de *Bordeaux*. — *Gaillard*, id. de *Lesparre*. — *Jay*, id. de la *Réole*. — *Martel*, id. de *Libourne*. — *Nicod*, id. de *Bazas*. — *Roul*, 4ᵉ id. de *Bordeaux*.

Excepté MM. de Bryas et Nicod, la députation de la Gironde est tout entière gagnée au système du 13 Mars, sans que parmi ces dévouemens si remarquables le ministère compte un seul homme d'un mérite distingué. A la chambre dernière, M. Bosc était le seul patriote sur huit députés. Il est vrai que M. de Bryas l'a bien dignement remplacé, et que M. Nicod soutient les mêmes opinions que M. de Bryas. Mais sept voix sur neuf restent au juste-milieu. MM. Dariste, Dufour-du-Bessan, et Martel, avaient donné des témoignages d'incapacité assez certains pour qu'on pût s'abstenir de renouveler l'épreuve. M. Roul a paru tenir complétement par ses votes ce que promettait M. Fonfrède qu'il a remplacé. M. Jay, même avant d'entrer à la chambre de 1830, était tellement connu, que sa première élection nous a paru inconcevable tout autant que la seconde, et que nous sommes encore à comprendre comment un mandat électoral a pu être remis dans ses mains. M. Aubert, sans avoir très nettement professé son opinion, en a cependant suffisamment montré pour qu'on puisse le classer sans injure dans le milieu plutôt qu'aux extrémités. Enfin M. Gaillard paraît précisément de force à remplacer M. Legris Lasalle.

Après s'être relevée quelque peu en 1829, la Gironde est retombée aussi bas qu'elle eût jamais été sous la Restauration : c'est à peine si elle compte aujourd'hui le quart de ses députés parmi les patriotes.

AUBERT. N.

M. Aubert a voté contre l'ordre du jour motivé de M. Ganneron, et nous savons que, réuni aux patriotes dans cette occasion, il les a depuis abandonnés. Il n'a point protesté avec eux contre la fournée illégale des trente-six pairs (20 novembre 1831), ni contre l'insultante dénomination de *sujets* (7 janvier 1832). M. Aubert vote habituellement avec le ministère.

DE BRYAS. N.

M. de Bryas est un de ces nobles comme la chambre en présente quelques-uns pour l'honneur de la noblesse. Comme Lafayette, comme MM. de Tracy, de Grammont, d'Argenson, de Corcelles, etc., M. de Bryas a senti tout ce qu'avaient de déplorable les principes de la caste où il était né. Il a généreusement répudié des priviléges que sa raison et son cœur condamnent pour servir les intérêts du peuple, les intérêts généraux de la société contre les intérêts particuliers d'une classe, qui depuis des siècles a fait la honte et le malheur de la France. Porté par les suffrages de ses concitoyens à la tête d'une des principales villes du royaume, il a su déployer dans l'administration municipale de Bordeaux, toute l'activité d'un esprit éclairé et la sollicitude d'un cœur compatissant. A la chambre, il a suivi la même ligne politique, et les intérêts des classes malheureuses et souffrantes de la population n'ont point trouvé de défenseur plus énergique. Les patriotes se rappelleront le discours qu'il prononça pour soutenir l'importation des grains à Bordeaux (3 octobre 1831). M. de Bryas, riche propriétaire lui-même, vint témoigner contre l'égoïsme et l'inhumanité de ces propriétaires qui exploitent la misère du peuple, et l'affament, pour escompter à leur profit toutes les douleurs et les angoisses de la disette. Tous les cœurs généreux applaudirent aux paroles de M. Bryas ; mais, dès lors, les hommes égoïstes des centres jurèrent de se venger. Le ministère ne laissa point échapper la première occasion qui se présenta de les satisfaire. Placé en tête de la liste des candidats aux fonctions de maire que la ville de Bordeaux soumettait au choix royal, M. de Bryas vit son nom repoussé, malgré l'honorable confiance de ses concitoyens, malgré les services qu'il avait rendus à la ville de Bordeaux, et que son expérience pouvait lui rendre encore. C'est une basse et pitoyable vengeance dont les hommes du 13 Mars se sont satisfaits aux dépens d'une des principales cités du pays (17 décembre 1831).

M. de Bryas est bien récent dans les rangs des patriotes, mais nous espérons qu'il leur sera fidèle, et que sa conviction politique repose sur des principes assez certains pour que rien désormais ne puisse l'ébranler. Il a voté constamment contre le ministère.

Il est membre du conseil-général de la Gironde.

DARISTE. A.

Le rôle de **M.** Dariste à la chambre dernière avait été trop incertain pour qu'on pût le juger définitivement : dans celle-ci, et, sans rompre une seule fois le silence, il s'est déclaré le partisan dévoué du ministère.

M. Dariste jouit d'une immense fortune, faite aux colonies. Il possède encore une superbe plantation à la Martinique.

DUFOUR DU BESSAN. A.

M. du Bessan, qui passait en 1830 pour voter avec les patriotes, les a complétement abandonnés en 1831. Il a constamment voté pour le ministère.

Il est membre du conseil-général de la Gironde.

GAILLARD. N.

Sans antécédens qui dussent entraver son indépendance, M. Gaillard n'en est pas moins un des plus fidèles serviteurs du ministère. Il est membre du conseil-général de la Gironde.

JAY. A.

M. Jay, qui se sentait dans le fond du cœur une passion malheureuse pour l'hérédité de la pairie, n'a point perdu son temps, comme ses compagnons, dans d'inutiles déclamations, bien qu'il ait l'habitude de tourner une phrase et une amplification de rhétorique. Sa douleur alla tout de suite au positif, et les regrets plaintifs résonnaient encore autour de la défunte, que déjà M. Jay proposait de la ressusciter par la puissance magique d'un amendement (10 octobre 1831). De concert avec M. Enouf, il présenta un amendement en faveur de l'hérédité! Nous sommes très portés à croire que M. Jay a beaucoup moins parlé pour lui-même que pour d'autres. Mais il ne devait point être dit que l'hérédité s'éteindrait en France sans que personne eût soulagé son agonie, même par un amendement législatif, et M. Jay fut chargé par le ministère de ce soin délicat. C'est que M. Jay est un homme bon à tout, à qui l'on peut confier des missions et des emplois de diverses espèces Le ministère Périer exploite ses rares talens, qu'un homme, qui valait bien M. Périer, n'a point dédaignés dans des temps difficiles. Un livre, paru tout récemment et qui contient de précieuses révélations sur les déplorables crises de 1814 et 1815 (l'*Histoire de la Restauration par un homme d'État*), renferme de singulières imputations contre M. Jay. Nous ne répondons pas du fait : mais on affirme dans ce livre, d'une manière suffisamment intelligible, que M. Jay, serviteur dévoué, et, en termes techniques, âme damnée de Fouché de Nantes, se montra le très digne favori d'un pareil maître, et que dans la chambre des représentans, où M. Jay fut admis, nous ne savons trop pourquoi ni comment, il rendit des services de plus d'un genre à l'ancien ministre de la police (Voir l'*Histoire de la Restauration*, tome 2, pages 408, 420, 467).

M. Jay, en digne ami de Fouché de Nantes, est un de nos législateurs les plus profondément religieux qu'il se puisse voir. Il a prétendu, avec une dévotion fort touchante, que la religion devait intervenir dans l'institution nationale du Panthéon, et que sans elle les cérémonies toutes payennes auxquelles le pays allait se livrer pourraient bien attirer sur nous la colère et le châtiment d'un ciel irrité (10 mars 1832). A ceci rien ne s'oppose, si ce n'est peut-être la Charte ; la religion de l'État une fois abolie, il serait plus que bizarre de voir notre gouvernement s'adresser à une église quelconque pour la célébration d'une solennité nationale. M. Jay, qui ne laisse point échapper une occasion sans exhaler au dehors la sensibilité profonde qui fait un des traits principaux de son éloquence et de son caractère, a prononcé un discours à propos des réformes du Code pénal. La chambre n'écouta guère M. Jay, attendu que son discours ne valait guère la peine d'être écouté (22 octobre 1831), et dans une autre occasion, ne tint pas plus de compte de son opposition à la loi sur les entrepôts intérieurs (16 décembre), que de son amendement sur la pairie.

M. Jay est, avec M. Étienne, l'homme qui a le plus puissamment contribué à conquérir au système ministériel l'influent organe du *Constitutionnel*. A eux deux, ces messieurs ont dévié complétement de sa route ce journal, jadis patriote, pour le jeter dans une voie où il a dès long-temps perdu l'estime des amis de la liberté, et où il perdra bientôt sa fortune. Il est possible que M. Jay y trouve son compte, mais il y a lieu de craindre que ses associés n'y trouvent point le leur.

Durant le cours de la session, M. Jay a été nommé académicien (17 mars 1832); et si l'on voulait se donner la peine d'examiner le bagage littéraire de *l'immortel,* il serait difficile de trouver des titres plus légers que les siens. Il est vrai que l'Académie s'est courageusement et long-temps défendue contre une telle association; la bataille fut rude, elle dura une journée tout entière, et il ne fallut pas moins de huit charges successives pour emporter enfin la position. Il n'est probablement pas dans toute l'Europe un seul académicien qui ait dû, autant de fois que M. Jay, frapper à la porte pour se faire ouvrir.

M. Jay a constamment voté pour le ministère. Il fit, au mois de juin 1831, une petite tournée électorale : il ne s'épargna point, à la manière anglaise, les visites et les promesses aux électeurs. Nous ne pouvons dire s'il a tenu tout ce qu'il avait promis, mais nous sommes assurés qu'il a su faire maintenir en place ceux des carlistes qui avaient appuyé son élection.

MARTEL. A.

La Révolution de Juillet n'a rien changé aux habitudes de M. Martel : après comme avant, c'est un serviteur fort humble, mais fort dévoué du ministère. Il ne parle jamais en sa faveur, mais il vote constamment pour lui.

NICOD. N.

M. Nicod n'a point eu occasion, dans le cours de cette session, commencée depuis quelques mois, quand il entra à la chambre, de faire preuve de ce talent de parole que ses amis lui connaissent. Nous regrettons vivement qu'il n'ait point trouvé l'occasion de paraître à la tribune. Il n'est point homme à la redouter : et l'opposition eût compté un orateur de plus. Il a pris place parmi les patriotes les plus énergiques de la chambre. Il a protesté contre l'insultante dénomination de *sujets* (7 janvier 1832), et voté constamment contre le ministère. Il est avocat-général à la Cour de cassation.

ROUL. N.

Dans cette discussion scandaleuse et anti-nationale qui força M. Salverte à retirer sa proposition relative au Panthéon, M. Roul lui porta les premières attaques en demandant l'ajournement indéfini pour la translation solennelle des restes de Foy, Manuel, Benjamin Constant, etc. C'est qu'il redoutait, sans doute, pour l'anniversaire prochain des 3 Journées, cet embellissement d'une fête nationale et populaire (13 mars 1832). L'acte le plus important de M. Roul fut un discours fort bizarre, qu'il débita pour obtenir que le château royal de Bordeaux restât dans la dotation de la couronne (9 janvier 1832); la chambre ne crut pas devoir tenir compte des prières et des sollicitations fort pressantes de M. Roul. Cependant il avait eu le soin fort attentif de calculer au juste ce que coûterait l'entretien du château de Bordeaux. Dans son énumération, il n'oublia personne : concierge, portier, garçons de peine, frotteurs, balayeurs même, il avait montré pour tous les employés de la résidence une touchante sollicitude. La chambre se prit à rire de cette éloquence de femme de charge, et ne laissa pas même l'orateur achever son discours, bien qu'il le prononçât d'un ton profondément pénétré. M. Roul est venu s'opposer à la proposition de M. Portalis, qui demandait que le peuple pût, le dimanche, gagner sa vie comme les autres jours, et ne fût point obligé sous peine d'amende de rester dans une oisiveté qui lui ôtait son pain. Il combattit cette proposition si juste et si simple, par des motifs religieux qu'il ne parut pas lui-même fort bien comprendre, et qui ne firent pas la moindre impression sur la chambre (11 février 1832). Il a voté constamment pour le ministère.

M. Roul était chaud partisan de l'hérédité de la pairie. Il avait juré de la conserver; et il est sans nul doute un des 86 députés qui ont voté pour elle. Il est, dit-on, fort riche et fait grand cas de l'argent. Quand il se présenta à la députation, quelques électeurs lui reprochèrent de n'avoir aucun *titre* aux fonctions qu'il demandait. En réponse à cette calomnie, M. Roul fit distribuer à la porte du collège une petite circulaire énonçant tous les *titres* de ses contrats de rente sur l'État, de ses propriétés, etc. La réponse était victorieuse suivant M. Roul.

A son retour à Bordeaux (18 avril 1832), il a été reçu par un bruyant charivari. Il a voulu se défendre contre les symphonistes en leur jetant des pots de fleurs pour réponse à leur musique : mais la sérénade n'en a pas moins eu son cours.

HERAULT.

Ce département nomme six députés.

MM. Charamaule, 2ᵉ *arrondissement de Montpellier.* — *Granier*, 1ᵉʳ *id. de Montpellier.* — *Reboul-Coste, id. de Pézénas.* — *Renouvier, id. de Lodève.* — *Vidal, id. de Saint-Pons.* — *Viennet, id. de Béziers.*

Des six députés de l'Hérault, quatre sont franchement acquis aux principes de Juillet : les deux autres en sont les adversaires déclarés. Nous regrettons que M. Granier n'ait point imité son collègue, M. Renouvier, qui, après un examen consciencieux et attentif des partis qui divisent la chambre, s'est prononcé pour le parti national, celui de la minorité. Il a préféré suivre l'exemple de M. Viennet, et, comme lui, il s'est fait le partisan décidé du 13 Mars. Les antécédens de M. Viennet sont suffisamment connus. Quant aux trois députés nouveaux dont l'Hérault a doté la représentation nationale, MM. Vidal et Reboul peuvent être comptés parmi les patriotes les plus fermes et les plus dévoués de la chambre; M. Charamaule a constamment voté avec l'opposition, quand il a été présent à la chambre.

Ainsi, l'Hérault possède les deux tiers de ses représentans parmi les défenseurs des véritables intérêts du pays. En 1829, la proportion était un peu moins favorable, et, durant toute la Restauration, l'Hérault ne compta guères que le quart de ses envoyés sur les bancs de l'opposition.

CHARAMAULE. N.

Esprit ferme et logique, M. Charamaule n'a voulu voir, avec raison, dans la question de la pairie, qu'un seul point, c'était le droit constituant de la chambre; c'était, en effet, le seul qui fût en litige. L'hérédité était morte avant même que la chambre fût réunie, et la représentation nationale était convoquée, non pour immoler la victime dès long-temps abattue dans les colléges électoraux, mais tout simplement pour assister légalement à ses funérailles. M. Charamaule soutint le droit exclusif de la chambre, et repoussa le projet du gouvernement, qui ne lui parut, dans la forme où il était présenté, qu'un excès de pouvoir (7 octobre 1831). M. Bignon, qui avait aussi présenté un amendement en faveur du même principe, fut détermine a abandonner la partie, et à retirer sa proposition. M. Charamaule, plus ferme dans sa conviction, resta courageusement sur le terrain où il s'était placé, et il déclara que s'il consentait à voter, c'était toujours en faisant réserve expresse des droits exclusifs de la chambre sur cette question (10 octobre 1831). Dans quelques discussions de droit civil, notamment dans celles qui furent ouvertes à propos de la loi de recrutement, il a montré de la science et une parole facile. Nous regrettons qu'il n'ait point paru plus souvent à la tribune.

M. Charamaule a constamment voté contre le ministère. Nous lui reprocherons d'avoir quitté la chambre vers le milieu de la session : sa voix a souvent manqué aux patriotes, dans les scrutins.

Les électeurs de Montpellier lui ont fait prendre l'engagement de n'accepter du gouvernement, ni places, ni faveur. On se rappelle, en général, avec peine, à Montpellier, l'élection de M. Charamaule. Son compétiteur était M. Lallemand, le célèbre professeur de la faculté de Montpellier, dont le juste-milieu, réuni aux carlistes, fit échouer la nomination, en répandant contre lui d'indignes calomnies. On se rappelle aussi à Montpellier que M. Charamaule est bien récent parmi les patriotes, et que, durant presque toute la Restauration, il fit preuve d'un vif attachement pour la légitimité. Dans sa profession de foi, on remarque cette phrase : « Tout mouvement « progressif entraînerait perversion et ruine, s'il n'était cir« conscrit dans la sphère du pacte convenu. » Du reste, nous devons dire que le député de Montpellier a été, durant cette session, toujours fidèle aux principes qui l'avaient porté à la députation.

GRANIER. A.

M. Granier a presque constamment voté pour le ministère, et ne s'est séparé de lui que sur des questions de mince importance ; mais ses infidélités ne peuvent être que fort rares et fort légères : par ses intérêts, M. Granier tient au système du 13 Mars. Il est un des principaux fournisseurs de l'armée et de la marine ; et de plus, il est lié d'affaires personnelles avec le maréchal Soult : il est actionnaire avec lui d'un canal et des forges d'Alais. Par des alliances de famille, il tient aux légitimistes de son département, et il leur a dû en partie son élection. Il paraît que M. Granier, homme fort habile dans les spéculations de son commerce, a fait entrer la députation dans ses combinaisons; et qu'à tout prendre, ses propres affaires l'occupent plus à Paris, que celles du pays.

Il est membre du conseil-général de l'Hérault, et maire de Montpellier.

REBOUL-COSTE. N.

M. Reboul a voté avec les patriotes, contre l'ordre du jour motivé de M. Ganneron (22 septembre 1831): il a protesté contre la fournée illégale des 36 pairs (20 novembre 1831), mais i n'a pas joint son nom à ceux qui ont protesté contre l'insultante dénomination de *sujets*. Nous ne saurions dire précisément pourquoi, dans cette occasion, la signature de M. Reboul n'a point accompagné celles des patriotes; mais nous sommes assurés qu'il n'en est pas moins attaché à leurs principes.

De retour à Béziers, M. Reboul a été accueilli avec enthousiasme par la population; et la musique de la garde nationale lui a donné une brillante sérénade.

RENOUVIER. A.

M. Renouvier a constamment voté contre le ministère, et s'il a paru, durant la précédente session, incertain et flottant, il s'est fixé, durant celle-ci, dans le camp patriote. M. Renouvier, riche propriétaire-foncier, jouit à Montpellier d'une grande influence; et si la nomination des maires eût été remise directement aux citoyens, il eût été choisi, sans aucun doute, par ses compatriotes. Il a été long-temps et est encore conseiller de préfecture, et paraît fort instruit dans les matières administratives et d'économie politique.

Il est membre du conseil-général de l'Hérault. Le patriotisme de M. Renouvier date de notre première révolution.

VIDAL. N.

Les électeurs de Saint-Pons ne s'étaient pas trompés, en admettant sans profession de foi, sans engagemens, M. Vidal à la députation. Nul ne doutait que son représentant ne vînt s'asseoir dans les rangs des plus fermes patriotes. M. Vidal a demandé l'élection directe des pairs (10 octobre 1831). Il a constamment voté contre le ministère.

VIENNET. A.

Il faut entendre M. Viennet lorsque, de cette voix qui s'adressait jadis aux *chiffonniers*, il daigne s'élever au même niveau pour flétrir les *stipendiés de l'émeute* et leur souveraineté en action. Il faut encore l'entendre lorsque, dans un excès de désintéressement, il s'écrie : « Je veux le repos de l'État, parce que le mien en dépend » (16 novembre 1831); ou bien lorsqu'élevant la voix à un diapason formidable, il fait savoir à la France et à l'Europe entière qu'il a eu l'honneur de combattre les ennemis de sa patrie (5 février 1832) : honneur qu'ont partagé avec M. Viennet, en moins de quarante ans, plusieurs millions de Français. M. Viennet est un des honorables des centres qui se sont le plus vivement opposés à la révision des pensions, et, dans cette circonstance, l'académicien s'est hasardé, sur les pas de M. le premier ministre, à venir tourner des périodes sentimentales sur la Charte de 1830. Mais si M. Viennet aime la Charte-vérité, il n'aime guère moins la Charte-mensonge : car il a proposé d'élever une statue à son immortel auteur. Il est à peine croyable, et cependant il est vrai à la lettre, que, dans une chambre française, après la révolution de Juillet, M. Viennet a prétendu que la nation devait une statue à Louis XVIII (17 mars 1832).

Il s'est particulièrement signalé dans cette session, par deux actes qui, sans être précisément parlementaires, se sont cependant passés à la chambre, et qui font peu l'éloge du cœur de M. Viennet. Il a attaqué à la tribune un homme qui ne pouvait s'y défendre : c'était M. de Châteaubriand, que certes il devait respecter par bien des raisons, car c'était déjà beaucoup d'honneur pour lui de s'asseoir près de l'illustre écrivain sur un fauteuil de l'Académie (16 novembre 1831). L'attaque fut d'ailleurs aussi peu académicienne par la forme, que convenable par le fond.

Le député de Béziers s'est rendu coupable d'un autre méfait plus blâmable peut-être que celui-là. Quand la chambre délibérait sur l'apothéose des quatre grands citoyens dont M. Salverte demandait la translation au Panthéon, M. Viennet eut le courage d'exiger à grands cris la division des noms, afin que l'on votât séparément sur celui de Benjamin Constant. Cette proposition n'avait point d'autre but que de faire éliminer le grand orateur du temple national (17 mars 1832). Mais quand on saura que Benjamin Constant fut le concurrent de M. Viennet pour le fauteuil de l'Académie, quand on se rappellera que Benjamin Constant mourut de chagrin, et qu'il fut très vivement affligé du succès de son compétiteur, que pensera-t-on d'un homme qui, pouvant se regarder en partie comme la cause, sinon volontaire, du moins fortuite, de la mort d'un de ses collègues, d'un grand citoyen, de Benjamin Constant, en un mot, vient encore le poursuivre au-delà du tombeau?

Si l'on en croit M. Viennet et quelques généalogistes amis de sa famille, il ne serait rien moins qu'un descendant des Benenati, rois d'une petite montagne d'Espagne, au temps du roi Pélage. Par suite de nobles infortunes, cette famille souveraine dut chercher un asile de l'autre côté des Pyrénées, en France; là, le nom des Benenati s'altéra sensiblement; d'abord Biennénat, puis Biennat, Biennet, Viennet. Il n'y a pas d'étymologiste qui trouvât quelque chose à redire à des transformations si naturelles et si communes. Aussi tenons-nous sans peine M. Viennet pour rejeton de race royale, et nous croyons même que l'illustre descendant des Biennénat a conservé dans ses veines quelque chose de leur sang. M. Viennet se croit appelé à régner sur la chambre, dont il pense diriger les débats. En parlant de la réunion Rivoli, il dit : *Ma réunion*. Il serait homme à dire, nous assure-t-on, en parlant du gouvernement : « Oh! « que ces gens-là m'ont donné de peine! Cela commence à « marcher. Dès que je les aurai mis décidément à flot, je leur « dirai : Allons, il est temps que je me repose; députez-moi au « Luxembourg. » Nous déclarons, nous, que l'hermine n'est point encore assez pour le fils de la souche des Benenati. Il est vrai que, vu la dureté des temps, le lignage des rois Visigoths se trouve aujourd'hui fort obscurément placé dans un triste emploi de chef de bataillon d'état-major, qu'on ne peut même point changer contre un grade plus élevé, de peur de ce maudit écueil de la réélection; mais que voulez-vous? un autre fils des Benenati, un frère de l'académicien, est bien receveur de deniers roturiers dans la ville de Béziers! Le jeune Denis a bien été maître d'école à Corinthe!

M. Viennet a constamment voté pour le ministère. Il n'a dû son élection qu'aux actives sollicitations de son frère le receveur.

A la fin de la session, M. Viennet, qui a la fureur des Épitres, en adressa une à M. Thiers qu'il apostrophe en le tutoyant et l'appellant : *Brave Thiers!* C'était une Épitre de condoléance sur les terribles charivaris que le député d'Aix avait reçus dans son voyage. Il y avait cruauté et maladresse à rappeler à M. Thiers ses déboires électoraux : et M. Viennet eut sans doute été plus circonspect s'il eût fait un voyage à Béziers, où l'attendaient aussi, à l'en croire du moins, *marmites, poêles et mirlitons, mortiers et lèchefrites.*

ILLE-ET-VILAINE.

Ce département nomme sept députés.

MM. de Berthois, arrondissement de Vitré.—Blaise (Louis), id. de Saint-Malo.— Defermon, id. de Redon.— Gaillard-Kerbertin, id. de Montfort. — Jollivet, 1er id. de Rennes. — Mangin-d'Oins, 2e id. de Rennes. — Le comte de la Riboissière, id. de Fougères.

M. de Berthois était à-peu-près le seul patriote de la députation d'Ille-et-Vilaine. M. Jollivet a montré tant d'incertitude et d'indécision, que nous avons à-peu-près autant de peine à le classer parmi les amis de la liberté, qu'à l'exclure de leurs rangs. Quant aux cinq autres députés, leur opinion est bien nettement prononcée en faveur du ministère. Nous ne concevons pas trop pourquoi M. Kerbertin a quitté le Morbihan, qui le nommait en 1830, pour venir transporter une voix ministérielle de plus au département d'Ille-et-Vilaine. Les antécédens de MM. Louis Blaise et Lariboissière donnaient peu d'espoir, et ils se sont efforcés de les justifier en les continuant durant cette session. MM. Mangin-d'Oins et Defermon, nouveaux députés, ont donné constamment leurs votes au système du milieu.

La révolution de Juillet ne semble point avoir eu la moindre influence sur le département d'Ille-et-Vilaine. La représentation qu'il a envoyée à la chambre de 1831 est, comme toutes celles qu'il a nommées durant les seize années de la Restauration, faible et anti-nationale. Les patriotes auront de grands efforts à tenter pour reprendre leurs avantages dans de prochaines élections.

DE BERTHOIS. A.

M. de Berthois est mort à Paris, du choléra, le 17 août 1832. Il avait constamment voté contre le ministère.

BLAISE (Louis). A.

M. Louis Blaise a pris enfin parti dans cette session, mais c'est contre les patriotes. Nous aimons mieux un adversaire déclaré, et, dans la chambre de 1830, il eût été bien difficile de dire à quel camp appartenait M. Louis Blaise : en 1832, il a été plus franc. Il a presque constamment voté pour le ministère. Quelques-uns de ses amis prétendent cependant qu'il a voté parfois avec les patriotes.

Il est membre du conseil-général d'Ille-et-Vilaine.

DEFERMON (Jacques). N.

A sa profession de foi, on aurait pu prendre M. Defermon pour un excellent patriote : mais les professions de foi sont trompeuses, et celle de M. Defermon l'a été comme tant d'autres. Malgré de superbes promesses, il n'en est pas moins partisan dévoué du juste-milieu. Il a voté constamment pour le ministère.

La résidence principale de la famille de M. Defermon est, non point dans le département d'Ille-et-Vilaine, mais dans celui de la Loire-Inférieure, où son frère Joseph Defermon a été nommé député (Voir la notice relative à ce dernier). M. Jacques, presque inconnu à Rennes, s'est présenté aux patriotes d'Ille-et-Vilaine pour un ardent défenseur de la liberté. Dans le département de la Loire-Inférieure, ses protestations patriotiques eussent été plus difficiles, d'abord parce que M. Defermon y eût été mieux apprécié, et, en second lieu, parce que, dans ce département, la famille Defermon tient beaucoup à ménager l'aristocratie, et serait peu disposée à s'appuyer sur les patriotes. Ainsi, l'opinion de la famille Defermon n'est point précisément la même à Rennes qu'à Châteaubriand. Elle varie avec les latitudes. Ce sont là des mystères de conviction politique dont nous ne chercherons pas à rendre compte; il suffit de les signaler aux électeurs. Nous croyons qu'ils ne connaissaient point parfaitement M. Jacques au moment où ils l'ont nommé. Il est certain qu'à la chambre il a constamment voté pour les hommes du 13 Mars. Il a soutenu toutes les prodigalités du budget, et surtout les pensions des chouans. Si nos recherches ne nous ont point trompés, la famille Defermon a certainement compté et compte peut-être encore quelques-uns de ses membres dans la chouannerie.

GAILLARD KERBERTIN. A.

M. Gaillard Kerbertin a payé en dévouement aveugle sa dette de reconnaissance au ministère qui l'a nommé premier président de Cour royale à Rennes. C'est une fort louable qualité que la gratitude; mais nous ne croyons pas qu'elle soit préférable au patriotisme.

Une personne, qui est en position d'être bien informée, a

calculé que M. Kerbertin avait fait obtenir obligeamment à ses parens vingt ou vingt-cinq emplois lucratifs, dont les émolumens se montent à 84,000 fr. M. Kerbertin est un fort tendre parent. Cependant il ne s'oublie pas non plus lui-même. Quand la chambre fut assez mal avisée pour réduire les traitemens de la magistrature, M. Kerbertin se sentit blessé au vif : il voulait à toute force donner sa démission. Me Barthe eut grand'peine à l'apaiser. Nous rappellerons à Me Barthe, s'il l'a oublié, que M. Périer a trouvé un excellent moyen d'indemniser ses favoris des réductions grossières que la chambre se permet de loin en loin. Nous le renvoyons aux lettres si curieuses de M. Bouvier-Dumolart, où cet expédient est indiqué tout au long. Un fonctionnaire, maltraité par la chambre, peut tranquilliser sa conscience; quand les fonds secrets sont épuisés, on sait encore s'en procurer d'autres.

M. Kerbertin est membre du conseil-général d'Ille-et-Vilaine.

JOLLIVET. A.

M. Jollivet a fait preuve, dans cette session, d'une déplorable faiblesse. Sa ligne de conduite a été si peu tranchée, ses opinions si peu évidentes et si peu compréhensibles, que les patriotes, aussi bien que le ministère, seraient fort embarrassés de dire si M. Jollivet est un des leurs : et pour lui, si la fantaisie lui en prenait, il pourrait aussi bien se dire homme des centres, ou homme de l'opposition. Si M. Jollivet a voté quelquefois avec la minorité, il l'a aussi reniée dans deux occasions solennelles. Il s'est peint lui-même en trouvant, de concert avec deux esprits aussi décidés que le sien, un milieu entre protester et ne protester pas contre la dénomination de *sujets* (7 janvier 1832) (Voir le *Courrier-Français* du 10 janvier); et il est venu, avec le jeune marquis de Mornay, faire une apostasie que les patriotes ne peuvent oublier (3 février 1832). Il est venu désavouer les doctrines parfaitement saines et les faits parfaitement exacts qu'avaient avancés sur les affaires de Lyon quelques orateurs patriotes. Les centres, charmés de cette étrange palinodie, applaudirent MM. Jollivet et de Mornay, et ces messieurs ont gagné, à cette singulière démarche, deux choses également inappréciables, les éloges des centres pendant qu'ils parlaient, et le lendemain les louanges du *Constitutionnel* et des feuilles ministérielles.

M. Jollivet fut l'un des auteurs de l'amendement que, dans la question de la pairie, la minorité présenta pour le système des candidatures (13 octobre 1831). Nous croyons cependant que l'opinion de **M.** Jollivet était plus décidée pour l'élection directe que pour les candidatures. Dans la discussion de l'amortissement, il combattit avec constance contre l'avidité des *loups-cerviers*, et l'on doit lui rendre cette justice, qu'un instant découragé par les clameurs furibondes des centres, il reparut bientôt à la tribune, et y prononça un discours assez énergique pour l'annulation des rentes rachetées (24, 25, 26 janvier 1832). Plus tard, il demanda, non moins vainement, la révision des pensions (7 février 1832). Il fut plus heureux dans la discussion du budget de la justice, et obtint sur les Cours royales une réduction de 365,000 fr. (10 février). On nous assure que **M.** Jollivet sollicite quelquefois pour ses amis et pour sa famille, et que récemment il a fait placer son frère dans l'armée.

MANGIN D'OINS. N.

M. Mangin est un des partisans du système du 13 Mars. Dès les premiers jours de la session, il avait montré ses affections politiques en contribuant à faire rejeter de l'Adresse le paragraphe de M. de Cormenin en faveur du peuple (13 août 1831). M. Mangin a demandé une réduction sur le traitement des officiers-généraux (13 mars 1832).

Il a voté beaucoup plus souvent pour le ministère que contre lui.

LARIBOISSIÈRE. A.

Les dernières velléités de patriotisme qui de temps à autre avaient jadis saisi M. Lariboissière, se sont complétement éteintes durant cette session. La cause du 13 Mars le compte définitivement dans les rangs de ses plus zélés défenseurs. Il a voté constamment pour le ministère.

M. Lariboissière sollicite pour sa famille : récemment il a fait placer un de ses parens, d'opinions légitimistes, dans le conseil de préfecture d'Ille-et-Vilaine.

Il est membre du conseil-général du département.

INDRE.

Ce département nomme quatre députés.

MM. Le général Bertrand, arrondissement de Château-roux. — Charlemagne, id. du Blanc. — Duris-Dufresne, id. de La Châtre. — Thabaud-Linetière, id. d'Issoudun.

Sans M. Thabaud-Linetière, la représentation de l'Indre serait parfaitement homogène, et toute composée de patriotes. Il y a long-temps que la réputation de M. Duris-Dufresne est faite, et, depuis cinq ans, il siège parmi les défenseurs de la cause nationale les plus fermes et les plus dévoués. M. Charlemagne avait déjà donné, dans la chambre de 1818 à 1822, des preuves de libéralisme non équivoques; et cette session l'a trouvé, comme on l'attendait de lui, sur les bancs de l'opposition. M. le général Bertrand n'a trompé en rien l'attente des électeurs : il s'est joint constamment aux patriotes les plus constans de la chambre.

En gagnant un quatrième député, le département de l'Indre a profité de cet avantage dans un intérêt tout patriotique, et n'a rien perdu après Juillet de cette ardeur politique qui le distingua durant les quinze années déplorables de la Restauration.

Le général **BERTRAND. N.**

M. le général Bertrand s'est constitué à la chambre l'infatigable champion de la liberté de la presse : tous ses discours, tous ses votes se terminent par ces mots : *et je demande la liberté illimitée de la presse.* C'est le vieux Caton répétant : *il faut détruire Carthage.* Le général pense, avec tous les patriotes, que la presse n'est pas libre tant qu'elle est grévée de cautionnemens, de brevets, de droits de timbre, de droits de poste exorbitans, etc. La presse, voilà, selon lui, la véritable sauvegarde de tous les intérêts du pays, de son honneur, de son indépendance, de sa prospérité. Il réclamera la liberté de la presse jusqu'à ce que nous l'ayons obtenue dans toute son étendue. Il s'est imposé le devoir patriotique de la demander avec persévérance, dans toutes les occasions, dans toutes les discussions, parce qu'il n'en est aucune où cette exigence ne soit convenable. Il a constamment voté contre le ministère.

Nous ne parlons pas de la vie de M. le général; elle est trop connue, et par ses services militaires et par un illustre dévouement, pour qu'il soit nécessaire d'en rappeler les détails à personne.

CHARLEMAGNE. N.

C'est M. Charlemagne qui, de concert avec M. Bousquet, a présenté, pour la révision des pensions, cet amendement patriotique, occasion de tant de scandale à la chambre, et de précieuses révélations que le pays n'oubliera pas (3 février 1832). M. Charlemagne venait de soutenir sa proposition par un discours vigoureux et vrai, et qui avait d'autant plus produit d'impression qu'il était plus laconique. MM. Guizot et Thiers, qui voient ce jour-là, leur phalange ébranlée par l'argumentation de l'orateur patriote, et prête à faire quelque bévue d'économie, ordonnent aux soldats qui leur restent de déserter la salle au plus vite : les bancs de gauche et de droite restent seuls garnis, mais les patriotes ne sont plus en nombre pour délibérer ; c'est en vain qu'ils réclament justice à grands cris, et M. Girod, bien digne d'être l'exécuteur d'une telle déloyauté, lève la séance. Le lendemain, le camp ministériel était en force; et la proposition de M. Charlemagne était rejetée.

Dans la discussion si rapide et si déplorable du budget des recettes, M. Charlemagne a fait preuve d'un noble désintéressement. M. Gauguier venait de présenter un amendement pour la réduction proportionnelle du traitement de tous les fonctionnaires publics. Les centres impatiens murmuraient et couvraient de leurs cris la voix de l'orateur, qui, de la conscience si sourde de la majorité, se voyait forcé d'en appeler à la conscience nationale. « Je vote pour l'amendement, s'écrie « M. Charlemagne de sa place, afin de prouver à M. Gauguier « qu'il y a des fonctionnaires publics rétribués, qui ne crai- « gnent pas de voter contrairement à leurs intérêts personnels. »

M. Charlemagne est procureur du roi à Châteauroux, et membre du conseil-général du département. Il a constamment voté contre le ministère : cependant il n'a point protesté contre l'insultante dénomination de *sujets* (7 janvier 1832). Plusieurs fonctionnaires publics, tout aussi révocables que M. Charlemagne, ont signé cette protestation.

DURIS DUFRESNE. A.

Les centres s'indignant un jour que l'on osât suspecter la probité des préfets, comme s'il était indispensable d'être honnête homme pour entrer dans l'administration, M. Dufresne se leva, et bravant les murmures qui allaient couvrir sa voix, il rappela courageusement (2 mars 1832) les prévarications d'un préfet.

Depuis plusieurs années que M. Duris siège dans nos assemblées publiques, il a toujours marché dans le chemin des patriotes. Sous le ministère Polignac, sous celui de M. Guizot, il a été ce qu'il est aujourd'hui, sous le ministère de M. Périer; n'ayant point quitté les bancs de la gauche, et méritant toujours bien du pays, en faisant de l'opposition au dernier comme aux deux autres. Ainsi, les députés patriotes comme M. Dufresne, confirment par leur conduite de tous les jours ce que la presse a dit dès les premiers instans : le ministère du 13 Mars 1831 vaut celui du 8 Août 1829.

M. Duris-Dufresne, membre du conseil-général de l'Indre, a déclaré dans une lettre publiée par les journaux (Voir le *National* du 22 avril 1832), qu'il n'avait accepté ces fonctions que provisoirement, en attendant que le droit de nommer les conseils-généraux fût rendu aux citoyens auxquels il appartient exclusivement.

THABAUD-LINETIÈRE. N.

M. Thabaud est venu faire dans le cours de cette session une proposition législative dont nous serions fort empêchés de dire le véritable motif. C'était un projet de loi tout entier sur les haras. La lecture en fut approuvée dans les bureaux; mais la chambre eut le bon esprit d'ajourner une proposition dont personne ne sentait l'urgence, si ce n'est son auteur (19 novembre 1831). Il a constamment voté pour le ministère.

Il n'a voulu prendre aucun engagement envers les électeurs, et l'on peut le regarder comme un partisan honteux de l'hérédité de la pairie. Il jouit d'une immense fortune; et tout porte à croire qu'il vise à un fauteuil de pair. Élu pour la première fois en 1827, par le grand collège, il ne dut sa nomination qu'à la disette absolue de candidats. A son retour à Issoudun, au mois de mai, il a été reçu avec la plus grande froideur par la population entière. Sa conduite à la chambre lui a fait perdre le peu de partisans qu'il avait jadis pu compter. Plus tard, il a reçu un bruyant charivari (18 mai 1832), suivi peu de jours après, de deux ou trois autres.

Il est membre du conseil-général de l'Indre.

INDRE - ET - LOIRE.

Ce département nomme quatre députés.

MM. Bacot (César), arrondissement de Tours (2ᵉ). — Girod (de l'Ain), id. de Chinon. — Gouin (Alexandre), id. de Tours (1ᵉʳ). — De la Pinsonnière, id. de Loches.

En renommant M. Girod (de l'Ain), les électeurs de Chinon ne s'attendaient sans doute point à doter la représentation nationale d'un homme, à qui cette session devait à elle seule faire un nom impérissable. Parmi les présidens d'assemblées parlementaires, M. Girod (de l'Ain) aura la même célébrité que le fameux juge anglais, parmi les juges; l'abbé cardinal-ministre parmi les ministres, etc. Il n'a manqué qu'une consécration définitive à M. Girod (de l'Ain), et certes il la méritait bien : c'était d'être mandé par l'assemblée qu'il devait présider honorablement, à la barre des coupables, et de s'y voir condamner à descendre d'un fauteuil qu'il ne devait point occuper.

Les électeurs de Tours, en remplaçant M. Letissier par M. Gouin, ont changé le moins qu'il était possible à leur députation. M. Gouin vote avec les centres aussi résolument que son prédécesseur. Quant à M. de la Pinsonnière, ses opinions depuis long-temps connues de quasi-légitimité ne se sont point démenties. M. C. Bacot était donc resté, dans cette session comme dans la précédente, le seul patriote de la représentation d'Indre-et-Loire.

En 1829, le département comptait deux de ses envoyés sur les bancs de l'opposition : en 1831 la proportion est redevenue aussi défavorable qu'elle l'avait été durant toute la Restauration.

César **BACOT. A.**

M. C. Bacot a défendu avec une louable énergie les droits de la chambre et ses prérogatives contre les ordonnances du 19 novembre 1831, pour la fournée illégale des trente-six pairs, sur les légionnaires et officiers des cent jours (29 décembre 1831). Son discours, aussi ferme que patriotique, fut une nouvelle preuve de ses sentimens, déjà bien connus par une opposition aussi éclairée que constante, et qui date déjà de trois sessions.

M. C. Bacot a constamment voté contre le ministère.

GIROD (de l'Ain) A.

Tel maître, dit-on, tel valet : telle majorité, dirons-nous, tel président. Le centre de 1831 et M. Girod se tiennent comme le principe et la conséquence, comme la justice et l'exécuteur des hautes-œuvres, comme M° Barthe et M° Persil, comme se tenaient M. Périer et M. Gisquet.

M. Girod se sera fait en moins d'un an un nom historique. Il restera dans les annales parlementaires comme un type de président inimitable, et dont rien n'avait pu encore donner l'idée. Il restera comme sont restés dans l'histoire, pour l'instruction de ceux qui la lisent, ces noms dont le souvenir suffit à stigmatiser l'homme qui mérite qu'on les lui applique.

D'abord, ce qui frappe dans M. Girod, c'est cette incapacité inouïe d'un homme qui, après dix mois de session, ne sait même point encore diriger le plus mince débat. Il ne connaît seulement pas son réglement; car son ignorance, nous en sommes sûrs, n'est pas toujours une ruse. Il n'est pas une discussion de quelque importance que ce président n'ait embrouillée, tordue, rendue inintelligible, sans autre motif d'abord que l'épaisseur plus qu'ordinaire de son intelligence (9 août, 13 août, 16 août, 6 septembre, 15-16 septembre, 20 octobre, 25 novembre 1831, 3 janvier, 5 janvier, 3 février, 17 février, 10-12 mars, 13 mars 1832); M. Laffitte n'a pris que trop souvent la peine de redresser toutes ses bévues, et M. Demarçay lui-même, malgré toute sa persévérance et l'ardeur du zèle le plus louable, n'a pu y suffire : apprendre à M. Girod à tenir une séance, autant vaudrait apprendre à danser à un cheval de carrosse. Aussi a-t-on vu telle séance (6 septembre 1831) où la majorité entière était obligée de donner leçon à M. Girod : jugez quel infernal tapage! Jamais honorable, retournant au foyer domestique, ne recevra un si effroyable charivari.

Ce n'est là, du reste, que le côté plaisant de M. Girod : il en est un autre sérieux, mais déplorable. La majorité, toute dévouée qu'elle paraît au ministère, ne l'est point encore suffisamment. Il y a tel amendement, tel paragraphe de loi, qu'elle laisserait à toute force passer, et dont le ministère ne veut cependant pas. On a recours alors à M. Girod. D'abord il déclare douteuses des épreuves qui ne le sont pas le moins du monde (6 septembre 1831); profitant aussitôt du répit que cette ruse lui donne, il fait appeler dans la salle des conférences, dans la bibliothèque, dans les couloirs, dans la cour et ailleurs, les fidèles du juste-milieu: on les cherche, on les recrute, enfin on les amène : à la seconde épreuve, ainsi renforcée de nobles appuis, le ministère triomphe, bien qu'à la première il ait évidemment échoué (30 septembre 1831). Il déclare votés des amendemens qui ne le sont pas; non votés, ceux qui le sont (13 août 1831, 17 février 1832). Il donne la priorité à des dispositions additionnelles amendées, qui ne doivent venir qu'en dernier lieu (16 août 1821); il pousse même les choses plus loin : il déclare résolument rejeté un amendement de grande importance, qui ne l'est pas du tout (29 septembre 1831); puis, si la droite, la gauche, et même les secondes sections, indignées, se lèvent et protestent contre l'inique décision, il prétend alors avec adresse qu'il n'a pas suffisamment consulté le bureau. Il recommence donc l'épreuve, et l'amendement est adopté à une grande majorité. Il s'agissait de l'amendement de M. Duboys-Aimé pour la concurrence et la publicité des marchés passés au compte de l'Etat.

Si quelque orateur patriote demande la parole, M. Girod, à tort ou à raison, la lui refuse : le victimé réclame; M. Girod s'obstine dans son refus, jusqu'à ce qu'enfin la chambre soit forcée d'intervenir pour donner tort à son président, et l'oblige de laisser la tribune à qui elle appartient (29 octobre 1831). Dans une autre circonstance, M. Girod refusa même la parole à M. Laffitte qui voulait parler contre le président. (5 janv. 1832).

Cependant n'allez pas croire, qu'instrument si patient dans la main qui le dirige, M. Girod ait mis par fois quelqu'habileté, quelqu'intelligence dans son métier : il l'a rempli en véritable manœuvre. Avec une majorité telle que celle de 1831, c'était chose si facile de tout obtenir, de tout emporter à petit bruit, sans tumulte, sans scandale surtout! Mais non; M. Girod veut du bruit, du fracas. M. Périer avait fait preuve d'un rare aveuglement en jetant son dévolu sur un tel homme. A peine le peut-on croire, il n'a pas même pour lui l'organe d'un président : sa voix est assez forte, mais il bredouille : quand il lit, on n'entend pas une de ses paroles. M. Périer aurait bien dû, avant de le faire président, lui donner un maître de chant et d'intonation. Si M. Girod était un peu plus fin, nous croirions que dans son fait il y a malice, et qu'il a long-temps étudié pour se rendre si parfaitement inintelligible. En tout cas, nous pouvons assurer au ministère, que si par fois la majorité a fait des bévues, l'organe de M. Girod y était pour beaucoup; et que sa voix, bien innocemment sans doute, n'a pas fait faire aux honorables moins de faux pas que la lenteur native de son intellect.

Mais la partialité, l'insuffisance, les vices d'esprit et d'organe n'ont point suffi à M. Girod. Il n'est pas homme à se contenter de si peu : il lui a fallu, comme perfection dernière et comme couronne digne de lui, mieux que tout cela : qu'on lise les trois séances du 3 février et du 10-12 mars 1832. Dans la première, il refuse de laisser voter sur la révision des pensions, comme le proposaient M. Bousquet et M. Charlemagne, parce que ce jour là l'opposition, par un rare bonheur, était en majorité. M. Girod différa une demi-heure d'aller aux voix, jusqu'à ce qu'enfin MM. Thiers et Guizot eussent donné le mot d'ordre, et que les centres en masse eussent disparu pour empêcher le reste de la chambre de délibérer. Le 12 mars, M. Girod se surpassa : chose à peine croyable ! il fit mieux qu'il n'avait fait jusque là ; cependant deux jours avant, le 10, il avait violemment levé la séance, sans l'autorisation de la chambre, malgré la chambre même, car la majorité dans ce moment n'était point au ministère ; que faire de plus ? L'imaginative de M. Girod le découvrit. Le 12, l'opposition réclama avec énergie contre le président : elle demanda un blâme formel au procès-verbal pour la séance du 10. Le président tout tremblant consulte la chambre : la majorité est douteuse, le bureau est partagé ; eh bien ! M. Girod le départage, c'est-à-dire qu'il prononce dans sa propre cause, et qu'il s'absout lui-même en passant à l'ordre du jour. Évidemment, la conscience de M. Girod était coupable. La séance du 12 mars lui restera comme un souvenir ineffaçable. Des ministériels eux-mêmes, stupéfaits d'une si audacieuse partialité, s'écriaient : « c'est une infâmie ! c'est une « infâmie ! » Nous répéterons avec eux, et le pays avec nous : « c'est une infâmie ! c'est une infâmie ! »

C'est le même homme qui, simple *médailliste* de Juillet, ose porter le ruban des *décorés*, et qui vient arguer d'ignorance à la tribune (23 septembre 1831), lorsqu'une pétition de quelques médaillistes amène la chambre à découvrir la vanité peu loyale de son président. Dans ces effroyables tumultes, qui ont vingt fois flétri, durant cette session, la dignité de la représentation nationale, le président agite la sonnette, et personne n'écoute : il menace de se couvrir, et personne ne s'en inquiète : il quitte la salle, et personne ne le suit (25 novembre 1831, 3 janvier 1832) : il lève la séance, la reprend sans savoir pourquoi il l'a interrompue, pourquoi il la recommence, pas un député, quelque peu consciencieux, n'a obéi aux injonctions du président.

Quand M. Thierry-Poux envoya à la majorité sa foudroyante démission (28 février 1832), et que le président lut la formule finale : « Je suis, M. le président, *avec les sentimens qui vous « sont dus*, etc., » des rires s'élevèrent des centres, applaudissant au profond dédain qui avait dicté ces paroles, et la majorité fit alors d'elle-même et de son président une justice plus sanglante que l'opposition n'eût jamais pu le faire.

Rendons grâce cependant à M. Girod : la partialité et la violence portées jusque dans le sein de la représentation nationale, des lois perverses ou stupides enlevées par des manœuvres semblables à celles-là, sont des enseignemens utiles. M. Girod a fait de son mieux, pour que les plus aveugles y vissent clair.

A aucune époque, non-seulement de notre Restauration, mais aussi de la restauration Stuart, même sous le ministère de la *cabale*, rien de pareil ne s'était encore rencontré dans les annales des assemblées délibérantes. Il était réservé au ministère Périer de posséder et de rechercher un tel homme. C'est que M. Périer avait monté sa majorité comme il a monté sa police. Il ne lui restait plus qu'à faire M. Gisquet président de la chambre. M. Girod a bien passé, lui aussi, à la préfecture de police.

Après tout, nous ne savons pas, quoique nous ayons été les premiers à déplorer de pareils scandales, si la présidence de M. Girod (de l'Ain), avec les tristes révélations qu'elle nous a faites, n'est pas un bonheur, comme un paroxysme de fièvre dans une maladie qui ne peut se guérir que par le chaud mal.

C'est sans doute à titre d'incapacité parfaite et de complaisance à toute épreuve que M. Girod a été appelé, le croirait-on? au ministère des cultes et de l'instruction publique! (1er mai 1832).

GOUIN. N.

M. Gouin est un homme du milieu, votant parfois pour les propositions secondaires que l'opposition présente, mais s'en tenant le plus habituellement à ses affections ministérielles; cherchant à ne point être complétement nul à la chambre, en se chargeant de quelques rapports insignifians sur des projets de loi d'intérêt local (29 août 1831). S'il a donné sa voix à l'excellent projet de loi du général Demarçay, relatif à l'examen du budget (26 août), il est venu plus tard, dans un discours tout ministériel, déclarer qu'il s'en tenait aux économies présentées par la commission du budget, et aux 10,000,000 de M. Thiers (18 janvier 1832). Par une singulière préoccupation, M. Gouin, qui, nous devons le dire à sa louange, ne se pique point d'être orateur, a rappelé dans son discours tous les chiffres du budget, comme si ses collègues n'avaient point eu chacun leur exemplaire. La chambre ne put l'écouter sans quelque impatience. M. Gouin vote plus souvent avec le ministère qu'avec l'opposition.

LA PINSONNIÈRE. A.

M. la Pinsonnière a fait, sur l'organisation des justices de paix, une proposition dont la chambre n'a pas tenu le moindre compte (14 février 1832). Le 13 Mars n'a pas de plus dévoué partisan. Nous devons dire cependant qu'il a voté pour l'élection de M. Laffitte à la présidence. Il faut remarquer qu'à ce moment la majorité n'était encore à personne, c'est-à-dire que M. la Pinsonnière se montrait indépendant, quand il n'existait point de pouvoir dont il pût dépendre. Mais, plus tard, il s'est amendé, et le ministère l'a compté parmi ses plus fidèles adhérens. Dans une lettre électorale du 4 mai 1830, M. la Pinsonnière se déclarait encore partisan de la *légitimité*. Il a soutenu toutes les prodigalités du budget, les pensions des chouans, etc.

Il est membre du conseil-général du département d'Indre-et-Loire.

ISÈRE.

Ce département nomme sept députés.

MM. Couturier, 3ᵉ arrondissement de Vienne. — Dubois-Aymé, 2ᵉ id. de Grenoble. — Garnier-Pagès, id. de la Côte-Saint-André. — Penet, id. de Saint-Marcelin. — Prunelle, id. de la Tour-du-Pin. — Félix Réal, 1ᵉʳ id. de Grenoble. — Sapey, id. de Voiron.

Quatre des députés de l'Isère sont des patriotes prononcés, et représentent avec énergie les sentimens politiques du département où notre première révolution prit naissance. Ce sont MM. Dubois-Aymé, Félix Réal, Couturier et Garnier-Pagès. Les deux premiers sont connus par des antécédens parlementaires. Les deux autres sont venus fortifier l'opposition, l'un d'un orateur de plus, et l'autre d'un vote constant et dévoué. MM. Sapey et Prunelle sont hommes, comme chacun sait, dès long-temps attachés au système du 13 Mars. Pour M. Penet, il a fait ce qu'il était en lui pour le ministère, et il l'a enrichi le plus souvent d'un modeste vote.

L'Isère n'a rien perdu de son patriotisme de quarante années; mais nous en espérons encore de nouveaux succès, et nous attendons, de prochaines élections, une représentation complétement homogène, dans le sens de la liberté et de l'honneur national.

COUTURIER. N.

M. Couturier a soutenu l'élection directe des pairs par les colléges électoraux (10 octobre 1831), avec certaines conditions d'éligibilité. Il a pris rang parmi les patriotes les plus fermes, et ses votes, toujours confondus avec les leurs, se sont constamment opposés au système du 13 Mars.

M. Couturier, avocat, jouit d'une belle fortune. Il est maire de Vienne, et s'est fait connaître, durant les plus mauvaises années de la Restauration, par le patriotisme le plus énergique. Après la révolution de Juillet, ses concitoyens, pour lui témoigner leur estime, l'appelèrent unanimement à la tête de l'administration municipale. Sous l'Empire, il avait été nommé, sans l'avoir sollicité, juge-suppléant au tribunal civil de Vienne. La Restauration, craignant ses principes bien connus, se hâta de le destituer en 1816.

DUBOIS-AYMÉ. A.

M. Dubois-Aymé a fait adopter, non sans peine et par des combats réitérés, une proposition dont les suites sont incalculables dans l'intérêt du pays, mais où les fournisseurs ne trouveront point aussi bien leur compte. Il a demandé que tous les marchés passés pour l'État, au-dessus de 10,000 fr., ne pussent avoir lieu qu'avec concurrence et publicité. Aussi, quand M. Dubois-Aymé fit d'abord sa proposition, il y eut grande difficulté à l'admettre. M. Girod (de l'Ain) hésite; il voudrait bien parer le coup, et il déclare une première épreuve douteuse, bien qu'elle ne le fût pas pour bien des gens. Une seconde épreuve est un peu plus évidente pour les yeux de M. le président, et la proposition du député de Grenoble est adoptée (29 septembre 1831). Mais la chambre des pairs, qui n'est guère plus portée à la concurrence des marchés que les centres de la chambre des députés, repousse l'amendement, et, au retour de la loi, la majorité du palais Bourbon, qui était changée ce jour-là, défait son propre ouvrage, et confirme le vote aristocratique (15 octobre). M. Dubois-Aymé montre une noble persévérance, reproduit son amendement pour le budget de 1829 (22 novembre), et le fait adopter une seconde fois par ses collègues. Les pairs le repoussent de nouveau; mais les représentans, dépités d'une opposition qu'ils savent après tout tracassière et fragile, ont maintenu cet amendement (4 février 1832). Le pays doit savoir gré à M. Dubois-Aymé de l'honorable insistance qu'il a mise à cette œuvre de conscience et de probité.

Quand les tristes événemens de Grenoble vinrent affliger la France entière, M. Dubois-Aymé, soigneux de l'honneur d'une ville qu'il représentait, et certain du patriotisme de ses concitoyens, avait réclamé de M. le président du conseil le silence sur des événemens encore peu connus. M. Périer promit, exigeant le même engagement de M. Dubois-Aymé. Mais M. Périer ne tint compte de sa promesse, et le *Moniteur* renfermait le lendemain un article perfide, où les faits étaient défigurés de la plus odieuse manière. M. Périer n'en parla pas moins de sa loyauté, et M. Dubois-Aymé vint lui reprocher en face, sans être démenti, de n'avoir point tenu sa parole (20 mars 1832). Il a soutenu avec énergie une pétition où quelques-unes des victimes de la Restauration, dans le département de l'Isère, demandaient réparation de leurs anciens malheurs, et secours à leurs souffrances.

M. Dubois-Aymé a constamment voté contre le ministère.

Bien qu'absent de Grenoble, il n'en a pas moins été fêté par ses concitoyens, pour prix de sa conduite parlementaire. A l'arrivée de M. Félix Réal, reçu par une sérénade (11 mai 1832), les symphonistes et la population se transportèrent au domicile de M. Dubois-Aymé, et témoignèrent, en se faisant inscrire chez lui, toute l'estime qu'ils ressentaient pour son patriotisme et son indépendance politique.

GARNIER-PAGÈS. N.

La position de M. Garnier-Pagès, membre de la chambre des députés, en même temps qu'il est membre de la Société qui publie cet ouvrage, ne lui permettait point de prendre part à la rédaction de ces notices; et l'amitié qui nous unit à lui, nous permet seulement de dire ce que le public a besoin d'en savoir, et non tout ce que nous en voudrions dire.

M. Garnier-Pagès, avocat à la Cour royale de Paris, est un des plus jeunes députés de la chambre. Il y est entré le jour même où la loi lui en ouvrait l'accès. On doit le regarder comme le représentant de la jeune France; et M. le président du conseil, dans son effroi des principes nouveaux, l'a si bien compris, qu'au moment de la vérification des pouvoirs du député de Vienne, il s'est levé *seul* contre l'admission (12 janvier 1832). C'est sans doute un fait inouï dans les fastes parlementaires, qu'un chef de gouvernement combattant seul l'admission d'un membre de l'opposition. M. Périer renouvela plus tard ces attaques toutes personnelles, et peu s'en fallût qu'il n'attribuât à M. Garnier-Pagès ce soulèvement de Grenoble, occasionné par l'impéritie de M. Duval (20 mars). Cet excès d'animosité, dans le président du conseil, ne prouva que deux choses : l'acrimonie de son humeur, et la profonde antipathie de ses principes politiques avec ceux que M. Garnier-Pagès vient soutenir dans la représentation nationale.

Dans les questions de finances, M. Garnier-Pagès a demandé que le ministre des finances fût responsable des 500,000 fr. de cautionnement qu'il n'avait point exigés de M. Kessner, dont les prévarications feront perdre au public 5 ou 6,000,000 (30 janvier 1832). Il a demandé que les 1,500,000 fr. supplémentaires de police secrète fussent réduits aux deux tiers (21 fév.). Il a voté avec l'opposition toutes les réductions proposées sur le budget.

Dans les questions de politique extérieure, il s'est opposé avec chaleur à l'abominable loi de proscription contre les étrangers réfugiés en France (9 avril).

Dans les questions de liberté, il a combattu le système des arrestations préventives contre les publicistes, les manœuvres et les violences de la police de Paris; il a défendu la liberté du théâtre, opprimée sous la censure de M. d'Argout (11 et 13 fév. 1832). Il a demandé, avec M. Portalis, que le peuple pût travailler le dimanche, sans crainte d'une absurde pénalité, si ce jour-là il avait besoin de gagner son pain (13 février).

Dans les questions d'honneur parlementaire et national, il a demandé une réprobation formelle au procès-verbal, contre la conduite scandaleuse de M. Girod (de l'Ain) qui, le 10 mars, leva la séance malgré la chambre (12 mars). Il a défendu, contre M. d'Harcourt, l'ambassadeur de M. Périer à Constantinople, la dignité de la France, que le noble comte insultait à la tribune nationale, et les principes de notre révolution qu'il méconnaissait (9 mars).

Dans toutes les occasions, M. Garnier-Pagès a voté avec les patriotes les plus fermes et les plus dévoués. Il n'était point encore à la chambre, quand l'opposition a flétri le système et les principes du 13 Mars par ses trois votes solennels : mais il partage le sentiment qui les a dictés, et le juste-milieu n'a point d'adversaire plus énergique.

PENET. N.

M. Penet a presque constamment voté pour le ministère, et quelquefois cependant il a donné sa voix à l'opposition, surtout pour les votes d'économie. D'un caractère peu énergique, M. Penet se laissait influencer d'abord par le président du conseil, son compatriote, et peut-être son parent, et surtout par une peur incroyable de la République, qu'il croit prête à ressusciter avec 93 et le lugubre cortége dont le *Journal des Débats* et les feuilles ministérielles l'accompagnent toujours. Il est homme du milieu par faiblesse. Durant la Restauration, il avait fait preuve d'un louable patriotisme. Ses amis ont appris dès long-temps à estimer les qualités privées qui le distinguent : mais c'est avec peine qu'ils l'avaient vu accepter le fardeau des fonctions législatives; et ils pensent que pour les intérêts de son repos, sinon de sa considération, M. Penet ferait sagement de déposer un poids qui n'est point fait pour lui.

PRUNELLE. A.

Voilà deux années que, malgré un ministérialisme fort prononcé, M. Prunelle vit sur une réputation de patriotisme assez équivoque qu'il s'était faite, il y a dix ou douze ans. Bien des gens parlent encore de M. Prunelle comme d'un patriote; et nous, nous affirmons que M. Prunelle est un ennemi des patriotes, et quiconque l'a vu voter à la chambre n'en fait aucun doute.

Le 19 septembre 1831, répondant à M. Mauguin qui assurait que Lyon était un foyer de carlisme : « Vous calomniez Lyon, s'écriait-il, vous calomniez cette noble cité! » L'accusation était en soi aussi absurde que l'expression en était impolie. Deux mois plus tard, quand l'insurrection lyonnaise éclata, les hommes des centres firent tous leurs efforts, et les députés du Rhône les premiers, pour prouver que le carlisme avait soulevé le peuple. M. Prunelle, tout jaloux qu'il feignait d'être, de l'honneur de la ville dont il est le maire, ne réclama point dans cette circonstance. Il ne répondit point à M. Fulchiron qui calomniait bien réellement les sublimes ouvriers de Lyon; et cependant il avait injurié M. Mauguin, bien qu'il eût raison.

M. Prunelle partit pour Lyon, qu'il n'aurait pas dû quitter. Il n'était point le chef du conseil municipal de la seconde ville de France pour aller, en l'abandonnant, l'administrer de deux cent lieues de loin. Il arriva dans les rangs d'une population qui n'avait pas besoin de lui, ni de son intervention; et quand le prince royal fit enfin son entrée triomphale, M. Prunelle ne trouva rien à lui adresser qu'une allocution pleine de flagornerie et vide de tout sentiment véritable. C'est bien alors que Lyon était calomnié, non par M. Mauguin, mais par M. Prunelle lui-même. « Une bienveillance sans exemple, disait-il, » vous conduit dans une ville *coupable*. » Coupable d'avoir un tel maire, sans doute, qui savait si peu la représenter, et qui semblait ne rien comprendre, ni à sa position ni à ses souffrances.

Il a fait aussi un rapport, en sa qualité de médecin, sur les mesures sanitaires à prendre contre le choléra-morbus (14 septembre 1831). Il s'est opposé ardemment à la proposition du général Lamarque sur la garde nationale mobile (24 octobre).

Dans une profession de foi de soixante-deux petites pages in-12, M. Prunelle eut le plaisir d'entretenir les électeurs de lui et de ses discours à la chambre de 1830 : il eut le soin de les faire réimprimer; mais nous croyons que peu de gens ont eu le soin de les lire. M. Prunelle ne voulut prendre aucun engagement sur la pairie. Il se déclara l'ennemi de tout mandat impératif; et le peu qu'il voulut bien dire sur la question de l'hérédité, par manière de conversation, montra que ses opinions étaient aussi étroites que son patriotisme était faible (Lyon, 1er juin 1831). Mauvaise foi, petitésse d'esprit, rare vanité, voilà ce que prouva la brochure de M. Prunelle.

Il est membre du conseil-général du Rhône.

Félix RÉAL. A.

En présence d'un ministre comme Me Barthe, et sous le coup de son système sur l'obéissance passive des fonctionnaires, il y a vraiment un noble courage à conserver l'indépendance de ses opinions et de ses votes. M. Félix Réal, avocat-général à la cour de Grenoble, a continué en 1831, l'opposition éclairée dont il avait fait preuve en 1830. Secrétaire de la chambre, ses votes n'eussent été connus que de quelques amis, s'il n'eût pris soin, lui-même, de les publier sans crainte, parce que sa conscience les lui avait dictés. Il a voté contre l'ordre du jour motivé de M. Ganneron (22 septembre 1831), qui absolvait la diplomatie du ministère; il a protesté contre la fournée illégale des 36 pairs (20 novembre 1831), et contre l'insultante dénomination de *sujets* (7 janvier 1832). Il ne faut pas oublier qu'il est le seul des candidats patriotes qui ait pu monter au bureau de la chambre. C'est un témoignage d'estime que tous les partis se sont accordés à lui donner. Dans les travaux particuliers de l'assemblée, il en est de même : et les bureaux ont souvent choisi M. Félix Réal pour leur président, leur secrétaire ou leur délégué.

Il est membre du conseil-général de l'Isère.

De retour à Grenoble (11 mai 1831), il a été reçu par une brillante sérénade et l'enthousiasme de la population tout entière.

SAPEY. A.

Il n'est point d'honorable des centres qui ait mis plus d'acharnement que M. Sapey à voter la liste civile. « Donnez, « donnez beaucoup. » Tel fut le résumé du discours de M. Sapey (5 janvier 1832), appuyant cette belle conclusion de toutes ces erreurs grossières d'économie politique que les orateurs ministériels n'ont point épargnées dans cette occasion. Sans une liste civile énorme, l'industrie allait périr ; le commerce était ruiné, les arts étaient morts, etc. En suivant le raisonnement de M. Sapey, un logicien devait demander tout le budget avec ses 1,500,000,000 au profit de la royauté bourgeoise.

M. Sapey a constamment voté pour le ministère.

Après la clôture de la session, le nom de M. Sapey a été mêlé dans quelques-uns des projets de combinaisons administratives, dont on faisait alors courir le bruit.

JURA.

Ce département nomme quatre députés.

MM. Bavoux, arrondissement de Saint-Claude. — Colin, id. de Lons-le-Saulnier. — Le général Delort, id. de Poligny. — Lempereur, id. de Dôle.

Le département du Jura, en obtenant un député de plus,

depuis la révolution de Juillet, ne paraît point avoir pu profiter de cet avantage. A la chambre dernière, sur trois députés, il en comptait deux énergiques, et sincères amis de la liberté : il n'en compte encore aujourd'hui que deux sur quatre. Nous regrettons vivement que M. Lempereur, homme du milieu, ait été élu, tandis que M. le général Bachelu ne conservait point son mandat. Nous regrettons aussi que M. Delort ait gardé le sien. Le ministèr a deux partisans de plus, dont l'un surtout est fort dévoué, à la chambre, par son vote, au dehors, par ses exécutions militaires. Nous pensons toujours que M. le général Delort est moins propre que qui que ce soit à représenter un collége électoral. Par sa place, par ses opinions bien connues, il est constamment à la disposition du ministre de la guerre, à qui il est sans doute fort utile; mais, par cela même, il l'est fort peu à ses commettans. Quant à M. Colin, ses votes se sont confondus le plus souvent avec ceux des patriotes. Les antécédens de M. Bavoux le recommandaient aux électeurs, et leur confiance fut, pour lui, une réparation des persécutions ministérielles.

BAVOUX. A.

Le nom de M. Bavoux devra s'attacher à une mesure célèbre qu'il a proposée et qu'il a pu faire adopter à la chambre (7 décembre 1831) : c'est l'abolition de toute pénalité pour l'usurpation des titres de noblesse, dits *titres royaux*. C'est le dernier coup porté à cette aristocratie que nos mœurs et notre bon sens ont déjà tuée, et qui, désormais, ne se relèvera plus.

Dans sa sollicitude patriotique, M. Bavoux a senti que la vraie plaie du pays, c'étaient les intolérables charges du budget : aussi, tous ses efforts ont-ils tendu à l'économie. Conseiller à la cour des comptes, et éclairé dans toutes les matières de finances, c'est surtout de celles-là qu'il s'est occupé à la tribune. La chambre l'avait pris pour un des membres de sa commission de comptabilité : mais le député du Jura ne s'est pas borné à examiner les comptes de la chambre; et ceux de l'État ont particulièrement attiré son attention. Il a demandé et fait adopter (17 février 1832), sur le conseil de l'instruction publique, rouage, comme chacun sait, fort inutile, d'une machine dangereuse, une réduction de 42,000 fr., et il n'a pas tenu à lui qu'on ne supprimât le traitement clandestin, touché par M. Villemain, le vice-président de ce conseil. M. Bavoux a été moins heureux pour le Conseil-d'État (10 février 1832), qu'il avait déjà attaqué comme trop coûteux, et inconstitutionnel, en 1829 ; en 1832, il demandait une réduction de 243,000 fr. ; c'est-à-dire la suppression de ce conseil, au moins aussi inutile et plus dangereux que celui de l'Université. C'est dans le même système d'économie, que M. Bavoux a soutenu et élargi la proposition Blondeau, sur la réduction du traitement des députés fonctionnaires (3 septembre 1831), et la proposition de M. Glaise-Bizoin, sur la réduction du traitement du président de la chambre et celui des questeurs. M. Bavoux allait même jusqu'à supprimer radicalement les appointemens de celui qui tient la sonnette. Le désintéressement de M. Girod (de l'Ain) en a frémi (18 août 1831). Dans la discussion sur la pairie, M. Bavoux, aussi patriote que dans les économies, voulait l'élection directe des pairs par les colléges (10 octobre 1831).

M. Bavoux a constamment voté contre le ministère.

COLIN. A.

M. Colin, qui demandait avec M. Bernard de Rennes, communication des renseignemens diplomatiques (16 août 1831), n'a point voté publiquement contre l'ordre du jour motivé de M. Ganneron ; mais nous croyons cependant que son vote s'est confondu dans l'urne avec celui des patriotes (22 sept. 1831). Plus tard, il a protesté contre la fournée illégale des trente-six pairs (23 novembre 1831), et contre l'insultante dénomination de *sujets* (7 janvier 1831). M. Colin, procureur du roi à Dijon, est entré dans la magistrature du temps de l'empire. Destitué et replacé par les Bourbons deux ou trois fois, il doit la place qu'il occupe aujourd'hui à l'amitié de M. Courvoisier, qui fit quelque temps partie du ministère Polignac, mais qui sut donner sa démission assez à temps pour ne point risquer sa tête avec les ordonnances illégales de Juillet. Les fonctions révocables de M. Colin doivent nécessairement gêner quelque peu l'indépendance du député. Cependant il a voté très souvent avec l'opposition. Il compte sans doute n'être point au terme de sa carrière judiciaire. Il a refusé de s'engager à n'accepter du gouvernement ni places ni faveurs.

Il est membre du conseil-général du Jura.

Le Général DELORT. A.

Il est dans la destinée de M. le général Delort d'être l'exécuteur des hautes œuvres de M. Soult. Si de jeunes officiers signent l'association patriotique de Metz, et que le ministre les destitue brutalement et illégalement, c'est M. Delort qu'on charge d'accomplir l'injuste punition. Si la ville de Grenoble se soulève pour les atrocités de quelques soldats contre des citoyens sans défense, c'est encore à M. Delort qu'on s'adresse pour soumettre la ville *rebelle* (22 mars 1831). Mais nous demanderons ce que devient, pendant les voyages du général, son mandat législatif, et comment il représente à la chambre ses commettans, quand il court à Metz, ou qu'il court aux Alpes?

M. le général Delort s'est opposé à la proposition de M. Boissy-d'Anglas, qui avait pour but d'assurer le sort de ses anciens compagnons de 1815 (15 septembre 1831).

Son fameux ordre du jour à Grenoble (9 août 1832), restera comme un monument d'imprudence et de brutalité, dont même l'exécuteur de Metz n'était point soupçonné d'être capable. C'est une sorte d'appel à la guerre civile. Les journaux ont rappelé, à cette occasion, que M. le général, qui traite aujourd'hui si fièrement les citoyens, était un des dénonciateurs sanglans du maréchal Ney.

M. le baron Delort, bien que sorti d'une famille fort roturière, est plus fier de son titre féodal, que jamais émigré revenu de Coblentz en 1814 ne l'a été du sien; mais il a le soin d'effacer sa naissance plébéienne par des manières qu'un gentilhomme ne désavouerait pas. Ses armes et son écusson sont sculptés sur les girouettes de sa maison, qu'il nomme un château, sur les espagnolettes de ses fenêtres, les panneaux de ses portes, etc.

M. Delort, qui se croit homme de lettres parce qu'il a fait paraître une traduction d'Horace sous son nom, veut faire le Mécène. Il rassemble autour de lui des littérateurs, des écrivains de tous genres, et l'on nous affirme même qu'il entretient de ses deniers un certain poète d'Arbois, dont l'unique occupation est d'écrire les louanges militaires et civiles de M. le général. Il a fait insérer dans l'*Ermite en province* de M. Jouy, un article intitulé : *La gloire en retraite,* où il ne s'est pas ménagé l'encens. Il se fait mettre dans certaines feuilles, par des journalistes ses amis, au niveau de Napoléon et bien au-dessus d'Horace. En 1812, quand il fut nommé général de brigade, par faveur toute spéciale, bien plus que par son mérite guerrier, il rédigea lui-même le récit de ses hauts faits, et l'envoya au professeur de rhétorique d'Arbois, pour que les élèves et les maîtres exerçassent leur verve sur sa gloire et ses lauriers. Un prix magnifique était promis au plus adroit flatteur. Après dix mois de travail, les dithyrambes furent lus en séance publique; et il eut le bonheur de se voir placé bien au-dessus de César et d'Annibal, par des étudians de seconde et de rhétorique.

La conduite de M. Delort, dans le procès du maréchal Ney, lui a valu les éloges de M. Bellart; et M. le baron, en se présentant à la députation, en juin 1830, a eu le soin de le faire savoir à tous les électeurs, dans une petite circulaire fort curieuse; et de plus, il a consigné le fait, pour l'instruction des futurs biographes, dans la préface de la traduction des œuvres d'Horace, imprimée à Arbois, et parue sous le nom de M. le général. Sous la Restauration, il eut beau faire la plus gracieuse réception au comte d'Artois et à la duchesse d'Angoulême, lors de leur voyage dans l'Est, il ne put rien obtenir. Alors il songea qu'il pourrait jouer le rôle des Foy et des Lamarque; mais il fallait être député : or à cette époque, M. Delort ne payait que 400 francs d'impôts directs. Vite il se mit à l'œuvre, et adressa au ministre de la guerre un mémoire où il demandait que les lieutenans-généraux fussent de droit éligibles sans aucun cens. Dans cette curieuse pièce, M. Delort, qui est très dévot, demandait aussi une place *d'honneur* aux processions et à l'église pour les lieutenans-généraux, offrant en compensation sur leur traitement une réduction de 3,000 francs.

Chargé, au moment de la révolution de Juillet, d'organiser la garde nationale d'Arbois, il n'y voulait comprendre que les plus riches, et enlever aux gardes nationaux le droit de choisir leurs officiers. Nommé bientôt, sur la recommandation du général Pajol, au commandement de la huitième division militaire, il fut révoqué de ces fonctions parce que le gouvernement ne jugea pas sa conduite suffisamment adroite; et il écrivit à Arbois qu'il se démettait de son emploi et se présentait à la députation. Ses compatriotes se laissèrent prendre cette fois aux protestations de M. le général, et le nommèrent député; mais lorsqu'il passa plus tard à Arbois, pour aller sabrer l'association patriotique de Metz, la garde nationale ne voulut même pas recevoir de ses mains le drapeau qu'il lui apportait de la part du roi, et force fut à M. le baron de l'envoyer au maire par un domestique. M. le baron jura de se venger de cet affront. A l'époque du voyage du roi dans l'Est, il demanda le licenciement de la garde nationale d'Arbois, et la destitution du maire et du sous-préfet, soupçonnés de favoriser l'élection du général Bachelu, son compétiteur. Le sous-préfet fut envoyé à Ploërmel, au fond de la Bretagne, le maire fut remplacé : mais son successeur désigné, n'ayant pas voulu accepter, il remit toujours les fonctions municipales comme membre du conseil. Le ministre lui a fait demander officieusement sa démission ; mais ce courageux citoyen s'est gardé de la donner. M. Delort fera sans doute casser tout le conseil municipal, mais par malheur la population le renommerait intégralement. M. le baron est furieux, et ne sait comment assouvir sa vengeance. Cependant il est tout-puissant auprès du ministère, et pas un employé n'est nommé sans son consentement, dans tout le département du Jura.

Aux élections de 1831, M. Delort n'a pu l'emporter sur M. Bachelu qu'à l'aide des voix des carlistes, qui redoutaient le patriotisme de son concurrent. Il a su se faire détester de ses concitoyens, et pour notre part, nous avouons qu'il serait difficile de trouver une conduite qui méritât mieux que la sienne les sentimens que lui ont voués les habitans d'Arbois. Le procès du maréchal Ney, les destitutions de Metz, l'ordre du jour de Grenoble, voilà de quoi faire trois réputations célèbres. M. Delort cumule à lui seul ces trois avantages, avec tous les agrémens de caractère et toute l'amabilité de manières qu'on lui connaît.

Il est membre du conseil-général du Jura. Par ordonnance du 20 avril 1832, il a été nommé aide-de-camp du roi. Quelque temps auparavant, on lui avait confié le commandement de la septième division militaire. Pour reconnaître tant de faveurs, M. le baron lança de Lyon un nouvel ordre du jour aussi incroyable que celui de Grenoble (4 mai 1832). Dans cette pièce curieuse, la maladresse et la forfanterie le disputent à la grossièreté et au barbarisme des formes. M. Delort devrait bien avoir un secrétaire.

LEMPEREUR. N.

Dans la fameuse séance où l'entêtement de M. Périer donna un exemple si frappant de sa modération, M. Lempereur vint prétendre qu'un ministre a toujours le droit de parler, même après que la chambre a prononcé la clôture (16 août 1831). A l'occasion du vol fait au trésor public, il a demandé aussi une enquête, non point sur le déficit Kessner, mais sur les moyens de prévenir désormais de pareilles concussions (31 janvier 1832) : au reste le député de Dôle ne put envisager cette démarche, audacieuse, à ce qu'il croyait du moins, sans se rassurer par d'éclatantes protestations contre les empiétemens sur la prérogative royale. M. Lempereur pensait presque commettre un crime de lèse-majesté au premier chef, en demandant à connaître, lui délégué de la nation, l'état du trésor national.

Il vote le plus souvent avec le ministère : par fois cependant, mais très rarement, il a voté avec l'opposition. Par ses sentimens religieux, et par ses affections politiques, il se serait certes fort bien contenté de la Restauration. Ce sont les carlistes qui ont assuré son élection pour faire échouer celle du général Bachelu. Déjà aux élections de 1830, il avait eu recours à l'appui des légitimistes, mais il n'avait pu réussir. Il a été plus adroit en 1831.

LANDES.

Ce département nomme trois députés.

MM. Basterrèche, arrondissement de Dax. — Le général Lamarque, id. de Saint-Séver. — Laurence, id. de Mont-de-Marsan.

Il est impossible de trouver une députation plus homogène et plus complète que celle des Landes : un général, illustre parmi les plus braves et les plus éloquens, et deux jeunes patriotes, dont l'un est connu par un remarquable talent de parole, et l'autre par des connaissances positives et étendues en marine. C'est un heureux et immense succès pour le département des Landes, qui, durant la Restauration, put à peine compter quatre ou cinq de ses représentans sur les bancs de l'opposition.

BASTERRÈCHE fils. N.

M. Basterrèche s'est fait connaître, dans la discussion du budget de la marine, en prenant plusieurs fois la parole, et en apportant toujours, dans l'examen des questions, l'expérience d'un homme fort instruit, et le dévouement d'un patriote. Il a pris rang parmi les défenseurs les plus fermes et les plus dévoués de la liberté. Il a voté contre l'ordre du jour motivé de M. Ganneron (22 septembre 1831). Il a protesté contre la fournée illégale des trente-six pairs (23 novembre), et l'insultante dénomination de *sujets* (7 janvier 1832). Il a constamment voté contre le ministère.

Après la clôture de la session, M. Basterrèche, fort malade, mais surtout dégoûté de la marche générale des affaires, annonça son intention de se démettre. Aussitôt les électeurs de l'arrondissement de Dax, au nombre de près de deux cents, le supplièrent de garder leur mandat, par une adresse dont les sentimens généreux font autant d'honneur à celui qui la recevait, qu'à ceux qui la lui avaient adressée. Une députation partit de Dax pour Bayonne, afin de présenter cette adresse à M. Basterrèche (Voir le *National* du 2 mai 1832).

Les habitans de Bayonne ont vu avec peine M. Basterrèche accepter les fonctions de maire, brutalement arrachées, par les hommes du 13 Mars, au patriote qui les remplissait avant lui.

LAMARQUE. A.

M. le général Lamarque a été, dans cette session comme dans l'autre, l'un des plus rudes adversaires du ministère. C'est surtout dans les questions diplomatiques que M. le général Lamarque a montré son beau talent. Il a mis à nu toutes les fautes de notre politique extérieure. Il a montré que la Belgique, livrée à l'Angleterre, serait dans peu une cause mortelle de décadence pour notre commerce (10 août 1831), et déjà les faits viennent malheureusement confirmer ses prévisions. Les victimes de l'Italie, et surtout celles de la Pologne, n'ont point trouvé de défenseur plus dévoué ni plus éloquent que le général Lamarque (10 août, 20 septembre 1831, 7 mars 1832). Sa voix avait demandé, en 1830, pour nos frères de la Vistule, de prompts secours : le ministère, aussi lâche qu'ingrat, ne voulut point entendre les réclamations de la sympathie nationale, et les douloureux pressentimens de M. Lamarque vinrent se réaliser en 1831, par la chute de Varsovie. Il a défendu, avec autant d'éloquence et de générosité, les droits de ses anciens frères d'armes, les légionnaires et les officiers des cent jours (26 août, 15 septembre, 30 décembre 1831). Si une seconde invasion surprenait la France, le général Lamarque pourrait, en défendant le sol contre l'étranger, se rendre cette justice, que sa voix avait dès long-temps prévenu l'incapacité ou la trahison du ministère. Il a demandé avec instance, mais vainement, la mobilisation de la garde nationale (24 octobre 1831), véritable rempart de la patrie. Il a demandé pour l'armée une organisation plus complète, et surtout moins coûteuse (12 mars 1832). Il a dénoncé à la tribune les scandaleux marchés dont on a grévé le trésor public, et les réponses de M. Soult aux interpellations du général patriote, ont été aussi peu claires que peu satisfaisantes (15, 16 mars 1832). Il blâma, et avec autant de raison que d'éloquence, les distributions de croix que le ministre de la guerre avait faites à l'occasion des événemens de Lyon (31 janvier 1832).

Aux profondes connaissances d'un homme qui a fait vingt ans la guerre sous le grand capitaine, M. Lamarque joint un talent de parole bien rare, même dans les hommes qui se sont toute leur vie exclusivement appliqués à l'acquérir. Son éloquence a quelque chose de l'énergie et de la rapidité d'une charge militaire; ses images sont grandes, vives, impétueuses, comme un combat, et toutes ses pensées sont dictées par le patriotisme le plus vrai et le plus énergique. Certes, si un homme doit être profondément dégoûté du système du 13 Mars, c'est M. le général Lamarque : lui, élevé à l'école de Napoléon, dont il a conservé de si doux souvenirs; lui, destiné à être l'un de ses maréchaux, voir aujourd'hui les destins du pays livrés aux esprits mesquins qui nous gouvernent! Ce ne peut être sans une profonde douleur qu'il jette les yeux sur les intrigues du dedans, et les hontes du dehors; et son esprit se reporte involontairement à ces temps où la gloire et l'indépendance nationales nous étaient assurées, par un homme dont le despotisme et les prétentions dynastiques seraient aujourd'hui intolérables, mais qui, du moins, sut faire respecter la France de l'Europe entière.

Il est inutile d'ajouter que M. Lamarque a constamment voté contre le ministère.

Il est membre du conseil-général des Landes.

LAURENCE. N.

Dans la discussion de la liste civile, M. Laurence fut, avec M. Salverte, le plus laborieux, le plus utile de tous les députés patriotes. Il n'est, dans cette circonstance, aucune question, grave ou légère, qu'il n'ait traitée et éclaircie. Il soutint d'abord la demande de M. Lherbette, pour la communication des renseignemens indispensables (2 janvier 1832); et quand le ministère, par une indigne supercherie, ne donne que des documens tout-à-fait obscurs et incomplets, M. Laurence se hâte d'étudier les registres déposés à la commission, et vient prouver à la France, par ses recherches, que le gouvernement a mis les députés dans l'impuissance absolue de prononcer, sur la liste civile qu'on leur demande, en connaissance de cause

(6, 7, 8, 9, 10, 11, 12 janvier). Il démontre que les calculs du premier ministre, sur la liste civile de Charles X, sont erronés de tout point; et il aurait pu ajouter que cette erreur était volontaire, et cachait une perfide intention. Enfin, si le vote de la liste civile de Louis-Philippe doit rester comme une honte parlementaire à cette majorité qui l'a si aveuglément octroyée, M. Laurence est un des hommes qui se sont opposés avec le plus d'énergie à cet inconcevable entraînement, et l'on peut dire, à cette dilapidation de la fortune publique.

Tandis que M. Mauguin demandait au ministère des explications sur la politique extérieure, M. Laurence se chargea de lui faire les mêmes demandes sur la politique du dedans (16, 23 septembre 1831). Le premier ministre, qui redoutait le talent et l'énergie de son jeune adversaire, eut l'inconvenance de le menacer d'une destitution s'il prenait la parole (22 septembre); mais M. Laurence ne fut point ébranlé de cette menace, et il n'en obéit pas moins à sa conscience et à son patriotisme. Il s'est surtout occupé, à la chambre, et avec un talent très remarquable, des questions de finances. Il soutint avec ardeur la proposition de M. Glaise-Bizoin, sur le traitement du président et des questeurs (18 août). Plus tard, il proposa et fit adopter à la chambre une enquête sur le déficit Kessner (30 et 31 janvier 1832). Il révéla et combattit de nombreux abus dans l'administration de la Légion-d'Honneur, et celle de la maison Saint-Denis (8 février). Son rapport sur les trois douzièmes provisoires (12 mars) est remarquable à plusieurs égards par sa lucidité, sa vigueur et sa sagesse. M. Laurence insista, contre l'avis du ministère, pour qu'un assez long intervalle séparât les deux sessions, et il démontra que la représentation nationale avait besoin d'aller se retremper au sein du peuple, dont les affaires lui étaient confiées.

Il s'est opposé énergiquement à l'affreuse loi de police lancée contre les réfugiés politiques, par les hommes du 13 Mars (9 avril).

Attentif à la dignité de la chambre, non moins qu'aux intérêts du pays, il s'éleva, avec toute l'indignation d'un cœur honnête, contre l'infâme qui n'avait pas craint de déposer, dans l'urne secrète du scrutin, une atroce et lâche calomnie contre M. Laffitte (1er août 1831). Plus tard, il demanda la rectification du procès-verbal pour la scandaleuse séance du 3 février.

M. Laurence, touché comme tous les patriotes de la détresse populaire, appuya chaleureusement le paragraphe que M. Cormenin voulait faire ajouter à l'Adresse, en faveur du peuple et de ses droits (13 août 1831). Nous ne saurions dire précisément par quel motif, dans la discussion relative aux céréales, il ne s'est point montré partisan très dévoué de la liberté du commerce des grains. Il sait cependant que nulle autre question n'intéresse à un aussi haut degré, non point seulement l'aisance, mais la subsistance même du pauvre. Il a constamment voté contre le ministère.

A son retour à Mont-de-Marsan, M. Laurence a été accueilli par la population entière, avec toutes les démonstrations d'estime que sa courageuse conduite, durant la session, avait inspirée à ses concitoyens.

LOIRE.

Ce département nomme cinq députés.

MM. Ardaillon, arrondissement de Saint-Chamand. — Baude, id. de Roanne. — Lachèze, père, id. de Feurs. — Lachèze, fils, id. de Montbrison. — Robert (Fleury), id. de Saint-Étienne.

En perdant M. Alcock, le département de la Loire a perdu le seul patriote qu'il eût compté depuis 1815. M. Baude l'a remplacé, et nous doutons fort que l'ex-préfet de police, et aujourd'hui encore conseiller d'État, malgré la mobilité de ses opinions, en soit revenu aux principes de Juillet. **MM.** Ardaillon, Fleury Robert et Lachèze fils sont de très dignes remplaçans de leurs prédécesseurs légitimistes, et votent aussi mal qu'eux. M. Lachèze, père, est resté ce qu'il était, homme du juste-milieu.

Ainsi la cause patriote, sur cinq voix, n'en compte pas une seule pour elle. Le ministère les a toutes conquises. Le département de la Loire ne paraît avoir ressenti aucune influence de la révolution de Juillet. Il est ce qu'il était aux beaux jours de la légitimité, où pas un seul de ses délégués ne figurait sur les bancs de l'opposition.

ALCOCK. A.

M. Alcock a donné sa démission dans le mois de février 1832, c'est-à-dire vers la fin de la session. Nous croyons que des motifs de santé ont seuls déterminé M. Alcock; mais nous regrettons que sa retraite ait donné entrée à la chambre à un député qui n'aura certes point son patriotisme et son dévouement. Il a voté contre l'ordre du jour motivé de M. Ganneron (22 septembre 1831), et protesté contre le mot *sujets* (7 janvier 1832).

ARDAILLON. N.

M. Ardaillon a pris la parole pour demander la création d'une seconde chambre au tribunal civil à Saint-Étienne (21 octobre 1831). Du reste il a gardé un modeste silence, et n'a compté à la chambre que par son vote, toujours acquis au juste-milieu. Ceux qui plaçaient M. Ardaillon dans les rangs des patriotes s'abusaient complétement.

Il a voté constamment pour le ministère. M. Ardaillon est maître de forges et passe pour être fort riche. Il sollicite avec succès, et a fait donner plusieurs croix d'honneur dans son arrondissement.

BAUDE. A.

Les antécédens parlementaires de M. Baude sont assez équivoques ; c'est un de ces caractères faibles et indécis qui ne peuvent embrasser aucun parti, et qui cherchent un milieu entre le juste-milieu et le patriotisme, comme d'autres cherchent un passage au Nord-Ouest. A toute force, les huit mois de retraite qu'a fait M. Baude ont pu lui profiter ; le vent a pu changer : nous souhaitons qu'il soit tourné pour lui aux principes de Juillet. Il a remplacé M. Alcock.

LACHÈZE, père. A.

M. Lachèze père a constamment voté pour le ministère. Conseiller de préfecture depuis quinze ou vingt ans, il ne paraît point jouir d'une brillante fortune. Sous la Restauration, il passait pour très ardent libéral, et c'est comme tel qu'il fut porté à la députation en 1828. Le système du juste-milieu a complétement éteint son zèle patriotique.

LACHÈZE, fils. N.

Par docilité filiale, sans doute, M. Lachèze fils n'a cru pouvoir trouver de meilleur guide que son père, et, à son exemple, il s'est soumis, le plus souvent, aux lisières du juste-milieu. M. Lachèze, fils, avait été nommé procureur du roi par le ministère Polignac. Si, dans la session de 1831, épouvanté de l'insurrection lyonnaise, il a demandé au gouvernement de changer l'assiette si odieusement inique des impôts personnels et mobiliers (29 novembre), il a proposé aussi d'augmenter de 100,000 francs la dotation des succursales religieuses; proposition que les centres, malgré toute leur tendresse ecclésiastique et les avances politiques qu'ils font au clergé, ont dû repousser, et que M. Rambuteau lui-même n'a pu s'empêcher de combattre (16 février 1832).

M. Lachèze vote fréquemment avec le ministère, mais quelquefois aussi avec l'opposition, sur des questions de mince importance.

Il est président du tribunal de Montbrison, et membre du conseil-général de la Loire.

ROBERT-FLEURY. N.

M. Robert-Fleury a voté aussi constamment que M. Lachèze, père, pour le système du 13 Mars. Il ne jouit que d'une médiocre fortune. Les électeurs l'avaient pris pour un patriote. Il ne paraît point solliciter pour lui-même, mais il sollicite pour les autres. Il s'est occupé fort vivement de la nomination d'un agent de change à Saint-Étienne.

HAUTE-LOIRE.

Ce département nomme trois députés.

MM. Berryer, arrondissement de Monistrol. — Bertrand, id. de Le Puy. — Mallye, id. de Brioude.

M. Mallye peut passer pour le premier patriote que, depuis seize ans, le département de la Haute-Loire ait envoyé à la chambre. C'est à lui de tâcher de réparer en patriotisme tout ce qui a manqué à ses prédécesseurs, et tout ce qui manque encore à ses collègues. M. Berryer est suffisamment connu pour ses opinions légitimistes. Quant à M. Bertrand, il s'est enfin décidé à imiter la franchise de son collègue de Monistrol. C'est un partisan dévoué du système du 13 Mars. Ainsi le département de la Haute-Loire compte, dans ses trois députés, les trois nuances principales d'opinions politiques, à la chambre comme dans le pays.

BERRYER. A.

M. Berryer a dans la chambre une position unique ; à lui seul il est chargé de défendre la légitimité, dont il ne s'est jamais caché d'être le champion dévoué. Il ne fallait pas moins que M. Berryer pour soutenir, après Juillet, un si étrange personnage. Il était très certainement le seul qui pût venir défendre contre la chambre et le pays entier, avec quelque apparence de raison et de dignité, l'hérédité de la pairie. Les cinq ou six pauvres orateurs ministériels qui se dévouèrent à venir encenser la défunte, firent devant sa tombe la plus triste et la moins noble figure. M. Berryer seul, placé dans les conditions nécessaires, sortit de la lutte comme un guerrier qui sort d'une place forte, avec les honneurs de la guerre et les éloges des vainqueurs. Son discours avait été énergique, éloquent, et par-dessus tout, d'une singulière franchise. Il avait attaqué, il est vrai, en faisant plus d'une faute historique, la souveraineté du peuple, mais il avait flétri l'ignominie de ce ministère qui égorgeait la pairie tout en l'adorant : mais surtout il censura l'aristocratie elle-même, et lui reprocha ses fautes avec amertume. Il donna à la pairie un conseil qu'elle a lâchement refusé d'entendre, c'était celui de la retraite (5 octobre 1831). La chambre n'a pu lui refuser ses applaudissemens, quand il est venu défendre le génie d'un Chateaubriand contre les attaques de M. Viennet (16 nov. 1832). Tous les honnêtes gens ont encore approuvé M. Berryer quand il est venu flétrir l'*énorme* scandale de la pitié accordée par les agioteurs et les coulissiers de la Bourse au vol de M. Kessner. Ce fut en effet un étrange spectacle que cette inconcevable direction donnée durant quelques jours à la pitié publique. M. Berryer, lui troisième, avec M. Chartrouze et M. Meynard, a voté contre la proposition Bricqueville (17 septembre), et a défendu l'anniversaire du 21 janvier (23 décembre 1831). Il croit sans aucun doute par là faire acte de dévouement à ses souverains légitimes, mais il ne fait point acte d'adresse. Toutes ces questions personnelles, où il vient mêler à tous momens des noms odieux au pays, ne font qu'irriter les passions, et il attise de ses propres mains le feu qui dévorerait les Bourbons, si, par malheur, le hasard nous les renvoyait une quatrième fois. Le rôle de M. Berryer devrait se borner à la défense des principes qui ont fait vivre notre passé monarchique ; la carrière serait encore assez belle. Quant aux personnes, M. Berryer sait tout aussi bien que nous à quoi s'en tenir sur leur mérite et leur capacité politique.

Il est inutile de dire que, malgré une sorte d'opposition au ministère du 13 Mars, M. Berryer est l'ennemi mortel des principes de Juillet.

BERTRAND (de la Haute-Loire.) A.

Si, dans la session dernière, quelqu'incertitude pouvait exister encore sur les opinions de M. Bertrand, celle-ci a complétement dissipé tous les doutes. M. Bertrand est homme du juste-milieu, s'associant à tous les principes des hommes du 13 Mars.

Il a voté constamment pour le ministère. Il est membre du conseil-général de la Haute-Loire.

MALLYE. N.

M. Mallye a dignement remplacé M. Georges Lafayette, et soutient les mêmes principes que lui. Il vote constamment contre le ministère.

Il a pris rang parmi les patriotes les plus fermes : ses principes sont aussi radicaux que bien arrêtés.

LOIRE-INFÉRIEURE.

Ce département nomme sept députés.

MM. Chaillou, arrondissement de Nantes (2ᵉ). — Defermon (Joseph), id. de Châteaubriand. — Dubois, id. de Nantes (1ᵉʳ). — Levaillant, id. d'Ancenis. — Luminais, id. de Pont-Rousseau. — De Saint-Aignan (Auguste), id. de Paimbeuf. — Varsavaux, id. de Savenay.

Les élections de 1831 ont donné au département de la Loire-Inférieure cet avantage qu'il a pu appeler à la députation deux hommes nouveaux, MM. Dubois et Levaillant, d'un patriotisme aussi constant qu'énergique. M. Dubois de Rennes est un des écrivains les plus distingués de ceux qui ont préparé par la publicité, et même par l'action, le triomphe de Juillet. M. Luminais s'était fait connaître à la chambre dernière par une opposition ferme et éclairée, et la session de 1831 l'a retrouvé dans les mêmes opinions. M. Varsavaux pense à peu près comme lui. Quant aux trois autres députés, nous pouvons les classer presque sans aucune distinction parmi les partisans du 13 Mars.

Depuis Juillet, le département de la Loire-Inférieure a fait de très notables progrès. Durant toute la Restauration, les efforts des patriotes avaient à peine obtenu un quart de la représentation en leur faveur ; en 1829 la proportion était à peu près d'un tiers, aujourd'hui elle se trouve des 4/7.

CHAILLOU. A.

Tout le patriotisme de M. Chaillou s'est borné à se faire inscrire des premiers à la réunion qui s'assemblait dans les salons de Lointier. M. Chaillou ne s'est pas senti la force d'aller plus loin, et il s'est hâté de s'arrêter au juste-milieu. Il redoute prodigieusement les émeutes, et voilà sans doute pourquoi il a fait, sous les auspices de M. Dupin, un pompeux éloge de la gendarmerie (28 septembre). Nous aurions cru qu'un ancien militaire apprécierait mieux ces mouvemens populaires, dont les hommes du 13 Mars ont su tirer tant de parti, pour effrayer les départemens en les trompant.

M. Chaillou a constamment voté pour le ministère ; il est membre du conseil-général de la Loire-Inférieure.

DEFERMON (Joseph). N.

M. Defermon (Joseph) a constamment voté pour le ministère. L'élection de M. Defermon fut très disputée : après deux tours de scrutin, il l'emporta, grâces à l'union du juste-milieu et des légitimistes. La famille de M. Defermon étend son influence sur le département de la Loire-Inférieure, où M. Joseph a été nommé, et sur le département d'Ille-et-Vilaine où son frère Jacques l'a été (Voir la note relative à ce dernier, au département d'Ille-et-Vilaine). Plusieurs membres de la famille Defermon ont jadis figuré parmi les chouans, et l'on nous assure que même aujourd'hui quelques-uns d'entre eux ne sont pas tout-à-fait étrangers aux nouveaux troubles de l'Ouest. Aussi M. Joseph Defermon n'a-t-il point manqué de voter pour le maintien des pensions des chouans.

DUBOIS (de Rennes). N.

M. Dubois, quoique jeune encore, est déjà vieux au service de la liberté. Depuis 1815, il n'a cessé de la défendre avec ardeur, comme il l'aime, contre les chouans, quand ils voulurent ramener dans la Bretagne, la guerre civile, au moment de l'invasion étrangère; et contre les Bourbons, durant tout le cours de leur désastreuse domination. La cause nationale l'a toujours vu dans les rangs des patriotes, luttant d'abord par les armes, plus tard, par la publicité, comme il lutte aujourd'hui par la parole. M. Dubois fut le fondateur et le chef de l'ancien *Globe*, journal dont l'existence a malheureusement été trop courte, mais qui a bien mérité de tous ceux qui aiment le progrès, la raison, les lumières, dans la liberté, les sciences, la littérature et la philosophie. Sa première parole, à la chambre, témoigna qu'il était resté fidèle aux principes qu'il avait défendus durant quinze ans. Il réclama la liberté de la discussion pour des opinions que les gens du milieu auraient voulu proscrire; il soutint que les républicains avaient le droit de publier et de défendre, comme tous, par la presse, leurs principes politiques (12 août 1831).

Dans la discussion de la pairie, le discours de M. Dubois fut l'un des plus remarquables par l'énergie et la netteté des principes qu'il y posa (4 octobre 1831). Peu d'orateurs parlèrent avec autant de noblesse et de vérité des bienfaits de notre première révolution, et firent voir aussi clairement par quelle chaîne intime et inébranlable, 1830 se liait à 89, et la destruction de l'hérédité de la pairie, à la sublime abnégation de la nuit du 4 août. A ce discours, et comme pour lui donner toutes ses conséquences légitimes, M. Dubois avait joint un projet tout entier de constitution nouvelle pour la pairie. Les bases en étaient l'élection directe, et la nomination temporaire (10 octobre 1831). Il avait fait réserve, dès la discussion de l'Adresse, (12 août 1831) du droit constituant de la chambre, dans la discussion de la pairie.

Le ministère, qui ne s'attendait à rencontrer M. Dubois que sur les questions générales et spéculatives, fut fort étonné de le trouver encore contre lui, sur le terrain des affaires. Dans la question des entrepôts intérieurs, M. d'Argout, qui n'était pas préparé à tant de vigueur ni à tant de raison, ne trouva d'autre réponse que des injures et des remontrances assez grossières. Sans doute pour imiter le patron, le maître-clerc du ministère se permit de dire à M. Dubois, qu'il n'avait point lu le projet de loi qu'il venait combattre. « Je ne vous ferai pas « le même reproche, lui répondit l'orateur, car je suis assuré « que vous l'avez lu au moins une fois à la tribune. » M. Guizot, dans une autre occasion, renouvela l'attaque; et sur une proposition de réduction présentée par M. Dubois, il traita de *misérables* les amendemens soutenus ou imaginés par l'opposition (17 février 1832). Ces attaques ministérielles contre M. Dubois n'ont rien qui doive surprendre. Lié jadis d'études, sinon de principes politiques, avec les principaux membres de la *doctrine*, on ne lui a point pardonné, dans certains lieux, d'avoir conservé intacte sa conscience, et l'indépendance de son vote; on lui fait presqu'un crime d'avoir gardé des convictions que tant d'autres ont répudiées en montant au pouvoir.

M. Dubois s'est prononcé contre l'énormité de la liste civile à 12 millions, et 106 patriotes ont pensé comme lui, en votant contre elle (13 janvier 1832); il aurait voulu ôter aussi du domaine royal la direction des beaux arts, qui jadis avaient prospéré, sans le secours qu'on leur fait acheter si cher; et il rappela fort heureusement à M. Delaborde, qui ne paraissait s'en souvenir guères, ce que la Convention avait fait pour la science et les arts (6 janvier 1832), au milieu de toutes les préoccupations et les effroyables tourmentes de guerres intestines et étrangères. Il ne voulait non plus pour le prince royal que 500,000 f. au lieu de 1,000,000 fr. que la majorité lui a si prodiguement octroyé; mais il soutint l'indispensable nécessité d'assurer l'indépendance du prince royal, en lui allouant une dotation particulière.

Dans la scandaleuse séance du 3 février, M. Dubois fut un des premiers à découvrir et à signaler la déloyale manœuvre des centres, se retirant pour arrêter la délibération sur la révision des pensions. Le surlendemain, il soutint avec énergie l'anathème qu'il avait lancé contre les chouans, les *assassins des patriotes*, pensionnés par la Restauration (5 février 1832); et, saisissant cette occasion de flétrir les excès d'un despotisme plus récent, il témoigna toute son horreur pour la diplomatie qui souffrait et approuvait les massacres de Césène et de Faënza, dont la nouvelle venait d'arriver à Paris. Il a aussi demandé, mais en vain, une réduction de 600,000 fr. sur les petits séminaires (17 février 1832). Il avait, dans cette question, un plaisant adversaire: c'était M. Guizot, *protestant*, venant soutenir les séminaires *catholiques*. M. Guizot songeait en ce moment, à se préparer les voies au ministère de l'instruction publique et des cultes; M. Dubois ne songeait qu'à obéir à sa conscience. Plus heureux dans un second amendement, il a fait adopter une réduction de 26,800 fr. sur les facultés de théologie (20 février 1832).

M. Dubois a ce double mérite, dans sa courageuse opposition, qu'il tient aux hommes du pouvoir par d'anciens liens d'amitié; et de plus, par une place d'Inspecteur général de l'Université, honorablement gagnée, il est vrai, par 17 années de professorat, et six années d'injustes persécutions.

Il a constamment voté contre le ministère.

LEVAILLANT. N.

M. Levaillant a constamment voté contre le ministère.

LUMINAIS. A.

M. Luminais a constamment voté contre le ministère. Il a été aussi énergique patriote en 1831 qu'en 1830.

Il est membre du conseil-général de la Loire-Inférieure.

SAINT-AIGNAN. A.

M. A. de Saint-Aignan a constamment voté pour le ministère.

VARSAVAUX. A.

M. Varsavaux vote le plus souvent avec les patriotes. Il s'est réuni, sans prononcer de discours, à l'amendement présenté par l'opposition en faveur du système des candidatures, dans la discussion de la pairie (12 octobre 1831).

Il est membre du conseil-général de la Loire-Inférieure.

LOIR-ET-CHER.

Ce département nomme trois députés.

MM. Crignon-Bonvallet, arrondissement de Vendôme. — Le baron Pelet (de la Lozère), id. de Blois. — Petit, id. de Romorantin.

La députation de Loir-et-Cher est presqu'aussi homogène que possible pour soutenir le ministère et combattre la cause nationale. MM. Crignon et Pelet sont dès long-temps connus, et leurs votes à la chambre de 1830 les avaient déjà classés parmi les fidèles du juste-milieu. M. Petit, bien qu'un peu moins dévoué, vote cependant avec eux. Ainsi, la cause patriote ne compte pas une seule voix dans la représentation de Loir-et-

Cher. C'est à peine si, durant les quinze années de la Restauration, trois ou quatre députations ont présenté un résultat aussi défavorable.

CRIGNON-BONVALLET. A.

M. Crignon-Bonvallet est mort à Paris le 10 avril 1832, du choléra. Il avait constamment soutenu le ministère.

PELET (de la Lozère). A.

Aussi fidèle, durant cette session que dans l'autre, au ministère, dont il tient sa place de conseiller d'État, M. Pelet parait avoir surtout deux choses en horreur : l'économie et la publicité ; c'est sous l'influence de cette double crainte, qu'il a voté contre la proposition Glaise-Bizoin (18 août 1831), relative à la réduction du traitement du président; qu'il a voté contre la proposition de M. Demarçay, demandant un examen plus large et plus complet du budget (26 août), et qu'enfin, il s'est opposé à l'amendement de M. Dubois-Aymé, pour la concurrence des marchés passés par le gouvernement (4 février 1832).

M. Pelet a été rapporteur du budget de 1831 (18 septembre). Grand défenseur de la prérogative royale, s'il n'est point disciple d'Escobar, il a du moins de très singulières théories en politique. C'est lui qui, pour concilier l'arbitraire et la légalité, a imaginé cette judicieuse distinction des lois réglementaires qu'on peut violer par ordonnances, et des lois organiques qu'on ne modifie que par d'autres lois (16 mars 1832). Il a dit quelques mots en faveur des ouvriers de Lyon, lors de l'Adresse au roi (26 novembre 1831). Il a constamment voté pour le ministère. M. Pelet, fils d'un pair de France, et conseiller d'État, se devait à lui-même, après le noble exemple de M. de Tracy, de déclarer publiquement quel serait son vote, qu'il fût pour ou contre l'hérédité.

PETIT. N.

M. Petit, que les patriotes espéraient trouver dans leur camp, a constamment voté pour le ministère.

LOIRET.

Ce département nomme cinq députés.

MM. Bleuart, arrondissement de Montargis. — Crignon (de Montigny), 1er id. d'Orléans. — Jousselin, 2e id. d'Orléans. — Le comte de la Rochefoucault (Jules), id. de Pithiviers. — Le baron Roger, id. de Gien.

Il serait difficile de trouver à la chambre deux patriotes plus éclairés et plus énergiques que MM. Jousselin et Roger, hommes nouveaux, tous les deux, mais connus par une longue et consciencieuse pratique des affaires, par des études profondes et des connaissances spéciales. M. Roger, en particulier, est venu apporter dans le sein de la représentation nationale, un beau talent de parole, joint à des lumières non moins rares en droit civil et en marine; et de plus, l'expérience si étendue et si multiple, d'un homme qui, pendant plusieurs années, a été le chef d'une colonie, où tout était à faire, sous le rapport de l'administration, et l'on pourrait presque ajouter sous le rapport de la civilisation. MM. Jules de la Rochefoucault et Crignon (de Montigny) sont demeurés ce que les avait vus la session dernière, l'un, partisan exalté du 13 Mars, l'autre, partisan plus calme, mais aussi dévoué. Quant à M. Bleuart, homme nouveau, il s'est arrêté, comme le craignaient les amis de la liberté, dans le juste-milieu.

La Révolution de Juillet n'a point amené plus de patriotes que jadis, parmi les députés du Loiret. Durant toute la Restauration, la proportion entre l'opposition et les ministériels avait été plus favorable qu'elle ne l'est aujourd'hui. En 1829, trois députés sur cinq étaient franchement dévoués à la cause nationale.

BLEUART. N.

On ne pouvait point demander à M. Bleuart d'égaler M. Cormenin qu'il remplaçait, mais on pouvait lui demander de voter comme lui. M. Bleuart vote constamment avec le ministère, et ne lui en est pas moins utile, pour le servir en silence. Il n'était point à la chambre, quand on vota sur l'ordre du jour de M. Ganneron (22 septembre 1831); mais il se serait prononcé sans aucun doute pour l'adoption, à en juger par le reste de sa conduite parlementaire.

CRIGNON-MONTIGNY. A.

Comme dans la session précédente, M. Montigny a constamment voté pour le ministère. Nous sommes au reste fort étonnés de voir M. Crignon voter avec les doctrinaires ; car il ne se cache point de la haine qu'il leur porte.

Il est membre du conseil-général du Loiret.

JOUSSELIN. N.

M. Jousselin est d'autant plus louable de son indépendance patriotique, qu'il tient au ministère par une place élevée dans les ponts et chaussées. Il est inspecteur divisionnaire. Ils sont bien rares à la chambre les fonctionnaires qui préfèrent leurs opinions aux faveurs ministérielles ; et le pays doit savoir un double gré à ces hommes distingués, qui savent à-la-fois le servir avec talent dans l'administration, et avec conscience dans les fonctions législatives. Il a voté constamment contre le ministère.

Le Comte Jules DE LAROCHEFOUCAULT. A.

M. le comte Jules, aide-de-camp du roi, est un des plus fougueux adversaires de la liberté de la presse : il ne laisse guère passer d'occasion de s'élever contre ses excès et ses égaremens (18 janvier, 1er mars 1832). Si l'on vient à parler de la révision des pensions, il s'y opposera avec chaleur, trouvant l'argent du public fort bien employé à faire vivre des chouans, des assassins et des voleurs (7 février 1832). Puis il parlera des septembriseurs, de la sœur de Robespierre qui venaient là d'assez étrange manière. M. le comte, qui trouve le budget léger et très supportable, attendu que c'est le peuple qui le supporte (18 janvier 1832), est si peu partisan des économies, qu'il s'est fait le champion dévoué de la subvention même de l'Opéra, sans doute parce qu'un de ses parens l'a dirigé jadis avec gloire (1er mars). M. le comte qui, dans les tumultes scandaleux, que les centres soulèvent, quand il faut faire taire un orateur patriote, se fait distinguer par la frénésie de ses interruptions, est un de ces hommes *furieux de modération* qui demandent qu'on fusille en vingt-quatre heures les conspirateurs républicains ou carlistes. La justice de M. le comte est sommaire : elle vaut celle des septembriseurs pour la rapidité, bien que les motifs n'en soient point tout-à-fait les mêmes (3 février 1832).

Il vote avec autant d'empressement que de constance pour le ministère. Il est membre du conseil-général du Loiret.

Le Baron ROGER. N.

M. Roger doit passer pour l'un des hommes les plus instruits de la chambre dans les questions de marine et de droit civil. Ce sont là, du moins, les questions qu'il paraît affectionner, bien qu'il ait montré de l'instruction sur plusieurs autres. Il a fait adopter, durant le cours de cette session, deux propositions importantes : et la manière brillante dont il en a soutenu la discussion, a doté l'opposition d'un orateur de plus. La première s'appliquait à la liberté individuelle, et fut prise en considération (3, 6 septembre 1831), mais n'a pu être discutée. La seconde concernait le mariage entre beaux-frères et belles-sœurs, et a été adoptée par la chambre (17 décembre 1831, 26 mars 1832).

Dans la discussion des réformes du Code pénal, M. Roger a pris plusieurs fois la parole : son discours sur l'ensemble des réformes proposées, fut l'un des plus remarquables par les excellens principes qui y étaient développés, mais surtout par le ton d'humanité et de bienveillance éclairée qui en faisait la base (22 novembre 1831). Cette sympathie d'un cœur généreux et intelligent est un des traits particuliers du talent de M. Roger : déjà il en avait fait preuve dans la discussion relative aux pensionnaires de la liste civile (9 novembre 1831), où il avait su accorder ce que réclament, à la fois, la justice et l'humanité.

M. Roger s'est fait surtout remarquer, dans la discussion du budget de 1832. Membre de la commission générale, il y faisait partie de la minorité, et lutta de toute sa puissance pour faire élargir la base étroite des économies que M. Thiers voulait proposer. Il repoussa, pour sa part, toute solidarité dans un rapport où l'on n'offrait aux misères du pays que 10 millions de soulagement (18 janvier 1832): il vint en faire la déclaration solennelle à la chambre, et, malgré les emportemens de M. Thiers, il révéla toutes les manœuvres scandaleuses dont la commission avait eu à souffrir ; alors que le député des Bouches-du-Rhône voulut repousser l'attaque par des plaisanteries déplacées, ou des assurances de fanfaron, M. Roger rappela M. Thiers au respect qu'il devait à la chambre, et maintint avec énergie les premières accusations qu'il avait portées au grand jour de la tribune et à la connaissance du pays.

Il fut spécialement chargé de soutenir la discussion du budget de la marine, dont il était rapporteur (26 mars 1832) il a, sur cette partie, des connaissances pratiques, dont peu de députés pourraient faire preuve. Il a été plusieurs années gouverneur du Sénégal ; et il a bien mérité de la France et de l'humanité, en faisant de généreux efforts pour introduire parmi les populations nègres, la civilisation, les lumières et la liberté. Il a soutenu, lors de la proposition de M. de Tracy, le droit de nos colonies à la représentation nationale (15 octobre 1831), et quand le ministère, par un sinistre silence, est venu inquiéter tous les cœurs patriotes, sur la conservation de notre conquête africaine, M. Roger l'a sommé, en termes formels, d'expliquer sa pensée (21 mars 1832); son énergique interpellation, restée sans réponse, avertira, du moins, le pays de veiller à ce que des ministres prévaricateurs ne livrent point à l'étranger, le sol conquis par le sang de nos soldats.

M. Roger a constamment voté contre le ministère.

LOT.

Ce département nomme cinq députés.

MM. Calmon, arrondissement de Gourdon. — Conté, id. de Cahors 2ᵉ. — Delpont, id. de Figeac. — Le général Dufour, id. de Martel. — Le comte de Mosbourg, id. de Cahors 1ᵉʳ.

M. de Mosbourg est le plus patriote des cinq députés du Lot. Les quatre autres paraissent voter systématiquement avec le ministère. Deux lui sont attachés par des liens d'intérêt qu'il est toujours fort difficile et très souvent dangereux de rompre. Ce sont MM. Calmon et le général Dufour. M. Delpont a persévéré dans la route où il était entré durant la session dernière ; et M. Conté, homme nouveau, s'est jeté à son exemple dans le système du milieu. Nous regrettons que le mandat électoral n'ait point été continué à M. Gaëtan Murat, qui avait donné de brillantes espérances au parti patriote durant la session de 1830.

Les électeurs du département du Lot, en fait de patriotisme, ont toujours été fort arriérés sous la Restauration ; il ne le sont pas moins sous la quasi-légitimité.

CALMON. A.

M. de Calmon est partisan dévoué du juste-milieu, vers lequel ses opinions, toujours assez faibles, ont constamment tendu. Il a voté avec persévérance pour le ministère. M. de Calmon est d'autant plus blâmable d'être adversaire de la révolution de Juillet, qu'il lui doit d'avoir recouvré sa place de directeur des domaines et de l'enregistrement. Il a soutenu toutes les prodigalités du budget, les pensions des chouans, etc. Il paraît borner ses talens et son patriotisme à la spécialité qui l'occupe. Il ne s'est jamais intéressé aux questions générales.

CONTÉ. N.

M. Conté, homme fort obscur avant son élection, ne l'est pas moins après une session de dix mois. Silencieux, et sans doute fort modeste, il s'est contenté de voter constamment, sans mot dire, pour le ministère.

Il n'a dû son élection qu'aux gens du juste-milieu réunis aux carlistes. Prévoyant sans doute le rôle qu'il devait jouer à la chambre, il refusa long-temps d'accepter la candidature, et fut nommé presque malgré lui. Il est vrai qu'on l'avait un peu surpris. Ses prétentions à la députation avaient été improvisées la veille du scrutin. M. Conté, qui aime à cultiver ses terres, pense à donner sa démission de député et même de maire de Cahors. Deux fléaux, dit-on, lui semblent également funestes, le *libéralisme* et le choléra.

DELPONT. A.

M. Delpont est un de ces hommes consciencieux, mais excessivement rares, qui votent avec le ministère, frappés d'épouvante et se laissant aller aux frayeurs qu'il a su leur inspirer. Il a demandé la publicité pour la liste des ouvrages auxquels le gouvernement souscrit (28 septembre 1831). Plus tard il a fait adopter un amendement spécial pour cet objet (22 nov.); il a proposé, mais avec moins de succès, une diminution de 155,000 francs sur le conseil d'État.

Nommé maître des requêtes en service extraordinaire, il a refusé, tandis que M. Mahul et consorts acceptaient avec allégresse (12, 15 novembre 1831). Il est vrai que vers la même époque, M. Foudras, chef de la police du royaume, était fait maître des requêtes. M. Delpont a voté quelquefois, mais bien rarement, avec les patriotes. Il ne jouit pas d'une grande fortune. Sa famille est fort influente dans l'arrondissement de Figeac, et presque tous les fonctionnaires sont ses parens.

DUFOUR. N.

M. le général Dufour a constamment voté pour le ministère avec une obéissance, fort bonne sans doute à l'armée, mais fort peu louable à la chambre. Les fatigues guerrières de M. le général paraissent avoir très sensiblement altéré sa santé. Son élection avait été patronée par le ministère et par les carlistes réunis au juste-milieu.

Il est membre du conseil-général du Lot.

MOSBOURG. A.

Dans la discussion de la pairie, M. de Mosbourg a rendu un véritable service à la cause nationale en déjouant une manœuvre des partisans honteux de l'hérédité, qui était sur le point de réussir. M. Benjamin Delessert avait proposé de déclarer comme faisant partie des catégories tout industriel payant 3,000 francs de contributions directes; c'était une large porte ouverte au privilége héréditaire. M. de Mosbourg fit ajouter, à cette première condition du cens, une seconde un peu plus difficile à obtenir, c'était la présence de l'impétrant pendant six années dans un conseil-général de département (14 octobre 1831).

M. de Mosbourg, dont la haute capacité en finances est dès long-temps établie, s'est occupé de la question des salines de l'Est, et a gagné 400,000 francs pour le public en faisant porter le bail annuel de 1,400,000 à 1,800,000 fr. (26 septembre 1831). Il a noblement défendu les réfugiés politiques contre les insultes de M. Périer (27 septembre 1831).

Nous ne saurions dire pourquoi M. de Mosbourg, qui a parlé vigoureusement contre l'ordre du jour motivé de M. Ganneron (22 septembre 1831), n'a point appuyé ses paroles de son vote; il a protesté contre l'insultante dénomination de *sujets* (7 janvier 1832). Il a voté le plus souvent avec les patriotes.

Il est membre du conseil-général du Lot.

On sait qu'il a été ministre des finances de Murat à Naples. La famille Murat a conservé pour lui autant d'attachement que d'estime.

LOT-ET-GARONNE.

Ce département nomme cinq députés.

MM. Dumon, 1ᵉʳ *arrondissement d'Agen.* — *Lafon-Blaniac, id. de Villeneuve-d'Agen.* — *Le marquis de Lusignan, id. de Nérac.* — *Le vicomte de Martignac, id. de Marmande.* — *Merle-Massonneau,* 2ᵉ *id. d'Agen.*

Le département de Lot-et-Garonne s'est soigneusement soustrait à toute influence de la révolution de Juillet. Il est resté fidèle à ses traditions de la Restauration. Pas un seul de ses députés ne siége sur les bancs patriotes, et nous croyons leur faire honneur à tous, en ne les plaçant pas au-delà du juste-milieu.

DUMON. A.

M. Dumon puise ses principes et ses inspirations à l'école de la *doctrine*; il s'est fait l'humble compagnon des Thiers, des Guizot, des Kératry. Sous de pareils maîtres, il ne pouvait que profiter. C'est d'eux qu'il a appris à venir déblatérer contre la presse : vieillerie que M. Dumon trouve encore à son usage (13 octobre 1831). Ces maîtres-là lui ont encore enseigné que c'était les députés qui avaient fait la révolution de Juillet, tandis qu'il est matériellement prouvé qu'à l'exception de cinq ou six héros, la chambre des députés de 1830 a fait tout ce qui était possible pour arrêter la révolution pendant qu'elle s'accomplissait, de même qu'elle a tout fait pour la rendre inutile après qu'elle a été accomplie.

M. Dumon a combattu l'amendement patriotique que M. Cormenin voulait introduire dans l'Adresse, et il a osé soutenir que c'était une hérésie politique de dire, avec le célèbre député de l'Ain, que cent hommes du peuple, mourant de faim, méritaient plus de considération que des pairs qui *caressent le fantôme de l'hérédité* (12 août 1831). M. Dumon serait homme, sans doute, à sacrifier le peuple entier pour conserver l'hérédité de la pairie. Aussi s'est-il opposé de toutes ses forces au système des candidatures présenté par quelques membres de l'opposition (13 octobre 1831). Il a été rapporteur de la proposition Vatout sur les listes électorales (12 septembre 1831). Il a été aussi rapporteur pour les réformes du Code pénal, et dans ces dernières fonctions, il ne paraît point s'être montré au niveau des questions qu'il était appelé à débattre (11 novembre). Il a été, dans son discours pour le budget du ministère de la justice, plus ministériel que le ministre lui-même, car M⁰ Barthe n'a point osé prendre la parole pour soutenir son propre budget.

Soit par nature, soit par imitation doctrinaire, M. Dumon affiche le plus profond cynisme politique. Il n'a qu'un principe d'où l'on peut tirer telles conséquences que de raison : « Le « monde, dit-il, est divisé en deux classes, ni plus ni moins : « les habiles et les sots; les premiers destinés à exploiter les « seconds qui les font vivre. » On pense bien qu'un si profond connaisseur du cœur humain ne manque pas de se classer parmi les habiles. En sa qualité d'habile, il faisait fort peu d'état de la capacité de M. Girod (de l'Ain), et de moins habiles que lui avaient jugé absolument de même. Ce qui a réhabilité M. Girod dans l'esprit de M. Dumon, c'est la séance inouïe du 12 mars, où M. Girod, juge dans sa propre cause, prononçait en sa faveur, malgré l'incertitude du bureau. Un acte de ce genre eût suffi à compromettre la réputation d'un homme. « Ma foi, s'écria M. Dumon, je ne lui croyais pas tant d'esprit; « allons, c'est un bon diable. De ce jour, il a mon estime. »

En bon doctrinaire, il avait la vue haute, et les prétentions élevées. Il avait déclaré que pour lui il ne voulait qu'un ministère, et son rapport sur le Code pénal semblait un jalon fort menaçant pour le portefeuille de M⁰ Barthe.

Cependant il s'est contenté d'une place d'avocat-général à Paris, qu'il a obtenue huit jours après la clôture de la session. Il est vrai que nul n'avait voté plus assidûment que lui en faveur du ministère. Il allait être reçu à Agen par un charivari digne de son ministérialisme, quand des amis vinrent intercéder en sa faveur. Le juste-milieu, qui voulait, disaient-ils, donner une fête à M. Dumon, obtint un compromis des patriotes. Les deux partis convinrent de s'abstenir de toute manifestation. M. Dumon ne fut ni fêté ni bafoué. C'était un milieu fort convenable pour un partisan du 13 Mars. Après avoir sondé par lui-même et sur les lieux les dispositions des électeurs, M. Dumon ne trouva point prudent de risquer un second scrutin, et il refusa sa nomination d'avocat-général.

LAFON-BLANIAC. A.

M. Blaniac, général de division, n'est pas moins dévoué au

ministère comme député que comme soldat. Il a constamment voté pour lui.

On croyait que M. Blaniac était complétement désintéressé, et, pour sa part, il blâmait les députés qui songent à leurs affaires plutôt qu'à celles du pays. Il a cependant consenti à se laisser nommer inspecteur de cavalerie.

Il est membre du conseil-général de Lot-et-Garonne.

Le Marquis de LUSIGNAN-XAINTRAILLES. N.

M. Lusignan s'est enseveli à la chambre, malgré son nom illustre, dans la plus profonde obscurité : autant vaudrait avoir un nom tout plébéien. Il a voté constamment pour le ministère, comme le plus simple roturier.

M. Lusignan, ancien aide-de-camp du maréchal Suchet, était, nous assure-t-on, un peu plus connu dans l'armée impériale qu'à la chambre. A quel titre? c'est à ses anciens compagnons de le dire. L'élection de M. Lusignan a été une sorte de tour de force : vingt-quatre heures avant sa nomination, on ne pensait pas plus à lui dans le collége de Nérac, qu'aux rois de Jérusalem ses ancêtres : le juste-milieu, aidé des carlistes, improvisa son élection.

MARTIGNAC. A.

M. Martignac votait constamment pour le ministère. Il ne pouvait moins faire en sa qualité de ministre de Charles X. Il est mort à Paris, le 3 avril 1832.

Il avait fait, dans le cours de la session, un discours en faveur des proscrits d'Holy-Rood, à l'occasion de la proposition Bricqueville sur le bannissement des Bourbons.

MERLE MASSONNEAU. A.

M. Merle Massonneau a voté, en 1831 comme en 1830, constamment pour le ministère.

Il a réclamé, dit-on, contre notre tableau de classification, qui le range parmi les ministériels. M. Merle ne saurait citer une seule occasion où sa voix n'ait point été au ministère.

Il est membre du conseil-général de Lot-et-Garonne.

LOZERE.

Ce département nomme trois députés.

MM. Ducayla (de Montblanc), arrondissement de Marvejols. — Le général Meynadier, id. de Florac. — Rivière-de-Larque, id. de Mende.

La Lozère compte peut-être dans sa députation un patriote, M. Ducayla, qui a voté plus souvent avec l'opposition qu'avec le ministère. La députation actuelle vaut à-peu-près celle qui l'avait précédée. MM. André et Despinasseus n'ont guère à se repentir d'avoir cédé la place à leurs successeurs. MM. Meynadier et Rivière les égalent sous le rapport du patriotisme.

DUCAYLA. N.

M. Ducayla a paru vouloir prendre parti avec les patriotes. Il a voté comme eux contre l'ordre du jour motivé de M. Ganneron, qui absolvait la diplomatie du ministère (22 septembre 1831), et nous croyons pouvoir le classer parmi les adversaires du 13 Mars; mais, si nos renseignemens ne nous trompent, il a quitté son poste à-peu-près vers le mois de novembre. Il eût sans doute persévéré dans la voie où il était d'abord entré, si ses affaires particulières lui eussent permis de s'occuper des affaires publiques. Il n'en est que moins excusable d'avoir abandonné son mandat : l'opposition avait besoin de garder toutes les voix qui la soutiennent.

Il est membre du conseil-général de la Lozère.

Le Général MEYNADIER. N.

A en juger par les antécédens de M. Meynadier, on peut affirmer, sans lui faire injure, qu'il aimerait tout autant, si ce n'est mieux, être encore lieutenant des gardes de la légitimité, ou major-général de son armée en Espagne, que député pour la quasi-légitimité. En 1814, il était chef d'état-major de Raguse, et nous n'avons point appris qu'il eût alors séparé sa conduite de celle de son patron. Il est le beau-frère de M. Pelet (de la Lozère), et règle sa conduite politique sur la sienne. M. Meynadier a commencé sa fortune durant notre première révolution, et la légitimité l'a comblé de ses faveurs.

Il est membre du conseil-général du Gard.

RIVIÈRE DE LARQUE. N.

M. de Larque a demandé la publicité pour les souscriptions d'ouvrages que payait le gouvernement (28 septembre 1831). Mais, à cette époque, M. de Larque tenait encore quelque peu à l'opposition; depuis, il s'en est complétement séparé. Il est simple contrôleur des contributions directes dans le département de la Lozère. Sa fortune ne paraît point au-dessus de son emploi. Par sa place, il ne pouvait être moins qu'un très humble serviteur du juste-milieu. Il a pris part au festin de l'indemnité en 1825, comme petit-fils d'un émigré, par sa mère.

MAINE-ET-LOIRE.

Ce département nomme sept députés.

MM. d'Andigné de la Blanchaye, arrondissement de Ségré. — Félix Bodin, id. de Doué. — Benjamin Delessert, id. de Saumur. — Duboys (d'Angers), id. de Cholet. — Augustin Giraud, 1er id. d'Angers. — Charles Giraud, id. de Baugé. — Robineau, 2e id. d'Angers.

Si l'on en excepte **M.** Robineau, il serait difficile, pour ne pas dire impossible, de trouver une députation plus déplorablement composée que celle de Maine-et-Loire. Des six Députés restans, trois sont des séides furieux du ministère : ce sont MM. Benj. Delessert, Augustin Giraud, et Duboys. Deux autres, **MM.** Charles Giraud et Félix Bodin, cherchent à égaler, sans en avoir la force, l'emportement frénétique de leurs trois collègues ; l'un, sans doute, par attachement et imitation fraternelle, l'autre par faiblesse de principes et de caractère. Enfin **M.** d'Andigné de la Blanchaye est dès long-temps connu. Nous avons peine surtout à comprendre comment **MM.** Delessert, Duboys et Augustin Giraud, ont pu recevoir un second mandat, après leur conduite à la chambre dernière. Durant les 16 années de la Restauration, jamais le patriotisme du département de Maine-et-Loire n'avait été aussi faible. Il fut un temps, en 1829, où il comptait la moitié de ses représentans sur les bancs de l'opposition. Aujourd'hui c'est lui, peut-être, qui a fourni au ministère les partisans les plus aveugles.

D'ANDIGNÉ de la BLANCHAYE. A.

Il paraît que les votes de **M.** d'Andigné sont consciencieux, et qu'il soutient le 13 Mars, croyant travailler par là au bien du pays. En 1830, **M.** d'Andigné jugeait plus sainement de l'état des choses, et se déclarait contre la légitimité. Il signait l'adresse des 221. En 1831, il s'est laissé prendre aux promesses, ou effrayer des menaces du ministère Périer : nous l'engageons à peser de nouveau les principes qu'il défend de ses votes : car les hommes du 13 Mars ne nous paraissent pas moins funes- à la France que ne l'étaient Polignac et ses adhérens : il est possible que la Révolution de Juillet ait rendu **M.** d'Andigné à ses anciennes affections; toujours est-il qu'il a constamment voté pour le ministère. A notre avis, c'est tout au moins une grave erreur.

Il est membre du conseil-général de Maine-et-Loire.

FELIX BODIN. N.

Le 13 Mars a complétement annulé M. Bodin, comme il a annulé M. Rémusat, M. Duvergier et tant d'autres jeunes gens qui n'étaient point faits pour venir s'étioler et se perdre sous un desséchant ministérialisme. A la chambre, M. Bodin, malgré toute sa bonne volonté, a été de fort peu d'usage pour ses patrons ; la nature lui a donné peu d'éloquence, mais il se persuade qu'elle lui a donné un talent littéraire ; il s'est donc contenté de présenter un sous-amendement à l'amendement de M. Bignon en faveur de la Pologne (10 août 1831), et de soutenir l'ordre du jour motivé de M. Ganneron (22 sept.), mais au dehors il a cherché à soutenir, par la presse, une cause que sa faible voix ne pouvait point défendre à la tribune. Il a écrit trois petites lettres en faveur du ministère. La première, dans le *Messager*, contre l'émeute ; la seconde, au *Moniteur*, se traînant à la queue de MM. Devaux et Kératry, et venant très humainement prendre sa part des coups que leur portait M. de Cormenin ; la troisième enfin, au *Constitutionnel*, pour avertir la France que lui, Bodin, homme de plume du ministère, surtout homme d'habileté, avait trouvé un juste milieu entre protester et ne protester pas contre l'insultante dénomination de *sujets* (voir le *Constitutionnel* du 9 janvier 1832). Tout ce que nous pouvons dire du style politique de M. Bodin, c'est qu'il vaut bien le style parlementaire de M. Mahul. Il a fait une découverte qu'on peut mettre à la hauteur des fameux axiômes des jeunes doctrinaires. Parmi tous les chercheurs de souveraineté, les gens de bon sens la placent dans le peuple; les carlistes, dans le droit divin et dans la légitimité; les doctrinaires, dans la *raison*; M. Bodin, plus fort que tout cela, proclame souveraine la Charte de 1830. En sa qualité de doctrinaire, il doit injurier la souveraineté du peuple; aussi a-t-il lancé ce théorème semi-poétique : *La barbarie seule peut dresser ses tentes sur le sol de la souveraineté nationale* (Voir sa lettre au *Moniteur* du 10 septembre 1831); c'est une belle phrase, et nous sommes sûrs que M. Kératry l'envie prodigieusement à M. Bodin. M. Bodin a voté constamment pour le ministère. Du reste, il avoue lui-même qu'il est prêt à voter pour tous les ministères possibles. Par caractère, par tempérament, il paraît peu disposé à agir par lui-même : il aime avoir un guide pour s'épargner la peine d'ouvrir les yeux. Il a dû surtout son élection aux souvenirs honorables laissés par son père dans le département de Maine-et-Loire.

M. Bodin, qui ne manque pas d'adresse, envoie 400 fr. aux indigens des cantons qui l'ont élu, pour les aider à acquitter l'impôt. C'est se donner une apparence d'humanité fort louable, mais il n'en a pas moins impitoyablement voté pour toutes les prodigalités du budget. Un bon vote eut valu beaucoup plus de 400 fr., mais M. Bodin est avare d'indépendance, et tâche de placer son argent à gros intérêts de réélection.

BENJAMIN DELESSERT. A.

Après l'échantillon de savoir faire qu'avait donné M. Benjamin, dans la séance du 24 février 1831, nous ne croyions pas qu'il fût possible que jamais un tel homme vînt s'asseoir une seconde fois sur le fauteuil de président, mais la majorité de 1831 oublie très facilement les insultes faites à la chambre de 1830. M. Delessert a été nommé vice-président (2 août 1831). Il a demandé le scrutin secret pour le vote sur l'hérédité de la pairie (10 octobre). Ce n'est point faire tort à M. Benjamin, que d'affirmer qu'il a voté pour le privilége, car, lorsqu'il l'a vu perdu malgré le secret, il a cherché à le ressusciter furtivement en proposant que tous les propriétaires, payant 3,000 fr. d'impôts directs, pussent être nommés pairs par le roi (15 octobre 1831). La chambre a déjoué cette manœuvre, et à cette première condition, elle y a joint cette autre, que ces propriétaires eussent été, pendant six ans, membres de conseils-généraux. M. Benjamin est un partisan effréné du système du 13 Mars. C'est un de ces hommes qui ne voient de mérite que dans l'argent, parce qu'eux-mêmes en ont beaucoup, qui veulent créer une aristocratie plus absurde et moins tolérable que l'aristocratie de naissance. Il a voté constamment pour le ministère.

DUBOYS (d'Angers). A.

Il y aurait vraiment ingratitude, à M. Duboys, de voter contre un ministère qui l'a fait conseiller à la Cour royale à Paris. Aussi lui est-il dévoué, comme un cœur bien né doit l'être à son bienfaiteur. M. Duboys était président de cette commission, pour la liste civile, qui a si aveuglément octroyé notre argent, sans savoir même approximativement ce qu'étaient les revenus du roi bourgeois. Il a voté constamment pour le ministère. Il n'avait emporté son élection qu'à grand renfort de démarches et de sollicitations.

Il a, dit-on, près de 100,000 livres de rente : il est digne d'entrer dans le giron de l'aristocratie nouvelle : aussi, voyez avec quelle merveilleuse rapidité, M. Duboys fait son chemin. Avocat avant juillet, il est fait aussitôt procureur-général, puis bientôt conseiller de Cour royale à Paris. Il avait promis à ses commettans de demander de larges économies ; nous sommes assurés qu'il n'en a point voté une seule. Nous croyons que M. Duboys aura la prudence de s'assurer un fauteuil de pair, car il est peu probable que les électeurs aient la complaisance de le députer une seconde fois à la chambre.

M. Duboys est membre du conseil-général de Maine-et-Loire.

Augustin GIRAUD. A.

S'il est à la chambre un homme furieux de ministérialisme, panégyriste imperturbable de toutes les prodigalités du budget, de toutes les turpitudes de notre diplomatie, c'est sans contredit M. Augustin Giraud. Ce n'est point un orateur éloquent, loin de là ; ce n'est point un homme instruit ni en politique, ni en affaires, mais il rachète par un dévouement à toute épreuve ce qui lui manque en capacité. C'est lui qui a proposé d'enthousiasme 12 millions pour la liste civile de la royauté bourgeoise (12 janvier 1832). Mais si quelques députés patriotes et humains viennent à parler du peuple et de sa misère, M. Giraud repoussera tout ce qui tendrait à le soulager. C'est ainsi qu'il a combattu le paragraphe additionnel à l'Adresse, que proposait M. Cormenin en faveur des droits politiques et de l'instruction gratuite du peuple (13 août 1831). Mais M. Giraud accorda, sans la moindre difficulté, les 5 millions de dépenses mystérieuses que demandait le président du conseil pour sa police (19 décembre 1831). Quand la discussion du budget est venue révéler des prévarications et des vols de préfets, il a prétendu que la chambre était placée dans une sphère trop élevée pour s'occuper d'objets aussi mesquins. M. Giraud n'eût point été un parfait ministériel, si à ce dédain, à ce mépris profond pour les droits et les intérêts du peuple, il n'eût joint une haine non moins profonde contre la presse; aussi est-il venu l'attaquer avec toute la fureur et tout l'aveuglement d'un homme incapable de la comprendre (10 décembre 1831) .Puis il a demandé avec des clameurs frénétiques, que M. Mauguin fût rappelé à l'ordre pour avoir avancé que le ministère disposait de la majorité (12 décembre 1831). Il est probable que M. Giraud ne se connaît pas fort bien lui-même. Il s'est particulièrement signalé à la chambre lors des événemens de Lyon (25 nov. 1831), en proposant une adresse, large bill d'indemnité pour toutes les bévues et les misères passées et futures du ministère. Il est encore le député qui n'a pas rougi de venir applaudir M. Girod (de l'Ain) de sa conduite dans la séance du 10 mars. Nous maintenons qu'il n'y avait à la chambre que M. Augustin Giraud d'un dévouement assez robuste pour se charger d'une pareille justification (12 mars 1832). M. Girod (de l'Ain) a dû se tenir pour très honoré d'une si haute estime.

Il a constamment voté pour le ministère avec un merveilleux emportement.

La famille de M. Giraud, bien que roturière, est toute légitimiste; et lui-même courtisa long temps l'aristocratie de son département. Mais la noblesse de Maine-et-Loire est très fière, à ce qu'il paraît; elle ne pardonna jamais à M. A. Giraud sa roture, et ses occupations peu relevées de fabricant de toiles. Force fut donc à M. Giraud de se jeter dans l'opposition, et la révolution de Juillet le trouva presque républicain. Mais cette extrémité lui était peu naturelle : il se hâta de se précipiter dans le juste-milieu, et scella son adhésion par un mémoire en faveur de l'hérédité de la pairie. Dans la chambre de 1830, sa conduite fut toute ministérielle, et en 1831, son dévouement ne connut plus de bornes. Il est vrai que le ministère n'est point tout-à-fait ingrat pour M. Giraud. Il a tout accordé à ses sollicitations. **M. Giraud a fait donner des places, des décorations à ses parens, alliés, amis, connaissances,** etc.

Il sut loyalement payer les votes que des promesses lui avaient conquis. Pour lui-même, il ne demande rien pour le moment, attendu qu'il est suffisamment riche; mais il ambitionne l'hermine, et il espère que le Luxembourg le recevra à défaut du Palais-Bourbon. Il s'est acquis des droits au fauteuil aristocratique en faisant maintenir en place, ou même en plaçant des carlistes. A ces services parlementaires, M. Giraud en joint quelques autres. Fondateur et actionnaire du *Journal de Maine-et-Loire*, c'est lui qui avait fait prendre à ce journal les couleurs ministérielles dont il a su depuis se débarrasser. M. Augustin Giraud a reçu à Angers (2 mai 1832) un charivari aussi vigoureux que son ministérialisme.

CHARLES GIRAUD. N.

M. Charles Giraud est complétement soumis à son frère, et reçoit de lui toutes ses inspirations. C'est son frère qui le dirige à la chambre, comme c'est lui qui l'a poussé à se mettre sur les rangs pour la députation. M. Augustin ne lui a point permis de faire une profession de foi, ni de prendre aucun engagement envers les électeurs. Nous sommes assurés que M. Charles Giraud cède à une sorte de violence morale en servant le ministère. Avant d'arriver au Palais-Bourbon, il s'était fait remarquer par une ardente opposition aux hommes du 13 Mars, et cependant, il n'a cessé de voter pour eux, bien qu'avec un peu moins de ferveur que son frère.

M. Charles Giraud, industriel assez riche, s'occupe beaucoup d'agriculture et de fabrication de sucre de betteraves.

ROBINEAU. A.

M. Robineau a dénoncé avec courage les attentats des chouans (23 septembre et 22 octobre 1834). Il a demandé avec énergie la suppression de leurs pensions, et il a soutenu, contre M. Thiers, que le public ne devait rien à ces hommes qui, malgré la sympathie touchante de l'élève de M. de Talleyrand, ne sont après tout que des assassins et des voleurs de grande route (19 mars 1832). Il s'est placé dans les rangs des patriotes les plus énergiques et les plus dévoués. Il a voté constamment pour le ministère.

Maire du Louroux, il a rendu un grand service au département de Maine-et-Loire en y créant plusieurs écoles d'enseignement mutuel. Aussi le clergé cherche-t-il à se venger, par la calomnie et par de ténébreuses manœuvres, du patriotisme de M. Robineau.

Il est membre du conseil-général de Maine-et-Loire.

MANCHE.

Ce département nomme huit députés.

MM. Angot, arrondissement d'Avranches. — Le général Baillod, id. de Valogne. — Bricqueville, id. de Cherbourg. — Dudouyt, id. de Coutances. — Enouf, id. de Carentan. — Havin, id. de Saint-Lô. — Leverdays, id. de Mortain. — Rihouet, id. de Perriers.

En faisant une honorable exception pour MM. Havin et Bricqueville, le département de la Manche est à peu près aussi malheureux dans les anciens députés qu'il a gardés, que dans les nouveaux qu'il a choisis. L'un, M. Enouf, est un déserteur. Trois autres, MM. Dudouyt, Angot et Baillod, ont continué à se montrer dignes de leurs précédens de la dernière session. Ils sont restés invariablement fidèles aux hommes du 13 Mars. Enfin, MM. Rihouet et Leverdays, hommes nouveaux, se sont donnés au juste-milieu.

Le département de la Manche n'a point su profiter de l'avantage que la révolution de Juillet lui avait assuré en lui donnant un député de plus à nommer. La Manche est restée, à en juger par sa députation, ce qu'elle a été durant la Restauration, l'un des départemens les plus arriérés de la France, sous le rapport du patriotisme.

ANGOT. A.

M. Angot a donné sa démission vers la fin de la session; il avait constamment voté pour le ministère.

BAILLOD. A.

M. le général Baillod a eu tort de réclamer contre les gens qui l'accusaient d'être un homme du milieu. Il est dévoué au système du 13 Mars. Cette session l'a irrévocablement prouvé. Il a voté constamment pour le ministère.

Il est membre du conseil-général de la Manche.

Colonel **BRICQUEVILLE. A.**

M. Bricqueville a renouvelé dans cette session sa proposition sur le bannissement de Charles X, mais la majorité l'a amendée, la chambre des pairs l'a corrigée à son tour, le Palais Bourbon l'a renvoyée au Luxembourg, et, dans ses nombreux voyages, si la proposition a perdu sa physionomie primitive, si elle est devenue pâle et insignifiante entre les mains des aristocrates du juste-milieu et des légitimistes, la faute n'en est point à M. Bricqueville, il l'a plusieurs fois défendue à la chambre avec l'énergie qui la lui avait fait concevoir, et l'éloquence impétueuse d'un militaire (14 septembre, 17 septembre, 17 octobre 1831, 17 mars 1832). Il l'a même soutenue ailleurs qu'à la tribune. Il l'a soutenue contre **M. de Châteaubriand**, et la brochure du colonel fut une digne réponse à la formidable attaque du noble vicomte. M. Bricqueville s'était dès long-temps fait connaître parmi les patriotes les plus énergiques et les plus éclairés. Il a voté constamment contre le ministère.

Il est membre du conseil-général de la Manche.

À son passage à Caen (2 mai 1832), M. Bricqueville a été reçu par les patriotes qui lui ont offert un banquet, comme témoignage de leur estime pour sa conduite parlementaire. Quelques jours après, il a adressé à ses commettans un compte rendu de ses votes et de ses opinions durant le cours de la session. On y trouve tout le talent et le patriotisme que M. Bricqueville a si souvent montrés.

DUDOUYT. A.

Silencieux comme en 1830, M. Dudouyt s'est contenté d'appuyer d'un vote inébranlable toutes les mesures du ministère. M. Dudouyt est un médecin fort riche.

Il est membre du conseil-général de la Manche.

ÉNOUF. A.

Le nom de M. Énouf restera, comme celui de M. Jay, tristement célèbre dans la discussion de la pairie (10 octobre 1831). Ces deux honorables se cotisant d'esprit et de ministérialisme, vinrent présenter un amendement en faveur de l'hérédité; M. Énouf alla même plus loin, et il demanda, dans cette occasion, le scrutin secret, pour que les consciences timorées ou défaillantes pussent se livrer, sans crainte, à leur faiblesse ou à leur déloyauté. M. Énouf avait long-temps passé pour patriote : c'est vraiment faire preuve d'une rare indulgence, que d'attribuer ses votes, comme le font quelques-uns de ses amis, à l'inadvertance et à l'erreur d'un esprit faux. Si M. Énouf n'est plus patriote, du moins, pour sa part, il croit l'être aujourd'hui plus que jamais. On pourrait le renvoyer au précepte du philosophe grec : « Connais-toi toi-même. » M. Énouf est, dit-on, de bonne foi, et ses incroyables contradictions ne surprennent point ceux qui le connaissent. Il est fantasque, décousu. Il a pour habitude de répéter, à la fin de presque tous ses raisonnemens politiques dans l'intimité, cette phrase banale : « C'est moi qui vous le dis, moi, démocrate. » Nous sommes sûrs que M. Énouf a redit vingt fois cette phrase, le jour même où il a présenté son amendement en faveur de l'hérédité de la pairie. Dans le sein des bureaux, M. Énouf soutient sans cesse et avec acharnement, les doctrines les plus rétrogrades du juste-milieu ; et il croit fermement que nul patriote ne va aussi loin que lui. C'est peut-être par une inadvertance semblable, que M. Énouf se trompe presque toujours du blanc au noir, prend l'urne des boules pour celle des votes, et combat pour le ministère, croyant combattre avec l'opposition. Il n'y a rien de surprenant qu'il vote de temps à autre avec elle.

Il est membre du conseil-général de la Manche.

HAVIN. N.

Ce sont surtout les questions de finances que M. Havin paraît affectionner, et il y a montré des connaissances peu communes. Il a proposé une réduction proportionnelle sur les traitemens de tous les fonctionnaires publics (26 et 29 septembre), et a soutenu avec énergie son opinion contre MM. Humann et Beslay père. Il refusa les trois douzièmes provisoires que le ministère vint demander pour les premiers mois de 1832. Il voulait que la propriété foncière, la moins imposée de toutes, restât grévée des 30 centimes additionnels qu'on lui avait momentanément demandés (17 septembre) ; par un odieux égoïsme, la majorité repoussa cette proposition si équitable, et allégea elle-même ses propres charges, tandis qu'elle aggravait celles du peuple. Dans la discussion du budget de 1832, M. Havin fut assez heureux pour faire adopter deux amendemens qui rendirent, il est vrai, MM. Barthe et Casimir Périer furieux, mais dont les patriotes doivent savoir gré à M. Havin.

Le premier, de 66,000 fr, portait sur le Conseil-d'État ; le second, de 182,000 fr., sur la Cour de cassation (10 février 1832).

M. Havin a voté constamment contre le ministère. A son retour à St. Lô (7 mai 1832), il a été reçu et complimenté par les officiers de la garde nationale de la ville.

LEVERDAYS. N.

M. Leverdays a voté contre l'ordre du jour motivé de M. Ganneron, mais, effrayé, sans doute, de cette audacieuse démarche, il s'est rejeté dans le juste-milieu, pour n'en plus sortir. Depuis, il a voté constamment avec le ministère.

RIHOUET. N.

Rapporteur du budget de la Légion-d'Honneur, M. Rihouet a fait un pompeux éloge de l'habileté financière de M. de Villèle, oubliant, sans doute, qu'il y avait une scandaleuse naïveté à venir louer, en face de la France, un homme qui a dilapidé trois ou quatre milliards de ses trésors pour l'émigration, le clergé, la guerre d'Espagne et les prodigalités d'une cour insensée.

M. Rihouet a voté constamment pour le ministère.

MARNE.

Ce département nomme six députés.

MM. Dozon, arrondissement de Châlons. — Leroy, 1er id. de Reims. — Lévéque de Pouilly, 2e id. de Reims. — Le baron Louis, id. d'Épernay. — Royer-Collard, id. de Vitry-sur-Marne. — Le général Tirlet, id. de Sainte-Ménéhould.

Sans la présence contagieuse de M. Royer-Collard, nous aurions peine à concevoir comment le département de la Marne a pu se composer une députation aussi anti-nationale que sa députation actuelle. Des antécédens, que personne ne peut ignorer, semblaient devoir repousser les six représentans que la Marne s'est donnés. Deux ont été des agens secrets de la Restauration, MM. Louis et Royer-Collard, et ne se sont brouillés avec elle que par vanité ou par des exigences démesurées. Un autre a servi la légitimité avec un dévouement sans bornes dans l'odieuse campagne de 1823, c'est M. Tirlet. Deux, MM. Leroy et Lévêque, ont donné, dans la session précédente, des preuves de ministérialisme non équivoques. Enfin M. Dozon, qui tient au système du 13 Mars par une place assez élevée, avait fait une profession de foi beaucoup trop faible pour rassurer les électeurs sur son compte. Ainsi, pas un seul des six députés de la Marne ne compte parmi les patriotes.

Par un déplorable hasard, la révolution de Juillet semble avoir fait perdre au département de la Marne tout le patriotisme qu'il avait montré durant la Restauration. Pendant seize ans, la moitié de ses représentans s'asseyaient sur les bancs de l'opposition : aujourd'hui, tous, sans exception, se sont donnés au ministère.

DOZON. N.

Président du tribunal civil de Châlons, M. Dozon a constamment voté pour le ministère.

LEROY-MYON. A.

M. Leroy-Myon, en 1831 comme en 1830, a constamment voté pour le ministère.

Il est membre du conseil-général de la Marne.

LÉVÊQUE DE POUILLY.

Nous ne savons point pourquoi M. Lévêque, abandonnant le département de l'Aisne, est venu doter de son ministérialisme le département de la Marne, qui compte cependant assez de fidèles du juste-milieu. Il a voté constamment pour le ministère.

LOUIS. A.

« Je n'aurais pas été bon à jeter aux chiens. » Voilà dans quels termes, fort pittoresques et fort éloquens, M. Louis parle quelquefois de sa propre personne (28 janvier 1832). La modestie de M. l'abbé peut se permettre de pareilles licences, mais, quant à nous, le respect humain souffre tout au plus que nous disions que M. l'abbé serait bon à être mis hors du ministère des finances. C'est une triste chose, en effet, qu'un ministre incapable de prendre la parole sur les affaires qui lui sont confiées, et obligé d'abandonner la discussion publique à des subalternes. Le vicaire, ou le porte-voix parlementaire, de

M. Louis, est ordinairement le jeune M. Duchâtel, conseiller d'État, qui joint à son nom le prénom féodal de Tanneguy, bien que sa noblesse, née d'hier, ne tienne absolument en rien à ce fameux Duchâtel, illustre, sous Charles VI et Charles VII, par son dévouement homicide.

On sait que M. l'abbé Louis, grand partisan de la légitimité, et l'un des plus ardens promoteurs de la première Restauration, a été ministre des finances de la branche aînée, comme il l'est de la branche cadette. Croirait-on que cet homme, riche à millions de sa fortune personnelle, recevant du public 100,000 fr. à titre de ministre, n'avait pas craint de se faire adjuger une pension de 12,000 fr. comme ancien ministre de la Restauration? Il est vrai que M. l'abbé, qui, parmi toutes ses vertus ecclésiastiques, paraît avoir conservé tout au moins une bonne dose d'humilité, s'il n'a point conservé le désintéressement, avait eu la magnanimité de réunir ses collègues en conseil, pour leur demander l'autorisation de percevoir ce petit souvenir des services jadis rendus à Louis XVIII. Cependant un député patriote, M. Marschal, qui paraissait moins touché, que le conseil, du dénuement de M. Louis, est venu révéler, à la tribune, cette petite turpitude, et, sur les observations du député de la Meurthe, cette première pension de M. Louis fut supprimée, attendu qu'il en touchera une autre, dès que sa sollicitude financière pourra lui permettre d'abandonner le soin de la caisse publique (7 février 1832). De nos deux ministres auxquels est confié le plus considérable maniement de nos trésors, le ministre des finances et le ministre de la guerre, M. Louis cumule deux pensions, M. Soult déclare qu'il abandonnera la vie plutôt que son traitement de maréchal. Il serait difficile de trouver des mains plus pures et des cœurs plus désintéressés à qui l'on pût remettre la garde et l'emploi de la fortune publique.

Quoique peu dangereux, M. Louis est un ennemi violent des principes de Juillet.

ROYER-COLLARD. A.

Ce fut un assez curieux spectacle, que de voir M. Royer-Collard venir défendre à la tribune nationale l'hérédité de la pairie. C'était un discours attendu depuis plus d'un an; un mois à l'avance, les salons ministériels en avaient retenti. Toutes les formules de l'éloge étaient épuisées. On aurait presque dit que le grand-prêtre de l'éclectisme allait ressusciter un cadavre.

On s'attendait à l'un de ces puissans efforts d'éloquence qui frappent la raison, entraînent les cœurs et subjuguent les esprits les plus rebelles. Des injures à la souveraineté du peuple, base de notre nouveau droit politique; des louanges outrées au privilége, haillon d'un passé dont l'humanité ne veut plus; prédictions sinistres sur un avenir dont certes la France ne serait guère inquiète, quand bien même la *doctrine* ne l'y conduirait pas; faussetés historiques; lamentations d'un cœur faible et d'un esprit malade, tel fut le discours de M. Royer. Il fit, surtout à cette occasion, un large usage du paradoxe et de cette outre-cuidance, attributs indispensables de tout ce qui s'asseoit sur le *canapé*. Il est venu nous assurer, du plus grand sang-froid du monde, que le droit divin et la souveraineté du peuple étaient deux fantômes aussi vains l'un que l'autre, et que la souveraineté de la Raison était seule possible, et, qui plus est, réelle. Par ces assertions, M. Royer-Collard ne prouvait que trois choses : qu'il ne connaissait pas le passé, qu'il n'entendait rien à l'avenir, et qu'il apportait, dans la discussion du présent, la mauvaise foi de la subtilité scholastique. Le droit divin est si peu une fiction, que des rois eux-mêmes sont descendus dans l'arène, Jacques Ier en tête, pour le soutenir par la plume aussi bien que par l'épée. Les guerres du sacerdoce et de l'Empire, au douzième siècle, et toutes les controverses des jésuites et de tous les docteurs de la Réforme, sont là pour prouver que le droit divin n'a malheureusement été que trop long-temps une réalité aussi absurde qu'atroce. Nier la souveraineté du peuple, c'est médire, non-seulement de la nation mais aussi de l'humanité. Parler de la souveraineté de la Raison, n'est que répéter une trivialité dont tout le monde convient, ou un non-sens politique. Pour édifier ses raisonnemens, et sans doute aussi ses auditeurs, M. Royer cita, à l'appui de son opinion, M. Cousin, assez peu connu en politique, et Platon, auquel il fait honneur, bien à l'insu de l'Athénien sans doute, de l'invention du gouvernement représentatif. Nous ne savons si c'est à dessein que M. Royer-Collard a lancé quelques anathèmes contre le gouvernement actuel, ou bien s'il s'est laissé emporter aux visions d'un esprit trop préoccupé de sa propre excellence; mais il a énoncé quelques principes dont le juste-milieu doit lui savoir fort peu de gré : « Je préfère, a-t-il dit, je préfère la *république* avec un sénat héréditaire, à la démocratie royale. » Ainsi, en chantant le *de profundis* de l'hérédité, M. Royer-Collard n'a pu s'empêcher de prédire le **trépas de la royauté du 7 août.** Nous n'avons jamais cru, pour notre part, ni au génie ni aux inspirations de M. Royer; mais ceux qui y croient, et qui se sont attachés corps et âme à la quasi-légitimité, doivent en vouloir à leur oracle d'avoir, par ces prédictions lugubres, désenchanté leurs rêves de bonheur et d'aristocratie (4 octobre 1831).

Avant ce discours, M. Royer-Collard avait pris une autre fois la parole sur un incident de fort peu d'importance, où sa voix était déplacée, et où elle ne fut point écoutée. On trouva peu convenable qu'un homme qui depuis un an gardait un silence orgueilleux, vînt le rompre pour soutenir le caprice et la boutade d'un ministre entêté. M. Royer prétendit que M. Périer, en sa qualité de ministre du roi, avait toujours le droit de parler, même après la clôture (16 août 1831).

Outre ces deux apparitions à la tribune, il ne permet point à la chambre ni au public d'oublier sa présence. Par une manie assez ridicule, il ne se passe guère de jours où il ne se fasse remarquer par des exclamations et des interruptions qu'il serait bien difficile de comprendre : « Oh! ah! » s'écrie-t-il au milieu du discours d'un orateur, de manière à ce que tous les yeux se tournent de son côté. Sous ce rapport, il entre presqu'en rivalité avec M. Madier Montjau, qui s'est rendu célèbre par ses cris de : bravo! bravo! très bien! très bien! M. Royer s'est même une fois permis une licence qu'assurément n'oserait prendre M. Madier. Durant un discours, que la chambre écoutait avec un religieux silence, un bâillement aussi fort que prolongé se fit entendre; chacun regarda au banc de M. Royer-Collard, et chacun vit l'énorme bouche de l'honorable qui produisait l'aimable son qu'on avait remarqué. Si c'était une épigramme, elle était de mauvais goût, et, de plus, inconvenante (5 fév. 1832). Nous ne savons si ces harangues monosyllabiques ou ces bâillemens éloquens sont des plaisanteries de M. Royer, mais, parmi ses amis, il s'en permet quelques-unes qui lui font une prodigieuse réputation d'esprit; nous ne les rappellerons pas, mais nous pouvons dire qu'elles ne valent guère mieux que ses bons mots exclamatifs, et que ce qui domine dans les unes comme dans les autres, c'est une suffisance dont on ne soupçonnerait pas l'épaisse tournure de M. Royer, non plus que sa capacité philosophique. En cela, comme dans tout le reste, M. Royer peut passer pour le type de la doctrine. Voyez-en tous les adeptes : il n'en est pas un, jusqu'à M. Renouard lui-même, qui ne se croie un grand homme; égoïsme, intolérable personnalité, voilà ce qu'on trouve au fond de tous leurs cœurs et de tous leurs actes.

M. Royer, malgré ses affections légitimistes, a constamment voté pour le ministère. Son discours sur la tombe de M. Périer (19 mai 1832), fut un fort piteux morceau d'éloquence, et le panégyriste se montra tout-à-fait à la hauteur du héros, en avouant que le défunt, non plus que lui-même, n'avait jamais voulu la Révolution de Juillet.

Le Général TIRLET. A.

M. Tirlet règle toujours ses votes sur ceux de M. Royer-Collard, et tandis que son collègue travaille pour des desseins secrets, M. Tirlet travaille modestement pour le juste-milieu. Il a voté constamment en faveur du ministère.

Il est membre du conseil-général de la Marne.

MARNE (Haute)

Ce département nomme quatre députés.

MM. De Failly, arrondissement de Vassy. — Toupot-de-Bévaux, id. de Chaumont. — Vandeul, id. de Langres. — Virey, id. de Bourbonne.

Le département de la Haute-Marne n'a pas eu le moindre avantage à remplacer MM. Becquey et Thomassin par MM. Virey et de Failly. Les deux nouveaux députés votent pour le ministère comme votaient leurs prédécesseurs. M. de Vandeul s'est prononcé dans presque toutes les questions pour les principes de liberté. M. Toupot a suivi partout cet exemple, mais n'a pas été aussi fidèle à l'opposition.

DE FAILLY. N.

M. de Failly a voté constamment pour le ministère. Il est officier d'artillerie, et passait pour fort libéral sous la Restauration ; il n'a dû son élection en 1831, qu'aux opinions qu'il avait précédemment manifestées. Mais le ministère a su l'épouvanter comme tant d'honorables des centres. Le salut de la France est à ses yeux dans le système du 13 Mars. Nous croyons que chez lui cette conviction, quelque déplorable qu'elle soit, est cependant désintéressée.

Il est membre du conseil-général de la Haute-Marne.

TOUPOT-DE-BÉVAUX. A.

M. Toupot a voté pour l'ordre du jour de M. Ganneron (22 septembre). Il a souffert sans protestation la fournée illégale des 36 pairs (23 novembre); mais il a protesté contre l'insultante dénomination de *sujets* (7 janvier 1832). Ce vote doit-il à lui seul effacer les deux autres ? et M. Toupot est-il revenu au camp qu'il avait abandonné? Si dans cette session il n'a point appartenu au ministère, on ne peut dire non plus qu'il ait appartenu à l'opposition.

Il est membre du conseil-général de la Haute-Marne.

CAROILLON DE VANDEUL. A.

M. de Vandeul a été sous l'Empire ministre plénipotentiaire à Darmstadt. La légitimité lui offrit, en vain, places et faveurs, il les refusa. Les patriotes lui doivent tenir compte de cette indépendance dont si peu d'hommes politiques ont donné l'exemple.

Notre premier tableau de classification portait, par erreur, M. de Vandeul parmi les députés à tendance légitimiste. Il a voté fort souvent avec l'opposition, bien qu'il n'ait pas confondu son vote avec les siens, dans les trois occasions solennelles où elle dut repousser l'ordre du jour motivé de M. Ganneron, les ordonnances illégales du 19 novembre 1831, et l'insultante dénomination de *sujets* (7 janvier 1832).

Il est membre du conseil-général de la Haute-Marne.

VIREY. N.

M. Virey passe pour un médecin distingué, et, à propos de la loi de recrutement, il nous a donné un échantillon de ses connaissances physiologiques et de ses recherches sur la taille de l'homme (1er novembre 1831). Mais, par suite, peut-être, de l'état qu'il a embrassé, si M. Virey est savant, il paraît fort peu humain. Dans la discussion du Code pénal, il voulait rendre les châtimens plus sévères, loin de les adoucir (13 novembre). De telles opinions ne prouvent, dans notre temps, qu'une chose : c'est que l'homme qui les émet porte ou un cœur cruel, ou, au moins, un esprit arriéré. Pour que M. Virey s'humanise et s'instruise, nous le renverrons au discours qu'a prononcé, dans cette même occasion, son collègue, M. Joseph Bernard.

M. Virey a parlé en faveur de l'allocation des cinq millions de dépenses mystérieuses que demandait M. le président du conseil (19 octobre 1831).

Il a voté constamment pour le ministère. Il était peu connu dans l'arrondissement de Bourbonne où il a été nommé; les électeurs l'avaient cru patriote, mais ils sont aujourd'hui détrompés.

MAYENNE.

Ce département nomme cinq députés.

MM. Bidault, arrondissement de Laval, 2ᵉ — Delauney, id. de Laval, 1ᵉʳ. — Lecour, 2ᵉ id. de Mayenne — Paillard-du-Cléré, id. de Château-Gonthier. — De Rumigny, 1ᵉʳ id. de Mayenne.

La députation de la Mayenne est absolument nulle sous le rapport du patriotisme, et l'on pourrait dire, sous le rapport des lumières. Il nous semble difficile d'expliquer autrement que par des influences ministérielles le choix inconcevable de ses représentans. L'un, surtout, par sa place auprès de la personne du roi, et ses fonctions dépendantes, devrait à jamais être exclus de la représentation nationale, quand bien même son nom n'eût point acquis en avril, 1831, une triste célébrité dans le procès de l'artillerie parisienne. Jamais, sous la Restauration, la représentation de la Mayenne n'avait été aussi déplorable. Nous engageons vivement les patriotes à s'entendre et à faire tous leurs efforts pour reprendre, dans la première lutte électorale, tous leurs avantages perdus depuis Juillet.

BIDAULT. A.

M. Bidault, président du tribunal civil à Laval, n'a pas voulu prendre d'engagement envers ses commettans, et s'il en a, ce ne peut être qu'avec le système du 13 Mars, dont il est un partisan dévoué. Il a constamment voté pour le ministère.

Il est membre du conseil-général de la Mayenne.

DELAUNEY. A.

Depuis douze ou quatorze ans, M. Delauney a servi tour-à-tour tous les ministères, comme il sert le ministère actuel. Il était à M. de Martignac, comme il est au juste-milieu. Il a constamment voté pour le système du 13 Mars.

Il est membre du conseil-général de la Mayenne.

LECOUR. N.

M. Lecour a constamment voté pour le ministère.

PAILLARD-DU-CLÉRÉ. A.

Beau-père du jeune homme ex-ministre des cultes et actuellement ministre de l'intérieur pour la seconde fois, M. Paillard-du-Cléré aurait été le plus ingrat des parens s'il ne se fût pas donné corps et âme au juste-milieu; aussi n'y a-t-il pas manqué. Le seul acte de M. Paillard, dans la session, est de s'être levé, lui second avec M. Casimir Périer, contre l'admission d'un jeune député patriote. Il s'est chargé aussi à la chambre de diriger les votes de deux ou trois de ses collègues, assez aveugles ou assez faibles pour se laisser influencer par lui.

Bien que riche à millions, par les forges qu'il exploite, M. Du-Cléré est logé, chauffé, éclairé, blanchi gratuitement, dans l'hôtel de son gendre, et aux frais de l'État.

Il est membre du conseil-général de la Mayenne.

Le général RUMIGNY. A.

M. Rumigny, aide-de-camp du roi, a dit lui-même qu'il était chargé de *la police* au Palais-Royal; fonctions qu'il exerce sans doute encore aux Tuileries. (Voir le procès de l'artillerie parisienne, 11 avril 1831.) On peut croire que M. de Rumigny n'est point inutile à la camarilla, qui s'est emparé de la direction des affaires; mais ce nous semble un titre assez peu louable à la reconnaissance de ses commettans. Quant aux services parlementaires de M. Rumigny, nous ne saurions dire au juste ce qu'ils sont. Quand il a pris envie à quelques honorables d'échanger des coups de pistolet, M. Rumigny a été le témoin de l'un des champions. C'est un talent qui est toujours de mise, même à la chambre des députés. Il est inutile de dire que M. Rumigny a constamment voté pour le ministère.

Il est membre du conseil-général de la Mayenne.

MEURTHE.

Ce département nomme six députés.

MM. Chevandier, arrondissement de *Sarrebourg.* — *Le comte Lobau*, id. *de Lunéville.* — *De Ludre*, id. *de Château-Salins.* — *Marschal*, id. *de Nancy*, 1er. — *Tardieu*, id. *de Toul.* — *Thouvenel*, id. *de Nancy*, 2e.

Sur les six députés de la Meurthe, quatre sont au nombre des patriotes les plus énergiques de la chambre. Les deux autres sont des adhérens du milieu : ce sont MM. Chevandier et Mouton, comte de Lobau, et depuis dix mois maréchal de France, qui est un des favoris, et de plus, un des instrumens du ministère du 13 Mars.

Quoique, durant l'oppression de la légitimité, le département de la Meurthe n'ait cessé de donner de continuels témoignages de son patriotisme, jamais il n'avait obtenu un succès aussi complet. Le tiers à peine de ses représentans siégeait aux bancs de l'opposition ; aujourd'hui les deux tiers de sa députation votent avec constance contre le désastreux système du 13 Mars.

CHEVANDIER. N.

M. Chevandier appartient au juste-milieu ; et nous sommes portés à croire qu'il l'aime moins encore par courte vue que par égoïsme. Un discours sur le 21 janvier, qu'il a fait publier dans le *Constitutionnel*, ne pouvant le débiter à la tribune, prouve dans son auteur fort peu de lumières. (Voir le *Constitutionnel* du 5 mars 1832.) Son admiration fanatique pour Napoléon annonce un homme qui juge mal les besoins et les vœux de notre époque. Il a soutenu l'amendement de M. Bousquet pour la révision des pensions (6 février 1832).

Propriétaire d'une immense manufacture de glaces, M. Chevandier a fait un marché avec l'État pour le combustible nécessaire à ses usines. Son bail expire très prochainement ; il serait désolé de ne pouvoir le renouveler aux mêmes conditions. Voter avec l'opposition, serait pour lui une noire ingratitude dont son cœur n'est pas capable, et serait de plus un mauvais calcul que son intérêt ne lui permet pas.

Il est membre du conseil-général de la Meurthe.

MOUTON, comte LOBAU. A.

M. Lobau, fait maréchal de France, nous ne savons trop pourquoi, a été renommé député à la presque nuanimité le 3 septembre 1831. M. le maréchal a reçu coup sur coup les faveurs du ministère et celles des électeurs; nous ne connaissons point cependant les éminens services que M. de Lobau a rendus depuis peu, soit au gouvernement comme militaire, soit à la France comme législateur, à moins que l'on ne compte ses campagnes contre les émeutes pour des titres au grade suprême qu'on lui a confié. Aux yeux des patriotes, il s'est présenté sous un autre jour. Dans une discussion où quelques souvenirs de Juillet étaient réveillés, M. de Lobau, nommé membre de la commission municipale pendant les trois jours, est venu renier solennellement le peu qu'il pouvait avoir fait à cette époque; et il a déclaré, à la face de la France, qu'il n'était point alors, qu'il n'avait jamais été révolutionnaire (22 décembre 1831). Si le caractère de M. Lobau était autre, nous croirions qu'il a voulu s'égayer aux dépens de la chambre, et faire quelque espiéglerie, mais nous préférons prendre les choses au sérieux, comme M. Mouton les a prises lui-même. Il est certain que, par des motifs dont il ne s'est pas lui-même rendu compte, et poussé sans doute par quelque habile des centres, il est venu renoncer, pour sa part, à l'*événement* de Juillet, et que l'on peut croire, sans lui faire le moindre tort, qu'il n'avait pas la tête à lui lorsqu'il siégeait à l'Hôtel-de-Ville, ce dont il est aujourd'hui tout contrit.

A regarder la position générale de M. de Lobau, on peut dire qu'elle est monstrueuse. Le même homme se trouve à la fois maréchal de France, général en chef de la garde nationale de Paris, commandant supérieur des troupes du département, et enfin député, c'est-à-dire que M. le maréchal fait la loi au Palais-Bourbon et qu'il l'applique sur le pavé de Paris.

Il est inutile de dire qu'il a voté pour le ministère.

DE LUDRE. N.

M. de Ludre a montré le dévouement le plus complet et le plus noble aux intérêts populaires. C'est pour le peuple qu'il a demandé la réduction de l'impôt du sel (10 septembre 1831), et qu'il a voulu limiter le service militaire à quatre années (4 novembre). Tous ceux qui comprennent sur qui portent en définitive les charges fiscales, sauront gré à M. de Ludre d'avoir voulu réduire la liste civile à 4 millions (12 janvier 1832), persuadé que cette somme suffisait à la modestie d'une royauté bourgeoise. C'est d'après les mêmes principes qu'il a réclamé la révision de toutes les pensions, source d'une économie légitime de plusieurs millions (2 février), et qu'il a proposé quelques bons amendemens dans la loi des céréales (31 mars 1832).

Dans la discussion de la pairie, M. de Ludre a demandé l'élection directe des pairs (10 octobre 1831), et il voulait que l'entrée des assemblées législatives fût interdite à tous ceux qui avaient eu la lâcheté de porter les armes contre le pays (17 octobre). M. de Ludre pensait comme M. le général Lamarque, sur l'utilité de la garde nationale des frontières (31 août), et il appuya vivement la proposition du général pour une mobilisation rapide (25 octobre).

Indigné de la scandaleuse discussion des centres sur le bannissement de Charles X et de sa famille, M. de Ludre a demandé que l'ex-roi fût *humblement prié de vouloir ne plus revenir en France* (17 novembre). La conduite de M. Girod (de l'Ain) dans la séance du 10 mars 1832, trouva dans M. de Ludre un censeur énergique, et, pour flétrir d'une éclatante réprobation ces attentats à la liberté et à la dignité de la tribune, M. de Ludre voulait faire comparaître le président à la barre (12 mars). M. Girod (de l'Ain) joignit à ses premiers torts un tort nouveau. Pendant deux jours entiers, il cacha la proposition de M. de Ludre, ne s'en remettant pas sans doute aux bureaux pour l'empêcher d'arriver à la discussion.

M. de Ludre a constamment voté contre le ministère. A son retour dans le département de la Meurthe, il a été partout accueilli par l'enthousiasme patriotique de la garde nationale et de la population.

MARSCHAL. A.

En juillet, M. Marschal s'était signalé par son courage et son dévouement. Il avait été s'installer à la direction des télégraphes, et occupa cette place gratuitement jusqu'à ce qu'une destitution brutale vînt frapper non pas le fonctionnaire, mais le patriote votant contre le ministère.

Sur toutes les questions fondamentales de finances ou de politique, M. Marschal a toujours soutenu les vrais principes. Sur le pouvoir constituant de la chambre, à l'égard de la pairie, comme pour la liste civile, son opinion a été radicale (1er octobre 1831, 4 janvier 1832). Il voulait (18 octobre 1831) que les fonctions de pair fussent incompatibles avec les emplois de cour. La majorité répondit par la question préalable. M. Marschal a été plus heureux dans ses efforts d'économie. Il avait reproché au ministère (26 septembre 1831) de n'avoir point révisé les pensions, ainsi que la loi l'ordonnait; mais, à la discussion du budget, il s'occupa de les réviser lui-même, et fit si bien, que la chambre (7 février 1832) supprima, à cet infortuné M. Louis, actuellement ministre des finances, une pension de 12,000 fr. que le modeste secrétaire d'État s'était fait adjuger en conseil, par ses collègues, pour ses services de la Restauration.

M. Marschal a voté constamment contre le ministère.

Il est membre du conseil-général de la Meurthe.

TARDIEU aîné. N.

Le maire de Nancy a tenu tout ce que les patriotes qui l'ont nommé étaient en droit d'attendre de lui. Dans toutes les grandes questions, il a pris le parti des intérêts populaires, c'est-à-dire de la justice, de l'égalité, de la liberté et de l'économie. Il a été l'un des plus fermes soutiens des prérogatives et des devoirs de la chambre dans la discussion de la pairie (1er octobre 1831); il voulait, comme la raison le demandait, qu'elle se déclarât constituante.

M. Tardieu a demandé et obtenu, sur le budget de l'Université, une réduction de 44,000 fr. (20 février 1832). Il a constamment voté contre le ministère.

Il est membre du conseil-général de la Meurthe.

THOUVENEL. A.

Inconstitutionnel, menteur, immoral, impolitique et criminel, voilà avec quelles épithètes et quelles armes, M. Thouvenel a poussé au *monstre*, c'est-à-dire attaqué le budget. Son spirituel discours a fait sourire les centres eux-mêmes : mais les patriotes ont retrouvé avec plaisir sous ces apparences, légères seulement pour des esprits inattentifs, ces sentimens énergiques et éclairés, d'économie, de liberté et d'égalité, qui ont toujours guidé le député de la Meurthe dans sa carrière politique (16 janvier 1832). Plus d'une fois M. Thouvenel a combattu, avec l'énergie de son patriotisme et d'une conscience intègre, les combinaisons de la diplomatie, et les combinaisons, plus viles encore, de nos *loups cerviers*. Bien des cœurs battaient plus vite qu'à l'ordinaire, sur les bancs des centres, le jour où l'honnête homme épouvantait, par des menaces de révélations, les agioteurs de la Bourse (4 janvier 1832). La presse saura gré à M. Thouvenel des généreux efforts qu'il tenta pour la défendre contre l'illégalité des accusations préventives (9 février 1832); tous les esprits éclairés, de quelqu'opinion qu'ils puissent être, ne lui en sauront pas moins pour avoir repoussé de nos codes la peine de mort (24 novembre 1831), déjà jugée par la conscience populaire, mais que nos tardifs législateurs garderont long-temps encore.

Dans la discussion sur la pairie, M. Thouvenel (30 septembre 1831) a défendu les principes d'égalité qui formeront la base de notre nouveau droit civil. Il a constamment voté contre le ministère.

M. Thouvenel est médecin, et est resté à Paris, tout le temps que le choléra a régné, étudiant la nature du fléau et portant secours aux indigens qui en étaient atteints. A son retour à Pont-à-Mousson, M. Thouvenel a été reçu par le corps municipal, la garde nationale, les officiers en tête, et par toute la population. C'était un hommage à sa conduite parlementaire et au noble courage qu'il a montré, en restant, à soigner les malades au milieu de l'épidémie.

MEUSE.

Ce département nomme quatre députés.

MM. Étienne, arrondissement de Commercy. — Génin, id. de Verdun. — Gillon, id. de Bar-le-Duc. — Lallemant, id. de Montmédy.

L'influence de M. Étienne a vraiment été délétère sur le peu de patriotisme qui restait à la députation de la Meuse. Le ministère la possède aujourd'hui presque sans la moindre contradiction. M. Gillon seul paraît encore faire quelque faible résistance.

Durant nos seize années d'esclavage, la Meuse avait toujours réussi à renforcer l'opposition de la moitié, et souvent plus, de sa députation. Aujourd'hui, pas un seul de ses représentans ne peut compter parmi les vrais patriotes; et il en est un qui peut même passer pour leur mortel ennemi. Nous espérons que, dès que l'occasion s'en présentera, les amis de la liberté, qui sont en si grand nombre dans le département de la Meuse, parviendront à obtenir une représentation un peu plus digne de leur mandat.

ÉTIENNE. A.

En sa qualité d'académicien, M. Étienne est habituellement chargé, à chaque session, de la rédaction de l'Adresse. En 1831, c'est encore lui qui a rempli ce soin; chacun sait de quelle façon. Le style de M. Étienne a ceci de particulier et de méritoire aux yeux de bien des gens, qu'il entasse les uns sur les autres des mots qui, vus à distance, paraissent signifier quelque chose, et qui, de fait, sont parfaitement vides de sens, quand on veut les examiner d'un peu plus près. Ce n'est point, du reste, le seul avantage qu'offre le choix d'un pareil rédacteur. Non-seulement il sait ne pas blesser le ministère, mais encore il se prête, sans trop de raideur, à toutes les petites complaisances que ses amis du 13 Mars peuvent exiger de lui. Il sait, fort à propos, changer un mot, une phrase, une pensée tout entière. Au besoin, il peut retarder son inspiration d'éloquence pendant quatre ou cinq jours : c'est-à-dire qu'il ne parle que quand et comme le premier ministre le désire. Nous ne savons si c'est en sa qualité obligée d'homme d'esprit, ou plutôt par une inspiration soufflée du cabinet particulier, que M. Étienne est venu s'égayer sur le Panthéon; mais, après une scandaleuse discussion, M. Salverte, qui avait fait la proposition, fut forcé de la soustraire, en la retirant, au contact flétrissant des orateurs ministériels (18 février 1832). M. Étienne se chargea d'être le rapporteur de la loi sur les légionnaires des cent jours, insulte à la dignité de la chambre, et attentat à ses prérogatives (21 décembre 1831).

Il s'acquitte aujourd'hui de sa tâche ministérielle comme il s'acquittait, sous Napoléon, d'une autre tâche non moins louable. On se rappelle que lorsque l'Empereur voulut faire taire la presse indépendante, et bâillonner le *Journal des Débats,* alors *Journal de l'Empire,* la censure en fut confiée au complaisant M. Étienne, qui sut travailler à la satisfaction du maître, et qui, pour prix de son zèle, reçut deux parts dans les bénéfices de l'entreprise. (Voir la *Biographie des hommes vivans;* Paris, 1816-1817). Plus récemment encore, M. Étienne a recommencé la même manœuvre de censure sur un autre journal. C'est par lui et par M. Jay que le *Constitutionnel* a été jeté hors de la route patriotique, pour laquelle il avait été fondé et dans une route de ministérialisme où il a perdu l'estime des amis de la liberté, et où il perdra, s'il y persévère, ses abonnés et sa fortune. M. Étienne a constamment voté pour le ministère.

On a calculé que M. Étienne, fort désintéressé pour lui-même, attendu qu'il est suffisamment riche, a fait obtenir à ses parens, alliés, amis, connaissances, etc., 80 ou 100,000 fr. de places rétribuées par l'État. Son fils, en particulier, est référendaire de seconde classe à la Cour des comptes. Son gendre est auditeur au Conseil d'État; et tout le reste de la famille est très convenablement pourvu.

A tout prendre, il n'a dû sa brillante fortune qu'à ses bons offices contre la liberté de la presse. Après avoir été censeur du *Journal de l'Empire*, et chef du bureau de police pour les journaux, le crédit de M. Savary, ministre de la police, le fit recevoir, en 1811, membre de l'Institut (classe de littérature). Privé de son emploi de censeur en 1814, et réintégré durant les cent jours, la deuxième Restauration ne le confirma ni dans sa place à l'Institut, ni dans son brevet de la Légion-d'Honneur qu'il avait reçu à la fin de mars 1815. (Voir l'ouvrage cité plus haut).

Il est membre du conseil-général de la Meuse.

GÉNIN. A.

M. Génin a constamment voté pour le ministère.

Il est membre du conseil-général de la Meuse, et est un des riches propriétaires fonciers du département.

GILLON. A.

Au commencement de la session, M. Gillon montrait encore d'assez louables principes. Dans la discussion de l'Adresse, il avait généreusement combattu, quoique d'une manière incidente, le monopole de l'Université (13 août 1831). Dans un rapport sur les rentes d'Espagne, il avait flétri les odieuses spéculations des agioteurs (27 août 1831). Il avait appuyé l'amendement de M. Mosbourg, pour l'augmentation du bail des salines de l'Est (26 sept. 1831). Il avait demandé la réduction du traitement du maréchal Lobau (27 sept.); et quoiqu'il eût montré peu de lumières et de générosité, en refusant aux colonies une part à la représentation nationale (15 octobre), cependant il demandait encore une réforme dans notre système judiciaire, et soutenait de bons principes d'administration (9 février 1832). Mais, devenu rapporteur du budget des cultes, les convictions de M. Gillon parurent complétement changées (16 février 1832). Il défendit avec une rare constance, contre les propositions d'économie, tous les abus d'un ministère qui en renferme tant, et que probablement le bon sens national ne tardera point à réduire. M. Gillon a presque constamment voté pour le ministère : quelquefois cependant son vote s'est joint à celui de l'opposition.

Si, à son retour, M. Gillon a été reçu dans son département par une sérénade, cet hommage s'adressait moins à ses opinions politiques, qu'à son activité parlementaire, et à ses nombreux travaux durant le cours de la session.

LALLEMANT. N.

M. Lallemant a constamment voté pour le ministère.

Il est membre du conseil-général de la Meuse, ainsi que son collègue, M. Gillon.

MORBIHAN.

Ce département nomme six députés.

MM. Beslay, fils, arrondissement de Pontivy. — Ducoëdic, id. 2ᵉ de Vannes. — Fruchard, id. de Hennebon. — De Sivry, id. de Ploërmel. — Vigier, id. 1ᵉʳ de Vannes. — Villemain, id. de Lorient.

M. Beslay fils est le seul patriote du Morbihan, comme si Pontivy était aussi la seule ville patriote du département entier. Ses cinq collègues, dont quatre hommes nouveaux, sont partisans aveugles du système du 13 Mars. M. Sivry a essayé de paraître une ou deux fois à la tribune, et ses amis auraient préféré ne l'y jamais entendre. M. Ducoëdic garde un silence qui paraît s'accorder fort peu avec les principes qu'on lui supposait, et la réputation de talent qu'on lui avait faite. Quant à MM. Fruchard et Vigier, inconnus avant la session de 1831, ils ne le seront pas moins après avoir siégé durant dix mois. Pour M. Villemain, on peut le regarder comme un déserteur de la cause nationale.

Durant les premières années de la Restauration, le département du Morbihan se signala par un patriotisme très remarquable ; les deux tiers au moins de ses députations prenaient place sur les bancs libéraux. Mais à partir de 1820, la légitimité l'emporta sur les efforts des patriotes, et pendant douze années, le Morbihan n'envoya point à la chambre un seul défenseur véritable de la liberté. M. Beslay fils recommence aujourd'hui la série de choix patriotes. C'est Pontivy qui a pris cette glorieuse initiative, et nous espérons qu'elle sera imitée dès qu'elle pourra l'être.

BESLAY fils. N.

Malgré l'exemple paternel et l'exemple non moins mauvais de ses collègues, M. Beslay fils est resté patriote énergique et fidèle ; c'est toujours l'homme de *l'association bretonne* ; c'est le digne représentant de Pontivy, le chef-lieu du patriotisme breton. Il a voté constamment contre le ministère.

A son passage à Dinan, sa ville natale, et à son retour à Pontivy, qui l'a nommé, M. Beslay fils a été accueilli par l'enthousiasme de la population et de la garde nationale, qui lui ont donné de brillantes sérénades.

DUCOËDIC. N.

M. Ducoëdic a voté contre l'ordre du jour motivé de M. Ganneron qui absolvait la diplomatie du ministère (22 septembre 1831) ; mais son patriotisme n'a pu aller plus loin. Il passe pour un avocat distingué. Il y a, de sa part, plus que de la faiblesse à n'avoir pas tenté les chances de la tribune nationale. M. Ducoëdic a été sous-préfet durant les cent jours, et il fut loin de faire preuve d'énergie dans ce poste.

Dans les derniers mois de la session, il a constamment voté pour le ministère.

FRUCHARD. N.

M. Fruchard, président du tribunal civil de Lorient, a constamment voté pour le ministère. Sous la Restauration, les patriotes l'avaient déterminé, mais non sans peine, à se mettre sur les rangs contre le candidat ministériel. M. Fruchard vote pour le juste-milieu, par peur et par faiblesse, plutôt que par tout autre motif. Le ministère lui a, dit-on, donné la croix d'honneur ; mais il n'ose la porter, s'étant engagé à n'accepter aucune faveur du gouvernement. Les patriotes n'auraient pu compter sur les votes de M. Fruchard, durant la légitimité : la révolution de Juillet ne lui a point donné plus de courage ; il votait avec le ministère Périer, comme il eût voté pour le ministère Martignac.

SIVRY. N.

M. Sivry est un de ces hommes qui, représentant d'un département de l'Ouest, n'en approuve pas moins la faiblesse du ministère qui entretient la chouannerie (22 octobre 1831), ce qui nous porterait à croire que M. Sivry est l'ami de la légitimité, au moins autant que du 13 Mars. Il tient, par sa femme, à une famille légitimiste. Il est prêt, du reste, à voter toutes les prodigalités du budget (17 janvier 1832), et à donner ses louanges et son admiration à toutes les lâchetés de notre diplomatie. Malgré sa tendance légitimiste, il a constamment voté pour le ministère. M. de Sivry est fort riche et très fier de sa fortune, comme un homme dont elle serait le seul mérite.

Il tient, par sa mère, aux patriotes italiens, mais il n'en a pas moins approuvé l'ordre du jour motivé de M. Ganneron (22 septembre) qui absolvait la politique du ministère complice des bourreaux de Menotti, et des assassins de Forli, de Faënza, de Cézène, etc.

Si M. de Sivry ne sollicite pas pour lui-même, il est du moins fort actif à faire placer ses parens, ses amis, et ceux qui ont voté pour son élection.

VIGIER. N.

M. Vigier est capitaine d'état-major de la garde nationale parisienne, et ne dément point les opinions, sous l'inspiration desquelles ce corps du privilége bourgeois a été formé. C'est un ardent défenseur du juste-milieu. Il n'était point encore à la chambre quand elle vota sur l'ordre du jour motivé de M. Ganneron (22 septembre 1831), mais il l'eût soutenu sans doute.

Il a voté constamment pour le ministère. M. Vigier est fort riche et fort entêté de sa fortune. C'est un des membres de la nouvelle aristocratie d'argent. Il méprise souverainement tout ce qui n'a point, comme lui, quelques millions. Aussi, respecte-t-il, dit-on, fort peu le conseil municipal de Vannes.

VILLEMAIN. A.

M. Villemain, maire de Lorient, a constamment voté pour le ministère.

C'est avec un vif regret que nous consignons ici ce qu'on peut appeler la défection de M. Villemain ; son ancienne énergie contre les chouans, en 95, ses antécédens sous la Restauration, son activité dans le carbonarisme, ne nous permettaient pas de croire qu'il pût jamais appuyer le système du 13 Mars. Le père de M. Villemain a été assassiné par les chouans à l'époque de la première révolution, et le fils avait su alors dignement venger la mort de son père, par l'extermination de la bande des meurtriers.

M. Villemain est membre du conseil-général du Morbihan.

MOSELLE.

Ce département nomme six députés.

MM. Charpentier, arrondissement de Briey. — Chédeaux, 1er id. de Metz. — Génot, 3e id. de Metz. — Parant, 2e id. de Metz. — Poulmaire, id. de Thionville. — Sémélé, id. de Sarreguemine.

MM. Charpentier et Génot, tous deux députés nouveaux, ont tenu tout ce qu'on pouvait attendre de patriotes sincères et dévoués. On connaît les antécédens de M. Sémélé. Les trois autres députés de la Moselle sont des partisans du juste-milieu, et votent avec constance pour le système du 13 Mars. M. Poulmaire, indécis durant la session précédente, s'est déclaré pour le ministère.

La députation actuelle de la Moselle est la plus patriotique qu'elle ait obtenue depuis long-temps. Sous la Restauration, c'est à peine si le quart de ses députés venait s'asseoir sur les bancs de l'opposition.

CHARPENTIER. N.

M. Charpentier a défendu avec courage la cause des jeunes officiers de Metz, signataires de l'association nationale (23 septembre 1831). Premier président de cour royale à Metz, il a conservé sur son banc de député toute l'indépendance du juge le plus intègre, et toute l'énergie du patriote le plus dévoué. Il a constamment voté contre le ministère.

Il est membre du conseil-général de la Moselle.

CHÉDEAUX. N.

M. Chédeaux est mort à Paris, du choléra, le 13 avril ; nous lui souhaitons un successeur qui vote mieux que lui. Il votait constamment pour le ministère.

GÉNOT. N.

M. Génot a constamment voté, comme tous les vrais patriotes, contre le ministère du 13 Mars.

M. Génot, riche propriétaire de Metz, est membre du conseil-général de la Moselle.

PARANT. N.

M. Parant est un orateur des centres, prenant le plus souvent la parole sur des choses de peu d'importance, s'opposant sans motif à l'admission d'un député (25 juillet 1831); demandant, sans plus de raison, la conscription pour les étrangers (27 octobre); grand partisan de la peine de mort, et montrant par-là aussi peu d'humanité que de lumières (24 novembre); faisant un rapport assez faible sur le mariage entre beaux-frères et belles-sœurs (7 janvier 1832); homme de peu de talent, et de moins de patriotisme encore, etc. Il a constamment voté pour le ministère.

Il pousse même si loin le dévouement, qu'il a eu le courage de se faire rapporteur de l'abominable loi contre les réfugiés politiques (9 avril 1832). Son nom restera désormais attaché à cette loi historiquement infâme. En rentrant à Metz, le 18 avril 1832, M. Parant a été accueilli par un charivari, récompense de sa conduite parlementaire. Trois jours de suite, la population de Metz lui a témoigné, par cette tapageuse sérénade, combien lui avaient inspiré d'indignation sa désertion politique, et surtout son rapport persécuteur contre les infortunés Polonais. Il était, pour ce dernier méfait, d'autant plus coupable, que ses concitoyens l'avaient appelé à faire partie du comité polonais organisé dès long-temps à Metz, et qui a fait de si généreux efforts pour les héros de la Vistule. Il s'était acquis, sous la Restauration, une sorte de réputation de libéralisme ; mais les événemens de Juillet l'avaient complétement changé, et, dès-lors, prévoyant, avec toute la sagacité d'un ministériel habile, la naissance du juste-milieu, il s'était annulé, et s'éloignait soigneusement des patriotes. Sa conduite à la chambre ne les a point trompés.

M. Parant, avocat à Metz avant la Révolution de Juillet, est aujourd'hui procureur-général à Bourges, et, de plus, décoré, nous ne savons pourquoi, de la croix de la Légion-d'Honneur.

Il est membre du conseil-général de la Moselle.

POULMAIRE. A.

Un jour que M. Périer annonçait pour la vingtième fois ce bienheureux désarmement que nous attendons encore, et que nous attendrons long-temps, un homme, s'élançant avec un enthousiasme frénétique du milieu du centre, vociféra, d'une manière à effrayer les tribunes : *vive le roi!* cet homme, c'était M. Poulmaire (18 octobre 1831). Ce cri, proféré dans l'enceinte parlementaire, était à-la-fois une étrange naïveté, et une inconvenance. Il paraît, du reste, que cet enthousiasme criard est une manie chez lui. Il a fait plus d'une fois sourire ses compatriotes, par sa passion désordonnée pour les toasts. Quelques jours avant la Révolution de Juillet, il portait encore avec ardeur la santé de Charles X. Aujourd'hui, il a pris d'autres noms, et les fête avec autant de zèle.

M. Poulmaire, élu pour la première fois en 1830, ne l'avait été que provisoirement, et lui-même se sentait si peu fait pour la députation, qu'il se promettait hautement de donner sa démission après la chute du ministère Polignac. Depuis, il paraît s'être ravisé. Le 13 Mars n'a pas trop de toutes ses voix, et celle de M. Poulmaire lui est constamment acquise.

Président du conseil du département, il a souvent fait preuve, dans ces fonctions, d'une rare complaisance pour les désirs du préfet. Il traite les intérêts de son département, comme ceux de la France, avec un abandon fort doux pour le ministère, mais fort triste pour ses administrés et ses commettans.

M. Poulmaire, qui s'est, comme un autre, fait passer pour un des sauveurs de la France en Juillet, était à Châlons-sur-Marne quand il apprit les événemens de Paris; il rebroussa chemin en toute hâte, et ce ne fut que quelques jours plus tard que les vives instances de ses amis le déterminèrent à retourner à son poste.

Le Général SEMÉLE. A.

M. Sémélé a pris la parole dans une discussion où nous aurions souhaité pour lui-même qu'il gardât le silence (13 mars 1832). Il s'agissait des appointemens des généraux, et il a parlé pour le maintien du traitement intégral : il a repoussé toute économie. Comme intéressé, il était convenable qu'il s'abstînt. Il vote beaucoup plus souvent avec le ministère qu'avec l'opposition. Il est, du reste, dans la conduite de M. Sémélé, quelques points que les patriotes ont remarqués avec étonnement : signataire de l'Association patriotique, en mars 1831, il n'en a pas moins été nommé inspecteur-général quelques jours après, tandis que plusieurs autres militaires, tout aussi coupables que lui, étaient disgrâciés. Il assista, sans mot dire, à Metz, à l'exécution du jugement arbitraire de M. Soult contre les jeunes officiers de l'École d'application, qui avaient eu le courage de maintenir leurs signatures sur l'acte d'association. A la chambre, on nous assure que M. Sémélé, que le vote sans doute embarrasse quelquefois, sort souvent de la salle au moment où l'on doit passer au scrutin ou aux voix; et que souvent même, il s'abstient de se présenter à la chambre. Les patriotes de Metz se rappellent aussi qu'aux élections dernières, M. le général fit échouer, par ses incertitudes, la nomination d'un candidat patriote. Nous ne concevons point tant d'hésitation de la part d'un militaire. Presque tous ceux qui siègent à la chambre, se sont franchement prononcés pour ou contre le ministère : nous en attendions autant de M. Sémélé.

Il est membre du conseil-général de la Moselle.

NIÈVRE.

Ce département nomme quatre députés.

MM. Boigues, arrondissement de Nevers. — Dupin, aîné, id. de Clamecy. — Hector d'Aulnay, id. de Château-Chinon. — Narcisse Lafond, id. de Cosne.

M. Dupin aîné, en remplaçant son frère Philippe par M. Lafond, n'a rien enlevé au ministère, car le nouveau député est dévoué, comme son prédécesseur et son patron, au système du 13 Mars. Les antécédens de M. Boigues et de M. Hector d'Aulnay disent assez que les centres ne doivent point avoir de partisans plus fidèles. Ainsi la Nièvre qui pendant long-temps a compté la moitié de ses représentans dans les rangs nationaux, ne possède plus aujourd'hui un seul défenseur véritable de la liberté. A aucune époque de la Restauration, les élections de la Nièvre n'avaient présenté d'aussi tristes résultats.

BOIGUES. A.

M. Boigues n'a rien changé à sa conduite parlementaire ; ministériel en 1830, il ne l'est pas moins en 1831. Il a soutenu toutes les prodigalités du budget, les pensions des chouans, etc.

Il a voté constamment pour le ministère.

DUPIN aîné. A.

Deux hommes à la chambre pouvaient être regardés comme les types du juste-milieu : l'un était M. Casimir Périer, ministre du juste-milieu, l'autre est M. Dupin l'aîné, orateur du juste-milieu. L'un et l'autre sont d'assez tristes justes-milieux de ministres et d'orateurs : mais l'incomplet, l'inachevé, l'indécis, le *quasi* en quoique ce soit, a toujours quelque chose de déplorable : c'est qu'au fond la base de toutes ces quasi-qualités, et de tous ces quasi-défauts, c'est une radicale médiocrité.

M. Dupin n'a point fait un seul discours à la chambre, où, par manière d'assaisonnement oratoire, il n'ait glissé deux ou trois grosses joyeusetés triviales, délices des centres, qui se plaisent fort à ces plaisanteries de tréteaux, et qui les accueillent toujours avec des rires aussi gros qu'elles. Il n'a trouvé d'admirateurs à la chambre que dans les ministériels, et au dehors, parmi les esprits lourds, ignorans ou étroits dont le juste-milieu s'est recruté : il en a trouvé encore parmi les rédacteurs du *Constitutionnel*, surtout depuis que M. le procureur-général à la Cour de cassation est le patron spirituel du journal, dont MM. Jay et Étienne sont les directeurs temporels.

La conduite parlementaire de M. Dupin a quelque chose de la bizarrerie de son éloquence. Le plus souvent il est dévoué corps et âme au système du 13 Mars ; puis quelquefois il pousse aux hommes qui le soutiennent avec lui, des bottes inattendues, vrais coups de boutoirs politiques. Ainsi il combattra avec ardeur la proposition de M. Boissy-d'Anglas en faveur des lé-

gionnaires des cent jours (15 septembre 1831), et deux mois
après, il demandera dans les journaux, à la tribune, et par-
devant le conseil des ministres, la révision du procès du maréchal Ney (19 novembre 1831), coup de poignard pour la
quasi-légitimité, qui se voit obligée de mettre à nu, aux yeux
de tous, les plaies de ses sympathies pour la Restauration et de
ses terreurs devant la Sainte-Alliance. Il fera un pompeux éloge
de la gendarmerie, si utile au ministère Périer (28 sept. 1831),
et s'élevera avec aigreur contre les scandaleuses profusions de
croix d'honneur faites par le ministère (10 février 1832); il
parlera contre le cumul des maréchaux, et s'élevera même
contre la détermination assez cupide et fort cynique du maréchal Soult, cumulant jusqu'à la mort les traitemens de maréchal et de ministre (13 mars 1832); mais il refusera Rambouillet
au prince royal, et votera contre la proposition de M. Lepelletier-
d'Aulnay qui le lui donne (13 janvier 1832). Il attaquera vingt
fois, si l'on veut, l'opposition, la presse, *l'exécrable presse* (2,
13 février 1832); il poussera même la violence si loin, qu'un
jeune député, homme de conscience et de tact, M. Dubois (de
la Loire-Inférieure), devra le rappeler à lui-même (21 septembre 1831), mais aussi il viendra, dans une autre discussion,
lancer l'anathême contre les banquiers et les agioteurs, les
traiter de *loups-cerviers*, dévorant la fortune publique, leur
reprochera les funestes services qu'ils ont prétendu rendre à la
France en 1815 et en 1825 (26 janvier 1832), et dans la même
séance, il fera une magnifique, mais très méritée exception
en faveur de M. Laffitte, l'homme qui donnait 1200 mille francs
à l'armée de la Loire, mais qui est le rival, et le rival supérieur,
de M. Casimir Périer, dans ses principes politiques comme
dans ses principes commerciaux, ce dont l'orgueil du président du conseil était furieux.

Du reste, il ne faut pas s'y tromper : dans ces boutades d'opposition, M. Dupin n'a jamais trouvé une étincelle de patriotisme et de générosité. Il approuve sans restriction le honteux
et funeste système politique de notre diplomatie. Il a refusé à
la chambre le droit de demander communication des documens diplomatiques (10 août 1831). Il a repoussé de toutes ses
forces la révision des pensions (10 février 1832). Il n'a pas montré la plus légère sympathie pour la Pologne, et pour toutes
les victimes de la liberté en Europe (21 février 1832). Son cœur
est resté froid, et sa parole muette, en face des effroyables
saturnales du despotisme à Varsovie, dans la Romagne et les
Légations. Cet homme à éloquence si facile et toujours prête,

n'a pas su trouver un mot en faveur de la cause des peuples. Bien plus, il ne s'est même pas senti ému pour ses compatriotes, pour le peuple français. Dans la discussion sur les événemens de Lyon, il a trouvé moyen de débiter ses pasquinades et ses plaisanteries ordinaires (19 décembre 1831); mais toutes les erreurs grossières de son économie politique, si bien signalées par M. Gauthier de Rumilly, n'ont été causées que par sa profonde indifférence et son mépris pour les souffrances populaires. Un homme qui, dans son cœur, y compâtirait quelque peu, ne serait pas venu soutenir qu'il fallait, pour faire vivre les canuts de Lyon, que tous les fonctionnaires publics, comme au temps de Napoléon, eussent des uniformes et des habits de soie, prêchant ainsi le luxe inutile et la stupide profusion pour quelques-uns, cause nécessaire d'une inévitable détresse pour la masse, prêchant le bien-être et l'éclat des grands pour la misère du peuple. Dans les tristes événemens de Grenoble, il n'a pas montré plus de compassion pour les victimes. Par une inexcusable légèreté, sortie de cette même indifférence pour le peuple, il n'a point attendu que la vérité fût connue. A l'exemple du premier ministre, il s'est hâté de prendre fait et cause pour quelques furieux (20 mars 1832), couverts du sang de leurs frères, contre ceux qui avaient été blessés sans défense comme sans motif. Il a repoussé avec une égale cruauté l'humaine proposition de M. de Tracy sur les colonies (10 septembre 1831); il n'a pas plus d'entrailles pour nos déplorables esclaves, qu'il n'en a pour les prolétaires de nos villes. Il se permet de plaisanter sur la culture des Tuileries en pommes de terre, comme s'il ne savait à quelles horreurs de disette, et à quelles effroyables tortures était en proie le peuple de Paris, lorsque la Convention fit ainsi cultiver le jardin du Palais national (6 janvier 1832).

Voici donc à quoi se réduit le talent de M. Dupin : une facilité d'élocution, ordinaire chez les avocats, des trivialités repoussantes, mais, il est vrai, fort appropriées aux esprits qui doivent les recevoir dans le juste-milieu; de temps à autre des lueurs d'opposition toute personnelle; puis à côté de cela, cœur de glace pour l'honneur national, âme de pierre pour les souffrances du peuple en France, en Italie, en Pologne, en Belgique; erreurs grossières d'économie politique; connaissances générales fort bornées, si ce n'est sur les arguties du droit et de la chicane; petit esprit qui s'épouvante de la presse et se déchaîne contre elle; à tout prendre, homme politique de fort mince portée, bon à être le loustic des centres et à recevoir des flagorneries dans le *Constitutionnel*, où il écrit assez souvent et se fait louer sans la moindre pudeur.

Malgré ses boutades, et à une ou deux exceptions près, M. Dupin a constamment voté pour le ministère.

Après la clôture de la session, et durant la maladie de M. Périer, il paraît certain qu'un portefeuille fut offert à M. Dupin, mais qu'il le refusa, visant, dit-on, à la présidence, et faisant ses conditions. Quand M. Dupin les vit rejetées, il s'en vengea en faisant une sorte d'opposition dans les colonnes du *Constitutionnel* dont il disposait alors.

M. Dupin exerce dans le département de la Nièvre une grande influence; ce n'est point exagérer que d'assurer qu'il a fait nommer plus de cinquante fonctionnaires, dont vingt-deux ou vingt-trois de ses parens ou alliés à divers degrés.

HECTOR D'AULNAY. N.

M. Hector d'Aulnay, député à tendance légitimiste, a voté constamment pour le ministère. Il doit son élection à M. Dupin, et règle sa conduite parlementaire sur celle du procureur-général. M. d'Aulnay paraît fort négligent des intérêts des électeurs qui l'ont nommé, et des intérêts de l'équité. Les habitans de Château-Chinon, privés de leur maire, par une destitution arbitraire de M. le préfet, s'adressèrent à leur représentant, pour le redressement de cette injustice. M. d'Aulnay refusa, protestant qu'il ne pouvait faire aucune démarche, de peur de déplaire au préfet ou au ministre. C'est, sans doute, par un aussi louable motif de soumission parlementaire, que tous ses votes appartiennent au système du 13 Mars.

LAFOND. N.

M. Lafond, l'un des plus riches commerçans de Paris, a voté constamment pour le ministère.

Il est membre du conseil-général de la Seine.

NORD.

Ce département nomme douze députés.

MM. Barrois-Virnot, 1ᵉʳ arrondissemnt de Lille. — *Le baron de Brigode*, 2ᵉ id. de Lille. — *Cogez*, 3ᵉ id. de Lille. — *Dupouy*, id. de Dunkerque. — *Le comte d'Estourmel*, 2ᵉ id. de Cambray. — *Lallier*, 1ᵉʳ id. de Cambray. — *Lemaire*, id. de Bergues. — *Martin*, 2ᵉ id. de Douay. — *Le vicomte de Montozon*, 1ᵉʳ id. de Douay. — *Taillandier*, id. d'Avesnes. — *De Vatimesnil*, id. de Valenciennes. — *Warein*, id. de Hazebrouck.

Dans sa nombreuse députation, le département du Nord ne compte que trois patriotes : M. de Brigode, connu par d'honorables antécédens, et MM. Taillandier et Cogez, hommes nouveaux, mais que les patriotes connaissent déjà, et qu'ils compteront toujours dans leurs rangs. Cependant M. Taillandier est plus prononcé que ses deux collègues. Quant aux neuf autres, ils se disputent à qui servira avec le plus de dévouement et d'abnégation, le honteux ministère qui pèse sur nous depuis plus d'un an. M. Vatimesnil a été l'un des séides les plus frénétiques de la légitimité. La violence de ses réquisitoires fera époque dans les annales de la Restauration. MM. d'Estourmel et Montozon se sont montrés, quoiqu'avec un peu moins de vigueur, des serviteurs assez zélés de la branche aînée, pour avoir encore du dévouement au service du ministère de la branche cadette. M. Martin arrivait à la chambre, précédé d'une réputation colossale, et l'a perdue en deux rapports d'une déplorable faiblesse. Quant au reste de la députation, hommes obscurs, une seule chose nous étonne, c'est que, même le département le plus populeux de France, ait pu réunir une si belle collection de nullités.

Le département du Nord est resté à peu-près stationnaire pendant seize ans, et, aujourd'hui comme en 1816 et comme en 1829, il ne compte que le quart de sa députation parmi les vrais amis de la liberté.

BARROIS-VIRNOT. A.

C'est à tort que l'on a confondu M. Barrois-Virnot avec un autre M. Barrois qui siégeait à l'extrême droite en 1824. M. Barrois-Virnot est, du reste, fort porté à partager les opinions de son homonyme; et ses affections sont pour Holy-Rood, bien qu'il vote avec constance pour le ministère de la quasi-légitimité. Il est marguillier de sa paroisse, et est âgé de plus de soixante-dix ans. Il fut nommé, pour la première fois, en 1829, et le libéralisme, qui ouvrait très facilement ses rangs, à cette époque, l'avait adopté comme un de ses candidats contre le ministère Polignac. M. Virnot ne voyait alors dans la députation qu'un moyen de défendre la légitimité contre les fous qui l'entraînaient à sa perte.

Il est membre du conseil-général du Nord.

DE BRIGODE. A.

M. de Brigode a soutenu, avec constance et talent, le principe de l'élection directe pour la constitution de la chambre des pairs, d'abord dans un discours remarquable (1ᵉʳ octobre 1831), puis par un amendement qui a été repoussé (10 octobre). Il demandait, en outre, que la chambre des pairs fût renouvelée, « parce que, disait-il, la chambre des pairs est discréditée; » et comme, malheureusement, cette vérité était trop évidente, les centres ont accueilli, par leurs clameurs habituelles, la franchise de l'orateur. M. de Brigode a voté plus souvent avec l'opposition que pour le ministère.

Il est membre du conseil-général du Nord.

COGEZ. N.

Opposé à M. Berryer par les patriotes, lors de son élection, et vainqueur dans la lutte, M. Cogez a justifié les espérances fondées sur lui. Il a voté contre l'ordre du jour motivé de M. Ganneron (22 septembre), qui absolvait la diplomatie du ministère, et protesté contre l'insultante dénomination de *sujets* (7 janvier 1832). Nous ne saurions dire pourquoi il s'est abstenu de protester, ainsi que M. de Brigode, contre la fournée illégale des 36 pairs (22 novembre).

C'est à tort qu'on l'a d'abord classé parmi les ministériels : il ne vote cependant point toujours avec l'opposition.

DUPOUY aîné. N.

M. Dupouy a constamment voté pour le ministère.

Il est membre du conseil-général du Nord, et président de la chambre de commerce à Dunkerque.

D'ESTOURMEL. A.

Pourquoi **M.** d'Estourmel, ministre plénipotentiaire de France en Colombie, n'est-il pas à son poste? ou pour mieux dire, pourquoi les électeurs ont-ils nommé député un homme qui devrait aller fonctionner à quinze cents lieues d'ici? En attendant, M. le comte n'en touche sans doute pas moins son traitement, et il a voté constamment pour le ministère.

M. d'Estourmel a su se rendre fort utile aux *faiseurs* de la réunion Rivoli. Quand on vote, c'est lui que les meneurs députent à la recherche des fidèles qui s'égarent dans les couloirs, dans la salle des conférences, dans la bibliothèque, dans les cours, etc. Le seul talent diplomatique et parlementaire qu'on connaisse à M. le ministre plénipotentiaire et député, c'est une merveilleuse habileté à faire les enveloppes de lettres. Sous ce rapport, il pourra se passer de secrétaire, ce dont tous les ambassadeurs ne sauraient se flatter.

LALLIER. N.

M. Lallier a constamment voté pour le ministère.

LEMAIRE. A.

M. Lemaire, après avoir voté avec les patriotes contre l'ordre du jour motivé de M. Ganneron qui approuvait la diplomatie du ministère (22 septembre 1831), a quitté l'opposition; et depuis lors il a constamment voté pour le ministère. Il est membre du conseil-général du Nord.

MARTIN. A.

Le rapport de M. Martin sur le déficit Kessner a donné la mesure de ce député (11 avril 1832). Ce travail était aussi faible de pensée que de style; on y faisait avec courage de l'opposition contre M. de Villèle, et l'on accusait l'ancien ministre des finances pour disculper sans doute le ministre des finances actuel : puis on décernait une couronne civique à M. Louis, et bien que le trésor eût perdu par sa faute de 6 à 7 millions, M. Martin ne voulait pas qu'on affligeât sa vieillesse même par un blâme si justement mérité. Il rappelait les services de M. l'abbé sous la Restauration, et montrait aussi peu de connaissance de notre histoire contemporaine que de notre comptabilité financière. Il a aussi présenté un autre rapport à peu près aussi faible, sur l'état des hommes de couleur aux colonies (13 avril 1832). A tout prendre, M. Martin, à qui l'on avait fait une réputation de talent, s'est trouvé dans le cas de la *Montagne*, il est accouché d'une souris. Il a constamment voté pour le ministère.

Les patriotes de Douai ne s'étaient point trompés du reste sur M. Martin. Sa conduite à la chambre ne les a point étonnés, parce qu'ils se rappellent que, le 30 juillet 1830, il faisait circuler une pétition pour demander aux deux chambres le maintien de la légitimité. M. Martin doit nourrir des regrets pour les exilés d'Holy-Rood.

MONTOZON. A.

M. Montozon ne s'en est pas caché après la Révolution de Juillet, il est partisan de la légitimité, opinion qu'il est fort libre d'avoir, mais que nous nous étonnons de voir représentée à la chambre. Il a constamment voté pour le ministère.

Il est membre du conseil-général du Nord.

TAILLANDIER. N.

A la chambre, M. Taillandier a conservé tous les sentimens de patriotisme qui, en 1830, lui avaient acquis l'estime de M. Dupont (de l'Eure), et avaient fixé sur lui le choix de l'intègre ministre, pour une place de conseiller à la Cour royale de Paris. Il a eu le bonheur, car c'est un rare succès contre la majorité qu'il avait à instruire, de faire disparaître le scandaleux impôt que, sous le nom de droit de greffe, percevait depuis quinze ans le secrétaire-général du Conseil d'État (13 février 1832). M. Taillandier, qui s'est fait un nom par de savans ouvrages de jurisprudence, et de profondes études, s'est déclaré, dans la discussion du Code pénal, contre l'absurde fiction de la mort civile (24 novembre 1831). Mais il a été moins heureux contre cette monstruosité que contre le secrétariat du Conseil d'État : la mort civile restera long-temps encore dans nos codes.

La liberté d'enseignement était une des promesses de Juillet, M. Taillandier l'a rappelé à la majorité (10 septembre), qui ne paraissait guère s'en souvenir, et qui n'a point tenu compte de l'avertissement.

M. Taillandier a constamment voté contre le ministère.

VATIMESNIL. A.

Durant la session de 1831, l'ex-ministre de Charles X n'a pris la parole que sur des questions à-peu-près insignifiantes. Il s'est opposé à ce que la chambre demandât des documens diplomatiques au ministère (16 août 1831). Il a soutenu l'inutile proposition de M. Vatout sur les listes électorales (29 août). Ancien serviteur de la légitimité, c'est un des partisans les plus dévoués du 13 Mars, qu'il compte bien exploiter à son profit. M. Vatimesnil a voté constamment pour le ministère.

WAREIN. A.

Comme en 1830, M. Warein vote constamment pour le ministère.

OISE.

Ce département nomme cinq députés.

MM. Danse, 1ᵉʳ arrondissement de Beauvais. — Le maréchal comte Gérard, id. de Senlis. — Legrand, id. de Clermont. — Le marquis de Mornay, 2ᵉ id. de Beauvais. — Tronchon, id. de Compiègne.

La députation de l'Oise possède deux patriotes : ce sont MM. de Mornay et Legrand. M. Tronchon a déserté la cause nationale qu'il avait servie durant quelques années. M. le maréchal Gérard est resté ce qu'il avait été dans la session précédente, homme du juste-milieu, par indifférence politique et par entraînement d'affections personnelles, plus que par tout autre motif. Enfin M. Danse qui, sans antécédens d'aucune espèce, pouvait se décider pour le plus noble parti, a choisi celui du 13 Mars. En résumé, le département ne compte, sur cinq représentans, que deux amis de la liberté. Nous espérons qu'à de prochaines élections les patriotes reprendront leurs avantages.

DANSE. N.

M. Danse, juge au tribunal civil de Beauvais, a constamment voté pour le ministère.

Maréchal **GÉRARD**. A.

Par des liens particuliers d'attachement, par nécessité de position, M. Gérard est un partisan dévoué du 13 Mars. Il a voté constamment pour le ministère.

Il est membre du conseil-général de l'Oise.

LEGRAND. N.

M. Legrand s'est défendu avec indépendance de l'exemple contagieux de ses collègues. Il est venu prendre rang parmi les patriotes de la chambre, et son vote s'est presque toujours confondu avec le leur, contre le ministère.

M. Legrand est membre du conseil-général de l'Oise.

Marquis de **MORNAY**. A.

A l'exemple de M. Jollivet, M. de Mornay a eu le tort de renier un des orateurs de l'opposition, dont il paraissait cependant suivre les principes (3 février 1832). Il en vint presque à prétendre que l'opposition des patriotes les plus fermes et les plus éclairés n'était point consciencieuse, puisqu'il affirmait que la sienne l'était, et qu'il blâmait la marche de ses collègues. Il faut se rappeler que M. de Mornay est gendre de M. Soult, et qu'il y aurait eu double courage à lui de voter énergiquement avec l'opposition. Toutefois il a presque constamment voté avec elle.

Il est membre du conseil-général de l'Oise.

TRONCHON. A.

Si la liste civile a repris le superbe domaine de Compiègne qui, depuis Juillet, avait fait retour à l'État; si le budget se trouve grévé d'un ou deux millions de plus, les électeurs doivent s'en prendre à M. Tronchon qui, pour sa part, a contribué à enfler, de cette annexe, une dotation déjà si splendide (9 janvier 1832). M. Tronchon, que dans la session dernière on comptait encore parmi les patriotes, les a totalement abandonnés pour le 13 Mars. Il a voté constamment pour le ministère.

Il est membre du conseil-général de Seine-et-Marne.

ORNE.

Ce département nomme sept députés.

MM. Auberville, arrondissement de Gacé. — Ballot, id. de Mortagne. — Desprez, id. de Séez. — Fleury, id. de l'Aigle. — His, id. d'Argentan. — Le vicomte Lemercier, id. de Domfront. — Le baron Mercier, id. d'Alençon.

M. le baron Mercier est le plus patriote de tous les députés de l'Orne. Ses six collègues rivalisent à qui montrera le moins d'indépendance, et le plus de dévouement ministériel. MM. Auberville et Desprez, députés nouveaux, ont craint sans doute de faire rougir leur quatre collègues, en montrant un peu plus de lumières et de patriotisme qu'eux. En résumé, la députation de l'Orne, sauf l'exception que nous avons faite, est composée d'élémens déplorables. Jamais elle ne fut plus faible sous la Restauration.

AUBERVILLE. N.

M. Auberville est un des plus assidus comme un des plus obscurs soutiens du juste-milieu. Il vote constamment pour le ministère.

BALLOT. A.

M. Ballot a constamment voté pour le ministère.

DESPREZ. N.

M. Desprez, comptant être élu dans le Calvados, avait lancé de Caen, le 20 juin 1831, en manière de profession de foi, une lettre à M. de la Fromentinière, électeur. Au milieu de détails de famille, aussi peu modestes que peu intéressans, M. Desprez laissait percer les principes les plus faibles, et les lumières les moins étendues. Il a été à la chambre ce qu'on devait en attendre, homme du milieu, et partisan du 13 Mars, qu'il ne comprend pas, mais auquel il tient par sa position. Il est conseiller à la Cour royale de Caen.

FLEURY (de l'Orne). A.

M. Fleury (de l'Orne), qu'il ne faut pas confondre avec M. Fleury (du Calvados), est un partisan dévoué du 13 Mars. Il a compté jadis parmi les patriotes, et l'on peut le regarder comme un déserteur de la cause nationale. Il a constamment voté pour le ministère.

Il est membre du conseil-général de l'Orne.

HIS. A.

Ministériel sous M. Martignac, M. His devait l'être sous les hommes du 13 Mars. C'est un des fidèles du juste-milieu. Il a constamment voté pour le ministère. Il est maire d'Argentan, et membre du conseil-général de l'Orne. Il a long-temps exercé la profession d'avocat.

Le Vicomte LEMERCIER. A.

A l'exemple de M. de Tracy, M. Lemercier, fils d'un pair de France, a déclaré qu'il voterait contre l'hérédité de la pairie (10 octobre 1831); mais M. le vicomte n'en est pas moins un des plus furieux partisans du juste-milieu. Colonel d'une des légions de la garde nationale de Paris, M. Lemercier est tout émerveillé de son grade, et il ne laisse guère échapper d'occasion d'en venir parler à la chambre dans des discours, comme il sait en faire, aussi louables par leur dévouement ministériel, qu'ils le sont peu sous le rapport de la régularité grammaticale (3 janvier 1832). M. Lemercier a constamment voté pour le ministère.

Il est membre du conseil-général de l'Orne.

MERCIER. A.

M. Mercier a fait, durant cette session, quelques pas de plus vers l'opposition. Il a proposé, quoique rarement avec succès, des économies assez nombreuses sur le budget. Il voulait que l'on retranchât 1,000,000 sur les pensions de la pairie, 3,000,000 sur les pensions militaires (5 et 7 février 1832). Il demandait 200,000 fr. de réduction sur les chanoines (16 février). Il proposait quelques économies assez importantes sur le budget de la guerre (15 mars), mais la majorité repoussa impitoyablement tous ses efforts. Plus heureux dans la discussion de la pairie, il obtint que les fonctions de pairs seraient à l'avenir gratuites (18 octobre 1831). Il défendit avec vigueur la proposition de M. Demarçay, relative à l'examen du budget (26 août 1831). Nous ne savons pourquoi, lorsque le ministère vint demander deux douzièmes provisoires, M. Mercier se montra si libéral, qu'il lui en offrit quatre (15 août). Il a voté contre l'ordre du jour motivé de M. Ganneron (22 septembre). Il a protesté contre l'insultante dénomination de *sujets* (7 janvier 1832) : et cependant nous ne pouvons pas dire encore que M. Mercier doive être classé parmi les patriotes.

Il est membre du conseil-général de l'Orne.

PAS-DE-CALAIS.

Ce département nomme huit députés.

MM. de Francoville, 2ᵉ arrondissement de Saint-Omer. — Gosse de Gorre, id. de Béthune. — De Gouve de Nuncques, id. de Saint-Pol. — Harlé père, 1ᵉʳ id. d'Arras. — Harlé fils, 2ᵉ id. d'Arras. — D'Hérambault, id. de Montreuil. — Lesergeant de Bayenghem, 1ᵉʳ id. de Saint-Omer. — De Rigny, id. de Boulogne.

M. d'Hérambault serait le seul patriote du département du Pas-de-Calais, si M. de Nuncques ne s'était enfin rapproché des opinions nationales. Quant aux six autres, connus pour la plupart par de fâcheux antécédens, ce sont des hommes complètement dévoués au juste-milieu. MM. Harlé père et Harlé fils, ministériels à l'envi l'un de l'autre, offrent, dans leurs opinions, un accord assurément fort louable comme heureuse relation de famille, mais dont le pays leur doit savoir fort peu de gré. Par sa position, M. de Rigny est une des chevilles ouvrières du 13 Mars. MM. Francoville et Bayenghem sont connus, à des titres différens, par leur amour pour les pouvoirs de fait. Enfin M. Gosse de Gorre, qui, libre de précédens de tous genres, pouvait également se décider pour l'un ou l'autre parti, a bravement choisi le camp du vainqueur. Ainsi, dans la session dernière, la députation du Pas-de-Calais s'est trouvée réduite au patriotisme énergique de MM. d'Hérambault et de Nuncques. Durant toute la Restauration, les députations du Pas-de-Calais avaient été aussi faibles que celle de 1831; ainsi le département est resté stationnaire.

FRANCOVILLE. A.

Homme de la majorité du double vote, en 1820, partisan du pouvoir quel qu'il soit, sous Napoléon ou sous Louis XVIII, honoré, nous ne savons pourquoi, de deux nominations en 1831, M. Francoville, qui commençait sa carrière politique aux états-généraux de 89, ressuscite après Juillet pour venir combattre la liberté. Il a constamment voté pour le ministère.

Il est membre du conseil-général du Pas-de-Calais.

GOSSE DE GORRE. N.

Aussi fidèle que les deux Harlé, M. Gosse s'est tout d'abord placé au centre, et ne l'a pas un seul instant quitté. Son vote est invariablement acquis au juste-milieu.

DE GOUVE DE NUNCQUES. A.

M. de Gouve de Nuncques a été, pendant la session, un des plus fermes soutiens des opinions patriotes. Il a protesté contre l'insultante dénomination de *sujets* (7 janvier 1831).

HARLÉ père. A.

Homme du pouvoir sous le ministère Decazes, sous le ministère Martignac, c'eût été merveille que M. Harlé ne le fût pas sous le ministère Périer ; aussi lui a-t-il donné son vote assiduement.

HARLÉ fils. N.

Sans autre mérite que l'argent de son père, aussi furieux que lui en dévouement ministériel, à facultés aussi étroites, M. Harlé fils suit avec soumission le sentier paternel. C'est un des piliers du juste-milieu.

MM. Harlé père et fils étaient tous les deux partisans honteux de l'hérédité de la pairie. Malgré les sommations des électeurs, ils ne voulurent point faire connaître leur opinion, s'en remettant aux lumières que la discussion leur apporterait.

MM. Harlé père et fils ont été tour-à-tour receveurs-généraux du département du Pas-de-Calais. Ils sont tous deux membres du conseil-général.

D'HÉRAMBAULT. N.

Ce fut un très scandaleux rapport que celui que fit M. Jaubert sur une pétition de M. Souquet, l'imprimeur du *Propagateur*, journal d'Arras. Il était difficile de traiter plus cavalièrement les plaintes d'un homme opprimé, et d'un patriote vexé par le pouvoir. M. d'Hérambault, qui venait représenter à la chambre les patriotes du Pas-de-Calais, ne pouvait souffrir qu'on les insultât si gratuitement dans la personne de M. Souquet (12 et 14 novembre); il réfuta les assertions tranchantes et erronées de M. Jaubert; et son discours, plein de convenance, mais aussi d'énergie, eût été une leçon profitable pour le jeune comte, si la fatuité doctrinaire savait jamais profiter des leçons.

Le député de Montreuil a demandé, mais en vain, une réduction de 345,000 fr. (16 février 1832) sur les bourses des séminaires. Il signalait des abus qu'il connaissait parfaitement, mais son amendement fut repoussé. Il n'a pas été plus heureux quand il a demandé que la loi prît quelques précautions contre les prévarications possibles des préfets (2 mars). Il faudra que quelques crians exemples viennent enfin ouvrir les yeux du ministère. Depuis que M. Kessner a soustrait 10,000,000 au public, la comptabilité du trésor, dit-on, sera un peu mieux en règle.

M. d'Hérambault a constamment voté contre le ministère. Il a rendu compte à ses commettans de sa conduite parlementaire avec toute l'énergie et le patriotisme qui le distinguaient à la chambre.

LESERGEANT DE BAYENGHEM. A.

M. Lesergeant a demandé un congé à la chambre, la chambre a refusé un congé à M. Lesergeant. Voilà le fait le plus notable de la vie parlementaire de M. de Bayenghem (2 nov. 1831). Partisan dévoué du 13 Mars, il a constamment voté pour le ministère.

Il est membre du conseil-général du Pas-de-Calais.

DE RIGNY. A.

M. de Rigny, qui avait échoué aux élections générales, est parvenu, non sans peine, à réussir dans une réélection particulière. Il a été nommé dans l'un des colléges qui avaient d'abord choisi M. Francoville. Il joue à la chambre un rôle unique, et fort singulier, se bornant à peu près exclusivement aux objets spéciaux de son ministère. Il n'a point une seule fois abordé les questions de politique générale, intérieure ou extérieure. Il n'a jamais contredit M. Périer, mais il ne l'a jamais non plus approuvé. C'est une fort prudente réserve, qui annonce plus de personnalité que de conviction. On sait que M. de Rigny eût été tout aussi bien ministre de Charles X sous la présidence de M. de Polignac, que ministre de Louis-Philippe sous la présidence d'un banquier. Aux yeux de quelques gens, cette impartialité passe pour indifférence et faiblesse ; aux yeux de certains autres, c'est calcul et prévision de l'avenir. Il est certain que, quelle que soit la destinée future de la France, M. de Rigny pourra présenter à tous les partis vainqueurs le ministère d'un homme qui s'est occupé tant bien que mal de nos vaisseaux et de nos marins, et qui est resté parfaitement neutre, du moins en apparence, entre les opinions qui se disputaient la victoire. C'est du reste un assez triste compliment à faire au 13 Mars, que de se montrer si indifférent à son sort. M. de Rigny semble partager l'avis de bien des gens qui pensent que la royauté du 7 août aura beaucoup à faire, si elle veut vivre, comme sa sœur, ses quatorze cents ans, et pousser ses soixante-et-dix tiges de rois. Pour qui se ménage M. de Rigny ? pour la légitimité ou la République ? En attendant il vote contre l'opposition, et affecte de se montrer, en politique, un membre tout-à-fait passif du ministère du 13 Mars. Cependant des gens qui le connaissent, et qui depuis long-temps suivent et observent sa conduite, sont persuadés qu'il exerce une grande influence auprès de hauts personnages, et qu'il est fort loin d'en user dans un sens patriotique. Aux yeux de ces gens, la marche de M. Rigny est double, et, l'on pourrait dire, machiavélique. Cauteleux, et presque nul à la chambre, il se dédommage dans la camarilla de sa réserve parlementaire, et la spécialité où il paraît se renfermer, n'est qu'un leurre et un mensonge. Sa grande ambition personnelle est d'arriver à être amiral : et il ne ménage avec tant de soin son portefeuille que dans l'intention de s'en faire un marchepied pour le grade suprême qu'il convoite. On se rappelle aussi que, commandant de la station du Levant en 1822, il montrait alors fort peu de sympathie pour les Grecs, et qu'il ne changea plus tard de sentimens qu'après avoir laissé dévaster la Morée par les troupes d'Ibrahim, et avoir vu, en habile courtisan, les rois de l'Europe donner l'exemple d'une compassion bien tardive et en quelque sorte obligée, pour la cause des Hellènes. Des personnes bien informées affirment encore que c'est malgré lui que fut livré le combat de Navarin, qui devait cependant lui faire un nom historique. C'est, disent-elles, à son corps défendant, que M. de Rigny est devenu un quasi-héros.

Il a su se faire assez généralement auprès du public, une haute réputation comme marin, mais les juges compétens en cette matière ne partagent pas le moins du monde cette opinion, et ils placent assez bas M. le ministre de la marine dans l'échelle des hommes de mer. Pour nous, nous pouvons dire qu'il a su se conduire à la chambre avec très peu de franchise; et que dans le rôle qu'il tient, il y a plus que de la finesse.

PUY-DE-DOME.

Ce département nomme sept députés.

MM. Baudet-Lafarge, 1er arrondissement de Riom. — Desaix, id. de Thiers. — Girot-Pouzol, id. d'Issoire. — Le baron de Leyval (Félix), 2e id. de Clermont. — Pourrat, id. d'Ambert. — Le général Simmer, 1er id. de Clermont. — Thévenin, 2e id. de Riom.

Le département du Puy-de-Dôme compte quatre patriotes énergiques sur sept députés, ce sont M. Baudet-Lafarge, célèbre par le patriotisme le plus pur et le plus constant, M. Desaix, héritier d'un nom illustre qu'il soutient dignement, et MM. Girot-Pouzol et Thévenin, fils. M. Pourrat, quoique moins prononcé, vote à peu près comme eux. Enfin MM. de Leyval et Simmer, connus par de fâcheux antécédens, sont dévoués corps et âme au système du juste-milieu. A aucune époque, le département du Puy-de-Dôme n'avait obtenu une députation qui fût, à tout prendre, aussi recommandable, sauf les deux exceptions que nous avons signalées. Nous ne doutons pas, qu'à de prochaines élections, la députation du Puy-de-Dôme ne soit parfaitement homogène et toute composée d'amis de la liberté.

BAUDET-LAFARGE. A.

M. Baudet-Lafarge est un de ces nobles et énergiques vieillards qui commencèrent leur carrière en se dévouant à la défense de la patrie, que leurs lumières ont appellés dans presque toutes nos assemblées nationales, et que Juillet a revus aussi dévoués, aussi ardens qu'aux premiers jours de notre grande révolution.

Durant la session de 1831, le député de Riom est monté à la tribune pour réclamer des économies dont notre écrasant budget est si avare. Il a obtenu un triomphe éclatant, qui a blessé au vif le ministère, et dont il n'a point caché tout son dépit. Il a fait adopter (1er mars 1832), sur les appointemens des préfets, une réduction de 166,000 francs. M. Périer en a pris occasion d'injurier la chambre, qui, à l'entendre, entravait les services, parce qu'elle soulageait quelque peu les misères des contribuables.

M. Baudet-Lafarge, honoré d'un double suffrage par les électeurs du Puy-de-Dôme, s'est abstenu de voter, comme plusieurs autres patriotes, contre l'ordre du jour motivé de M. Ganneron (22 septembre), la question lui semblant inconstitutionnelle; mais il a protesté contre la fournée des trente-six pairs (23 septembre), et contre l'insultante dénomination de *sujets* (7 janvier). Il a constamment voté contre le ministère.

Il est membre du conseil-général du Puy-de-Dôme.

A son retour à Riom, M. Baudet-Lafarge a été reçu par l'enthousiasme de la population et de la garde nationale, qui lui ont donné plusieurs sérénades.

DESAIX. N.

M. Desaix ne faisait point encore partie de la chambre lorsque fut voté l'ordre du jour motivé de M. Ganneron. Sans cette circonstance, un nom de plus eût figuré parmi les antagonistes du ministère. M. Desaix fait partie de cette opposition jeune, ardente, éclairée, sincère, qui est l'espérance du pays, et qui possède son avenir. Son vote est acquis à jamais aux intérêts populaires. Il a constamment voté contre le ministère.

M. Desaix, neveu de l'illustre général républicain, était colonel de cavalerie (3ᵉ dragons), au moment de son élection. Il s'est démis de son grade, jugeant que les fonctions législatives étaient incompatibles avec toutes autres. C'est un noble exemple d'indépendance et de patriotisme. Il s'est montré digne de son oncle.

GIROT-POUZOL. N.

Il faut se garder de confondre M. Girot avec aucun de ses homonymes malheureusement si nombreux à la chambre. Le député d'Issoire, fils de l'un des plus intègres et des plus énergiques de nos grands citoyens de la première révolution, suit dignement les traces paternelles, et sait défendre la liberté comme son père la défendait, avec l'énergie d'un cœur honnête et les lumières d'un esprit éclairé. Il a constamment voté contre le ministère.

FÉLIX de LEYVAL. A.

M. de Leyval a été un ardent ennemi de la révolution de 89;

il fut nommé, dans les élections frauduleuses de 1827, député d'un grand collége. Il sert aujourd'hui la quasi-légitimité avec un tendre regret pour la sœur aînée, écrasée sous les pavés de Juillet. Il est dévoué au 13 Mars, en attendant qu'il puisse servir des maîtres un peu plus légitimes que ceux-là. Il a constamment voté pour le ministère.

POURRAT, aîné. A.

M. Pourrat a voté habituellement avec les patriotes ; mais nous regrettons qu'au dehors sa conduite n'ait point été aussi ferme qu'à la chambre : il a cédé à l'influence de ses deux collègues, MM. Jay et Étienne, propriétaires, comme lui, du *Constitutionnel*, et n'a point su les empêcher de jeter ce journal dans la voie déplorable de ministérialisme négatif, où il est actuellement engagé. M. Pourrat a proposé quelques économies sur le budget des finances (3 avril 1832). Il s'est abstenu de voter sur l'ordre du jour de M. Ganneron, regardant la question comme inconstitutionnelle (22 septembre). Il a souffert sans protestation la fournée illégale des trente-six pairs (23 novembre), mais il a protesté contre l'insultante dénomination de *sujets* (7 janvier 1832).

SIMMER. A.

Sans les trois votes solennels et rendus publics par l'opposition, M. Simmer serait tout aussi inconnu après qu'avant la session. C'est un homme du milieu, silencieusement, mais imperturbablement dévoué au 13 Mars. Il a constamment voté pour le ministère.

C'est un solliciteur fort actif, et le département du Puy-de-Dôme ne paraît point avoir à se louer des fonctionnaires qu'il y a placés. M. Simmer paraît, du reste, avoir à peu près complétement épuisé son influence dans les bureaux, bien qu'il soit toujours resté fidèle au système du juste-milieu. Il a été reçu à Clermont par un charivari où figuraient plus de quatre cents symphonistes (9 mai 1832).

THÉVENIN, fils. N.

M. Thévenin est un des patriotes les plus constans et les plus énergiques de la chambre. Il a constamment voté contre le ministère. Des principes sévères en politique et en morale feront toujours de M. Thévenin le défenseur des intérêts populaires. Son caractère assure son désintéressement.

PYRÉNÉES (BASSES).

Ce département nomme cinq députés.

MM. Dufau, arrondissement de Mauléon. — Le général Harispe, id. de Pau. — Lacaze Pédre, id. d'Oléron. — Jacques Laffitte, id. de Bayonne. — Le comte de Saint-Cricq, id. d'Orthez.

M. Laffitte est encore resté le seul patriote de la députation des Basses-Pyrénées. Les trois nouveaux collègues qu'on lui a donnés, valent les trois anciens qu'il a perdus. MM. Dufau, Harispe et Lacaze votent aussi intrépidement pour le ministère, qu'auraient pu le faire MM. d'Angosse, Dartigaux et de Gestas. M. de Saint-Cricq semble s'être inféodé son élection, dans le département des Basses-Pyrénées, qui est resté fidèle, depuis 8 ou 10 ans, à son représentant, malgré toutes les infidélités et les variations politiques de M. Saint-Cricq.

Jamais, sous la Restauration, le département des Basses-Pyrénées n'avait eu si peu de représentans patriotes. Nous savons tout ce qu'a pu exercer d'influence funeste, M. de Saint-Cricq, aidé du ministère ; mais nous espérions que les amis de la liberté, si nombreux dans le département des Basses-Pyrénées, parviendraient à contrebalancer, sinon à vaincre entièrement, les manœuvres du juste-milieu.

DUFAU. N.

M. Dufau, avocat-général à la Cour de Pau, et qui passait pour patriote, a cependant montré fort peu de patriotisme à la chambre. Il a combattu, avec raison, la proposition de M. Vatout, sur les listes électorales (29 août 1831). Mais il a, du reste, constamment voté pour le ministère.

Il compte à peu-près pour trois à la chambre : c'est lui à qui le ministère a donné le soin de diriger MM. Harispe et Lacaze : il paraît qu'il s'en acquitte assez bien ; mais ce n'est pas sans peine. M. Dufau tâche de regagner, par ses votes et ceux de ses deux collègues, les bonnes grâces du ministère, qu'il espère enfin toucher. Après la Révolution de Juillet, il se croyait assuré d'être premier avocat-général à Pau, quand il vit M. Dupont (de l'Eure) lui préférer le patriotisme et le talent de M. Laurence, son collègue. Mais, comme M. Laurence est un des plus redoutables adversaires du ministère, dans l'opposition, et que

M⁰ Barthe ne se fait pas faute de destituer ceux que signale à sa vindicte, la camarilla de cour, M. Dufau peut penser, non sans raison, qu'il y a chance pour lui d'obtenir la place qu'il convoite depuis si long-temps.

HARISPE. N.

Nous ne savons ce que les colonies ont fait à M. le général Harispe, mais il est peu humain et peu juste à leur égard. Il leur refuse le droit de représentation (15 octobre 1831). Il est remarquable que depuis 30 ans que, pour notre malheur, nous avons des colonies, la Convention est la seule assemblée qui ait eu pour elles des sentimens d'équité. La Monarchie, l'Empire, la Restauration et la quasi-Légitimité, ont toujours été, à leur égard, dans des rapports intolérables de despotes à esclaves. Sans M. Dufau, qui a la bonté de lui indiquer quand et comment il faut voter, M. le général Harispe serait fort embarrassé de sa personne à la chambre. Mais, au moment décisif, un avertissement de M. Dufau, un signe de tête, un mot à l'oreille, dans les instans d'urgence, une basque de l'habit tirée à propos, suffisent. M. Harispe vote au doigt et à l'œil, et constamment pour le ministère.

La place de M. Harispe est sur le champ de bataille, et non sur les bancs de la chambre. Sa bravoure et son mérite lui ont seuls conquis le grade éminent auquel il est arrivé, après être parti des derniers rangs de l'armée. Sa conduite dans la guerre d'Espagne, en 1809, mérite surtout les plus grands éloges, mais jamais le général ne s'est piqué de principes politiques bien arrêtés : à 20 jours de distance, en 1815, il faisait deux adresses de soumission et de dévouement, l'une aux Bourbons, l'autre à Napoléon. (Voir le *Moniteur* du 12 mars et du 2 avril 1815).

M. Harispe est membre du conseil-général des Basses-Pyrénées. Il a été reçu, à son retour à Bayonne, par un bruyant charivari, tandis que M. Basterrèche était accueilli par une sérénade.

LACAZE-PÉDRE. N.

Comme son collègue, M. Harispe, M. Lacaze est dévoué corps et âme au système du juste-milieu, et l'appui d'un vote silencieux, mais constant.

MM. Lacaze et Harispe sont, on peut le dire, sous la coupe de M. Dufau : c'est lui qui leur sert de chef de file ; et, sans son inspiration, les deux honorables ne sauraient vraiment pas distinguer le noir du blanc. Il y a cependant cette différence entre M. Lacaze et M. Harispe, que M. Lacaze est jeune, et M. Harispe assez âgé; que M. Lacaze ne paraît point attacher beaucoup de sérieux à ses fonctions législatives, et que M. Harispe ne le peut guères.

LAFFITTE. A.

M. Laffitte s'est montré constant et sincère ami de la liberté, combattant pour elle, pendant 15 années, la saluant à son réveil par un dévouement à toute épreuve, perdant pour elle une richesse acquise par les plus longs et les plus honorables travaux, se résignant au pouvoir, lorsque l'intérêt du pays l'ordonne, le quittant comme il y est entré, le cœur tranquille, les mains pures, avec la conscience de tout le bien qu'il a voulu faire, et reprenant sur le déclin de sa carrière les laborieuses occupations qui en avaient honoré le début, patriote avant sa fortune, patriote après qu'il l'a perdue, prêt encore à donner son temps, ses biens et sa vie pour la cause qu'il a déjà si généreusement servie. S'il est à la chambre une personnification triste, mais vraie, de notre Révolution de Juillet, c'est bien M. Laffitte. Comme lui, le peuple a travaillé 15 ans pour secouer le joug des Bourbons : 15 ans le peuple a rêvé les trois jours : son triomphe arrive, et c'est pour éclairer sa ruine et le commencement d'intolérables malheurs. Espérances, joies de la victoire, tout est flétri, tout a disparu : les peines, les fatigues ont été prodiguées en vain. Il faut reprendre le pénible ouvrage, et recommencer l'œuvre si vite renversée, et qui coûta tant de soins et de sueurs. Au sentiment des malheurs publics est venu se joindre, pour M. Laffitte, celui des revers particuliers : puis, comme pour combler la mesure, les plats intrigans, les honteux spéculateurs, qui triomphaient au milieu de la détresse générale, sont venus déchaîner contre lui toute la bassesse et la violence des plus atroces calomnies. Une main lâchement infâme est venue déposer dans l'urne du scrutin parlementaire (18 août 1831), un vote ignominieux, mais non pour celui qu'on croyait attaquer ; vote désormais historique, et qui peindra d'un trait la majorité, dont un crime si bas ne reçut point sur-le-champ une éclatante punition.

Dans cette persécution contre le banquier patriote, M. Périer se signala, enflammé contre sa victime par le fiel qui dévorait tristement son âme, et par l'envie d'un nom plus honorable que le sien, et qu'il avait trouvé, pur et respecté, deux fois sur son chemin, dans sa carrière commerciale et dans sa carrière politique. Le premier ministre ne rougit pas de faire, de la nomination de M. Laffitte à la présidence, une question de cabinet; et la majorité fut dès lors assez complaisante pour céder au caprice du patron brutal et aveugle qu'elle s'était donné.

Dans les récriminations que son successeur a plusieurs fois si injustement élevées contre lui, M. Laffitte a gardé toute sa noblesse et toute sa dignité. Il s'est attaché surtout à repousser l'odieuse solidarité que, dans sa faiblesse et ses frayeurs épileptiques, M. Périer voulait faire peser sur lui. M. Laffitte a nettement tracé la ligne qui sépare son ministère du ministère du 13 Mars (15 août, 22 septembre 1831, 20 janvier 1832.) Il démontra que jamais, tant qu'il avait été aux affaires, il n'avait laissé violer le principe de non-intervention proclamé après Juillet.

Pour M. Laffitte, la nation le remerciera de lui avoir montré avec franchise les plaies profondes qui tarissent les sources de sa prospérité, les 500 millions dont le trésor est à découvert (18 janvier 1832), et les scandaleuses pensions dont il est grevé (5 février 1832); de même qu'il lui tiendra éternellement compte des généreux et immenses secours qu'il prodigua jadis aux héros de la Loire (Voir le discours de M. Dupin ainé, 26 janvier 1832). Le pays tout entier l'a applaudi quand il est venu répondre à l'inconvenante attaque d'un jeune homme, M. de Rémusat : « Ce dont je ne manque pas, c'est de conscience, si « je manque de mémoire. » (20 janvier 1832).

Ce sera un mémorable exemple d'éloquence parlementaire, sublime par sa simplicité et par le sentiment magnanime qui l'a dictée, que l'improvisation dans laquelle M. Laffitte est venu défendre, contre l'apostasie de M. Lobau, les actes de la commission municipale de Juillet. « Pour ma part, dit M. Laffitte « d'une voix ferme, je viens réclamer le titre de révolution- « naire. En Juillet, la commission municipale a été révolution- « naire, et je me ferai éternellement gloire d'en avoir fait « partie. » La réponse de M. Laffitte à Me Barthe ne fut pas moins noble; lorsque le ministre de la justice, ancien carbonaro, eut le courage de venir annoncer à la chambre que le procès du maréchal Ney ne pouvait être révisé, et que la grande infamie de la Restauration ne pouvait être réparée par la quasi-légitimité, tremblant devant la Sainte-Alliance, M. Laffitte déclara que la veuve de l'illustre maréchal, la belle-mère de sa fille, était prête à renoncer à la pension que quelques membres des centres semblaient lui contester, pour qu'on révisât l'atroce iniquité dont son mari avait été la victime.

L'estime, l'amour de la nation restent à M. Laffitte, et lui resteront éternellement. Il n'est point un cœur généreux dans le pays, qui puisse oublier la manière si noble et si rare dont il a acquis, employé et perdu sa colossale fortune. Avec cette approbation intérieure de sa conscience et de la conscience nationale, M. Laffitte se trouvera plus heureux et plus riche que ces ministres hissés et maintenus au pouvoir par toutes les passions basses et lâches dont Juillet n'a pu complétement purifier le pays.

Nous avons regretté que M. Laffitte ait quelquefois, dans ses votes, abandonné les patriotes.

Le Comte DE SAINT-CRICQ. A.

Si un homme a démérité de la France, et du département des Basses-Pyrénées en particulier, c'est bien M. Saint-Cricq, qui, ministre ou président du commerce à quatre ou cinq reprises différentes sous Charles X, n'a jamais songé à faire prospérer l'industrie nationale que par l'absurde système des prohibitions. Son rôle, dans la session qui vient de finir, a été à-peu-près nul, et il s'est presqu'exclusivement contenté de donner constamment son voté déplorable au système du 13 Mars. Il ne s'est séparé qu'une seule fois du ministère Périer, et c'était pour combattre, avec un égoïsme inhumain, la loi sur les céréales (28 et 29 mars 1832). Son rapport sur les entrepôts intérieurs a été aussi faible de principes que d'éloquence. M. de Saint-Cricq est un des partisans les plus ardens du juste-milieu.

Il est membre du conseil-général des Basses-Pyrénées.

PYRÉNÉES (HAUTES).

Ce département nomme trois députés.

MM. Colomès, arrondissement de Bagnères.— Dintrans, id. de Tarbes. — Gauthier d'Hauteserve, id. de Lourdes.

Nous ne savons pas pourquoi le département des Hautes-Pyrénées n'a point renouvelé sa députation tout entière, et a fait une exception en faveur de M. Dintrans. Il est probable que si les électeurs eussent traité M. Dintrans comme ses deux anciens collègues, MM. Declarac et Fourcade, la députation ne serait composée que de patriotes. M. Colomès est venu doter l'opposition d'une voix de plus. M. Gauthier d'Hauteserve vote aussi quelquefois avec elle. Jamais, sous la Restauration, le département des Hautes-Pyrénées n'avait obtenu un pareil succès. Nous croyons que désormais le ministère et le juste-milieu y ont perdu toute influence.

COLOMÈS. N.

M. Colomès a constamment voté contre le ministère. Ancien élève de l'École polytechnique, et ingénieur, il s'était fait connaître dès long-temps de ses concitoyens, par l'indépendance et le patriotisme de ses opinions. On se rappelle qu'aux élections qui précédèrent les ordonnances du 25 juillet, M. Colomès encourut la disgrâce du pouvoir par son vote et sa conduite énergiques. Il est un des plus jeunes députés de la chambre.

A son retour à Tarbes, il a été reçu par la population avec tous les témoignages d'estime et d'affection qu'avait mérités sa conduite parlementaire.

Il est membre du conseil-général des Hautes-Pyrénées.

DINTRANS. A.

M. Dintrans a constamment voté pour le ministère. Une brochure, publiée en 1824 par M. Bellèze, secrétaire-général de la Faculté de droit de Toulouse, contient, sur la carrière de M. Dintrans, une suite de révélations que nous devons croire exactes, puisqu'elles n'ont jamais été démenties. M. Dintrans, fils d'un ancien procureur, après avoir embrassé avec fureur les principes de notre première révolution, et avoir fait à Saint-Domingue une fortune aussi rapide que considérable, de manière à s'attirer le blâme sévère de M. Daure, son protecteur et son parent, accueillit avec enthousiasme la première Restauration, et se montra l'un des plus ardens parmi les preux qui composaient à Bordeaux la petite cour de la duchesse d'Angoulême. Dans les cent jours, il changea de conviction politique avec une merveilleuse rapidité; et plus tard, quand il se présenta aux élections, M. Jahan de Belleville, préfet des Hautes Pyrénées, lui reprocha publiquement ses apostasies, dans une circulaire qu'il fit distribuer à la porte du collége. Après cinq ou six échecs, M. Dintrans réussit enfin à se faire nommer en 1830. Seulement, si nos renseignemens ne nous trompent, il avait oublié d'informer ses concitoyens qu'il avait dès-lors, en poche, son brevet d'intendant militaire : on ne le sut que quelques jours plus tard. Il avait promis de s'asseoir auprès du général Lamarque, et de voter avec lui. Il était difficile de moins tenir sa parole que ne l'a fait M. Dintrans.

Il est membre du conseil-général des Hautes-Pyrénées.

GAUTHIER D'HAUTESERVE. N.

M. Gauthier a signé la protestation contre l'insultante dénomination de *sujets*. Il n'était point encore rentré à la chambre, par suite de sa réélection, lorsqu'il fallut voter sur l'ordre du jour motivé de M. Ganneron (22 septembre 1831). Dans la discussion relative aux 13,000,000 pour travaux publics, M. Gauthier prononça un discours où l'on remarqua quelques principes assez humains en faveur des ouvriers (21 octobre). Nous ne pouvons cependant compter M. Gauthier parmi les défenseurs énergiques de la cause nationale : il a voté souvent pour le ministère. Il a été, durant la Restauration, sous-préfet à Bagnères. Quelques personnes remarquèrent, à cette époque, qu'il s'efforçait, par divers moyens, de capter les bonnes grâces du clergé, bien qu'il fût du reste fort peu dévot. M. Gauthier quitta sa sous-préfecture pour devenir, à Paris, régisseur de l'octroi, place lucrative qu'il occupe encore.

PYRÉNÉES-ORIENTALES.

Ce département nomme trois députés.

MM. Arago, arrondissement de Perpignan. — Escanyé, id. de Prades. — Garcias, id. de Céret.

Les deux députés nouveaux des Pyrénées-Orientales comptent parmi les patriotes les plus énergiques de la chambre. M. Garcias, député sortant, n'a été renommé certainement qu'à l'aide d'une méprise. Il s'était donné pour un ami de la liberté; mais la session qui vient de finir a montré ses véritables opinions, et a révélé sa désertion du camp national. M. Arago, précédé à la chambre d'une réputation européenne, a tenu ce que son patriotisme promettait, et nous sommes certains de le retrouver toujours au premier rang des adversaires du honteux ministère qui nous régit. M. Escanyé, arrivé vers le milieu de la session, a montré les mêmes principes politiques que son illustre collègue.

Durant les seize années de la Restauration, le département des Pyrénées-Orientales n'avait jamais obtenu une représentation aussi libérale que celle de 1831.

ARAGO. N.

C'était un hommage rendu à l'illustration scientifique de M. Arago, qu'un double choix électoral. Il s'est montré digne de l'honneur que lui ont fait ses concitoyens, en gardant à la chambre les opinions indépendantes et patriotiques qu'on lui connaît. Il a fait, durant le cours de cette session, une proposition dictée par les plus louables motifs, et relative à la fondation d'écoles d'arts et métiers, où le peuple aurait pu trouver une instruction complète et presque gratuite. Il développa cette proposition avec toutes les lumières et les connaissances pratiques d'un homme qui connaît à-la-fois la science et ses applications (19 et 21 novembre 1831). Cette proposition fut ajournée. M. Arago a été aussi rapporteur de la commission de comptabilité pour examiner la construction d'une nouvelle salle des séances (6 octobre). Il a vivement réclamé contre la suspension de la loi municipale, si facilement accordée par la majorité au ministère, et a défendu énergiquement l'honneur de la garde nationale de Perpignan, calomniée et licenciée par le premier ministre (8 avril 1832). Il a constamment voté contre le ministère.

ESCANYÉ. N.

M. Escanyé a constamment voté contre le ministère.

Il est membre du conseil-général des Pyrénées-Orientales, et riche propriétaire foncier.

GARCIAS. A.

A la session dernière, on prenait encore M. Garcias pour un patriote; mais aujourd'hui, grâce aux trois votes rendus publics, ses opinions sont suffisamment connues : c'est un homme du juste-milieu, votant constamment pour le ministère; et s'il a jamais été franchement dans les rangs de l'opposition, on doit le regarder aujourd'hui comme un déserteur de la cause nationale. Il a constamment voté pour le ministère.

Il est membre du conseil-général des Pyrénées-Orientales.

RHIN (BAS).

Ce département nomme six députés.

MM. Coulmann, 3ᵉ arrondissement de Strasbourg. — Humann, id. de Schélestadt. — Muntz, id. de Wissembourg. — Odillon-Barrot, 2ᵉ id. de Strasbourg. — Saglio, id. de Saverne. — Voyer-d'Argenson, 1ᵉʳ id. de Strasbourg.

La députation du Bas-Rhin réunit à la fois des patriotes et des partisans frénétiques du 13 Mars. MM. Saglio et Humann sont de ces derniers. MM. Voyer-d'Argenson et Odillon-Barrot sont dès long-temps connus. MM. Muntz et Coulmann, hommes nouveaux, se sont classés durant cette session parmi les patriotes de la chambre.

La députation du Bas-Rhin, telle qu'elle est maintenant composée, est un véritable triomphe qu'ont obtenu les amis de la liberté. Quatre des députés qui siégeaient à la session dernière et y votaient constamment pour le ministère, ont été remplacés par quatre patriotes. Les deux auxquels les électeurs ont fait grâce sont peut-être ceux qui le méritaient le moins. M. Humann fut, comme l'on sait, uni d'assez près au ministère de M. Villèle, et dévoué corps et âme au ministère de M. Martignac. Depuis plusieurs années il manœuvre, sinon avec habileté, du moins avec persévérance, pour arriver au portefeuille des finances, objet de toute son ambition. Les électeurs auraient à se reprocher, s'il réussissait, d'avoir donné à la France l'un des ministres les moins éclairés qui aient jamais gaspillé sa fortune. Quant à M. Saglio, parent et jadis associé de M. Humann, il partage tous ses principes, et le déplorable ministère qui nous régit ne compte point à la chambre de séide plus aveugle que lui. Cependant, à tout prendre, la députation du Bas-Rhin est aussi patriotique qu'elle l'a toujours été pendant les plus mauvaises années de la Restauration.

COULMANN. N.

Malgré les liens qui l'attachent au ministère, M. Coulmann a montré à la chambre une noble indépendance. Maître des requêtes au conseil d'État, il n'en a pas moins blâmé les mesures et surtout les principes des hommes du 13 Mars, et s'est attaché à défendre ceux de la révolution de Juillet (13 août 1831). Dans la discussion de la liste civile, le chiffre qu'il proposait était moins élevé que celui de la commission (5 janvier 1832). Il demanda aussi quelques réductions sur le ministère des affaires étrangères, mais ses propositions furent repoussées (9 mars 1832). Il a combattu énergiquement l'abominable loi contre les réfugiés politiques (9 avril 1832). Il a constamment voté contre le ministère.

Il a été reçu avec enthousiasme par la garde nationale et la population entière de Brumath (5 mai 1832), qui lui ont donné des sérénades et des fêtes patriotiques. A Strasbourg, il a trouvé un accueil non moins empressé.

HUMANN. A.

On sait que M. Humann, à tort ou à raison, jouit d'une certaine réputation de capacité financière. Il a voulu donner dans cette session une preuve irrécusable de son mérite, et il s'est fait charger du rapport sur le budget des recettes de 1832 (3 février 1832). Or, voici les principes de M. Humann en fait d'économie politique et d'impôts. Tous les impôts existans doivent être maintenus sans aucune exception. Quelques-uns même doivent être augmentés, notamment le droit d'enregistrement et le droit d'importation sur les sucres et les cotons. La taxe du sel est excellente et doit être conservée. La taxe des vins n'est pas moins bonne, et doit être conservée également. Le monopole du tabac est chose non moins parfaite, et il faut le garder. Toutes les objections que l'on fait sans cesse contre les impôts ne sont que de vaines théories. L'impôt de quotité vaut mieux que l'impôt de répartition. — Autres axiômes de M. Humann : le budget de l'ancien régime était beaucoup plus lourd que le nôtre, et nous sommes des ingrats de nous plaindre, car nos charges sont légères. L'inégalité actuelle des impôts est une suite inévitable de l'imperfection des œuvres humaines. En fait d'impôts, c'est surtout la propriété qu'il faut ménager. Formule générale : le ministère du 13 Mars est le *nec plus ultra* des ministères intelligens et patriotes ; il a bien mérité du pays et de l'humanité.

Il n'est pas besoin d'être fort savant en économie politique pour savoir que ces principes de M. Humann sont aussi faux qu'arriérés. Il n'est pas besoin d'avoir le cœur fort humain et fort compatissant pour juger que celui de M. Humann est impitoyable pour les souffrances du peuple. Ignorance et cruauté, voilà les deux bases de tous les raisonnemens d'un homme qui a des prétentions à diriger quelque jour la fortune de l'État.

Il a défendu contre M. Mauguin, avec un acharnement d'égoïsme vraiment déplorable, le système actuel des prohibitions commerciales (20 octobre 1831). Il n'a pas défendu avec moins d'énergie l'intégralité des traitemens énormes des receveurs-généraux. En un mot, M. Humann s'est montré le plus aveugle et le plus frénétique défenseur de tous les abus qui révoltent et oppriment le pays. Par son rapport sur les recettes de 1832, il est venu, comme le bouc émissaire des hommes du 13 Mars, signifier en leur nom au peuple, qu'il ne devait espérer aucun soulagement à sa misère ; que, loin de là, on allait aggraver l'écrasant fardeau qui l'accable, que ses plaintes étaient sans fondement, et qu'on n'en tiendrait pas le moindre compte ; et, pour ajouter la dérision à la cruauté, il n'a pas craint de dire aux victimes que les bourreaux étaient les plus louables et les plus généreux des hommes. Si, par cet acte de soumission au premier ministre, M. Humann a cru gagner de nouveaux titres au portefeuille, qu'il sache aussi qu'il a gagné par-là de nouveaux titres à l'animadversion de tous les cœurs compatissans, et aux dédains de tous les esprits éclairés. Nous savons qu'on ne devait guère attendre des vues plus larges ni plus générales d'un homme qui apppartient à la *doctrine ;* mais nous avouerons que M. Humann a de tout point dépassé nos espérances, malgré la mauvaise opinion que nous nous sommes dès long-temps formée de lui. Il est un vivant exemple de cet axiôme de morale sociale, qui proscrit l'égoïsme comme le fléau le plus délétère pour la société, et c'est à cette trist source qu'il a été puiser tous ses principes. Si jamais, pour le malheur de la France, il devenait ministre des finances, il est difficile de s'imaginer jusqu'où seraient portés l'iniquité fiscale et le mépris des souffrances et des besoins du peuple. M. Humann a, comme on le pense bien, constamment voté pour le ministère.

Il est membre du conseil-général du Bas-Rhin.

MUNTZ. N.

Si M. Muntz, comme il a eu le soin de le dire à la chambre, ne parle pas très bien français (30 juillet 1831), nous sommes assurés qu'il n'y a point à la chambre de cœur plus français que le sien. Quand M. Humann vint réclamer, dans un discours dont nous voulons bien lui laisser tout le mérite, le maintien de tous les impôts existans, M. Muntz est venu demander la réduction de l'impôt du sel (10 septembre 1831). L'un, malgré le talent qu'on lui prête, s'en tenait aux principes les plus injustes et les plus étroits ; l'autre venait réclamer, au nom de l'équité et de la raison, un allégement à des charges insupportables. M. Muntz a constamment voté contre le ministère.

ODILLON-BARROT. A.

Pour ceux qui connaissent M. Odillon-Barrot et qui le regardent comme l'un des premiers orateurs de l'opposition, il suffira de rappeler ce qu'il a fait durant la session. Il a défendu contre le ministère le droit des légionnaires des cent jours (15 septembre 1831). Dans la discussion de la pairie, il a soutenu le droit constituant de la chambre, et s'est élevé contre les fautes de l'aristocratie et ses iniques prétentions (7 octobre 1831). Sans développer complétement un système nouveau, il indiqua cependant, sur la constitution de la pairie, quelques idées qui concernaient aussi l'organisation générale du gouvernement. C'était l'élection directe des pairs par les conseils municipaux, si ces conseils eussent été constitués sur des bases plus larges et plus populaires. Il soutint l'amendement des candidatures présenté par M. Mérilhou et quelques autres membres de l'opposition (12 octobre 1831). Il fit réserve du droit constituant de la chambre, lorsque M. Bignon, par une boutade assez inexplicable, retira l'amendement spécial qu'il avait présenté pour cet objet (18 octobre 1831). Il combattit avec énergie l'allocation mystérieuse des cinq millions que le premier ministre demandait pour sa police (19 octobre 1831). Dans la discussion soulevée à l'occasion de l'adresse sur l'insurrection lyonnaise (26 novembre 1831), M. Odillon ne parut point être de l'avis de quelques-uns des principaux membres du côté gauche sur les torts du gouvernement. Dans la discussion du Code pénal (du 22 novembre au 7 décembre 1831), il prit la parole sur la plupart des questions qui furent débattues. C'est lui qui fut chargé du rapport sur le rétablissement du divorce (26 novembre), loi demandée par la conscience et la morale publique, mais repoussée par la scrupuleuse bigoterie et la vanité contre-révolutionnaire des inamovibles du Luxembourg. M. Odillon-Barrot a vivement attaqué, dans la discussion sur les embrigademens (21 décembre), les turpitudes et les atrocités de la police, qu'il avait déjà flétries devant les tribunaux en défendant le *National:* il rédigea la protestation contre l'insultante dénomination de *sujets* (5 janvier 1832), et démontra, par le texte même de la Charte, que cette expression n'était pas moins inconstitutionnelle qu'insultante. Membre de la commission pour la liste civile, il accorda une allocation de 12 millions 500,000 fr. en argent, et la réduisit à 12 millions, selon l'amendement de M. Augustin Giraud (13 janvier 1832). Cent sept boules noires ont protesté contre cette liste civile, qui paraissait exagérée pour une royauté bourgeoise. M. Odillon a demandé l'annulation des rentes rachetées (27 janvier 1832). Il a été nommé membre de la commission d'enquête pour le déficit Kessner (15 février 1832). Il a défendu les droits des Polonais à l'hospitalité et à la sympathie françaises, contre l'inhumanité du premier ministre (21 février 1832). M. Odillon a blâmé énergiquement la conduite du ministère dans l'affaire de Grenoble (20 mars 1832). Il a noblement défendu les réfugiés politiques dans la discussion de l'abominable loi de police lancée contre eux par les hommes du 13 Mars (9 avril 1832). Il s'est abstenu de voter contre l'ordre du jour motivé de M. Ganneron (22 septembre 1821), jugeant la question inconstitutionnelle : mais il a protesté contre la fournée illégale des trente-six pairs (23 novembre 1831), et contre l'insultante dénomination de *sujets* (7 janvier 1832). Il a constamment voté contre le ministère.

Florent SAGLIO. A.

En sa qualité d'administrateur des salines de l'Est, M. Saglio les a défendues contre les attaques de M. Mosbourg (26 septembre 1831), et il repoussa toute augmentation sur le prix du bail. Il a fait aussi un rapport sur un crédit supplémentaire pour la désastreuse entreprise des canaux de l'État (12 septembre). M. Saglio est un des partisans les plus exaltés du 13 Mars. Par sa position, par sa fortune, il serait appelé à être un des coryphées de cette aristocratie bourgeoise et d'argent que M. Périer se croyait appelé à fonder; aussi M. Saglio est-il prêt à soutenir le système du milieu avec toute l'ardeur et le fanatisme d'un néophite.

Il est membre du conseil-général du Bas-Rhin.

VOYER D'ARGENSON. A.

M. d'Argenson a présenté pendant cette session un projet de loi pour rendre les concessions de mines un peu moins difficiles de la part de l'État, et un peu plus profitables à ceux qui les exploitent, et au public qui en consomme les produits (20 janvier 1832). La chambre, pressée par d'autres travaux, n'a pu s'occuper de cette proposition dont tout le monde n'a point senti l'importance; et jusqu'à la prochaine session, tout au moins, le travail et la bonne volonté de M. d'Argenson resteront sans fruit. Si la majorité l'en eût voulu croire, elle se serait gardée d'accorder aussi aisément qu'elle l'a fait, les douzièmes provisoires qu'elle prodigue au ministère. M. d'Argenson les refusait, pour témoigner au gouvernement combien il désapprouve la direction funeste donnée aux affaires intérieures et extérieures du pays (12 décembre 1834). La majorité, si complaisante, n'aurait point si bénévolement octroyé ces 18 millions pour travaux publics, dont le tiers à peu près devait être employé, non point à occuper les bras inactifs de tant de malheureux, mais à soudoyer les ténébreuses machinations de la police (19 octobre).

M. d'Argenson a constamment voté contre le ministère.

RHIN (HAUT).

Ce département nomme cinq députés.

MM. André, 2ᵉ arrondissement de Colmar. — Hartmann, 1ᵉʳ id. de Colmar. — N. Kœchlin, id. de Mulhausen. — Le Baron de Reinach, id. d'Altkirch. — Le général Stroltz, id. de Belfort.

M. N. Kœchlin est le seul patriote de la députation du Haut-Rhin. M. André est dès long-temps connu par son dévouement ministériel à toute épreuve. **MM.** Reynach et Hartmann, incertains durant l'autre session, se sont enfin décidés pour le juste-milieu. M. Stroltz, homme nouveau, n'a point hésité un seul instant à suivre leur exemple. Le député de Mulhausen reste donc seul pour soutenir l'ancien renom de patriotisme que le département s'était fait sous la Restauration. Durant les quinze années de la légitimité, les députations du Haut-Rhin furent presque toujours exclusivement composées de patriotes ; et il est fâcheux de dire que, depuis Juillet, le département du Haut-Rhin semble avoir dégénéré.

ANDRÉ. A.

M. André est un de ces enfans perdus du ministère, fidèles jusqu'à l'abnégation la plus complète, et qui cherchent à racheter, par leur complaisance et leur soumission à toute épreuve, ce qui leur manque en éloquence et en capacité. M. André, qui servait l'année dernière à attaquer la presse et ses excès, n'a été lancé, en 1831, que trois fois contre l'opposition : d'abord, pour repousser la proposition de M. Salverte, sur la pairie (17 août), ensuite, contre la proposition philanthropique de M. de Tracy, sur les colonies (10 septembre). M. André a prétendu que les projets de M. de Tracy n'étaient que des rêveries et des utopies impraticables. On voit assez, par cette réfutation, où M. André avait été prendre le mot d'ordre. Enfin, il a dû faire un discours dans la question de la pairie. C'était une rude tâche, et M. André s'en est acquitté, comme de toutes celles dont on le charge, à sa grande satisfaction, sans doute, mais à la grande fatigue de la chambre qui devait l'entendre (6 octobre). Il déclara qu'il préférait à tout autre système la nomination exclusive par le roi. Puis il adopta les catégories, en fixant un maximum et un minimum numériques. Passant ensuite au pouvoir constituant de la chambre, il fallut voir comment M. André traita cette nouvelle utopie ; c'était, à son avis, une pure chimère, et il voulut bien consentir à ce que les députés concourussent à la constitution de l'autre chambre, avec *les deux autres pouvoirs*. Tous ces argumens furent soutenus par M. André, avec le style et la diction, moins grammaticale encore qu'éloquente, dont il a déjà donné tant de preuves. M. André a un de ces heureux caractères qui, depuis quarante ans, se sont merveilleusement pliés à tous les vents qui ont soufflé sur la France. Le ministère du 13 Mars l'a sans doute trouvé bon encore à quelque chose, mais c'est que le ministère en est réduit à faire flèche de tout bois. M. André a constamment voté pour le juste-milieu. De retour à Colmar (26 avril 1831), il y a été reçu par deux ou trois bruyans charivaris.

HARTMANN.

M. Hartmann n'a manqué à aucun de ses antécédens en se dévouant au juste-milieu. C'est un partisan paisible, mais constant, du 13 Mars.

Il est membre du conseil-général du Haut-Rhin.

Nicolas KŒCHLIN. A.

Il y eut dans cette session peu de discours aussi énergiques, que celui de M. Kœchlin dans la discussion du budget de 1832 (19 janvier 1832). Il réclama vivement en faveur des populations alsaciennes en particulier, et demanda, comme soulagement pour le peuple en général, l'abolition des impôts du sel, du vin et de la loterie. M. Kœchlin est resté fidèle à la ligne politique qu'il avait embrassée durant la session précédente, et aux opinions patriotiques de toute sa famille. Il s'est abstenu de voter contre l'ordre du jour motivé de M. Ganneron, parce qu'il jugeait la question inconstitutionnelle : mais il a protesté contre l'insultante dénomination de *sujets* (7 janvier 1832). A son retour à Colmar, M. Kœchlin a été complimenté sur sa conduite parlementaire par une députation de patriotes (9 mai 1832).

Baron de REINACH. A.

M. de Reinach a voté constamment avec le ministère.
Il est membre du conseil-général du Haut-Rhin.

Le Général STROLTZ. N.

M. Stroltz a essayé un vrai tour de force, même pour un homme du juste-milieu. Il est venu s'opposer à l'ordre du jour de M. Ganneron, et en même temps il a défendu le ministère (22 septembre 1831). Dans cette scabreuse entreprise, le général a montré plus de bonne volonté que de talent. Il a du moins fait tout ce qu'il pouvait, et le ministère, malgré toute son exigence, ne saurait demander mieux. M. Stroltz est fort généreux, nous ne dirons pas de sa bourse, mais des deniers de l'État; il a concédé, sans la moindre peine, les 12 ou 13,000,000 précomptés à la liste civile (13 janvier 1832). Plus tard, dans une discussion qui le touchait d'un peu plus près, M. Stroltz s'est montré moins facile. Il s'agissait de réduire le traitement des généraux. Il s'est opposé à toute économie, avec une persévérance qui fait honneur à sa fermeté, mais qui en fait peu à son désintéressement. En sa qualité de partie prenante, il devait au moins s'abstenir de discuter. Il a constamment voté pour le ministère.

RHONE.

Ce département nomme cinq députés.

MM. Carrichon, arrondissement de Villefranche.—Couderc, 1er id. de Lyon. — Dugas-Montbel, 4e id. de Lyon. — Fulchiron, 3e id. de Lyon. — Jars, 2e id. de Lyon.

M. Couderc est toujours le seul patriote de la députation du Rhône. Ses collègues rivalisent d'obéissance au juste-milieu et d'amour pour le 13 Mars. MM. Jars et Dugas-Montbel sont connus pour leur dévouement au ministère. Dans la session dernière, ils avaient déjà donné assez de preuves de leur soumission ministérielle. MM. Fulchiron et Carrichon sont pour le moins égaux aux deux députés qu'ils remplacent si dignement au centre, MM. Humblot-Conté et Imbert-Vachon. A aucune époque, sous la Restauration, la représentation du Rhône n'a été aussi faible en patriotisme. Nous espérions des résultats plus favorables des élections générales de 1831.

CARRICHON. N.

Silencieux mais fidèle partisan du juste-milieu, M. Carrichon a constamment voté pour le ministère. A en croire sa profession de foi, M. Carrichon devait faire bien des choses, demander bien des réformes, etc. Il est resté muet, et a soutenu tous les abus.

COUDERC. A.

Ennemi de la Restauration, M. Couderc l'est à-peu-près autant de la Quasi-Légitimité. Les deux sœurs lui paraissent tellement se ressembler de principes et de désastreuses conséquences, qu'il a continué contre la plus jeune l'opposition qu'il commençait, il y a plus de douze ans, contre l'aînée. Il a constamment voté contre le ministère.

Il est membre du conseil-général du Rhône.

Après la clôture de la session, M. Couderc a été reçu à Lyon par l'enthousiasme des patriotes, qui lui ont donné une sérénade (1ᵉʳ mai 1831).

DUGAS-MONTBEL.

Pourquoi a-t-on dérangé M. Dugas-Montbel de ses occupations littéraires? il figurerait très bien à l'Académie des inscriptions et belles-lettres, dont il n'est encore que membre auxiliaire, mais il figure très mal dans une chambre législative. Il a voté constamment pour le ministère. Il sollicite beaucoup dans les bureaux, mais son crédit paraît fort mince, et ses démarches, bien qu'actives, sont le plus souvent inutiles.

FULCHIRON. N.

De peur qu'on ne s'y trompât, M. Fulchiron s'est hâté, dès les premiers jours de la session, de prouver son dévouement ministériel. Il refusa à la chambre (26 juillet 1831) le droit de blâmer les manœuvres déloyales du ministère dans l'élection de M. Jars. Il a tenu, en talens et en indépendance, ce que promettait un tel début. Il est venu apprendre à la France que la *révolte* de Lyon devait être attribuée aux jésuites et aux saint-simoniens. A moins qu'il ne prenne les hommes du 13 Mars pour des jésuites, et la misère pour du saint-simonisme, il est difficile de comprendre ce qu'a voulu dire l'honorable (19 décembre). Plus tard, il prétendit que l'insurrection lyonnaise était un soulèvement des prolétaires contre la propriété (1ᵉʳ février 1832). Mais il se garda d'indiquer les causes du soulèvement, et de dire ce que les prolétaires avaient souffert avant de recourir aux armes. Dans la discussion de la liste civile, il fut un des plus ardens à grossir outre mesure la dotation de la couronne. Il insista surtout pour qu'on y joignît l'apanage d'Orléans (10 janv. 1832). M. Fulchiron est un homme aussi humble, au moins, que M. Jars. Il annonce qu'il *se fait l'honneur* de répondre à l'un de ses collègues, etc. (17 mars). On rit aux dépens de M. Fulchiron; mais lui, sans perdre contenance, ajoute qu'il lui est fort pénible d'avoir à occuper la chambre de lui. La chambre, qui pense sans doute autrement, redouble d'hilarité; et M. Fulchiron semble s'applaudir de causer tant de bonheur à ses collègues. On ne peut, du reste, lui reprocher de monter trop hardiment à la tribune. Quand par hasard il s'y présente, il a bien soin d'annoncer qu'il n'a que deux mots à dire, et qu'il ne *se fera pas l'honneur* de faire un discours (19 décembre). Cependant la verve l'emporte, et M. Fulchiron, bien à contre-cœur sans doute, fait un discours de deux petites pages in-folio du *Moniteur*. Il rend encore d'autres services au ministère, services peu parlementaires, mais qui ne laissent pas que d'avoir leur mérite. Pendant que le premier ministre, tout gonflé d'orgueil pour des ratifications qui ne sont pas données, daigne annoncer aux fidèles des centres que l'Autriche accède aux vingt-quatre articles, M. Fulchiron, qui est modestement entré à la queue de M. le président du Conseil, s'élance à droite, à gauche, va, vient, se multiplie, et, le visage rayonnant, il se fait le porte-voix du patron, pour annoncer à toutes les sections de la chambre une paix dont nous ne sommes pas encore assurés (28 mars 1832).

Il a constamment voté pour le ministère. Son ministérialisme tient surtout à la mobilité de son caractère. Un mois avant d'entrer à la chambre, il déclamait avec virulence contre le système du 13 Mars qu'il sert aujourd'hui avec ferveur. Il sollicite comme M. Dugas-Montbel, mais sans plus de succès que lui. Parent de M. de Montalivet, ami de M. Périer, M. Fulchiron a peut-être mis plus d'entraînement de cœur que de conviction politique dans son ministérialisme.

JARS. A.

M. Jars a voté pour l'hérédité de la pairie, et il est un des plus larmoyans chevaliers qui sont descendus dans la lice pour soutenir cette noble cause (6 oct. 1834). Il fut même au-dessous de M. Kératry. Il n'avait pris que le dernier numéro parmi les combattans, et il était trop bien appris pour dire rien de mieux que les illustres champions qui l'avaient précédé; seulement, il se permit de renchérir sur eux par la touchante émotion de sa voix, et la sensibilité chevrotante de sa parole : « Hélas! « s'est écrié M. Jars, sans l'hérédité, tout n'est que désordre « et misère. » Pour nous, qui avons un peu plus de confiance dans l'avenir du pays, nous croyons qu'il n'en sera pas moins heureux et tranquille, quand bien même M. Jars ne transmettrait point à sa lignée de pairie héréditaire.

Il est homme du milieu, et nous croyons lui rendre justice en l'élevant jusque-là. Cependant M. Jars, qui est au moins aussi modeste qu'éloquent, ne peut se croire digne d'un si beau titre. « Le juste-milieu, dit M. Jars, n'est rien moins, pensez-y « bien, que ce véritable équilibre de raison, de vérité, de pru-

« dence et de modération, que les sages ont si long-temps cher-
« ché. Le juste-milieu! quel homme oserait dire qu'il l'a
« trouvé! » Et, pour sa part, M. Jars avoue que, malgré ses efforts inouïs et constans, il ne l'a point encore acquis, et que
ce serait à lui fort blâmable présomption, de croire qu'il y soit
enfin arrivé. A ses adorations, il a joint l'anathème; il a maudit
de sa foudroyante éloquence la souveraineté du peuple s'exer-
çant par les assemblées primaires. Il a voté constamment pour
le ministère.

Il est membre du conseil-général du Rhône.

Il a reçu à Lyon, le 1er mai 1832, un bruyant charivari.

HAUTE-SAONE.

Ce département nomme quatre députés.

MM. Accarier, arrondissement de Gray. — Genoux, id. de Vesoul. — De Grammont, id. de Lure. — Le marquis de Marmier, id de Jussey.

Trois députés à peu près sur quatre sont patriotes dans la représentation de la Haute-Saône. M. de Grammont est dès long-temps connu; son opposition dure depuis plus de quinze ans, et le pays doit lui savoir gré de tant de courage et de persévérance. M. Genoux, homme nouveau, s'est placé parmi les véritables amis de la liberté, et ne s'en est isolé que dans une occasion de peu d'importance. M. Accarier, que, durant la session dernière, et même avant, on avait vu sur les bancs ministériels, paraît s'être un peu rapproché de l'opposition vers la fin de celle-ci; et nous avons tout lieu de croire, bien qu'il ait souvent voté avec le ministère, que ce retour aux saines doctrines sera aussi constant qu'il est sincère. Pour M. de Marmier, il est incorrigible, et le 13 Mars n'a point de partisan plus emporté. M. Villeneuve-Bargemont, son prédécesseur légitimiste, n'aurait pu voter plus mal que lui.

La députation actuelle peut être regardée comme la plus patriotique qu'ait jamais eue le département de la Haute-Saône depuis dix-sept années.

ACCARIER. A.

M. Accarier a voté avec les patriotes contre l'insultante dénomination de *sujets* (7 janvier 1832). Ce vote est-il un engagement pris avec le parti national de la chambre? Nous désirons que M. Accarier, trop long-temps attaché à des opinions opposées, se soit enfin converti aux principes de liberté et de raison que soutiennent les patriotes. Nous comptons le retrouver dans leurs rangs durant la session prochaine.

Il est membre du conseil-général de la Haute-Saône.

GENOUX. N.

M. Genoux s'est placé parmi les jeunes patriotes dont les élections dernières ont doté l'opposition, et vote constamment avec eux, fidèle aux principes de ses commettans. Il a voté contre l'ordre du jour motivé de M. Ganneron (22 septembre 1831); il a protesté contre la fournée illégale des trente-six pairs (22 novembre), et l'insultante dénomination de *sujets* (7 janvier 1832). Nous ne saurions dire dans quelle intention, seul, parmi ses cent soixante-quatre collègues, M. Genoux a réclamé contre les conclusions tirées par le *National* de cette dernière protestation (12 janvier).

Il a constamment voté contre le ministère.

GRAMMONT. A.

M. de Grammont est venu s'opposer à l'amendement présenté par M. Meynard, pour que les évêques pussent être à l'avenir pairs de France (15 octobre 1831). Ce vote mérite d'être remarqué, parce que M. de Grammont est un homme fort pieux; mais sa piété n'est pas moins éclairée que sincère. Il est resté, durant cette session, ce que l'ont vu toutes les autres, patriote énergique et dévoué. Il a constamment voté contre le ministère.

Il est membre du conseil-général de la Haute-Saône.

MARMIER. A.

M. de Marmier peut passer pour un des types de ces hommes furieux de modération qui soutiennent le 13 Mars avec un emportement inexprimable. M. le marquis est venu quelquefois prêter le secours de sa parole, sinon de son éloquence, à ses amis politiques. Seul, avec M. Lemercier, qui comme lui est colonel d'une des légions de Paris, il a soutenu l'étrange projet du ministère sur les cadres de la garde nationale mobile (3 janvier 1832). Ces deux Messieurs ont pris aussi une singulière habitude, où il entre peut-être quelque calcul d'égoïsme, mais qui paraît fort peu raisonnable : c'est de venir louer à la tribune les légions qu'ils commandent, apparemment pour rappeler à ces légions qu'elles ont l'honneur d'obéir à un député. « La brave 5ᵉ légion, » dit M. de Marmier (21 février); comme on disait jadis la brave 35ᵉ demi-brigade. Assurément, nous ne voulons point contester la bravoure de la 5ᵉ légion; nous croyons qu'en cas de danger elle fournirait, comme toutes les parties de la population, de courageux défenseurs du sol; mais venir louer à la face du pays la bravoure de gens qui n'ont point encore combattu, nous paraît une vanité de chef assez mal placée. L'amour-propre de M. de Marmier peut y trouver son compte, mais la raison et la justice n'y trouvent point le leur.

M. de Marmier, qui sans doute ne pensait point que la liste civile fût suffisamment enflée, voulait encore y joindre la salle Favart : dans quel intérêt? nous ne saurions le dire (10 janvier 1832). Tout ce que nous pouvons affirmer, c'est que si la demande de M. de Marmier eût été accordée, le trésor public se serait trouvé grevé d'une nouvelle charge.

M. de Marmier a constamment voté pour le ministère.

Bien qu'il soit un homme assez peu important, on sait cependant quelle a été sa carrière politique. Dévoué corps et âme à Napoléon, chambellan du maître tandis que sa femme était dame d'honneur de Marie-Louise, M. de Marmier abdiqua son vieux titre de marquis, et ses vieux parchemins, pour recevoir du grand homme une nouvelle inféodation de simple comte. Si, à la tête d'un corps franc, il alla au secours d'Huningue, comme colonel, sans avoir jamais servi, il ne s'en montra pas moins dévoué aux Bourbons, et leur demanda l'honneur d'une lieutenance dans leurs gardes du corps. Éconduit par les gentilshommes de vieille souche, qui ne pardonnaient point à l'*impérial* (c'est ainsi qu'ils le nommaient), sa dédaigneuse apostasie, M. de Marmier fit une sorte d'opposition mitigée, cherchant toujours à renouer avec la cour, dont l'atmosphère était indispensable à madame Marmier non moins qu'à lui. Il n'est pas besoin de dire que la nouvelle cour l'a tout aussitôt trouvé parmi ses plus ardens adorateurs. Colonel d'une des légions de la garde parisienne, il s'est montré, dans toutes les émeutes, le *féroce* représentant du juste-milieu, donnant, d'une grosse voix, des ordres terribles, qui l'eussent fait prendre pour le plus sanguinaire des hommes, malgré sa douceur habituelle.

M. de Marmier est membre du conseil-général de la Haute-Saône.

SAONE-ET-LOIRE.

Ce département nomme sept députés.

MM. Brosse, 2ᶜ arrondissement de Mâcon. — De Corcelles, 4ᶜ id. de Châlons-sur-Saône. — Le marquis de Drée, id. de Charolles. — Guillemaut, id. de Louhans. — De Montépin, id. d'Autun. — Le comte Rambuteau, 1ᵉʳ id. de Mâcon. — Le comte de Thiard, 3ᶜ id. de Châlons-sur-Saône.

La majorité de la députation de Saône-et-Loire est aux patriotes. Quatre députés sur sept sont dans leurs rangs. MM. de Thiard et de Corcelles sont dès long-temps connus pour l'énergie et la persévérance de leur opposition. M. Guillemaut, nouveau dans la carrière parlementaire, a suivi les traces de ses collègues patriotes, et s'est montré défenseur dévoué des intérêts nationaux. M. Brosse marchait sur ces traces. Les trois autres députés de Saône-et-Loire avaient donné, dans la session dernière, la portée de leur talent et de leur patriotisme. L'un, M. de Rambuteau, est un des séides des hommes du 13 Mars, prêt à tout affronter pour eux, livré corps et âme au 13 Mars, cherchant à plaire au premier ministre, comme jadis il faisait sa cour à Napoléon par sa présence de chambellan dans les antichambres. MM. de Drée et de Montépin, moins exaltés dans leur dévouement de juste-milieu, n'en votent pas moins constamment avec le ministère, comme par le passé.

En 1830, la députation de Saône-et-Loire était loin d'être aussi patriote qu'elle l'est aujourd'hui. M. le général Thiard était seul alors : en 1831, il avait trois collègues qui pensaient comme lui. A aucune époque, la représentation de Saône-et-Loire n'avait compté autant de votes indépendans.

BROSSE. N.

M. Brosse est mort le 25 avril 1832.
Il avait constamment voté contre le ministère.

DE CORCELLES. A.

Voir sortir une cour des barricades de Juillet! une cour avec ses profusions, son luxe, sa morgue, son inutilité, une cour splendide et hautaine, quand le peuple meurt de misère et d'inanition, n'ayant pas même, pour se coucher, la paille de ces chevaux, par centaines, qu'entretient le palais! Une cour, en 1832, n'a pas moins révolté le bon sens et le cœur populaire de M. de Corcelles que celui de M. Cormenin! Aussi, dans la discussion de la liste civile (4 janvier 1832), n'a-t-il rien caché de sa pensée patriotique. Il s'est élevé contre cette peste des courtisans, ces parasites de la liste civile, ces hommes gangrénés dont il voyait déjà la nouvelle cour assaillie et perdue. Ce qu'il y a de vraiment étrange, c'est que ces épithètes ont trouvé un homme qui sur-le-champ a bien voulu s'en affubler. M. Vatout, homme de cour, quoique sa tournure n'ait ni le dégagé ni le sémillant d'un courtisan, a demandé la parole pour un fait personnel : mais la chambre n'a pas jugé à propos d'entendre la justification de tous les vices des cours. Elle pense au fond du cœur, comme Montesquieu : *la bassesse dans l'orgueil, le désir de s'enrichir sans travail, l'abandon de tous ses engagemens, le mépris des devoirs du citoyen*, etc., etc., *forment le caractère du plus grand nombre des courtisans*.

M. de Corcelles a voté constamment contre le ministère.

DRÉE. A.

M. le marquis de Drée votait avec les centres en 1830 : il y vote encore en 1832. C'est un honorable à tendance légitimiste, votant constamment pour le ministère.

Il est membre du conseil-général de Saône-et-Loire.

GUILLEMAUT. N.

Il n'est point à la chambre de patriote plus sincère et plus constant que M. Guillemaut. Il a répondu à l'attente de ses commettans, et les amis de la liberté l'ont toujours trouvé dans leurs rangs : il a constamment voté contre le ministère.

Il est médecin et maire de Louhans, en même temps qu'il en est le député. Il est en outre membre du conseil-général de Saône-et-Loire.

MONTÉPIN. A.

M. de Montépin est tout au plus partisan de la Quasi-Légitimité. La sœur aînée, quoiqu'un peu vieille, lui plairait mieux que la cadette. Quoi qu'il en soit, M. de Montépin vote pour le juste-milieu, en 1832, comme en 1830. Il paraît se diriger par les inspirations de M. Renouard, le secrétaire-général du ministère de la justice, et le second de M⁰ Barthe. M. de Montépin a combattu vivement le système des candidatures, dans la question de la pairie (14 octobre 1831); et comme il est sans doute homme fort expéditif, il voulait qu'on rejetât tous les amendemens en masse, au lieu de voter sur chacun d'eux séparément. M. de Montépin plaignait sans doute la peine de M. Girod (de l'Ain), comme si M. Girod (de l'Ain) n'avait pas 5,000 fr. par mois pour tenir la sonnette. Il a constamment voté pour le ministère.

Il est membre du conseil-général de Saône-et-Loire.

RAMBUTEAU. A.

M. de Rambuteau baisse visiblement : encore une session, et c'est un homme radicalement annulé. C'est à peine si le ministère a daigné s'en servir dans deux ou trois petites occasions insignifiantes. Cependant M. de Rambuteau est un serviteur bien parfaitement dévoué. Dans cette scandaleuse séance du 15 août 1831, où M. Périer voulut parler malgré la chambre, et après la clôture, il fut notoire pour tout le monde que M. le président du conseil n'avait point demandé la parole sur la position de la question. Le lendemain, M. de Rambuteau a eu le courage de venir soutenir que M. Périer avait demandé la parole sur la position de la question. La mémoire de trois cents députés était là pour affirmer le contraire; le *Moniteur* lui-même contredisait M. de Rambuteau et sa bénévole assertion. Il n'en tint compte, et les centres eux-mêmes furent scandalisés d'un dévouement aussi hardi que celui-là.

M. de Rambuteau, qui est un partisan honteux de l'hérédité, et qui espérait sans doute, *in petto*, transmettre un pauvre manteau d'hermine à sa descendance, a soutenu l'amendement de M. B. Delessert, qui n'avait d'autre but que d'introduire furtivement l'hérédité dans la loi, combinaison que M. de Mosbourg sut déjouer (15 octobre 1831). Ancien chambellan de Napoléon, il n'a pas oublié comment on fait sa cour. Par une transition dont il dut se savoir bien bon gré, il trouva moyen, à propos de la discussion sur la pairie, de décerner à Louis-Philippe le titre pompeux, mais un peu usé, de *père de la patrie*. Nous l'avertissons que quand on se mêle de donner des bouquets aux gens, il ne faut pas leur en donner d'aussi fanés que ceux-là; de plus, il y a une sorte de présomption, à un homme seul, de décerner à un autre un surnom prétendu historique. Ces noms-là, ce sont les peuples qui les donnent avec le temps, à la longue; et si Louis-Philippe en mérite un, nous ne doutons pas que le peuple français ne sache fort bien le lui appliquer sans M. de Rambuteau.

M. le comte n'a pas voulu qu'on révisât les pensions, et a repoussé une économie aussi juste que facile (7 février 1832). Il a soutenu avec une grande énergie les pensions de la pairie, qui, dit-il, avait si noblement donné son adhésion à la révolution de Juillet. M. de Rambuteau, qu'on dit assez peu fort sur l'orthographe (voir les *Notes* et *Jugemens sur la chambre de* 1830), ne paraît pas l'être davantage sur l'histoire contemporaine. La pairie a donné son adhésion à la Révolution des trois jours, à-peu-près comme un criminel donne la sienne au jugement qui le condamne. M. de Rambuteau, qui ne veut pas plus d'économie sur le traitement de M. Girod (de l'Ain) que sur les pensions des pairs et des chouans, s'est opposé à la proposition de M. Glaise-Bizoin (18 octobre 1831).

Quelques électeurs, qui avaient bien jugé M. le comte, ont fait tous leurs efforts pour repousser sa candidature. Ils lui avaient opposé le nom de M. Laffitte, mais ils échouèrent, bien que jamais réputation électorale n'eût été mieux méritée. Le pays n'en doit pas savoir moins de gré au patriotisme de ces généreux et intelligens citoyens. M. de Rambuteau a constamment voté pour le ministère. Nous pouvons même affirmer qu'il a voté en faveur de l'hérédité de la pairie.

Il est membre du conseil-général de Saône-et-Loire.

THIARD. A.

Dans la discussion de la pairie, M. le général Thiard s'est attaché à soutenir le droit constituant de la chambre (30 septembre 1831). Selon lui, et tous les esprits logiques seront de son avis, la couronne, non plus que la chambre des pairs, n'avait point à intervenir dans cet acte qui n'était point législatif, mais constitutionnel. Ces principes étaient incontestables : la majorité n'a point cherché à les réfuter, mais elle les a mis hors de cause par un vote où la raison et les patriotes ont été vaincus. M. le général Thiard est dès long-temps connu pour un des hommes les plus énergiques et les plus dévoués de la chambre. Il a constamment voté contre le ministère.

Il est membre du conseil-général de Saône-et-Loire.

SARTHE.

Ce département nomme sept députés.

MM. Comte, 6ᵉ arrondissement de Mamers. — Le marquis de Dollon, id. de Saint-Calais. — Fournier, 3ᵉ id. du Mans. — Goupil, id. de La Flèche. — Périer (Camille), 7ᵉ id. de Mamers. — Picot-Désormeaux, 2ᵉ id. du Mans. — De Vauguyon, 1ᵉʳ id. du Mans.

Les deux nouveaux députés dont le département de la Sarthe a doté la représentation nationale, sont tous les deux patriotes, l'un connu par son opposition parlementaire de 1818 et 1822, l'autre par les services qu'il a rendus à la liberté, les persécutions qu'il a souffertes pour elle, ses travaux législatifs, sa science profonde en économie politique, et qui a passé au pouvoir sans rien perdre de sa vertu et de son indépendance. Quant aux cinq autres députés, tous députés sortans et malheureusement renommés, ils ont tenu ce qu'on devait attendre d'eux : ils votent avec les hommes du 13 Mars, et sont partisans dévoués du juste-milieu, par des liens de parenté, par ceux de l'égoïsme et de l'incapacité. La session dernière avait dû cependant les faire assez connaître, et l'exclusion n'eût été qu'une fort juste punition de leur conduite toute ministérielle. Nous espérons que les patriotes de la Sarthe saisiront la première occasion pour en purger la représentation nationale.

En 1829, la Sarthe comptait parmi ses députés trois membres de l'opposition ; aujourd'hui elle n'en compte que deux.

Ch. COMTE. N.

Les électeurs de Mamers ont bien mérité du pays en réparant par leur choix la brutale destitution dont M. Ch. Comte avait été victime. Du parquet il est passé à la chambre avec sa fermeté, son esprit travailleur et progressif. Il a fait plusieurs propositions, toutes fort importantes et fort utiles, que la majorité a repoussées, comme on devait l'attendre d'elle : elle ne leur a pas même accordé l'honneur de la tribune, préférant les étouffer dans les bureaux plutôt que de les amener au grand jour de la discussion. Cette façon déloyale de procéder pourrait se prendre pour une sorte d'étranglement parlementaire, et très certainement a pour résultat immédiat et certain, de tuer cette initiative que nous croyions avoir conquise en Juillet, et qu'il faut reléguer avec tant d'autres déceptions dont le ministère du 13 Mars n'a pas craint d'abreuver la nation. Aussi, pour obvier à cette désastreuse méthode, M. Comte a proposé de changer (11 février 1832) l'article 41 du réglement qui la consacre : mais il a vainement démontré que la répartition des membres en bureaux, telle qu'elle était aujourd'hui faite, était absurde, et l'on peut ajouter inconstitutionnelle; qu'il pourrait se faire qu'une proposition agréée par les deux tiers de la chambre, ne fût pas même lue à la tribune, et, qu'au contraire, une proposition appuyée par un tiers de la chambre, pourrait avoir les honneurs de la lecture et de l'adoption.

Le député de Mamers (14 septembre 1831) proposait aussi que le vote des lois fût public, et que chacun vînt devant le pays avouer ses opinions et ses doctrines, au lieu de les cacher honteusement dans la nuit profonde des urnes. La majorité repoussa la proposition dans les bureaux, grâce à quelque supercherie de M. Girod (de l'Ain), qui sait tout aussi bien manier, pourvu qu'on le dirige, l'astuce que la violence; et, chose incroyable! on eut l'impudeur d'avouer que le secret du vote était indispensable, pour que des députés, qui naguère avaient promis de voter contre l'hérédité, pussent impunément mentir à leur conscience et à leur mandat, en soutenant de leur boule une odieuse institution!

Lorsque M. Vatout présenta son insignifiante proposition sur le minimum des électeurs, et fit perdre à la chambre quatre ou cinq jours bien inutilement, M. Comte voulut introduire dans la loi les capacités que la chambre de 1830 en avait iniquement éliminées : mais sa proposition échoua : la majorité fut inexorable, se trouvant sans doute, telle qu'elle était, suffisamment capable (23 septembre 1831); et M. Vatout, au moins aussi dévoué au ministère qu'à la dynastie, se hâta de repousser avec effroi l'honorable solidarité que M. Comte lui offrait. Quant à M. Vatout, son horreur des capacités a des motifs très évidens et très suffisans pour ceux qui le connaissent.

M. Comte a repoussé (19 octob.) le projet de loi de 18,000,000 pour travaux publics. Il a combattu le système du 13 Mars (24 octobre) à l'occasion de la proposition si patriotique du général Lamarque sur la garde nationale mobile. Dans la discussion du budget, il a fait adopter (17 février 1832) un bon amendement sur l'institution des chanoines de Saint-Denis : mais il a été moins heureux contre l'Université : il a vainement attaqué la rétribution, ou pour mieux dire l'amende barbare qu'elle lève sur l'instruction; il a révélé aussi les abus et le favoritisme inique qui présidait à la distribution des bourses dans les colléges. Il a demandé (22 février) l'abolition du traitement scandaleux que touche le maréchal Lobau comme commandant de la garde nationale. Enfin il voulait faire retrancher (1er mars) à la subvention de l'Opéra 200,000 francs, qui seraient appliqués à l'enseignement public de la morale.

Les centres n'ont pas toujours accordé aux paroles de M. Comte l'attention que méritent ses lumières et ses travaux. Mais le député de Mamers aurait grand tort de perdre courage. Les persécutions ministérielles l'ont suivi jusqu'à la tribune; mais il y a une véritable gloire à les mériter: elles ne s'attachent qu'aux hommes redoutables, c'est-à-dire à la probité, au talent et au patriotisme. A tous ces titres, M. Comte doit être persécuté. Il a constamment voté contre le ministère.

DOLLON. A.

Partisan fort obscur, mais fort dévoué du juste-milieu, M. Dollon vote constamment pour le ministère. On peut même le classer parmi les députés qui votent pour la Quasi-Restauration, ne pouvant et regrettant de ne pouvoir voter pour la Légitimité qui leur fut long-temps chère. Il a soutenu toutes les prodigalités du budget, et surtout les pensions des chouans, etc. Il est membre du conseil-général de la Sarthe.

FOURNIER. A.

Élu, pour la première fois, sous les inspirations de Juillet, M. Fournier s'est montré, dans cette session comme dans l'autre, complétement au-dessous de la tâche que ses commettans lui avaient imposée. Il vote pour le juste-milieu par faiblesse et peut-être aussi par égoïsme.

Il fut autrefois employé dans les administrations militaires. Il paraît qu'une place du même genre lui plairait aujourd'hui à plusieurs égards, et qu'il a quelques chances de l'obtenir. Il a constamment voté pour le ministère.

Il est membre du conseil-général de la Sarthe.

GOUPIL. A.

Élu sous les inspirations de Juillet, comme son collègue M. Fournier, M. Goupil ne s'est pas montré plus patriote que lui, ni plus éloquent. Il est frère d'un receveur-général, et paraît avoir des intérêts dans les affaires de son frère. De toute nécessité, sa voix était acquise au ministère. Il a constamment voté pour lui.

Il est membre du conseil-général de la Sarthe.

Camille PÉRIER. A.

Il est inutile de dire quelles sont les opinions de M. Camille. Il était trop bon parent pour ne pas soutenir de toutes ses forces le 13 Mars, et le frère qui faisait tant d'honneur et de profit à la famille.

M. Camille était, avec M. Casimir, le reste de ces quatre frères glorieux de la famille des Périer qui figuraient à la chambre dernière, aussi unis, aussi illustres que les quatre fils Aymon.

Les électeurs ne doivent pas oublier que M. Camille approuve complétement les principes de son frère. Il s'est rendu solidaire par ses votes de tous les actes honteux et déplorables du ministère de M. Casimir. Il partage la splendeur de sa parenté ministérielle : il est juste qu'il partage aussi avec elle la haine et le mépris que le pays a voués aux hommes qui abusent si scandaleusement de la fortune publique, et font si bon marché de l'honneur national. Le système de M. Périer commence déjà à porter ses fruits désastreux ; sans parler de nos alliés perdus, de la Pologne abandonnée à la Russie, de la Belgique livrée à l'Angleterre, le pays à l'intérieur est moins tranquille et moins heureux qu'il ne l'a jamais été : Lyon et Grenoble sont là pour l'attester, ainsi que les troubles des villes du Midi. Le commerce est partout languissant, et il a de moins l'espoir qu'il pouvait jadis nourrir. Le système de M. Périer a été aussi décevant qu'il est honteux. M. Camille y a tout au moins contribué d'un vote constant.

PICOT-DÉSORMEAUX. A.

Après douze années d'absence, M. Picot-Désormeaux s'est retrouvé sur les bancs patriotes où il avait déjà servi la cause de la liberté. Membre de l'opposition de 1818 à 1822, il l'est encore contre le ministère de 1832, qui, à ses yeux, n'est point au-dessus du ministère Decazes. M. Picot s'est abstenu, comme plusieurs patriotes, de voter contre l'ordre du jour motivé de M. Ganneron (22 septembre 1831), parce que la question lui paraissait inconstitutionnelle ; il a protesté contre la fournée illégale des trente-six pairs (23 novembre 1831). Nous ne saurions dire pourquoi il n'a point protesté contre l'insultante dénomination de *sujets* (7 janvier 1832).

Il est membre du conseil-général de la Sarthe.

VAUGUYON. A.

M. de Vauguyon vote en 1831 tout aussi mal qu'en 1830, c'est-à-dire pour le ministère. Il a pris la parole pour repousser un amendement de peu d'importance sur la compétence judiciaire de la chambre des pairs (18 octobre 1831).

Malgré sa tendance légitimiste, M. de Vauguyon a constamment voté pour le ministère. Il est membre du conseil-général de la Sarthe.

SEINE.

Ce département nomme quatorze députés.

MM. *Barthe*, 11ᵉ arrondissement de Paris. — *de Belleyme*, 1ᵉʳ id. — *François Delessert*, 6ᵉ id. — *Charles Dupin*, 10ᵉ id. — *Ganneron*, 4ᵉ id. — *Le comte de Laborde*, 7ᵉ id. — *Le comte de Las-Cases*, père, arrondissement de Saint-Denis. — *Lefebvre*, 2ᵉ id. de Paris. — *Odier*, 3ᵉ id. — *Panis*, 12ᵉ id. — *Paturle*, 8ᵉ id. — *Renet*, arrondissement de Sceaux. — *De Salverte*, 5ᵉ id. de Paris. — *Le baron de Schonen*, 9ᵉ id.

Les élections de 1831 ont offert, dans le département de la Seine, le plus déplorable spectacle. Sur quatorze députés, deux à peine sont patriotes. M. Salverte est l'unique débris de ces glorieuses députations où jadis figuraient Benjamin Constant, Dupont (de l'Eure), Laffitte, Bavoux, Demarçay, Corcelles, Chardel et tant d'autres. Si les départemens n'eussent pas été mieux inspirés que la capitale, nous serions aujourd'hui, presque sans opposition, sous la bannière du juste-milieu. Paris a abdiqué une glorieuse initiative, mais le pays n'a pas manqué de mains pour recueillir cet héritage. Sous la Restauration, les représentans de Paris marchaient en tête de toutes les idées de progrès et d'honneur national; en 1831, ils ont complétement oublié leur noble rôle; d'autres à leur place sauront bien le remplir.

Sur les quatorze députés de la Seine, deux peuvent être regardés comme des renégats et des déserteurs de la cause nationale : ce sont MM. de Schonen et Barthe : leur opposition libérale ne fut qu'une spéculation. MM. Charles Dupin, Jacques Lefebvre et Odier sont dès long-temps connus comme des hommes du pouvoir, que la Restauration avait été assez maladroite pour éloigner d'elle, quoiqu'ils fussent prêts à la servir, et qui, tout d'abord, se sont jetés aveuglément dans le juste-milieu. M. de Belleyme s'était brouillé avec la Légitimité après lui avoir rendu plus d'un bon office, et la Quasi-Restauration l'accueillit comme l'ancien ami d'un parent dont on hérite. M. Ganneron avait déjà laissé pressentir, dans la session dernière, à peu près tout ce dont il était capable, et celle-ci n'a fait que l'engager dans une déplorable voie où nous croyons que son naturel ne le portait pas. Quatre hommes nouveaux ont été produits à la chambre par les électeurs de Paris, et tous quatre sont de ces gens qui ne comptent que pour un vote ministériel : ce sont MM. Panis, Paturle, Renet et François Delessert. M. Delaborde, qui bouda long-temps le juste-milieu, semble n'avoir plus pour lui la même antipathie.

Reste donc, pour seul représentant des principes de Juillet, M. Salverte, dès long-temps connu par ses lumières, son indépendance, et son sincère patriotisme. M. Las-Cases père a quelquefois aussi voté avec l'opposition.

BARTHE. A.

Me Barthe est l'homme qui, pour quelque lucre misérable, pour une position brillante, se fait renégat, abjure sa vieille croyance, et, sous la férule de ses nouveaux maîtres, se fait corsaire et écumeur de mer, contre ses compatriotes et ses anciens compagnons. Le néophyte doit, par un redoublement de zèle, prouver que son apostasie est bien complète, et qu'il a dépouillé le vieil homme, malgré les cris de sa conscience. Il était dans l'ordre naturel des choses, et dans la nécessité de sa condition, que Me Barthe, ancien défenseur de la presse sous la Restauration, en fût le plus mortel ennemi sous la Quasi-Légitimité. Indépendamment des griefs personnels qu'il peut avoir, comme garde-des-sceaux, contre cette liberté qui s'attaque surtout aux grands, ne doit-il pas prouver à ses collègues et aux gens de cour, que l'homme du carbonarisme est bien parfaitement mort en lui.

Comme ministre de la justice, Me Barthe est l'éditeur responsable de toutes les iniquités de la police, et de toutes les persécutions des parquets. La liste en serait longue depuis un an. Il est le chef de cette meute qui, de Paris à Bayonne, de Brest à Strasbourg, relance, avec des aboiemens forcenés, la liberté de la presse, la liberté individuelle, etc. Quand on songe que cet homme s'attache à la plus haute, à la plus vitale de nos libertés, la folie de l'apostat parait au moins égale à son audace. Il sait bien cependant, au fond de son cœur, que la mort de la presse est une des conditions de la Sainte-Alliance, un des grands moyens de faire reculer cette civilisation qui s'avance à pas lents, dévorant sur son chemin toutes les erreurs, tous les abus du passé. Mais Me Barthe est entré, pour sa part, dans la confédération des despotes et des absolutistes de l'Europe. Il est chargé, pour la province de France, de poursuivre et de tuer, s'il est possible, la pensée, et avec elle la liberté, le progrès. C'est la place d'exécuteur en chef qu'il occupe. Un *carbonaro* apostat ne pouvait guère demander mieux.

A la chambre, son rôle a été pitoyable. Ce talent, dont jadis on avait fait tant de bruit, est disparu, et devait disparaître avec les principes qui l'avivaient et le faisaient briller. Me Barthe, garde-des-sceaux, est à la tribune le plus chétif des orateurs. Sa grande ressource est, non point d'y parler avec raison et bon sens, mais d'y jouer la comédie, de mettre des larmes dans sa voix, de rendre sa parole chevrotante, émue, de poser la main sur son cœur, d'élever au ciel ces yeux qui ne sont pas même faits pour regarder à l'horizon, de se battre les flancs pour trembler sous une indignation factice, ou gémir sous une tendresse plus factice encore. Sans parler de la tournure assez étrange que la nature a donnée à sa personne et à sa figure, n'est-ce point chose par elle-même assez étrange, de voir un *carbonaro*, un conspirateur sous la Légitimité, venir pleurer d'émotion en défendant la prérogative royale, comme jamais Marchangy ou Bellart n'ont osé le faire (11, 16 août, 19 septembre 1831; 5, 14 janvier 1832)? ou attaquer, avec une vertueuse colère, le principe de la souveraineté du peuple, sans lequel il ne serait rien? Malgré le respect que tout homme, en France, et un ministre de la justice, en particulier, doit au verdict de tout jury national, Me Barthe est venu nier la force de la chose jugée dans les procès politiques (12 août 1831). Et, comme des injures au jury produisent assez mauvais effet, il a préféré s'adresser à la faiblesse humaine, et faire la leçon aux jurés, cherchant à l'avance à influencer leur jugement. Ainsi, dans toutes les causes pendantes, il a eu l'impudeur d'arracher à des dossiers dont les tribunaux n'étaient point encore saisis, les pièces les plus fortes à son avis, et il est venu, lui, garde-des-sceaux, les lire à la tribune, voulant, par cette manœuvre, enchaîner des verdicts dont il n'était point assez assuré. C'est ainsi qu'il a communiqué à la chambre des lettres confidentielles (19 septembre, 19 décembre 1831, 13 février 1832), écartées par la chambre d'accusation.

Il a repoussé l'humaine proposition de M. de Tracy, pour les colonies (10 septembre 1831); il a soutenu, sous l'inspiration du premier ministre, les flétrissantes théories de servilisme pour les fonctionnaires publics (23 septembre), et il a prouvé que, pour sa part, il joignait l'application à la théorie : la destitution de M. Jolly, et celle de M. Dulong, tous deux députés indépendans et patriotes, sont là pour l'attester ; M⁰ Barthe est même, à cet égard, au-dessous de M. Peyronnet. Il a défendu les chouans contre les attaques de l'opposition, et telle était sa féconde exaspération dans cette brillante plaidoirie pour des assassins et des incendiaires, que M. Périer lui-même s'est vu dans la nécessité de le rappeler au calme : « Garde-des-sceaux, « garde-des-sceaux, disait avec bonté le premier ministre, lais- « sez-les finir ! » parlant des orateurs de l'opposition qui flétrissaient les attentats de la chouannerie. Il a soutenu, contre le bon sens et la dignité nationale, l'insultante expression de *sujets* (5 janvier 1832). C'est lui qui est venu apporter à la tribune ce rapport de la commission municipale, où deux membres de l'opposition s'étaient dits banalement les *très humbles serviteurs et fidèles sujets* de Louis-Philippe. On lui a dit avec raison qu'un ministre de Charles X n'eût pas fait mieux, car M⁰ Barthe avait prétendu que le roi était *la loi vivante*. Pour notre part, nous déclarons que jamais les ministres de la Légitimité n'ont été assez maladroits pour faire de pareils aveux. Il a repoussé toutes les économies sur notre épouvantable budget; il s'est opposé à la révision des pensions, et les a défendues, sans en excepter même celle de M. le baron Louis, si scandaleuse, que la majorité a cru la devoir supprimer (5, 7 février 1832). Puis il est venu, et cette fois sa voix était sans émotion, il est venu déclarer à la face de la France et de l'Europe, que le procès du maréchal Ney ne serait point révisé, c'est-à-dire que son assassinat était approuvé par la Quasi-Restauration. « Vous avez peur de la Sainte-Alliance, lui a dit M. de Corcelles. » Le mot était aussi profond que terrible.

Dans la discussion générale du budget de la justice, de son propre budget, il n'a pas osé prendre la parole, atterré par l'écrasante accusation de M. Aug. Portalis contre les infamies sanglantes de la police (10 février 1832). M. Salverte lui a vainement rappelé qu'il avait promis de parler et de répondre. Lui, baissant la tête comme un criminel, s'est tu honteusement, et n'est venu parler que deux ou trois jours après sur des spécialités de nulle importance (13 février 1832). A la chambre des pairs, il a gardé un silence non moins honteux ; il a laissé la chambre contre-révolutionnaire rejeter le divorce sans intervenir une seule fois dans une discussion qui touchait aux plus chers intérêts de la moralité sociale (28 février 1832).

Comme tous les renégats, Me Barthe s'est livré, contre ses anciens amis et ses anciens principes, à des récriminations qui n'ont rien prouvé que le trouble d'une mauvaise conscience, tantôt contre M. Salverte, ou M. Lamarque (11 août), tantôt contre M. Mauguin (19 septembre), ou contre l'opposition entière (13 août, 21 décembre 1831, 5 janvier 1832). Il a même voulu, lui, Me Barthe, apostat du libéralisme, venir donner une leçon de convenance à son ancien patron, le vénérable Dupont (de l'Eure). Il prétendait que M. Dupont avait révélé les secrets de l'État, parce qu'il avait dit que durant son ministère on avait décidé que le traitement des conseillers d'État serait diminué de 15 à 12 mille francs (10 février 1832). Ce secret prétendu que M. Dupont révélait était imprimé tout au long dans le budget de 1830.

Me Barthe a attaché son nom à une iniquité désormais historique, à la loi contre les réfugiés étrangers (29 mars 1832), loi de honte et de haine politique dictée par la Sainte-Alliance, et mise à exécution par ses commis, pour la France, Me Barthe et M. Casimir Périer.

M^e. Barthe, entré d'abord au ministère par manière d'intérim, s'y est maintenu, nous ne saurions dire comment, par une servilité à toute épreuve, et une éloquence prête à tout défendre et à tout encenser.

Dans les remaniemens ministériels qui ont suivi la maladie de M. Périer, Me Barthe s'est montré aussi humblement servile que la plus despotique exigence le pouvait demander.

DE BELLEYME A.

M. de Belleyme a été, comme on le sait, l'un des cent quatre-vingt-un en 1830, c'est-à-dire qu'il a soutenu de son vote le ministère Polignac. On se rappelle aussi qu'il était juge d'instruction dans l'affaire des malheureux sergens de La Rochelle. C'était un homme fait pour soutenir le juste-milieu, et le juste-milieu n'a pas manqué de lui rendre la pareille en appuyant sa candidature. Dans la chambre de 1831, **M.** de Belleyme, encore épris d'un vieil amour pour la Légitimité, s'est écrié qu'il ne fallait pas *mettre la royauté aux enchères*, et que pour sa part il aurait honte de la marchander (12 janvier 1832), c'est-à-dire qu'il fallait voter la liste civile aveuglément et d'enthousiasme. C'était de la sensibilité monarchique à la façon de M. Lameth, et M. de Belleyme ne trouva que M. Madier de Montjau pour l'approuver. Malgré sa tendance légitimiste, il a le plus souvent voté pour le ministère, et quelquefois aussi pour l'opposition.

François DELESSERT.

M. Fr. Delessert n'a pas voulu prendre, à l'époque de son élection, d'engagement sur la pairie, et l'on peut, sans lui faire le moindre tort, le regarder comme un partisan honteux de l'hérédité, conduit en cela par la main de son frère le baron. A la chambre, il s'est tenu le plus souvent muet et silencieux sur son banc, content de voter constamment pour le ministère, et sachant bien que la nature ne lui a point accordé une parole éloquente. Il s'est cependant opposé à la proposition si raisonnable de M. Portalis (11 février 1832), qui demandait que le peuple pût travailler le dimanche comme les autres jours, sans crainte d'une absurde pénalité. C'est un des plus fidèles partisans du juste-milieu. Il est membre du conseil-général de la Seine.

Ch. DUPIN. A.

Après avoir échoué dans les élections générales, M. Ch. Dupin a réussi, grâce à l'appui ministériel, à profiter d'une réélection. La principale et la plus constante occupation de M. Ch. Dupin, placé en plein milieu du centre, derrière le banc ministériel, est de prendre le mot d'ordre du premier ministre pour le transmettre à la phalange dévouée. Puis il donne lui-même l'exemple, par les cris, les interpellations, les trépignemens de pieds, dont il interrompt les orateurs patriotes.

Il n'est point, pour un tel homme, d'abus, d'absurdité, d'iniquité, qu'il ne faille soutenir dès qu'ils viennent du ministère. M. Ch. Dupin s'est cependant une fois, une seule fois, séparé du ministère. Voyez la noble indépendance! Mais savez-vous à quelle occasion? C'était dans la loi des céréales. Le ministère avait présenté une loi qui devait soulager un peu le peuple, en lui faisant payer le pain quelques sous moins cher,

Eh bien! M. Ch. Dupin, rapporteur de la commission, a changé tout le projet du gouvernement, en a présenté un autre aussi déplorable qu'inhumain, fait pour affamer le peuple et redoubler sa misère, à l'approche du choléra-morbus (5 mars 1832). Puis, par une dérision amère, le rapporteur avait fait un magnifique étalage de sa philanthropie, de son amour pour le peuple, et, à l'en croire, son projet était le plus sage, le plus bienveillant, le plus populaire qu'il se pût voir. La discussion mit au grand jour tout ce que ce projet avait d'inhumain. C'est que M. Dupin, s'il est ministériel, est aussi, et avant tout, propriétaire. Il lui importe fort peu, ainsi qu'à la majorité, que le peuple meure de faim, pourvu qu'il touche le montant intégral de ses fermages. La majorité, dans cette circonstance, alla sur les traces de son rapporteur, plus loin même qu'on ne lui pouvait faire l'injure de le croire. L'aristocratie bourgeoise se montra plus cruelle que ne l'avait jamais été l'aristocratie d'épée ou de naissance.

M. Ch. Dupin était commissaire du roi pour défendre le projet de loi sur les 18 millions pour travaux publics, et soutint, avec une rare énergie de dévouement et un flux merveilleux d'éloquence, les 5 millions de dépenses mystérieuses que M. Périer demandait pour sa police (19, 21 octobre 1831).

Ce débordement de paroles, que l'on peut considérer comme une sorte de maladie et de manie irrésistible chez M. Ch. Dupin, le mène quelquefois à des chutes et des faux pas assez comiques. Dans la discussion de la pairie, après avoir combattu l'amendement patriotique des candidatures (12 octobre 1831), il se mit en frais d'imagination, et déroula, croyant faire œuvre de ministérialisme, toutes les petites manœuvres, toutes les intrigues de coulisse que la couronne pourrait employer pour amener à la pairie ses favoris et ses familiers (18 octobre 1831). Jamais on n'avait vu un si sot ami. M⁰ Barthe, rouge de colère, dut avertir l'orateur et le faire taire au plus vite.

M. Ch. Dupin a repoussé la proposition du général Lamarque sur la mobilisation de la garde nationale (25 octobre 1831); il s'est opposé à toutes réductions sur le budget et notamment sur les pensions militaires (8 févr. 1832). Lorsque le budget de 1829 revint de la chambre des pairs, tout mutilé et privé des deux amendemens si utiles de M. Duboys-Aimé sur la concurrence et la publicité pour les marchés du gouvernement, M. Ch. Dupin, qui ne tient ni à la dignité de la chambre, ni même aux intérêts des contribuables, voulut qu'on abandonnât les deux amendemens, par courtoisie sans doute pour la chambre du

Luxembourg (4 février 1832); mais quelques personnes se demandaient s'il avait envie de soumissionner obscurément quelque marché de l'État, où il gagnerait, tous frais faits, 50 pour cent. Il a soutenu les abus des salines de l'Est, contre les attaques si justes de M. de Mosbourg (26 septembre 1831), et le traitement de M. Lobau comme chef de la garde nationale de Paris, contre M. Gillon lui-même (27 septembre 1831). Il a été rapporteur de la loi sur l'avancement dans l'armée navale. Ce soin lui revenait de droit, car il sait par lui-même comment on avance dans le ministère de la marine (5 décembre 1831). On se rappelle que M. Ch. Dupin, cumulant huit ou neuf places, sous le prétexte d'en faire généreusement le sacrifice et sans en perdre aucune, s'en fit donner une nouvelle dans le conseil de l'amirauté, qui valait à elle seule un peu plus que toutes les autres réunies.

M. Ch. Dupin a constamment voté pour le ministère.

GANNERON. A.

Le nom de M. Ganneron a été rendu célèbre dans cette session par le fameux ordre du jour motivé qu'il proposa sur la politique extérieure du ministère (22 septembre 1831). Ce n'était pas moins qu'une approbation générale et illimitée du système adopté par les hommes du 13 Mars, et suivi par notre diplomatie. Le sang de la Pologne fumait encore, sa tombe n'était pas même fermée au moment où M. Ganneron osa proposer ce bill d'indemnité : 221 voix se prononcèrent pour l'ordre du jour de M. Ganneron; 136 voix patriotes le repoussèrent avec horreur, et la chambre fut dès lors nettement divisée en deux camps, l'un où se réfugièrent le patriotisme et le sentiment de l'honneur national, l'autre où se retranchèrent l'égoïsme et la peur; mais le ministère, grâce à la complaisance de M. Ganneron, avait atteint son but: il avait une majorité à lui. M. Ganneron sentit si bien la faute qu'il avait faite, que quelques jours plus tard il était obligé de rompre avec les électeurs qu'il représente, et leur refusait de déposer sur le bureau de la chambre une pétition dirigée contre le ministère, bourreau de la Pologne.

Le discours de M. Ganneron en faveur d'une grosse liste civile, fut l'un des plus faibles de toute cette discussion (5 janvier 1832). Les plus simples notions du bon sens et de l'économie politique y étaient grossièrement méconnues, et, par un sentiment qui ne nous a point surpris parce qu'il est ordinaire chez les renégats, M. Ganneron se permit, contre ceux dont il partageait naguères les opinions, des invectives qui ne prouvaient qu'une chose, le malaise de sa conscience politique et le besoin de se soulager du remords en se livrant à des récriminations. M. Ganneron a fait encore deux rapports non moins faibles que son discours sur la liste civile, le premier sur les récompenses nationales (21 octobre 1831), et l'autre sur les entrepôts extérieurs (3 décembre). M. Ganneron a constamment voté pour le ministère. C'est un des secrétaires de la chambre.

Il est membre du conseil-général de la Seine.

DE LABORDE. A.

M. De Laborde est un des hommes les plus indéfinissables de la chambre : s'il est fort loin d'être un patriote par ses votes, il est presqu'aussi loin d'être un ministériel, et cependant l'on ne peut pas dire ni qu'il soit indépendant, ni qu'il soit complétement dévoué au 13 Mars. Par nécessité de position, il vote souvent avec le ministère; mais nous savons qu'il a bien assez de lumière et de bon sens pour juger le système désastreux de M. Périer. Au commencement de la session, il paraissait incliner vers la gauche, sans cependant voter comme elle; mais plus tard il sembla s'en séparer plus nettement : d'abord il soutint la proposition de M. de Tracy en faveur des Colonies (10 septembre 1831), et la proposition du général Lamarque sur la mobilisation de la garde nationale (25 octobre 1831). Il voulait limiter la durée du service à quatre ans. Mais à l'époque de la discussion sur la liste civile, il se rappela sans doute qu'il était aide-de-camp du roi, et une révolution s'était faite dans les sentimens de M. De Laborde, peut-être à son insu. Il vint alors soutenir, contre les argumens sans réplique de M. Duboys (de la Loire-Inférieure), que l'administration des Beaux-Arts devait être abandonnée à la couronne (6 janvier). Ensuite il défendit avec un acharnement plus déplorable encore les profusions aussi scandaleuses qu'inutiles de nos ambassades (9 mars 1832), et trouvant sans doute que 300,000 f. étaient bien peu pour les beaux protocoles que M. de Talleyrand nous a faits à la conférence de Londres, il rappelait que Napoléon donnait un million à M. Caulaincourt pour le représenter auprès d'Alexandre. Enfin M. De Laborde, rapporteur de la proposition Salverte sur le Panthéon, s'est fait instrument docile pour toutes les mutilations qu'il a plu à la commission d'infliger à ce projet patriotique. Deux fois le génie de M. De Laborde se mit à l'œuvre pour inventer de nouvelles tortures (11 février et 3 mars 1832); sur ses pas, les Étienne, les Kératry et autres serviteurs du milieu vinrent attaquer la proposition de M. Salverte, et forcèrent son auteur à la retirer pour la soustraire à leurs souillures.

M. De Laborde est questeur de la chambre avec M. Dumeylet. Il a trop souvent voté pour le ministère. Nous devons dire cependant que sur la fin de la session il a fait un louable rapport sur le monument à élever aux victimes de Juillet. Il semblait alors avoir retrouvé quelques-unes des inspirations de sa noble conduite des trois jours.

Il est membre du conseil-général de la Seine.

LAS-CASES, père. N.

M. Las-Cases père est un peu moins ministériel que son fils. Tandis que le jeune homme s'est laissé séduire par la doctrine et soutient le ministère, le père soutient encore quelquefois les principes de l'opposition. Il a protesté contre la fournée illégale des 36 pairs (23 novembre 1831), et contre l'insultante dénomination de *sujets* (7 janvier 1832). M. Las-Cases professe une admiration sans bornes pour Napoléon : mais ce sentiment, qui chez tout autre patriote nous semblerait blâmable, nous paraît excusable dans M. Las-Cases. On pardonne sans peine à la reconnaissance d'être indulgente sur les vices du bienfaiteur. Dans les derniers mois de la session, M. Las-Cases père a voté souvent pour le ministère.

Jacques LEFEBVRE. A.

M. Lefebvre a deux principes bien simples qui se tiennent étroitement et dont il ne saurait se départir : des impôts énormes pour le peuple, des abus et de l'argent pour les banquiers et les *loups cerviers* de la Bourse. Selon lui, tous les impôts indirects sont excellens, il faut les maintenir, car sans eux nous n'aurions pas de finances (12 décembre 1832).

L'amortissement, avec ses 44 millions de dotation et ses 43 millions de rentes rachetées, ne lui paraît point encore assez riche. Que cet amortissement soit une monstruosité et la source de manœuvres immorales et infâmes, M. Lefebvre ne s'en inquiète pas plus que des souffrances populaires. Cependant, en sa qualité de banquier et d'agioteur, un sentiment de pudeur aurait dû lui fermer la bouche ; mais M. Lefebvre ne rougit pas si aisément. Son opinion sur l'amortissement était, il y a deux ans, diamétralement contraire à celle qu'il a émise en 1831. M. Lefebvre n'a pu le nier lui-même; mais comme, grâce au premier ministre, son ami et son ancien compère de banque, il pouvait user à sa guise de l'amortissement, il voudrait le voir doublé. M. Lefebvre est toujours ce que la dernière session l'avait montré, un homme à argent.

Il a constamment voté pour le ministère. Il est membre du conseil-général de la Seine.

ODIER. A.

M. Odier est un des honorables qui ont refusé à la chambre le droit de s'enquérir du déficit Kessner et de l'état du Trésor (31 janv. 1832). C'est une prétention à-peu-près aussi raisonnable que le serait celle d'un commis de M. Odier qui voudrait l'empêcher de connaître la situation de sa propre caisse. M. Odier ne se pique pas d'être un orateur, et il parle fort rarement; mais il vote avec persévérance pour le système du juste-milieu dont il était déjà l'homme durant la session dernière. C'est un des partisans frénétiques du 13 Mars. En sa qualité de *loup cervier*, il ne pouvait moins faire que de soutenir le grand pourvoyeur de la Bourse, l'homme qui ouvrait les dépêches diplomatiques, et qui pouvait, d'une parole et par la plus petite confidence, faire varier les fonds publics de 4 ou 5 fr. en une heure. Il a constamment voté pour le ministère.

Il est membre du conseil-général de la Seine.

PANIS. N.

M. Panis, élu au milieu du désordre et de l'affliction causés à Paris par la défaite des Polonais, est un homme du juste-milieu.

Il a voté constamment pour le ministère.

PATURLE. A.

M. Paturle, élu après Juillet par l'un des collèges du département du Nord, n'avait point été renommé aux élections générales de 1831, quand les électeurs de la Seine lui firent l'honneur de lui confier leur mandat. Sa conduite à la chambre de 1830 devait inspirer fort peu de confiance. Il avait voté presque toujours avec les centres, et il était probable qu'il voterait avec les hommes du 13 Mars. Néanmoins, il fut élu au milieu de l'émotion et du trouble que causait la chute de Varsovie. A la chambre, il a justifié toutes les craintes que les patriotes avaient conçues de lui. Il s'est fait le partisan dévoué du juste-milieu.

RÉNET. N.

Nommé comme patriote, M. Rénet ne l'est pas plus que MM. Barthe ou Charles Dupin. Il a constamment voté pour le ministère.

SALVERTE. A.

Il est peu de questions de politique intérieure ou étrangère que M. Salverte n'ait traitées avec le patriotisme et les lumières qui le distinguent. La conduite de notre diplomatie a surtout attiré son attention et son blâme. Dix fois, il a averti le pays de la honte et des désastres qu'elle lui prépare. Avant et après la chute de Varsovie, il a réclamé énergiquement en faveur de nos frères de Pologne, qu'ils luttassent encore, ou qu'ils fussent déjà vaincus (10 août, 13 août, 21 septembre 1831). Les véritables ennemis de la Pologne étaient à Paris aussi bien qu'à Saint-Pétersbourg. L'exposé des motifs de M. Périer, venant demander 500,000 fr. pour les réfugiés politiques, le fit bien voir. L'insolence, la cruauté du premier ministre leur faisait acheter ce faible secours aussi cher que l'est toujours l'aumône du riche, et surtout d'un banquier. M. Salverte rappela M. le président du conseil, non point à ce qu'il se devait à lui-même, mais à ce qu'il devait à la France, à l'humanité (26 octobre 1831).

Dans les questions de politique intérieure, M. Salverte montra tout autant d'énergie. Dès le mois d'août 1831 (12 août), il avertissait le pays des dangers qu'accumulait dans l'Ouest la faiblesse du ministère, et plus tard il soutenait, par un discours aussi vigoureux que sensé, la proposition Bricqueville, pour le bannissement de Charles X (15 novembre). Son discours, dans la question de la pairie, fut un des plus remarquables que cette discussion eût produits, et il réfuta, avec autant d'esprit que de solidité, les sophismes de M. Thiers, et les étranges théories d'histoire dont il avait tâché de les soutenir (4 octobre). Ses interpellations au ministère, sur les événemens de Lyon, restèrent sans réponse (19 décembre); et M. Périer trouva plus simple de se tirer du combat par le silence, c'est-à-dire par la fuite.

La chambre des pairs, telle que l'ont faite la nouvelle loi et la faiblesse contre-révolutionnaire du gouvernement, n'a pas trouvé de plus rude adversaire que M. Salverte (20 janv. 1832). Il a combattu la pairie, en proposant de la constituer sur des bases tout-à-fait nouvelles (17 août 1831); et, plus tard, en voulant lui retirer les frauduleuses et absurdes pensions à l'aide desquelles on cherche si vainement à ressusciter le cadavre de l'aristocratie (7 février 1832).

C'est que M. Salverte a poursuivi, avec la plus louable persévérance, la réalisation de ces économies tant de fois promises, et si long-temps différées. Il a refusé au ministère cette allocation mystérieuse de 5,000,000 fr. (19, 21 octobre 1831), qui devait être employée à soudoyer la police, ou à répandre, pour satisfaire la vanité des orateurs ministériels, les discours dont ils assourdissent la tribune nationale. Il ne voulait accorder que 6,000,000 de liste civile (5, 12 janvier 1832), persuadé que la simplicité bourgeoise du roi et de sa famille pouvait se contenter même à moins. Selon lui, le Louvre devait revenir à son ancienne destination, et reprendre son nom de *Musée national* (6 janv.). Compiègne, qui depuis Juillet avait fait retour à l'État, ne devait point être rendu à la couronne (9 janv.). L'apanage d'Orléans ne devait pas davantage lui appartenir, car ce n'était que la compensation d'une inégalité de naissance que le premier trône de l'univers indemnisait si splendidement (10 janvier). Il refusait également une dotation particulière au prince royal, et demandait la restitution des sommes précomptées depuis Juillet (13 janvier). Il fut un des plus ardens parmi les patriotes, à soutenir la nécessité de réviser toutes les pensions accordées à tant de titres contraires, par tant de gouvernemens ennemis les uns des autres, et toujours au détriment et au scandale du public, qui souffre et qui paie (5 février). Il proposa une réduction assez considérable sur la dotation de la Légion-d'Honneur (8 février), et la suppression des deux sous-préfectures, si parfaitement inutiles, de Sceaux et de Saint-Denis (1er mars).

Il est évident qu'en réunissant toutes ces propositions d'économie faites par M. Salverte, on trouvera que si la majorité eût adopté ses avis, le budget se trouverait soulagé de plusieurs millions, et purifié de quelques-uns des odieux abus qu'il nourrit.

M. Salverte a fait, durant le cours de cette session, plusieurs propositions fort importantes, qui eussent réussi si le talent et le patriotisme suffisaient auprès de la majorité. Il a proposé une constitution nouvelle pour la pairie, qui aurait pris le nom de *sénat* (9, 17 août 1831). Il a tâché de régulariser les travaux de la chambre, et surtout de ménager son temps, en demandant que les projets de loi présentés dans une session fussent acquis aux chambres pour la suivante (7 décembre). La chambre des députés avait accueilli ce projet, mais le Luxembourg l'a rejeté, commençant par-là, et sur une mesure qui devait recevoir évidemment l'approbation générale, la petite guerre de contre-révolution mesquine qu'il a plus tard continuée contre l'autre chambre.

M. Salverte a proposé un projet de loi de gratitude nationale pour les honneurs du Panthéon, si bien dus aux quatre grands citoyens qu'il y voulait placer (Foy, Manuel, Benjamin-Constant, La Rochefoucault-Liancourt). Mutilée deux ou trois fois par la commission dont M. De Laborde fut le rapporteur (31 décembre 1831, 11 fév. et 3 mars 1832), cette proposition, malgré toute sa justice et sa patriotique intention, servit de but aux plaisanteries des orateurs ministériels Etienne, Kératry et autres (25 février 1832). Le dessein du ministère était surtout d'écarter le nom de Benjamin-Constant, et M. Viennet, qui, moins que tout autre, devait s'acharner sur l'illustre mort, son ancien concurrent à l'Académie, laissa bien voir que tel était le motif secret des centres. Enfin, M. Salverte, après avoir repoussé d'ignobles attaques, dut retirer sa proposition pour soustraire le nom de son illustre ami au souffle impur des hommes du juste-milieu (17 mars). La France approuva la noble indignation de M. Salverte, et elle n'oublia pas plus son projet que le nom des détracteurs du talent et de la vertu patriotique qu'il devait récompenser.

M. Salverte a été choisi par les patriotes de la chambre, d'une voix unanime, pour présider la réunion Lointier où s'assemble l'opposition.

Il a constamment voté contre le ministère.

Dans un voyage que M. Salverte a fait à Nancy, depuis la session, il a été accueilli avec enthousiasme par les patriotes de cette ville, qui sont venus lui témoigner toute l'estime que leur inspirait sa conduite parlementaire.

SCHONEN. A.

Malgré la gravité des fonctions qu'il remplit, M. Schonen s'est cependant fait un des *loustics* de la chambre, et l'égaie assez souvent, ainsi que les tribunes publiques, à ses dépens.

Si, dans un amendement de nulle importance, l'opposition se trouve *battue*, comme aurait dit le président du conseil, M. de Schonen, tout radieux, tourne sa figure vers l'extrême gauche et s'écrie, en montrant ses adversaires du doigt : *enfoncés*! Puis il rit de cette excellente plaisanterie, et paraît croire qu'on ne peut avoir plus d'esprit que lui (28 juillet 1831). Dans la discussion de la liste civile, où il est rapporteur, si la chambre demande quelques renseignemens indispensables, M. de Schonen affirmera qu'on ne peut les donner parce qu'ils sont trop considérables, et pour preuve, il apportera, suant à grosses gouttes et tout essouflé, trois ou quatre in-folios énormes, qu'il déposera sur la tribune (2 janvier 1832). Dans cette discussion scandaleuse, où tout se fit à l'aveugle, M. de Schonen vint, à sa manière, contribuer, par une misérable farce, à cette comédie qui ne coûte guère moins de 25 ou 30 millions. Aussi honteux que le ministère, et aussi faible, il n'osa pas plus que lui fixer le chiffre de la liste civile. M. Périer l'avait laissé en blanc. Par compensation, sans doute, M. de Schonen en présenta deux, 12 millions 500 mille francs, et 14 millions. Il plaida sans cesse pour la couronne comme si c'eût été son avocat, et ne dit pas un mot en faveur du public qui paie, après tout, M. de Schonen aussi bien que Louis-Philippe.

M. de Schonen avait demandé l'abolition du divorce (10 août 1831). Après de longs délais, la proposition, enfin adoptée par les députés, fut rejetée par la chambre des pairs.

M. de Schonen, jadis dans les rangs des patriotes, est un des renégats dont la défection a été la plus complète et la plus éclatante. Il a voté constamment pour le ministère.

Il est membre du conseil-général de la Seine.

SEINE-INFÉRIEURE.

Ce département nomme onze députés.

MM. *Aroux*, 8e *arrondissement de Dieppe.* — *Barbet*, 1er
id. *de Rouen.* — *Bérigny*, 7e *id. de Dieppe.* — *Cabanon*,
3e *id. de Rouen.* — *Delaroche, id. du Hâvre.* — *Le baron
Hély-d'Oissel, id. de Neufchâtel.* — *Leclerc, id. de Bolbec.*
— *Maille (Eugène), 2e id. de Rouen.* — *Mallet, id. de
Saint-Valery.* — *Petou*, 4e *id. de Rouen.* — *Le baron Villequier, id. de Yvetot.*

La députation de la Seine-Inférieure est à-peu-près aussi mal composée que celle de la capitale. Sur onze députés, neuf sont des partisans aveugles ou égoïstes du ministère du 13 Mars. MM. Cabanon et Petou peuvent seuls passer, bien qu'à des titres différens, pour patriotes. M. Hély-d'Oissel ne s'est point caché de ses opinions légitimistes, et s'il veut bien servir la Quasi-Restauration, c'est pure condescendance de sa part. MM. Bérigny, Maille et Villequier, se sont dès long-temps fait connaître comme adhérens du juste-milieu. MM. Aroux, Barbet, Delaroche, Leclerc et Mallet, ont suivi cet exemple. Il y a quelque chose de triste à voir que l'un des plus beaux départemens de la France, et jadis l'un des plus dévoués, soit tombé, après la Révolution de Juillet, bien au-dessous de ce qu'il était durant la Restauration. C'est que, dans ce département surtout, les impostures et les menaces du ministère s'adressant à des industriels et à des commerçans, il a été plus facile qu'ailleurs de soulever des intérêts particuliers contre les intérêts généraux de la liberté et de l'honneur national.

AROUX. N.

Lorsque l'opposition, gardienne de la dignité nationale, protesta contre l'insultante dénomination de *sujets* (7 janvier 1832), trois hommes, qu'on avait crus dignes de défendre les droits et l'honneur du pays, vinrent annoncer qu'on avait eu trop bonne opinion d'eux, et protester contre la protestation. C'étaient MM. Aroux, Bellaigue et Jollivet (voir le *Courrier Français* du 10 janvier 1832). La faute est d'autant plus reprochable à M. Aroux, qu'il ne doit sa fortune qu'à la Révolution de Juillet; sans elle, il n'eût point été nommé procureur du roi à Rouen. Il a proposé sur le budget de la justice quelques amendemens qui ont été repoussés (13 février 1832). Il a pris la parole sur le budget des affaires étrangères (9 mars 1832).

Nous croyons que M. Aroux n'était point à la chambre lorsqu'on vota sur l'ordre du jour motivé de M. Ganneron (22 septembre 1831), mais toute sa conduite prouve qu'il l'eût appuyé. Il a souffert sans protestation la fournée illégale des trente-six pairs (23 novembre).

Il vote plus souvent pour le ministère que contre lui.

BARBET. N.

Il serait difficile de trouver à la chambre un homme plus dévoué que M. Barbet au juste-milieu, et plus complétement digne de lui. Il feint de cacher son amour pour le 13 Mars sous l'horreur prétendue que lui inspirent les émeutes. A l'en croire, tout notre malaise social et politique tient à ce que la croix de Saint-Germain-l'Auxerrois a été renversée en février 1831 (13 août). Aussi aveugle sur les intérêts du commerce en particulier que sur ceux du pays en général, M. Barbet s'est imaginé qu'en flétrissant l'émeute d'une éclatante réprobation, dans l'adresse à la couronne, les hommes du 13 Mars paraitraient à la France ses sauveurs. Mais il s'inquiète si peu des véritables intérêts du pays, de sa sûreté et de son indépendance, qu'il s'est opposé avec emportement à la proposition de M. le général Lamarque sur la mobilisation de la garde nationale (25 octobre). Il a constamment voté pour le ministère.

M. Barbet, maire de Rouen, est membre du conseil-général de la Seine-Inférieure.

BÉRIGNY. A.

Quelques députés qui tiennent comme M. Bérigny des fonctions assez élevées dans l'administration des ponts et chaussées, se sont montrés patriotes et indépendans, mais c'est un exemple que M. Bérigny s'est bien gardé de suivre.

Il vote constamment pour le système du 13 Mars.

CABANON. A.

Sous le ministère Périer, M. Cabanon n'a pas retrouvé toute l'énergie de patriotisme qu'il montra sous les ministères Decazes, Villèle et Polignac. Il a voté trop souvent pour le ministère. Il a soutenu contre les centres le projet de loi pour l'importation des grains à Bordeaux (3 octobre 1831). M. Cabanon adopta, dans la discussion de la pairie, le système des candidatures, et il proposa un amendement qui n'eut pas plus de succès que celui de M. Mérilhou et autres membres de la gauche (12 octobre 1831).

DELAROCHE. N.

M. Delaroche n'est pas partisan de l'économie; il faut payer et payer beaucoup : voilà le système de M. Delaroche. *Payer beaucoup, pour avoir*, dit-il, *des capacités*. Aussi s'est-il opposé, avec une grande énergie, à ce qu'on réduisît les traitemens de la magistrature, de peur de décourager les sommités judiciaires (10 février 1832). Au compte de M. Delaroche, M⁰ Barthe se trouverait la première capacité judiciaire de France ! M. Delaroche a constamment voté pour le ministère.

Il est membre du conseil-général de la Seine-Inférieure.

HÉLY-D'OISSEL. A.

Homme du pouvoir depuis trente ans et plus, M. Hély-d'Oissel devait s'accommoder du juste-milieu, comme jadis il s'était accommodé de l'Empire, des deux Restaurations et des Cent-Jours. Il est encore aujourd'hui conseiller d'État, et président du conseil des bâtimens civils. Il doit préférer, au fond du cœur, la Légitimité, car, le 30 juillet 1830, lui troisième, avec MM. Villemain et Lepelletier d'Aulnay, il votait pour Henri V. M. Hély-d'Oissel, qui redoute les économies, a combattu la proposition de M. Glais-Bizoin, pour la réduction du traitement du président (18 août 1831). Il a constamment voté pour le ministère.

Il est membre du conseil-général de la Seine-Inférieure.

LECLERC. N.

M. Leclerc a constamment voté pour le ministère.
Il est maire de Fécamp, et membre du conseil-général de la Seine-Inférieure.

MAILLE. A.

M. Maille votait quelquefois, à la dernière session, avec la gauche : dans la session dernière, il a voté constamment avec le ministère; il a du moins le mérite de s'être enfin décidé.

MALLET. N.

Comme M. Bérigny, M. Mallet, autre ingénieur des ponts et chaussées, vote constamment pour le ministère; il cherche à se rendre utile à la chambre, en faisant quelques rapports insignifians de pétitions (10 septembre, 1ᵉʳ octobre 1831).

PETOU. A.

Si M. Petou n'a point voté avec les patriotes contre l'ordre du jour motivé de M. Ganneron (22 septembre 1831), il a protesté avec eux contre la fournée illégale des trente-six pairs (23 novembre), et contre l'insultante dénomination de *sujets* (7 janvier 1832). Nous ne savons trop pourquoi M. Petou a défendu les 221 d'avoir poussé Charles X à l'abime; à nos yeux, ce n'est là qu'une œuvre patriotique dont les 221 étaient, il est vrai, fort innocens, mais qui, sans aucun doute, leur aurait fait beaucoup d'honneur (18 octobre 1831). M. Petou eut aussi un autre tort, ce fut d'approuver les 5,000,000 de dépenses mystérieuses que demandait M. Périer (21 octobre 1831).

Il vote le plus souvent avec l'opposition; quelquefois aussi, il vote contre elle; mais ses infidélités sont heureusement fort rares.

VILLEQUIER. A.

M. Villequier gagna un commencement de pleurésie, en allant au Panthéon le 29 juillet 1831, et il eut le soin d'en avertir la chambre trois semaines après, prétextant, pour cause de son absence, le frisson qu'il avait gagné sous les voûtes du temple national. Il ne fallait pas moins pour faire rompre le silence que M. le baron Villequier paraît s'être imposé. M. de Villequier a été conseiller au parlement de Rouen. Les électeurs, par humanité, ne devaient pas lui faire faire le voyage de Paris, où l'on gagne si facilement des fluxions de poitrine. M. Villequier a voté constamment pour le ministère.

SEINE-ET-MARNE.

Ce département nomme cinq députés.

MM. Bailliot, arrondissement de Melun. — Le général Durosnel, id. de Fontainebleau. — D'Harcourt, id. de Provins. — Le général Lafayette, id. de Meaux. — Georges Lafayette, id. de Coulommiers.

MM. Lafayette père et fils sont restés les seuls patriotes de la députation de Seine-et-Marne. MM. Bailliot et Durosnel se devaient à eux-mêmes de persévérer dans les voies ministérielles où ils sont dès long-temps entrés. Quant à M. d'Harcourt, il s'est montré le plus ingrat de tous les serviteurs de la race déchue, que la générosité populaire a épargnés en Juillet. Pour prix de l'ambassade brillante qu'on a bien voulu lui confier, il calomnie la France au-dehors, quand il est à son poste; et il la calomnie à la tribune nationale, quand il abandonne sa résidence; et reçoit scandaleusement, à Paris, un traitement qu'il ne devrait toucher qu'à trois cents lieues de là.

BAILLIOT. A.

M. Bailliot passe pour un excellent financier : aussi on ne l'a fait ni rapporteur du budget, ni conseiller d'État, ni commissaire du roi, ni ministre des finances; on l'a chargé des rapports sur la comptabilité de la chambre. Mais la chambre ne l'écoute jamais (23 novembre 1831, 5 janvier 1832).

M. Bailliot, ancien agent de change, et riche à millions par les coupons et les primes de la Bourse, a donné, durant cette session, une preuve incontestable de capacité financière : il a voté pour le maintien de l'amortissement, qui n'amortit rien que la fortune publique, au profit de quelques fortunes particulières (25 janvier 1832).

Il a constamment voté pour le ministère, comme par le passé.

Le Général DUROSNEL. A.

M. Durosnel a constamment voté pour le ministère.

Il est membre du conseil-général de Seine-et-Marne. Par ordonnance du 20 avril, il a été nommé aide-du-camp du roi.

D'HARCOURT.

Un discours a suffi à M. Eugène d'Harcourt pour se faire distinguer de toute la France et l'on pourrait presque dire de l'Europe, qui savaient à peine si M. d'Harcourt était ambassadeur (9 mars 1832). Un député patriote venait de blâmer les ambassadeurs qui ne résidaient point à leur poste. M. Eugène d'Harcourt, qui depuis six mois n'était point au sien, prit la parole, et, comme un homme qui se sent dans son tort, il se mit à attaquer pour n'avoir point à se défendre. Son discours, qu'il récita de mémoire, bien qu'il voulût le faire croire improvisé, fut un des plus incroyables de la session, ce qui est beaucoup dire, quand on pense que MM. Mahul, Jaubert, Rémusat, Thiers, et tant d'autres Démosthène des centres, se sont cotisés pour amonceler contre le bon sens et la dignité nationale tant de paradoxes et de faussetés. M. d'Harcourt commença d'abord par s'emporter virulemment contre l'opposition. Après avoir épuisé tout ce que son propre génie pouvait lui fournir, il se permit d'emprunter à M. Guizot. Il rappela son fameux *caput mortuum*, ce qui prouve que M. d'Harcourt a pu savoir jadis quelque peu de latin. Puis il parla de *ses* électeurs comme M. Mahul avait jadis parlé des *siens* et de *son* département; puis revenant à son thème favori, il s'écria que l'opposition demandait la mort de ceux qui ne pensent pas comme elle, et à ce sujet, M. d'Harcourt nous rappela 93 avec la guillotine, les échafauds et tout son sanglant cortége : « Oui, s'é-
« cria-t-il, si la France est malheureuse au dedans et mal re-
« présentée au-dehors, la faute en est à l'opposition. » Ici M. le comte se trompe gravement; ce n'est pas l'opposition qui a nommé des ambassadeurs tels que lui. Il affirma que la Pologne, la Belgique, l'Italie, ne devaient s'en prendre de leur malheureux sort qu'à l'opposition. Mais ce n'était point assez à M. d'Harcourt d'injurier ses collègues, il alla jusqu'à cracher au visage de la France. La France, selon lui, ressemble à un écolier qui aurait chassé son maître et jeté ses livres par la fenêtre. On conçoit que l'ancien gentilhomme honoraire de Charles X soit peu satisfait de servir une Quasi-Légitimité; mais il n'y a pas là de motifs suffisans pour injurier les gens qui vous salarient, et si la France a jeté ses maîtres à la porte, leurs valets devraient se trouver fort heureux d'avoir été oubliés. La France, dit encore M. d'Harcourt, est une Babel; apparemment que M. le comte pense que tout le monde parle aussi sensément que lui. Enfin, après mille autres invectives à la

France et à la Révolution de Juillet, sans qui cependant M. d'Harcourt fréquenterait encore les antichambres du roi chevalier, M. le comte menaça la chambre, et particulièrement la minorité, des baïonnettes de la garde nationale. M. d'Harcourt est un Bonaparte au petit pied, et vraiment l'on doit craindre qu'un second 18 brumaire ne s'approche. Voilà cependant l'homme qui a représenté la France à Madrid, et qui doit sans doute la représenter encore de sa chétive personne auprès du Grand Turc.

Cependant ce discours de M. le comte avait produit une si fâcheuse impression, qu'il fallut le venir désavouer (19 mars). La chambre vit ce que valaient de pareilles excuses ; elle n'y fit point la moindre attention, comme pour faire comprendre que la conduite de M. le comte ne l'avait en rien surprise, et qu'elle n'attendait pas moins de lui. Pour continuer et compléter cet acte de contrition, M. le comte prit la parole dans la question des céréales (29 mars 1832). M. le gentilhomme avait déjà donné la mesure de ses principes dans un discours sur la liste civile, où il avait exposé, avec un imperturbable aplomb, les plus desséchantes théories d'égoïsme et de cupidité politiques. M. d'Harcourt a constamment voté pour le ministère.

Il est membre du conseil-général de Seine-et-Marne.

Le Général LAFAYETTE. A.

Le général Lafayette s'est constitué à la chambre ce qu'il a toujours été durant sa longue carrière, le défenseur des peuples contre la tyrannie ou les perfides amitiés. Il a défendu les principes de Juillet contre les renégats usurpateurs de nos trois journées (26 octobre 1831, 25 février, 8 mars 1832). Il a demandé compte, dans la politesse et la vigueur de son langage, des promesses somptueuses que Juillet avait vu faire. Quand la Pologne et l'Italie luttaient encore, et qu'elles rendaient les derniers soupirs, l'une de sa vie, l'autre de sa liberté, il a voulu (15 août, 10 septembre 1831, 10 février 1832) que la France intervînt pour sauver deux peuples. Puis, quand les héros de la Vistule eurent succombé sous la trahison et le lâche abandon de l'Europe, il vint encore défendre leurs héroïques débris contre les chacals du ministère qui s'acharnaient sur des cadavres (26 octobre 1831, 21 février 1832); il dut rappeler au premier ministre les égards de l'hospitalité et de la bienfaisance, et le banquier se souvint à cette voix que la haine aujourd'hui doit au moins se couvrir des convenances du langage. M. Lafayette a surtout réclamé avec énergie contre l'abominable loi de police, si odieusement lancée par le ministère contre les réfugiés politiques (9 avril 1832); et rappelant les atrocités russes en Pologne, il a proclamé Nicolas, non pas un despote, mais un *tyran*. L'Europe entière saura que deux monstres, l'un au Midi, l'autre au Nord, sont les fléaux et la honte de l'humanité.

Le général a jugé notre diplomatie avec toute la sévérité qu'elle mérite; l'humilité, et la basse attitude de nos représentans au dehors, ont blessé la fierté et la noblesse de son cœur (20 septembre 1831, 8 mars 1832), et il leur a appris de quel ton devait parler à l'Europe la France de Juillet (1er février 1832).

En 1831, comme à la Constituante, il a suivi et défendu les principes de la raison et de la justice contre les intérêts de sa propre caste. Dans la discussion de la pairie, où il a soutenu le droit constituant de la chambre, il a rappelé (6 octobre 1831) toute l'absurdité du privilége héréditaire; il a combattu l'aristocratie, et il l'a fait rougir au souvenir de toutes ses fautes et de ses désastres causés par elle-même; et son discours, dont les esprits éclairés ont compris toute la portée, spirituel non moins que profond, a fait sourire la chambre et les nobles eux-mêmes qu'elle renferme, à leurs propres dépens. Il a demandé avec M. de Brigode, autre noble patriote, l'élection directe des pairs (10 octobre 1831), et avec M. Bavoux, plébéien, l'abolition de toute pénalité pour l'usurpation des titres de noblesse (7 décembre).

Il a bien voulu repousser, dans cette session, quelques-unes des lâches imputations dont le juste-milieu ne s'est pas fait faute contre sa vertu (22 septembre 1831); il les a déclarées calomnieuses, et la France, ainsi que l'Europe, l'en ont cru sur sa parole. Qui pourrait, même à l'abri d'un trône, lutter avec lui de véracité et de franchise? Parfois aussi la voix de l'illustre patriote a relevé la légèreté ou les erreurs de ses jeunes collègues. Quand M. de Tracy demanda si humainement des lois pour nos colonies (10 septembre 1831), M. de Lafayette, qui appuyait la proposition, fit remarquer à M. de Rigny qu'il y avait inadvertance au ministre de la marine à dire qu'il ferait *quelque chose* pour les hommes de couleur, comme si la force et la barbarie de nos colons avaient jamais pu prescrire les droits de l'humanité. Il a donné aussi, à M. Thiers, l'historien, des leçons d'histoire; et sa vieille mémoire, aidée d'une conscience sans tache et sans égoïsme (20 septembre 1831), l'a mieux servi que la science plus jeune, mais si peu désintéressée, du conseiller d'Etat.

Il est inutile de dire que M. Lafayette a constamment voté contre le ministère.

Il est membre du conseil-général de Seine-et-Marne.

Georges LAFAYETTE. A.

Dans cette session, comme dans toutes les précédentes, M. Georges Lafayette s'est montré le digne fils de son illustre père. Il a voté comme lui contre toutes les mesures déplorables que le ministère a proposées, et qu'une majorité complaisante a sanctionnées.

Il a constamment voté contre le juste-milieu.

Il est membre du conseil-général de la Haute-Loire.

SEINE-ET-OISE.

Ce département nomme sept députés.

MM. Baudet-Dulary, arrondissement d'Etampes. — Bérard, id. de Corbeil. — Bertin de Vaux, id. de Saint-Germain. — Fiot, id. de Mantes. — Le chevalier Jouvencel, id. de Versailles. — Le comte Lameth, id. de Pontoise. — Le baron Lepelletier-d'Aulnay, id. de Rambouillet.

Trois députés sur sept sont patriotes dans la députation de Seine-et-Oise, ce sont MM. Baudet-Dulary, Bérard et Fiot, le premier et le dernier, hommes nouveaux, et que cette session a classés parmi les amis énergiques de la liberté; l'autre, connu par la Charte de 1830 à laquelle il a donné son nom, et séparé des gens qui sont venus, au nom de cette Charte, tromper la France, la déshonorer et dilapider ses trésors. Des quatre autres, l'un, M. Bertin de Vaux, a servi tous les régimes qui se sont succédés en France depuis quarante ans, par le moins honorable de tous les journaux, le *Journal des Débats;* M. Lepelletier-d'Aulnay, franchement partisan de Henri V, en juillet 1830, paraît s'être converti au juste-milieu, du moins pour le moment. Quant à MM. de Lameth et Jouvencel, ils ne comptent guères que par leurs votes et leur dévouement aveugle au 13 Mars, qui, chez eux, est comme la tendresse des vieillards pour leurs derniers nés.

En 1829, la députation de Seine-et-Oise comptait cinq membres de l'opposition sur sept. Les patriotes du département ont encore à faire de nouveaux efforts pour reprendre leurs anciens avantages.

BAUDET-DULARY. N.

Dès les premiers jours de la session, M. Baudet-Dulary a donné la mesure de son patriotisme; il voulait que l'on consacrât, dans l'Adresse à la couronne, par une demande expresse, l'adjonction des capacités électorales (12 août 1831), repoussées par la chambre de 1830; il voulait que l'on demandât formellement la colonisation d'Alger (15 août): l'événement a prouvé que les prévisions de M. Dulary étaient justes. Et comme le ministère a montré, par son silence, dans une discussion solennelle, que le sort de notre conquête était fort incertain, il eût été sage à la chambre de forcer, par un vote législatif, comme le proposait M. Dulary, l'exploitation d'un territoire qui peut offrir, à la France, d'incalculables avantages. M. Dulary a soutenu, avec une louable énergie, l'annulation des rentes rachetées (25 janvier 1832): c'était à-peu-près 45 millions d'économie pour la nation.

M. Dulary a constamment voté contre le ministère.

Il a donné, à la fin de la session, un bel exemple de dévouement; il est resté à Paris, au milieu de la contagion, consacrant, aux indigens malades, ses veilles et son talent de médecin, au lieu d'aller rejoindre sa famille, qui habite un des départemens les plus voisins de la capitale.

BÉRARD. A.

M. Bérard a fait adopter un bon amendement dans la discussion de la pairie : il a demandé que toutes les ordonnances de créations de pairs fussent motivées et nominatives (17 octobre 1831). C'était un frein qu'il voulait poser au favoritisme et aux succès de l'incapacité. Mais le ministère n'en a tenu aucun compte, et la nomination de M. Augustin Périer, le jour de la mort de son frère, n'a point été motivée comme la loi le voulait.

M. Bérard a protesté avec les patriotes contre l'insultante dénomination de *sujets* (7 janvier 1832). Il a voté avec eux contre l'ordre du jour motivé de M. Ganneron (22 septembre 1831); c'est-à-dire qu'avec les théories et les applications de M. le président du conseil, M. Bérard avait risqué, pour obéir à sa conscience de patriote, deux ou trois fois sa place de directeur-général des ponts et chaussées. Nous eussions été les premiers à gémir de sa destitution, car nous croyons que M. Bérard rend des services réels dans les fonctions qu'il occupe. Mais il est vraiment prodigieux qu'il s'y soit maintenu pendant près de dix-huit mois, et le pays peut se tenir pour averti que les votes indépendans de M. Bérard auraient seuls motivé sa destitution (1).

BERTIN DE VAUX. A.

Sur son banc silencieux, dont jamais il ne bouge, les bras croisés sur sa poitrine, M. Bertin de Vaux est cependant l'un des hommes les plus utiles au ministère du 13 Mars. Ce n'est point à la chambre, où il ne donne qu'un vote, mais au dehors par son *Journal des Débats*. Il l'a mis à la disposition de M. Périer, comme jadis il l'avait mis à la disposition de l'Empire, puis à celle de la Légitimité. Depuis Juillet, le *Journal des Débats* a retrouvé cet enthousiasme de dévouement qui l'avait distingué pour et contre l'Usurpateur, pour et contre la Restauration. Il est même à remarquer que le juste-milieu était surtout son fait. Ses fleurs de rhétorique commencent à se faner; mais elles sont bonnes encore pour des bourgeois, si elles ne vont plus à l'aristocratie.

Le *Journal des Débats* est un auxiliaire fort commode de tous les ministères, par cette raison toute simple qu'il n'est point officiel. Ce qu'il dit frappe toujours assez fort, parce qu'on sait où il puise ses inspirations; mais cependant, paroles dites dans les *Débats* n'engagent point comme ce terrible *Moniteur*, où l'on ne peut dire une maladresse, qu'à l'instant tous les yeux ne la regardent, tous les esprits ne la commentent, tous les journaux patriotes ne la bafouent.

Nous aurions beaucoup à faire si nous voulions rapporter tous les méfaits dont la rédaction du *Journal des Débats* a été complice. On peut se figurer ce qu'est la moralité d'un journal tour-à-tour dévoué à Napoléon, à la Légitimité, à Louis-Philippe, et toujours avec la même ardeur de zèle, le même éclat d'éloquence, la même tendresse d'attachement. En Juillet, ce journal s'est soumis aux ordonnances illégales, ainsi que le *Constitutionnel*, tandis que tous les autres journaux donnaient l'exemple de la résistance à l'illégalité, et faisaient appel à l'insurrection. Aujourd'hui le *Journal des Débats* sert sur

(1) Au moment où nous mettons sous presse, M. Bérard est destitué.

ont à créer des frayeurs, à entretenir ces craintes si nécessaires au juste-milieu. Tous les mouvemens de Paris sont les splendides élémens de ses oraisons. Il est chargé spécialement d'épouvanter les départemens qui ont pu, dès l'abord, s'y laisser prendre, mais qui sont revenus aujourd'hui de leur effroi, attendu que ce 93, cette guillotine, tant de fois prédits, annoncés à jour fixe, ne paraissent jamais, si ce n'est au service d'une tout autre cause que la République.

M. Bertin est un des adversaires des principes de Juillet, ou, pour mieux dire, de tous les principes qui ne subventionneront pas le *Journal des Débats*.

Il a constamment voté pour le ministère. Ses affections n'en sont pas moins pour la Légitimité.

Il est membre du conseil-général de Seine-et-Oise.

FIOT. N.

M. Fiot s'est fait distinguer à la chambre par le laconisme et l'énergique concision de ses discours. Dans la discussion de l'Adresse (10 août 1831), et dans la discussion générale du Code pénal (23 novembre 1831), sa brièveté, non moins que sa raison, ont paru surprendre les centres, qui se pâment de joie à l'éloquence indéfinie de M. Thiers, et au *nébulisme* de M. Guizot. M. Fiot a déclaré, et tous les patriotes penseront comme lui, qu'il voudrait que cette prétendue *grande armée* de l'ordre public fût aussi la grande armée de la liberté (13 août 1831). M. Fiot a demandé la naturalisation de tous les étrangers qui avaient combattu en Juillet (27 octobre 1831). C'était une dette de reconnaissance nationale dont le député de Mantes a bien fait de rappeler le souvenir.

M. Fiot, président du tribunal de première instance à Mantes, a montré du patriotisme et de l'indépendance.

Il a voté constamment contre le ministère.

Le Chevalier de JOUVENCEL. A.

M. de Jouvencel a rivalisé avec M. de Lameth : celui-ci rappelait que, de son temps, la Constituante votait la liste civile par acclamation; l'autre demandait que la chambre de 1831 en fît autant (5 janvier 1832); et, comme M. le chevalier de Jouvencel paraît généreux et fort peu économe quand il s'agit de la bourse du peuple, il ne proposait rien moins que 14 millions pour la simplicité de notre royauté bourgeoise. M. le chevalier, après cette magnifique preuve d'éloquence et de loyauté monarchique, rentra dans le bienheureux silence dont il ne sortit que cette fois ; mais l'occasion était unique, et, en preux chevalier, on ne pouvait la laisser passer sans rompre une lance. Il a voté constamment pour le ministère.

Il est membre du conseil-général de Seine-et-Oise.

Ch. de LAMETH. A.

Si M. de Lameth avait encore l'âge où ses relations avec les émigrés lui procuraient pour unique satisfaction un coup d'épée au travers du corps, nous pourrions nous égayer à ses dépens ; mais nous savons trop bien ce qu'on doit à la vieillesse qui est faible, et ce qu'on doit à ceux à qui l'on s'adresse, pour nous permettre sur M. de Lameth quelques plaisanteries. Nous adjurerons seulement les électeurs qui ont eu le courage de l'envoyer à la chambre, de songer que la France a besoin de représentans véritables, et dont l'âge soit un peu moins caduc, et qu'il y a vraiment conscience à charger d'un pénible devoir une vieillesse qui réclame des soins. Nous les prierons, au nom même du pays, et nous pouvons ajouter de l'humanité, de donner un successeur à M. de Lameth dès qu'il leur sera possible de le faire, dussent-ils envoyer à sa place un jeune homme dans le genre de MM. Jaubert et Mahul.

M. de Lameth est membre du conseil-général de Seine-et-Oise.

LEPELLETIER D'AULNAY. A.

Le 30 juillet 1830, de compagnie avec M. Hély-d'Oissel, autre honorable, et M. Villemain, qui ne l'est plus malgré tout son désir de l'être encore, M. Lepelletier d'Aulnay votait pour Henri V. Ses affections sont bien connues : elles sont à-peu-près à quatre cents lieues d'ici, à Holy-Rood.

M. Lepelletier, comme tous les renégats, a porté le zèle jusqu'à l'excès. D'abord, il s'est hautement prononcé contre le mandat impératif (25 juillet 1831), voulant défendre les abords dans la question de la pairie ; puis, plus tard, il a demandé avec non moins d'énergie le vote secret (10 octobre 1831), quand il s'est agi de défendre la place serrée de plus près. On peut donc affirmer, sans faire injure à M. Lepelletier, qu'il était un des partisans honteux de l'hérédité de la pairie. Dans la discussion de la liste civile, il donna à la dynastie nouvelle une preuve plus personnelle d'attachement, qui permet de croire que le vieux levain légitimiste sommeille dans son cœur. Rambouillet venait d'être enlevé à la dotation de la couronne, ce dont le ministère était furieux; M. Lepelletier proposa de le donner au prince royal (13 janvier 1832). Le détour était adroit : mais le bon sens de la chambre le comprit, et déjoua cette petite manœuvre. M. Lepelletier, qui passe pour quelque peu clerc en finances, a fait un rapport sur le crédit provisoire de 125 millions (13 août 1831), a été nommé membre de la commission d'enquête pour le déficit Kessner (1er février), et s'est opposé vivement à la révision des pensions. Malgré sa tendance légitimiste, il a constamment voté pour le ministère.

Il est membre du conseil-général de Seine-et-Oise.

DEUX-SÈVRES.

Ce département nomme quatre députés.

MM. Auguis, arrondissement de Melle. — Clerc-Lasalle, id. de Niort — Proust, id. de Parthenay. — Tribert, id. de Bressuire.

La députation des Deux-Sèvres est composée tout entière de patriotes énergiques. M. Tribert est dès long-temps connu. Les opinions de MM. Auguis, Clerc-Lasalle et Proust sont celles sur le triomphe desquelles la France appuiera son avenir, sa prospérité, son honneur, si étrangement compromis par les hommes du 13 Mars. Ces trois patriotes sont des hommes nouveaux, connus seulement par des antécédens d'indépendance, de luttes contre l'étranger et contre la Restauration, tous trois hommes de lettres, laborieux, éclairés et actifs. MM. Proust et Clerc-Lasalle en particulier ont fondé la *Sentinelle des Deux-Sèvres*, à Niort, l'un des journaux les plus distingués des départemens. Tous les trois, quoique jeunes encore, ont déjà donné à la cause de la liberté des gages non équivoques de capacité, d'indépendance et d'énergie.

Jamais, sous la Restauration, le département des Deux-Sèvres n'avait obtenu de pareils succès; à la chambre de 1830, il comptait encore deux carlistes furieux sur trois représentans.

AUGUIS. N.

Parmi les patriotes de la chambre, il en est peu qui y aient apporté, autant que M. Auguis, cette vigueur et cette simplicité qui doivent être les élémens de nos mœurs nouvelles. Dans la discussion de la constitution de l'autre chambre, le député de Melle a repoussé cette fastueuse et vaine dénomination de *pairie*. Pour lui, il n'a demandé qu'une modeste chambre de révision (7 octobre 1831). En effet, où sont les pairs aujourd'hui? Qu'est-ce qu'un pair de France à l'heure qu'il est? Sous Louis XIV, sous Louis XVIII, passe; mais sous Louis-Philippe, les pairs ne sont pas restés les pairs, les égaux des députés. Demandez plutôt à M. de Fitz-James. M. Auguis ne se trompe pas; il a constaté un fait irrécusable : la chambre des pairs est une chambre de révision.

Plaisante aristocratie que celle qu'on bâcle avec quelques mille francs de pension! Aussi M. Auguis a-t-il repoussé les traitemens des pairs. Il a proposé, par un amendement, que leurs fonctions fussent gratuites, et il a eu le bonheur de voir son amendement adopté, sinon tel qu'il l'avait présenté, au moins dans son principe (18 octobre 1831). Plus tard, il a réclamé, comme conséquences de ce premier amendement, que toutes les pensions dont le poids énorme accable notre budget, autant que leur motif scandalise la morale nationale, fussent revisées (5 février 1832).

Quand on a discuté les chapitres relatifs aux préfets et à leurs abonnemens, M. Auguis, qui ne sait point cacher la vérité quand il la croit utile, est venu courageusement révéler à la tribune les prévarications d'un préfet (2 mars). Les centres, fort respectueux pour tout ce qui a porté le caractère ministériel, même il y a dix ou quinze ans, admiraient comment on pouvait parler ainsi d'un préfet. Dans la discussion sur la liste civile, M. Auguis s'est levé seul à la contre-épreuve, lorsqu'il s'agissait de comprendre les Tuileries dans la dotation royale (6 janvier); les centres, à cette vue, sont entrés en grande hilarité : sans doute qu'ils ne comprenaint point ce que ce vote voulait dire. M. Auguis est un des députés qui ont discuté le budget avec le plus de soin et de zèle (26, 27 mars 1832). Il a constamment voté contre le ministère.

CLERC-LASALLE. N.

Dès les premiers jours de la session, M. Clerc Lasalle donna la mesure de son patriotisme en se démettant des fonctions de secrétaire-général du département des Deux-Sèvres. Il croyait, avec raison, qu'un député ne peut être fonctionnaire, et qu'il y a malhonnêteté à recevoir le traitement d'un emploi qu'on n'occupe pas. Il a dit, dans toute la sincérité de sa conscience, aux ministres-renégats, ce qu'il pensait d'eux et de leurs principes (10 décembre 1831). Il a flétri la coterie doctrinaire qui, pour notre honte et notre détresse, nous gouverne depuis vingt mois (14 mars 1832). Il a montré dans quel abîme le ministère nous entraînait par sa faiblesse pour les partisans de la dynastie déchue (22 octobre 1831). Il a dénoncé les nominations carlistes, dont l'armée était indignée (12 août). En un mot, M. Lasalle s'est efforcé plusieurs fois d'éclairer le ministère et le pays sur leur situation respective; les fautes de l'un, les dangers de l'autre, ont trouvé en lui un juge sévère et un conseiller éclairé.

M. Lasalle voulait que, tout compris, la liste civile ne montât pas à plus de 8 millions (4 janvier 1832). Il a refusé au ministère les trois nouveaux douzièmes qu'il demandait au mois de mars. Il a voté constamment contre le ministère.

Il a adressé à ses commettans le compte-rendu de ses votes durant la session. Les patriotes seuls peuvent montrer cette franchise.

PROUST. N.

M. Proust s'est abstenu, comme plusieurs excellens patriotes, de voter contre l'ordre du jour motivé de M. Ganneron (22 septembre 1831), parce que la question lui semblait inconstitutionnelle; mais il a protesté contre la fournée illégale des trente-six pairs, et contre l'insultante dénomination de *sujets* (7 janvier 1832). M. Proust est un de ces glorieux jeunes gens de l'École Polytechnique qui, en 1814, défendirent si vaillamment la capitale contre les étrangers. Rentré dans la vie civile, il prêta plus tard, à la presse, son talent d'avocat; et aujourd'hui il combat pour la liberté qu'il a servie dès ses jeunes années, et qu'il servira durant sa vie entière. M. Proust est comme une personnification de cette jeune opposition où se fonde l'espoir du pays. A la chambre, son dévouement est aussi énergique, aussi désintéressé qu'il l'était, il y a seize ans, sur les buttes Chaumont. Sa carrière n'est point longue encore, mais elle est pleine, déjà, de courage, de patriotisme, de vertu civique.

Il est membre du conseil-général des Deux-Sèvres.

TRIBERT. A.

M. Tribert a constamment voté contre le ministère. Il a été classé, par erreur, sur notre tableau, parmi les incertains.

Il est membre du conseil-général des Deux-Sèvres.

SOMME.

Ce département nomme sept députés.

MM. Caumartin, 1er arrondissement d'Amiens.—Estancelin, 3e id. d'Abbeville.—Gauthier-de-Rumilly, id. de Doullens. — Harlé, id. de Péronne. — Massey, 2e id. d'Amiens. — Renouard, 4e id. d'Abbeville. — Rouillé-de-Fontaine, id. de Mont-Didier.

M. Gauthier-de-Rumilly, entré pour la première fois à la chambre, en 1831, semble vouloir racheter, par son talent et son patriotisme, tout ce qui manque aux six collègues que les électeurs lui ont donnés. Il a, certes, beaucoup à faire quand la même députation renferme M. Renouard, renégat de la cause nationale, et M. Rouillé-de-Fontaine, ancien membre des trois cents de M. Villèle, et qui n'a point dégénéré de ses précédens ministériels. MM. Caumartin, Estancelin et Massey, avaient donné leur mesure dans la session dernière, M. Harlé, homme nouveau, a préféré l'exemple de ces Messieurs à celui de M. Gauthier, et il s'est annulé aussi complétement que ses collègues du juste-milieu.

Le département de la Somme est redevenu ce qu'il était sous les plus désastreuses années de la Restauration. En 1827 et 1829, il paraissait prêt à sortir de l'ornière; mais, depuis Juillet, il y est retombé plus profondément que jamais. Les patriotes de ce département ont beaucoup à faire pour y contrebalancer les funestes influences qui le pervertissent.

CAUMARTIN. A.

M. Caumartin, qu'on pouvait croire indécis à la chambre dernière, s'est montré, dans celle-ci, homme du juste-milieu, votant constamment pour le ministère.

Il est membre du conseil-général de la Somme.

ESTANCELIN. A.

Quand M. de Tracy a présenté sa philanthropique proposition sur les colonies, M. Estancelin l'a vivement combattue. Il accorda, d'enthousiasme, les 5 millions de dépenses mystérieuses dont M. Périer avait besoin pour sa police (19 octobre 1831). Plus tard, il a repoussé toutes les économies, et notamment celles qu'on voulait faire sur l'administration des Haras (27 février 1832).

Quoiqu'élu après Juillet, pour la première fois, et sous des inspirations qu'on devrait croire de liberté, M. Estancelin est plus près de la Légitimité que du juste-milieu. Il a constamment voté pour le ministère.

Il est membre du conseil-général de la Seine-Inférieure.

GAUTHIER DE RUMILLY. N.

La carrière politique n'est pas nouvelle pour M. Gauthier de Rumilly. Dès les premières années de la Restauration, il consacrait son éloquence d'avocat à la défense des causes libérales, et il plaida plusieurs fois pour le *Censeur Européen*, dont M. Ch. Comte, autre député patriote, était alors le rédacteur en chef. La Révolution de Juillet avait ranimé toutes les anciennes espérances de gloire et d'indépendance nationales; mais en présence des hommes qui ont exploité cette révolution, c'était un devoir de patriotisme de M. Gauthier de les combattre; et il a rempli ce devoir avec le talent et la vigueur dont il avait jadis fait preuve. Dans la discussion de l'Adresse, il appuya vivement l'amendement que le vénérable Lafayette présentait en faveur de l'Italie (15 août 1831), et se classa tout d'abord parmi les adversaires les plus redoutables du 13 Mars. Il refusa au ministère les 5 millions de dépenses mystérieuses de police (21 octobre 1831); et son discours pour une liste civile, simple et modeste comme doit l'être la royauté bourgeoise de Louis-Philippe, est un des plus patriotiques et sans contredit le plus spirituel qu'ait produits cette discussion (5 janvier 1832). Il y fit justice de la singulière économie politique de l'aîné des Dupin, et de la statistique non moins singulière de son honorable frère.

Il a défendu avec autant de bonheur les principes de notre Révolution, contre l'inconcevable discours de M. d'Harcourt, notre ambassadeur à Constantinople, qui se disculpait de ne point résider, en venant insulter la France à la tribune nationale (9 mars 1832). Dans une autre occasion à-peu-près pareille, M. Gauthier avait déjà combattu la froide atrocité de M. Sébastiani, osant dire, sans la moindre émotion, sur le tombeau de la Pologne : « L'ordre règne à Varsovie » (16 septembre 1832).

Dans la discussion sur les légionnaires des Cent-Jours, M. Gauthier a défendu les prérogatives et les droits de la chambre contre les prétentions de l'arbitraire ministériel, comme il avait défendu la cause des peuples contre la diplomatie (16 septembre, 29 décembre 1831).

Il a voté constamment contre le ministère.

HARLÉ DE LA SOMME. N.

On peut, sans lui faire injure, confondre M. Harlé (de la Somme) avec ses homonymes (du Pas-de-Calais). Il est tout aussi ministériel qu'ils peuvent l'être, et ses votes sont tout aussi déplorables que les leurs. Aussi obscur que MM. Harlé père et fils, il siège comme eux aux centres, et le juste-milieu n'a pas d'adhérent plus muet ni plus fidèle.

Il a voté constamment pour le ministère.

MASSEY. A.

Dès la session dernière, M. Massey était homme du milieu et ministériel : il n'a pas cessé de l'être en 1831. Il a constamment voté pour le ministère.

M. Massey, négociant, est membre du conseil-général de la Somme.

RENOUARD. N.

Sans la Révolution de Juillet, M. Renouard ne serait rien; c'est par elle qu'il a pu devenir d'abord conseiller-d'État, puis secrétaire-général du ministère de la justice sous M° Barthe. En véritable enfant de la doctrine, M. Renouard n'a pu manquer de se montrer ingrat, de renier, comme son patron, les principes qui avaient animé sa jeunesse, et par lesquels une fortune lui avait été faite. Il a repoussé l'amendement que M. Cormenin voulait introduire dans l'Adresse en faveur du peuple (13 août 1831). Puis, comme le dévouement au ministère va fort bien de pair avec la haine pour le peuple, M. Renouard est venu défendre la conduite scandaleuse du premier ministre dans la séance du 15 août (16 août 1831). Il a voté dans l'Adresse pour tous les amendemens ministériels, et a repoussé tous les amendemens en faveur de la Pologne, de l'Italie, de la Belgique, etc. Quand la chambre a autorisé des poursuites judiciaires contre M. Gaëtan de Larochefoucault, M. Marchal, choqué de ce que l'adversaire de M. le marquis était nommé *sieur*, tandis que le marquis gardait son titre pompeux, demanda que le marquis, comme le citoyen qui l'actionnait, fût simplement nommé *sieur*. Le bon sens de la chambre approuva la demande de M. Marchal; mais M. Renouard en fut scandalisé (19 août 1831).

Il défendit avec acharnement, sur tous les chapitres particuliers, toutes les prodigalités du ministère de la justice. A l'exemple de son patron, et avec autant de convenance que lui, M. Renouard, jeune débutant dans la carrière, a voulu faire une leçon de discrétion au vénérable Dupont (de l'Eure) (10 février 1832). Écho fidèle de M⁰ Barthe, il a prétendu que l'ancien ministre de la justice venait révéler les secrets de l'État, parce qu'il apprenait à la chambre que le traitement des conseillers d'État, selon une décision prise en conseil, devait être réduit de 15 à 12,000 fr. Ce secret prétendu était imprimé tout au long dans le budget de 1830, de l'autorisation même du conseil des ministres. M. Renouard a découvert, et il est venu le dire à la tribune pour que personne n'en ignorât, que tous les Français, sans exception, sont royalistes et constitutionnels (30 juillet 1832.)

Il a constamment voté pour le ministère; c'est un déserteur de la cause nationale.

ROUILLÉ DE FONTAINE. A.

M. Rouillé, membre des trois cents sous M. de Villèle, membre des trois cents sous M. Périer, résume, à douze ans de distance, toutes les vertus des majorités ministérielles. Il serait difficile de trouver à la chambre une conscience qui ait à se reprocher plus de lois désastreuses que celle-là. Il a retrouvé, pour le dernier président du conseil, toute la frénésie du zèle qui l'anima jadis pour le président gascon. Dans la scène scandaleuse que M. Périer fit à la chambre, le 15 août 1831, voulant parler même après la clôture, M. Rouillé fut un des fidèles du centre qui ne rougirent pas de défendre la conduite maniaque de M. Périer (16 août 1831). Les prérogatives de la chambre déplaisent fort, à ce qu'il paraît, à son génie indépendant. Lorsque M. Boissy-d'Anglas fit sa proposition en faveur des légionnaires des cent jours, M. Rouillé jeta feu et flamme : c'était presqu'à ses yeux un crime de lèse-majesté que de prendre l'initiative dans cette question (16 septembre 1831). Dans la discussion de la pairie, il demanda le vote secret sur la question de l'hérédité. M. Rouillé voulait mettre les consciences à l'aise (10 octobre 1831). Le système des candidatures ne lui parut guères moins répréhensible que le vote public, et il combattit avec acharnement toutes les propositions des patriotes (14 octobre 1831). Après avoir nié à la chambre le droit de prononcer sur les promotions des cent jours, il lui nia plus déraisonnablement encore le droit de savoir ce qu'elle faisait en votant la liste civile. Il s'opposa de toutes ses forces à ce que le ministère donnât communication des renseignemens demandés par M. Lherbette (2 janvier 1832). Malgré sa tendance légitimiste, M. Rouillé a constamment voté pour le ministère.

Il est membre du conseil-général de la Somme.

TARN.

Ce département nomme cinq députés.

MM. Alby, 2ᵉ arrondissement de Castres.—Bermond, id. de Gaillac.— Daguilhon-Pujol, id. de Lavaur.— Falgayrac, id. d'Alby.—De Falguerolles, 3ᵉ id. de Castres.

La députation du Tarn ne compte pas un seul patriote vraiment énergique. MM. Alby et Falgayrac se sont senti, de temps à autre, quelques velléités d'opposition. MM. Bermond et Falguerolles se disputent de dévouement ministériel et d'aveuglement politique. Quant à M. Daguilhon-Pujol, il est à croire que, sans les liens de fonctions lucratives qui l'attachent au 13 Mars, sa conscience le porterait sur les principes de liberté; mais c'est une faiblesse que de rester, comme il le fait, dans un camp dont tout lui fait un devoir de sortir.

Le département du Tarn est resté, après Juillet, ce qu'il a toujours été durant la Restauration, cédant complètement aux influences ministérielles. Les patriotes doivent faire tous leurs efforts pour le tirer enfin de cette triste ornière.

ALBY. N.

M. Alby fait quelquefois de l'opposition dans ses discours,

mais il se garde d'en faire souvent dans ses votes. Il a voté avec les patriotes contre l'ordre du jour motivé de M. Ganneron (22 septembre), le jour même de son admission, mais il n'a point protesté avec eux contre la fournée illégale des 36 pairs (23 novembre), ni contre l'insultante dénomination de *sujets* (7 janvier 1832). Les questions de finances paraissent surtout plaire à M. Alby; il a fait sur ces matières quelques propositions assez louables, mais qui n'ont point eu de succès. Il a proposé une réduction sur le traitement des receveurs-généraux (28, 29 septembre 1831). Il a présenté un projet de loi pour assujétir à un droit de timbre la négociation des effets publics (13 décembre). Dans la discussion du budget, il soumit aux méditations des financiers de la chambre, un système tout entier de comptabilité pour le Trésor (19 janvier 1832), et, ce qui nous paraît mieux, il a indiqué de larges réductions immédiatement réalisables.

Nous ne pouvons point classer M. Alby parmi les patriotes, et nous pourrions plutôt le mettre parmi les ministériels.

BERMOND. A.

M. Bermond, ancien membre des cinq-cents, a complétement trompé les espérances qui l'avaient appelé à la chambre. C'est un homme du milieu, votant, comme tous les muets des centres, constamment pour le ministère.

M. Bermond est membre du conseil-général du Tarn.

DAGUILHON-PUJOL. N.

Attaché au ministère par une place d'avocat-général à Toulouse, M. Daguilhon-Pujol penche du fond de son cœur vers l'opposition, mais il n'a point osé voter constamment avec elle.

FALGAYRAC. N.

M. Falgayrac n'aime pas les économies, et il a même combattu celles que la chambre a faites sur les secrétaires-généraux de préfecture (2 mars 1832). Il n'a point toujours voté pour le ministère; mais nous ne pouvons le classer parmi les patriotes dévoués et constans. Nous le croyons à-peu-près aussi loin de l'opposition que du système du 13 Mars.

Il est conseiller de préfecture du département du Tarn.

FALGUEROLLES. A.

M. Falguerolles, qu'on peut soupçonner sans injustice d'avoir été vivement attaché à la dynastie déchue, vote aujourd'hui pour le ministère du 13 Mars. Ses discours sur la loi de recrutement, et surtout sur le budget, annoncent, pour le système du juste-milieu et des abus, un dévouement tel, que les centres en offrent peu de pareils. M. Falguerolles abandonna généreusement, et les yeux fermés, notre sang et notre argent à la loyauté et à la capacité plus que douteuse du premier ministre (8 novembre 1831, 20 janvier 1832). Il s'est opposé avec ardeur à la révision des pensions (2 février 1832). Et cependant, dans ses professions de foi, dans ses lettres aux électeurs, M. Falguerolles a vanté sa passion des économies, et son ardent amour pour le peuple. Il pousse même si loin cette dernière passion, qu'il ne veut pas réduire d'un centime les impôts qui pèsent sur les boissons (14 janvier 1832), et qu'il s'oppose de toutes ses forces à la réduction du prix du pain, en repoussant la liberté du commerce des grains (30 mars 1832, 3 octobre 1831). Ainsi, M. Falguerolles aime si prodigieusement le peuple, qu'il veut le prendre par famine. Il apporte du moins, dans son inimitié, une franchise que n'y mettent point tous ses amis ministériels. Il est légitimiste : il ne s'en cache pas, et paraît même en tirer vanité. C'est un beau courage assurément, mais nous regrettons que les électeurs lui aient donné la possibilité d'en faire usage à la chambre. Ce n'est point là la place de M. Falguerolles, ni pour les capacités, ni pour les opinions politiques. Malgré son attachement pour Holy-Rood, il a constamment voté pour le ministère.

Il est membre du conseil-général du Tarn.

TARN-ET-GARONNE.

Ce département nomme quatre députés.

MM. Boudet, arrondissement de Caussade. — Duprat, id. de Moissac. — Faure-Dère, id. de Castel-Sarrazin. — Debia, remplaçant M. Thierry-Poux, id. de Montauban.

Sans M. Duprat, la députation tout entière du Tarn-et-Garonne serait acquise aux patriotes. Il serait impossible de trouver dans l'opposition.des hommes plus énergiques et plus dévoués que MM. Boudet et Faure-Dère. Quant à M. Thierry-Poux, l'ardeur de son patriotisme ne lui a point permis de rester à la chambre jusqu'à la fin de la session : il aurait craint de se rendre complice de la désastreuse majorité qui soutient le 13 Mars. Nous regrettons qu'une voix aussi chaleureuse que la sienne ne puisse parler dans l'enceinte parlementaire. La cause nationale n'a pas trop de tous ses défenseurs. Nous espérons que M. Debia, son successeur, votera pour l'opposition.

Le département de Tarn-et-Garonne n'avait eu, à aucune époque, de députation aussi remarquable que celle qu'il possède aujourd'hui.

BOUDET. N.

M. Boudet se distingue parmi les jeunes patriotes dont les dernières élections ont doté l'opposition, par la constance de ses votes, toujours acquis aux intérêts populaires. Il a paru à la tribune pour rectifier une assertion hasardée, sinon mensongère, de M. le président du conseil (2 mars 1832). Pour mettre sa responsabilité à couvert, M. le premier ministre, qui, malgré toute son apparente fermeté, cherchait toujours à se débarrasser du fardeau, ou tout au moins à le partager, voulait rendre l'opposition et la France presqu'entière, solidaires du choix qu'il avait fait jadis de M. Dumolart pour préfet. Le département de Tarn-et-Garonne, qui avait été régi quelque temps par cet intègre administrateur, n'avait pas l'heureuse inexpérience de M. le premier ministre. Loin de là, la députation de Tarn-et-Garonne fut chargée d'éclairer la conscience du président du conseil; mais c'était peine perdue : M. Dumolart fut nommé, au grand profit, comme chacun sait, de son nouveau département; et M. Périer, parce qu'il s'applaudissait de son choix, crut que tout le monde devait l'approuver comme lui.

M. Boudet a voulu lui rappeler qu'il se trompait, ou abusait étrangement la chambre.

Il a voté constamment contre le ministère.

A son retour à Caussade, M. Boudet a été accueilli par la population, et par la garde nationale, qui lui ont donné une brillante sérénade pour récompense de sa conduite parlementaire.

Baron DUPRAT. N.

Malgré sa tendance légitimiste, M. Duprat a constamment voté pour le ministère.

FAURE-DÈRE. N.

M. Faure-Dère, comme tous les patriotes, a constamment voté contre le ministère. Dans la discussion sur les événements de Lyon, il a rappelé énergiquement au président du conseil quels avertissemens lui avaient été donnés sur la capacité de M. Bouvier-Dumolart.

THIERRY-POUX. N.

« Voulant répudier toute solidarité avec une majorité qui se
« rend complice du système désastreux et des actes déplora-
« bles d'un ministère anti-national, je donne ma démission de
« député. »

« Je suis, M. le président, avec tous les sentimens qui vous
« sont dûs *(Rire général)*, »

Votre. . . . . .
Signé Thierry-Poux.

Montauban 23 février 1832.

Voilà dans quels termes M. Thierry-Poux envoyait sa démission le 28 février 1832. La majorité se prit à rire, non pas de la lettre qui n'était rien moins que plaisante, mais des sentimens que M. Thierry devait avoir à l'égard de M. le président Girod (de l'Ain). La sentence prononcée par M. Thierry est sanctionnée par la France entière; elle l'est par la conscience même des accusés. M. Thierry est un de ces hommes que les électeurs retrouveront quand les circonstances demanderont, dans leurs mandataires, énergie et inébranlable courage. Sa place sera marquée alors parmi les plus ardents et les plus dévoués.

M. Thierry-Poux est maire de Montauban, et membre du conseil-général de Tarn-et-Garonne.

VAR.

Ce département nomme cinq députés.

MM. Bernard, 2ᵉ *arrondissement de Toulon. — Courmes, id. de Grasse. — Portalis,* 1ᵉʳ *id. de Toulon. — Poulle (Emmanuel), id. de Draguignan. — Rimbaud, id. de Brignolles.*

La représentation du Var compte deux des membres les plus

distingués de la jeune opposition, MM. Joseph Bernard et Portalis, l'un portant un nom qu'il illustrera par des principes tout opposés à ceux qui d'abord le firent connaître; l'autre, quoique jeune, est déjà célèbre par des ouvrages remarquables, par des talens administratifs peu communs, et par un patriotisme qui ne lui a point permis de rester fonctionnaire sous un homme tel que M. Périer. Quant aux trois autres députés, tous trois hommes nouveaux, ils se sont faits les adhérens du juste-milieu. Leurs prédécesseurs n'eussent point agi autrement.

Quoi qu'il en soit, le département du Var est sorti, depuis Juillet, de l'ornière déplorable de ministérialisme où la Restauration l'avait tenu pendant 15 ans.

J. BERNARD. N.

Un des discours les plus remarquables sans contredit de toute la session, fut celui de M. Jos. Bernard sur les réformes du Code pénal (23 novembre 1831). Jamais l'humanité et l'intelligence, jamais la compassion pour les coupables, et la science de leur amélioration morale, ne furent poussées plus loin. Les électeurs du Var ont noblement réparé la brutale destitution de M. Jos. Bernard, et ont rendu au pays ces rares facultés dont le caprice du premier ministre allait le priver. Tout ce que nous souhaitons, c'est que l'âme philosophique et laborieuse de M. Bernard ne prenne point en dégoût ces tristes séances, sans dignité, sans conscience, sans résultats, qui l'ont si souvent affligé durant le cours de cette session. Il doit à la cause de la liberté et du progrès, de souffrir avec courage cette torture quotidienne. M. Joseph Bernard, en rendant compte à ses commettans de ses principes politiques, leur a aussi offert sa démission (28 avril 1832). Nous espérons que les électeurs de Toulon penseront, comme nous, que M. Bernard leur doit d'affronter encore pour eux les fatigues et les ennuis d'une session nouvelle.

M. Bernard a voté habituellement contre le ministère.

COURMES. N.

M. Courmes a voté constamment pour le ministère, tout comme l'eût fait son prédécesssur M. le baron Baron. Les électeurs n'ont rien gagné ni perdu au change. Il est membre du conseil-général du Var.

PORTALIS. N.

Tandis que M. Portalis, le pair de France, le ministre de Charles X, propose, au Luxembourg, le maintien d'une loi réactionnaire, dont le pays souffre depuis 15 ans, son jeune neveu demande l'abolition de l'anniversaire du 21 janvier (14 décembre 1831), que le vote de son oncle aura sans doute contribué à conserver. Il demande que la célébration du dimanche ne soit plus obligatoire (11 février 1832), tandis que son oncle craint de porter atteinte par le divorce à la loi religieuse.

Dans la discussion sur les réformes du Code pénal, M. Portalis a fait preuve de connaissances spéciales qui justifient la place éminente qu'il remplit déjà dans la magistrature (23 novembre 1831). Mais peut-être cette habitude de voir de si près le crime et le vice, lui en a-t-elle inspiré une trop profonde horreur. M. Portalis doit savoir que nos lois sociales ont fait plus de coupables que la nature, et que si, sur le siége du juge, il doit être inflexible, à la chambre, il est possible, il est convenable qu'il soit moins rigide et plus clément.

Le ministère, dont il n'attend et ne veut rien, a trouvé dans M. Portalis un adversaire aussi ardent qu'éclairé. L'ancien conspirateur du carbonarisme, M⁰ Barthe, n'a rien eu à lui répondre, quand il a attaqué, avec la colère d'un honnête homme, et l'expérience d'un esprit instruit, les infamies de la police (10 janvier 1832). M⁰ Barthe, silencieux sur son banc, écoutait ces terribles accusations : mais comme ici les dénégations menteuses, ou les pathétiques jongleries, n'étaient point de mise contre des faits positifs et notoires, il se renferma dans une prudente tranquillité : et tout ce qu'il fit fut sans doute de se promettre dans son cœur, que, tant qu'il serait garde-des-sceaux, M. Portalis pourrait renoncer à tout avancement dans la carrière qu'il a embrassée (9 février 1832).

M. Portalis a révélé à la chambre, et il est bon que la France le sache, que M. Mignet, l'archiviste si utile des affaires étrangères, non content des 24 mille francs de sa place, était logé aux frais de l'État, et qu'il partageait généreusement avec un conseiller-d'État (M. Thiers), un logement qui ne lui coûte rien (8 mars).

M. Portalis a constamment voté contre le ministère. Quelques jours après la clôture de la session, il a adressé à ses commettans un compte-rendu de sa conduite parlementaire, où la plus noble franchise se joignait au patriotisme le plus énergique. Nous souhaitons que tous ses collègues puissent suivre son exemple.

POULLE. N.

M. Poulle a parlé fréquemment dans la discussion sur les réformes du Code pénal (22 novembre, etc., 1831), et il a demandé une réduction de 547,000 fr. sur les Cours royales (10 février 1832). Il a soutenu du reste les prodigalités du budget, les pensions des chouans, etc., etc. Il a presque constamment voté pour le ministère. Ses velléités d'opposition sont fort rares, et se passent en paroles. Il est conseiller de préfecture du département du Var.

RIMBAUD. N.

M. Rimbaud avait triomphé de la concurrence ministérielle de M. Mignet. Les patriotes en avaient pu concevoir quelque espoir; mais M. Rimbaud a voté aussi mal qu'aurait pu le faire M. le conseiller-d'État archiviste du ministère des affaires étrangères. Il a constamment voté pour le ministère. Il est membre du conseil-général du Var.

VAUCLUSE.

Ce département nomme quatre députés.

MM. le marquis de Cambis-d'Orsan, arrondissement d'Avignon. — Laboissière, id. de Carpentras. — Meynard, id. d'Orange. — Pons, id d'Apt.

M. Laboissière doit être regardé à-peu-près comme l'unique patriote de la députation de Vaucluse, représentant, par une rare énergie, tout ce qui manque de ce côté à ses trois collègues. M. Pons, incertain et flottant, se rapproche quelquefois des amis de la cause nationale, et s'en sépare plus fréquemment. Quant à MM. Cambis et Meynard, leurs antécédens et leur élection, en 1831, prouvent assez qu'ils sont à la chambre pour le compte de la dynastie déchue. La Révolution de Juillet a exercé une heureuse influence sur le département de Vaucluse. Les élections de 1831 ont amené le premier patriote que Vaucluse puisse compter depuis dix-sept ans.

CAMBIS D'ORSAN. A.

M. Cambis est resté ce qu'il était en 1830, votant pour le ministère, malgré les affections légitimistes qui vivent fidèlement dans son cœur.

Il est membre du conseil-général de Vaucluse.

LABOISSIÈRE. N.

Qui connaît M. Laboissière, doit savoir que jamais la crainte n'approcha de son cœur, et que s'il est venu se plaindre à la tribune de la brutalité de quelques soldats de notre garde nationale, dans leurs répressions d'ordre public, certes ce n'était point qu'il en fût effrayé (20 septembre 1831) : mais, à l'époque de cette émeute prétendue, témoignage de sympathie pour nos frères de Pologne, et de désespoir pour leur désastre, M. Laboissière avait vu quelques citoyens-soldats, déshonorant par leur conduite la garde nationale, charger des groupes inoffensifs, le sabre ou le fusil au poing, frappant d'estoc et de taille des femmes, des vieillards, des gens sans défense, aussi héroïquement qu'auraient pu le faire les Suisses de Charles X, ou même les sergens de ville de M. Gisquet. M. Laboissière en fut indigné, comme un homme de courage devait l'être, et il ne cacha point toute l'horreur dont il avait été pénétré.

M. Laboissière a pris place à droite, parmi les représentans les plus énergiques de notre Révolution. Son vote contre le ministère a constamment accompagné les leurs.

MEYNARD. N.

C'est M. Meynard qui a demandé que les évêques et archevêques pussent être encore pairs de France, mêlant ainsi, sans lumières comme sans religion, le spirituel au temporel (15 octobre 1831). M. Meynard s'est encore opposé au bannissement de Charles X (16 novembre 1831). Il suffirait de ces deux votes pour montrer clairement à tous les yeux que M. Meynard est un légitimiste. Son élection, d'ailleurs, l'avait prouvé : il ne la dut qu'à l'intervention des carlistes. Il a fait un rapport sur une loi des douanes (26 mars 1832), et a proposé, pour l'impôt des boissons, un système peu remarquable et fort incomplet (14 janvier 1832).

M. Meynard a voté constamment pour le ministère.

Sous la Restauration, son caractère était si bien connu des gentillâtres de campagne qui faisaient avec lui des affaires de banque ou de commerce, qu'ils ne le nommaient point autrement que le *congréganiste protestant :* car il est bon qu'on sache que M. Meynard, qui soutenait les archevêques et les évêques, est protestant.

Auguste **PONS.** N.

M. Pons vote quelquefois avec l'opposition, et plus souvent contre elle. Il a voté pour l'ordre du jour motivé de M. Ganneron (22 septembre 1831), qui absolvait la diplomatie du ministère, tandis que les patriotes le repoussaient. Il a souffert sans protestation la fournée illégale des trente-six pairs (23 novembre). Mais il a protesté contre l'insultante dénomination de *sujets* (7 janvier 1832). M. Pons a proposé un amendement pour la révision des pensions. A tout prendre, nous croyons M. Pons plus près du juste-milieu que de l'opposition.

Il est membre du conseil-général de Vaucluse.

VENDÉE.

Ce département nomme cinq députés.

MM. Chaigneau, arrondissement de Fontenay. — Le comte Duchaffault, id. des Herbiers. — Luneau, id. des Sables. — Marchegay, id. de Luçon. — Perreau, id. de Bourbon-Vendée.

Le département de la Vendée a repoussé de sa députation les quatre ministériels qui le représentaient, nous ne savons trop comment, à la chambre de 1830. Il les a remplacés par quatre patriotes, dont deux avaient déjà fait leurs preuves dans des chambres précédentes, et dont les deux autres ont fait les leurs dans la session qui vient de finir. Le cinquième est M. Duchaffault, que sa conduite en Juillet et à la chambre de 1830 avait signalé à l'estime des amis du pays. Ainsi la représentation de la Vendée se trouve composée tout entière de patriotes sincères et énergiques. Elle occupe, en 1832, le premier rang du patriotisme parmi toutes les députations de France. La Vendée avait jadis occupé cette place, même sous la Restauration, pendant trois sessions consécutives, en 1821 et en 1822; c'était elle qui avait donné au pays l'éloquence de Manuel. Après Juillet, la Vendée a repris le poste que les violences et les déloyales manœuvres de la Restauration avaient pu seules lui enlever. Ceux qui connaissent le patriotisme des électeurs de la Vendée, ne doivent point être surpris d'un tel succès. La position même des patriotes, dans un pays que les intrigues d'Holy-Rood cherchent à soulever, leur fait une loi de s'unir et de s'entendre. La population de ces contrées a fait plus de progrès depuis vingt ans, que celle d'aucun autre département. Les Vendéens de 93 ont défendu en héros une cause qu'ils croyaient sacrée; mais cette cause est définitivement perdue, et ils se sont ralliés à la grande cause nationale avec toute l'ardeur et la bonne foi qu'ils avaient mises jadis à la combattre.

CHAIGNEAU. N.

La France a toujours pensé que les troubles de l'Ouest, et les effroyables attentats qui ont ensanglanté ces contrées, eussent été facilement étouffés, si le ministère avait mis plus de suite et de fermeté dans ses mesures de répression. Mais si l'on avait pu douter que la mollesse seule du pouvoir causât, non pas ces agitations de guerre civile, mais ces atroces guet-à-pens de brigands et d'assassins, il eût suffi de lire le discours que M. Chaigneau a prononcé le 22 octobre 1831. Il a demandé, mais en vain, que les pensions accordées aux chouans par la Restauration fussent supprimées (19 mars 1831) : la majorité a maintenu les pensions afin que des *chauffeurs*, des *assassins* de *grande route*, pussent vivre aux dépens de la nation. M. Chaigneau a pris place parmi les plus fermes soutiens de la cause nationale, et il n'est pas une seule mesure désastreuse du ministère-apostat qu'il n'ait repoussée de son vote énergique.

DUCHAFFAULT. A.

M. Duchaffault est toujours ce que l'a vu la session de 1830, partisan sincère des principes de Juillet, les défendant par ses votes, sinon de sa parole.

Il est membre du conseil-général de la Vendée.

LUNEAU. N.

M. Luneau s'est montré, comme il l'avait promis, le partisan des idées de liberté et d'honneur national, mais surtout des idées d'économie. De concert avec un autre jeune patriote, M. Eschasseriaux, il a proposé et fait adopter une réduction de 485,000 fr. sur les traitemens des archevêques et des évêques (5 février 1832). Il a été moins heureux contre le cumul des maréchaux : il demandait que ces officiers suprêmes de l'armée ne pussent joindre à leur traitement déjà énorme trois ou quatre autres traitemens non moins considérables (15 mars 1832). Ce fut un singulier spectacle que celui de M. le maréchal Soult, venant déclarer, avec une naïveté de cynisme vraiment surprenante, qu'on lui ôterait la vie plutôt que de l'empêcher de cumuler son traitement de maréchal et son traitement de ministre. M. Luneau, bien que sa proposition ait été repoussée, ne se rebuta pas, et en fit une autre à peu près du même genre, et non moins juste que la première. Il demanda la suppression des pensions des chouans, qui avaient été le salaire de voleurs et d'assassins (19 mars 1832). La majorité repoussa cette proposition, et M. Luneau obtint du moins cet avantage, que les orateurs du juste-milieu, et M. Thiers entre autres, vinssent publiquement confesser les sentimens d'affection conservés par la Quasi-Légitimité pour les anciens serviteurs de la Restauration.

M. Luneau a constamment voté contre le ministère.

MARCHEGAY. N.

Le patriotisme de M. Marchegay s'était déjà distingué sous les ministères Decazes, Villèle et Martignac. Le ministère Périer ne lui a pas paru moins dangereux que les trois autres, et il le combat avec la même énergie et la même constance.

PERREAU DUMAGNÉ. A.

M. Perreau a déjà siégé à la chambre des représentans, et à celles de 1818 à 1822. Il est venu reprendre, en 1831, la place qu'il occupait jadis dans l'opposition, et son patriotisme est aujourd'hui aussi énergique qu'il l'était il y a 17 ans. Il a soutenu la proposition de M. Boissy d'Anglas en faveur des légionnaires des Cent-Jours (15 septembre 1831).

Il a constamment voté contre le ministère. Il est membre du conseil-général de la Vendée.

VIENNE.

Ce département nommé cinq députés.

MM. Le général Demarçay, arrondissement de Civray. — Dupont-Minoret, id. de Poitiers. — Junyen, id. de Montmorillon. — Martineau, id. de Châtellerault. — Milori, id. de Loudun.

Le département de la Vienne a profité des élections de 1831 pour introduire un patriote de plus dans sa représentation. En 1830, il en possédait deux; aujourd'hui il en a trois. Il a gardé M. Junyen, bien digne, par ses antécédens, d'une pareille confiance. Il a remplacé M. Voyer-d'Argenson par un patriote non moins énergique, par M. Demarçay. Enfin il a appelé un homme nouveau, M. Milori, qui s'est montré à la hauteur de ses deux collègues. Nous ne savons pourquoi les électeurs ont fait grâce à M. Dupont-Minoret, remarquable encore plus, s'il est possible, par sa profonde insuffisance que par son aveugle attachement pour le juste-milieu. Enfin M. Martineau remplace, d'une façon déplorable, M. de Bois-Bertrand, et vote aussi mal que son prédécesseur carliste aurait pu le faire.

A aucune époque de la Restauration, la Vienne n'avait, à tout prendre, obtenu une députation aussi patriotique que celle qu'elle possède aujourd'hui.

Le général **DEMARÇAY**. A.

M. Demarçay s'abstient des discussions générales, qui ne valent point, à son avis, le temps qu'elles font perdre; mais il n'est point une seule question de détail qu'il n'éclaire par des connaissances pratiques. Il a fait une proposition de la plus haute importance, et qui pouvait avoir les plus heureux résultats, si la majorité ne l'eût pas misérablement mutilée. En place de ce monstrueux budget, où tout est entassé pêle-mêle, le général voulait un budget séparé pour chaque ministère, et, pour l'examiner, une commission spéciale composée de neuf membres. Une commission centrale eût réuni tous les élémens particuliers, et eût fait un rapport général appuyé sur les rapports spéciaux (10, 18 août 1832). De cette façon, soixante-douze députés, choisis parmi les plus instruits et les plus éclairés, eussent examiné et approfondi tous les détails de l'immense document. La proposition fut vivement combattue; mais, après l'avoir défendue avec un rare courage, le général vit le nombre de ses examinateurs réduit de soixante-douze à trente-six (26 août 1831). Ce fut encore un beau progrès qu'il fit faire à l'examen des comptes publics. La discussion de la liste civile et celle du budget offrirent à M. Demarçay l'occasion de réclamer plusieurs des économies dont le pays attendait la réalisation. Il combattit vivement pour que la liste civile fût réduite aux modestes proportions d'une royauté bourgeoise, et il repoussa la donation du splendide, mais bien inutile domaine de Versailles (16 janvier 1832). Il fut un des plus ardens à soutenir que les sommes précomptées depuis Juillet devaient faire retour au Trésor public, et il déclara énergiquement que les 18 millions annuels, abandonnés sans esprit de retour, n'étaient rien moins qu'une *concussion*.

Nommé membre de la commission d'enquête du déficit Kessner (1er février 1832), il pressa, autant qu'il dépendit de lui, ce rapport si long-temps attendu et si faible de M. Martin (du Nord). Dans la discussion du budget de la guerre, le général fit preuve des connaissances profondes et variées qu'il avait acquises sur la matière. Il proposa tout un système de réforme (12 mars 1832), qui aurait procuré ce double avantage, de rendre l'armée plus nationale et moins coûteuse. Lorsque M. le maréchal Soult montra ce prodigieux amour de son traitement de maréchal, M. Demarçay blâma vivement la conduite du ministre de la guerre, et démontra qu'elle n'était pas moins illégale qu'inconvenante (13 mars 1832).

M. Demarçay, qui sait fort bien, et qui a révélé à la tribune que notre armée compte à peine 300,000 hommes et non 500,000 hommes, comme on se plaît à le répéter, a soutenu le projet du général Lamarque pour la garde nationale mobile; et quand il fallut discuter l'informe projet du ministère sur le même objet, il tâcha du moins de l'améliorer, autant qu'il le put, par des amendemens et des articles additionnels (3 janvier 1832). Il a repoussé, avec une énergie toute patriotique, la comparaison que M. le général Bugeaud se permit entre le peuple de Juillet combattant contre les Suisses, et la garde nationale de Lyon combattant contre les *Canuts* (1er février 1832). M. le général Bugeaud, qui a donné de tristes échantillons de ses connaissances militaires à la tribune, en donnait là un non moins triste de la justesse de son esprit.

M. le général Demarçay a rempli, à la chambre, avec un soin vraiment digne d'éloges, un office dont les patriotes et les gens impartiaux de toutes les opinions doivent lui savoir le meilleur gré. Il s'est fait le censeur, ou, pour mieux dire, le guide assidu de M. Girod (de l'Ain), qui ne comprenait rien à son métier de président, bien qu'il reçut, pour le savoir faire, 5,000 fr. par mois, à la charge du public. Il n'est point une seule des mille bévues, supercheries, ou manœuvres déloyales du président, que M. Demarçay ait laissé passer sans rectification ou sans blâme.

M. Demarçay a constamment voté contre le ministère.

Il est membre du conseil-général de la Vienne.

DUPONT-MINORET. A.

L'arrondissement de Poitiers a tenu à garder, pour député, le marguillier de sa *Notre-Dame*. Car il faut qu'on sache que M. Minoret est marguillier de Notre-Dame de Poitiers. Il est, de plus, chevalier de la Légion-d'Honneur depuis le mois de mai 1831, apparemment parce qu'il porte comme il faut la bannière. Ce sont là de nobles services parlementaires aux yeux du premier ministre, car il n'a que ceux-là à récompenser dans M. Minoret. M. Dupont a constamment voté pour le ministère.

Il est membre du conseil-général de la Vienne.

A son retour à Poitiers, M. Minoret a reçu deux bruyans charivaris.

JUNYEN. A.

M. Junyen est toujours l'homme qui, choisi par ses compatriotes pour les réprésenter à la chambre, se hâtait de donner sa démission de sous-préfet, persuadé que l'indépendance du législateur s'accordait mal avec l'obéissance et le salaire du fonctionnaire. Les votes de M. Junyen ont été, comme en 1831, constamment acquis aux principes de liberté et de patriotisme.

Il est membre du conseil-général de la Vienne.

MILORI. N.

M. Milori doit compter parmi les patriotes les plus distingués de la chambre. Ses votes se sont toujours confondus avec ceux des amis les plus énergiques de la liberté.

Il a voté constamment contre le ministère.

MARTINEAU. N.

La profession de foi de M. Martineau semblait promettre monts et merveilles. C'était un patriote de 91, un volontaire de la République venant défendre législativement la liberté, à la fin de sa carrière, comme il l'avait défendue à son début sur les champs de bataille. Riche d'une belle fortune, il n'avait rien à demander au gouvernement : *sans enfans*, il n'avait point à solliciter pour sa descendance ; et poussant même la précaution plus loin, il déclarait généreusement qu'il ne solliciterait pas pour ses parens. Nous ne pouvons point affirmer que M. Martineau ait manqué au stoïcisme de ses promesses par des sollicitations ministérielles, mais nous pouvons dire qu'il a constamment appuyé le ministère, et s'est fait le partisan du 13 Mars, absolument comme s'il en attendait quelque chose, et comme s'il n'eût point jadis porté les armes pour la République.

VIENNE (HAUTE.)

Ce département nomme cinq députés.

MM. Aventurier (Philibert), 1er arrondissement de Limoges. — Gay-Lussac, 2e id. de Limoges. — Pouliot (mort), id. de Saint-Junien. — Resnier, id. de Bellac. — Sulpicy, id. de Saint-Yrieix.

M. Resnier est l'unique patriote du département de la Haute-Vienne, et il doit être regardé comme l'un des plus énergiques défenseurs de la liberté à la chambre. M. Sulpicy s'est rapproché de l'opposition. M. Gay-Lussac est un peu plus près du ministère. Quant à MM. Aventurier et Pouliot, ils se sont donnés au juste-milieu, sans éprouver le moindre remords, ou la moindre velléité de changement. Le département de la Vienne a renouvelé toute sa députation ; mais les électeurs n'ont pas eu en général la main heureuse. Cependant, à tout prendre, la députation actuelle est la plus patriotique que jamais la Haute-Vienne ait envoyée au Palais-Bourbon.

AVENTURIER. N.

M. Aventurier est un homme du juste-milieu, muet comme la plupart de ses semblables, et soutenant, comme eux, les hommes du 13 Mars, et votant constamment pour ce ministère.

Il a reçu, après la session, un bruyant charivari.

GAY-LUSSAC. N.

M. Gay-Lussac a voté pour l'ordre du jour motivé de M. Ganneron, qui absolvait la diplomatie du ministère (22 septembre 1831). Il a souffert sans protestation la fournée illégale des 36 pairs (23 novembre); mais il s'est ensuite rapproché des patriotes, et il a protesté avec eux contre l'insultante dénomination de *sujets* (7 janvier 1832). Nous ne savons si ce vote annonce un retour de patriotisme, mais nous ne saurions nous empêcher de souhaiter que M. Gay-Lussac fût, comme député, ce qu'il est comme savant. Il a presque constamment voté pour le ministère.

POULIOT. N.

M. Pouliot, médecin, a voté constamment pour le ministère. Il est mort à Paris, le 15 mai 1832, du choléra-morbus.

RESNIER. N.

M. Resnier doit compter parmi les membres les plus énergiques de l'opposition. Le ministère du 13 Mars n'a pas d'adversaire plus décidé. Il a constamment voté contre lui.

SULPICY. N.

Après avoir voté, comme M. Gay-Lussac, pour l'ordre du jour motivé de M. Ganneron (22 septembre 1831), et souffert sans protestation la fournée illégale des 36 pairs (23 novembre), M. Sulpicy a protesté, comme son collègue, contre l'insultante dénomination de *sujets* (7 janvier 1832). M. Sulpicy se décidera sans doute à être désormais un fidèle compagnon des patriotes. Il a, du reste, voté beaucoup plus souvent avec eux que pour le ministère.

VOSGES.

Ce département nomme cinq députés.

MM. Bresson, arrondissement de Remiremont. — Gauguier, id. de Neufchâteau. — Gouvernel, id. de Mirecourt. — Jacqueminot, id. d'Épinal. — Vaulot, id. de Saint-Dié.

Le département des Vosges, si patriote sous la Restauration, n'a pas pu envoyer à la chambre, depuis Juillet, un seul représentant digne de lui. M. Jacqueminot, attaché au ministère par sa position, vote toujours en sa faveur. M. Vaulot, connu par de fâcheux antécédens en 1830, n'est pas moins partisan que M. Jacqueminot du juste-milieu. Quant aux trois députés nouveaux, ils votent aussi mal que leurs prédécesseurs auraient pu le faire. La députation actuelle des Vosges est, après la députation de la Marne, celle qui a le moins de patriotisme de toute la France.

BRESSON. N.

Si M. Bresson n'aime pas le monopole du tabac qu'il a attaqué (8 octobre 1831), il aime du moins beaucoup le système du 13 Mars et le juste-milieu, car il vote constamment en leur faveur.

GAUGUIER. N.

M. Gauguier a la main très facile, quand il s'agit des trésors de l'État. Si le ministère demande 18 millions pour travaux publics, M. Gauguier proposera de lui accorder 300 millions pour refaire au plus vite nos routes. La plaisanterie eût été fort bonne, si c'en eût été une, mais M. Gauguier parlait avec le plus grand sérieux du monde; et la preuve, c'est qu'il indiquait déjà l'emploi de ces 300 millions, et qu'il en voulait consacrer le tiers à la construction de chemins vicinaux *en pente douce*. Il paraît que les pentes douces sont fort chères; et l'on pourrait parier à coup sûr que le chemin vicinal qui conduit aux propriétés de M. Gauguier traverse une pente fort rude à monter. Il s'est décidé plus tard, mais non sans hésitation, à lancer quelques mots contre l'amortissement (23, 25 janvier 1832). Sur la fin de la session, M. Gauguier, dégoûté sans doute de la majorité avec laquelle il votait, songeant peut-être aussi, comme il le disait à ses collègues, que le temps s'approchait, où les députés allaient reparaître devant leurs commettans, proposa et soutint avec une louable énergie, quoique tardivement, un amendement pour une réduction proportionnelle sur les traitemens des fonctionnaires publics (11 avril 1832). Si M. Gauguier est venu à résipiscence, nous l'en félicitons sincèrement, et nous souhaitons que sa résolution de patriotisme tienne encore dans les sessions prochaines : mais dans celle-ci, il a constamment voté pour le ministère. M. Gauguier, maître de forges, est membre du conseil-général des Vosges.

GOUVERNEL. N.

Nous ne savons pourquoi M. Gouvernel a été préféré à M. Boulay de la Meurthe fils. En tout cas, les électeurs de Mirecourt ne peuvent point se flatter d'avoir été représentés. La session était à peine ouverte, que M. Gouvernel quittait la chambre pour n'y plus reparaître. La première qualité dans un député, et la plus indispensable, est au moins la résidence. Cette fugue de M. Gouvernel est une énigme dont il devra donner le mot à ses commettans. Nous ne nous hasarderons pas à le deviner.

M. Gouvernel, maître de forges, est membre du conseil-général des Vosges.

JACQUEMINOT. A.

Comme nous l'avions bien prévu, M. Jacqueminot s'est enfin donné au juste-milieu. Il vote constamment avec le ministère du 13 Mars. A la chambre, son rôle s'est à peu près borné à venir défendre la garde nationale de Paris, et à en faire un pompeux éloge. Dans la discussion relative aux embrigademens de faux ouvriers par la police, M. Jacqueminot, comme chef d'état-major de M. Mouton, s'est donné la peine de lire des rapports fort longs et fort peu intéressans, sur la conduite de la garde bourgeoise au 14 juillet 1831. Il vanta, comme un chef rempli de sollicitude, l'héroïsme et les dangers des soldats qu'il est chargé de diriger (22 septembre 1831). Il parla surtout des blessés que la garde bourgeoise avait eus dans ses rangs, mais il ne dit mot des blessés qu'elle avait faits; ce qui n'était cependant que stricte justice. Dans une autre occasion, il vint disculper le pouvoir d'avoir excité les soldats contre les citoyens, et défendit M. Mouton en sa qualité de chef d'état-major (1er février 1832). Du reste, M. Jacqueminot a constamment voté pour le ministère.

VAULOT. A.

La conduite ministérielle de M. Vaulot, en 1830, devait le faire bannir de la chambre de 1831; mais les électeurs l'ont renommé à leurs risques et périls, et il les représente en votant avec constance pour le juste-milieu.

Il est membre du conseil-général des Vosges.

YONNE.

Ce département nomme cinq députés.

MM. Bellaigue, arrondissement de Sens. — Finot, id. d'Avallon. — Larabit, id. d'Auxerre. — Noël-Desvergers, id. de Tonnerre. — Verrollot, id. de Joigny.

M. Larabit est à peu près le seul patriote de la députation de l'Yonne, et ce département, en renouvelant sa représentation entière, n'a pas été heureux dans le reste de ses choix. M. Verrollot a tout l'emportement de zèle qu'aurait eu M. Jacquinot-Pampelune, député sortant. M. Bellaigue, qui avait paru quelque temps incliner vers l'opposition, s'en est séparé dans une occasion solennelle. Quant à MM. Finot et Noël-Desvergers, leur dévouement, bien que moins bruyant que celui de M. Verrollot, n'en est pas moins constant.

Le département de l'Yonne est resté, après Juillet, si l'on en juge par sa députation, aussi peu patriote qu'il l'était sous la Restauration.

BELLAIGUE. N.

De compagnie avec MM. Jollivet et Aroux, M. Bellaigue fit une contre-protestation à la protestation des patriotes contre l'insultante dénomination de *sujets* (Voir le *Courrier-Français* du 10 janvier 1832). Il avait jadis repoussé, avec les patriotes, l'ordre du jour motivé de M. Ganneron, qui absolvait la diplomatie du ministère (22 septembre 1831); mais il les avait abandonnés dans leur projet d'adresse contre la fournée illégale des trente-six pairs (23 novembre 1831). Il a demandé l'annulation des rentes rachetées (26 janvier 1832), et une assez forte augmentation pour l'instruction primaire. M. Bellaigue, qui doit passer pour un homme sans conviction bien arrêtée, est, à tout prendre, moins près du ministère que de l'opposition. Il doit être classé parmi les incertains.

FINOT. N.

M. Finot, médecin, a constamment voté pour le ministère. Il est membre du conseil-général de l'Yonne.

LARABIT. N.

Sur toutes les questions militaires, M. Larabit a pris la parole avec les lumières et l'autorité d'un homme qui a pour lui l'expérience et la pratique. Dès la discussion de l'Adresse, il témoigna hautement sa désapprobation contre notre diplomatie ; les affaires de Belgique et de la malheureuse Pologne lui parurent à la fois une lâcheté et une déplorable erreur (10 août 1831). Il s'indigna surtout contre ce ministère qui souffrait l'intervention de la Prusse contre les Polonais ; et pensant dès lors, comme le général Lamarque, qu'il était nécessaire de préparer de longue main la nation à l'emploi des armes, il demanda la mobilisation de la garde nationale (13 août 1831.) Plus tard, lorsque le député des Landes fit sa proposition aussi patriotique que sage, M. Larabit la soutint avec vigueur (25 octobre 1831). Il combattit le projet que présentait le ministère sur l'avancement dans l'armée, sentant bien que ce projet n'avait d'autre but que de donner le change d'une manière assez peu honorable à l'ardeur et au courage de nos jeunes soldats (10 novembre 1831). Il défendit aussi les droits des légionnaires des Cent-Jours (15 septembre 1831).

Grand partisan des économies, M. Larabit proposa de réduire à un million les cinq millions de dépenses secrètes que M. Périer demandait pour sa police (21 octobre 1831). Dans la discussion du budget, M. Larabit déclara, avec une trop rare énergie, qu'il refusait le budget à un ministère qui ne lui inspirait pas la moindre confiance (20 janvier 1832).

Le ministère, violant le secret de ses cartons, a publié, par une scandaleuse déloyauté, deux ou trois lettres écrites, en 1817, par M. Larabit, croyant par là se venger de l'indépendance et de l'opposition du député patriote. Mais M. Larabit n'a rien perdu de l'estime des vrais amis de la liberté, et le ministère, pris à son propre piége, est tombé encore quelques degrés plus bas dans le mépris public.

M. Larabit a constamment voté contre le ministère.

NOËL-DESVERGERS. N.

M. Noël a constamment voté pour le ministère.

VERROLLOT. N.

Sans être un orateur, M. Verrollot s'est cependant signalé, par la vigueur de ses poumons, comme l'un des champions les plus puissans du 13 Mars. Il est rare qu'un orateur patriote prenne la parole sans que M. Verrollot ne l'interrompe par des interpellations forcenées. Avec un dévouement si bruyant, M. Verrollot ne pouvait s'empêcher d'en avoir un autre au moins aussi utile. Il vote constamment pour le 13 Mars.

M. Verrollot, marchand de bois, est membre du conseil-général des Vosges.

(22 **SEPTEMBRE** 1831.)

ORDRE DU JOUR MOTIVÉ DE M. GANNERON.

« La chambre déclare qu'elle est satisfaite des explications données par les ministres sur la situation extérieure, et qu'elle se confie à la sollicitude du ministère du soin de veiller à la dignité et aux intérêts de la France. »

Résultat du scrutin :
    Nombre des votans. . . . . 357.
    Pour l'adoption de l'ordre du jour motivé. 221.
    Contre. . . . . 136.
L'ordre du jour motivé est adopté.

Liste des députés qui ont voté contre l'ordre du jour motivé de M. Ganneron.

MM.
Alby.
Alcock.
Auguis.
Basterrèche.
Baudet-Dulary.
Bavoux.
Beauséjour.
Bellaigue.
Bérard.
Bernard (du Var).
Berthois.
Bertrand (général).
Beslay.
Bignon.
Blaque-Belair.
Blondeau.
Boudet.
Bousquet.
Bricqueville.
Brigode.
Brousse.
Cabanon.
Cabet.
Caminade-Chatenet.
Chaigneau.
Charamaule.
Charlemagne.
Clauzel (le Mar.)
Clerc-Lasalle.

MM.
Cogez.
Colomès.
Comte.
Cormenin.
Couderc.
Coulmann.
Couturier.
Daunou.
Deludre.
Demeufve.
Desaix.
Dubois (Loire-Inférieure).
Dubois (Ardèche).
Duboys (Aimé).
Ducayla.
Duchaffault.
Ducluzeau.
Ducoëdic.
Dupont (Eure).
Duris-Dufresne.
Eschassériaux.
Falgayrac.
Faure-Dère.
Faure (Hautes-Alpes).
Fiot.
Gallabert.
Gauthier de Rumilly.
Gavaret.
Genoux.

MM.
Girardin.
Girod Pouzol.
Grammont.
Gréa.
Guillemault.
Havin.
D'Hérambault.
Hernoux.
Joly.
Jouffroy.
Jousselin.
Junyen.
Kermorial.
Laboissière.
Lachèze, père.
Lachèze, fils.
Lafayette, père.
Lafayette, fils.
Laffitte (Jacques).
Lamarque.
Lapommeraye.
Larabit.
Las-Cases, fils.
Laurence.
Legendre.
Legrand.
Levaillant.
Loyer.
Luminais.
Luneau.
Marchegay.
Mauguin.
Mérilhou.
Milory.
Mornay (Ain).

MM.
Mornay (Oise).
Mosbourg.
Muntz.
Pagès.
Pelet (Haute-Garonne).
Perreau.
Podenas,
Poux (Thierry).
Raimbert-Sévin.
Réal (Félix).
Réalier-Dumas.
Reboul-Coste.
Renouvier.
Reynard.
Reynaud.
Reysnier.
Robert (Ardennes).
Robineau.
Rouger.
Salverte.
Sans.
Sémélé.
Senné.
Subervie.
Taillandier.
Tardieu.
Teyssère.
Teulon.
Thévenin.
Thiard.
Thouret.
Thouvenel.
Tracy.
Tueux.
Vidal.

Se sont abstenus de voter :

MM.
Allier.
Arago.
Audry de Puiraveau.
Bacot.
Barada.
Baudet-Lafarge.
Bernard (de Rennes).
Boyer-Peireleau.
Brosses.
Charpentier.
Demarçay.
Glais-Bizoin.
Gouve de Nunques.
Kœchlin.
Jollivet.

MM.
Laffitte (général).
Las-Cases, père.
Leyraud.
Marchal.
Odilon-Barrot.
Passy.
Perrin.
Picot-Désormeaux.
Pourrat.
Proust.
Teste.
Toupot de Bévaux.
Tribert.
Varsavaux.

(23 NOVEMBRE 1831.)

Noms des députés qui ont protesté contre les ordonnances du 19 novembre 1831.

MM.
Allier.
Arago.
Aroux.
Audry de Puiraveau.
Auguis.
Bacot.
Basterrèche.
Baudet-Dulary.
Baudet-Lafarge.
Bavoux.
Beauséjour.
Bernard (Var).
Berthois.
Bertrand.
Beslay, fils.
Bignon.
Blaque-Belair.
Boudet.
Bourqueney.
Bousquet.
Boyer-Peirelcau.
Bricqueville.
Brosse.
Brousses.
Cabanon.
Cabet.
Chaigneau.
Charamaule.
Charlemagne.
Charpentier.
Clauzel.
Clerc-Lasalle.
Colomès.
Corcelles.
Cormenin.
Deludre.
Demarçay.
Dubois (Loire Infér.)
Dubois (Ardèche).
Duchaffault.
Ducluzeau.
Dulong.
Dupont (Eure).
Duris Dufresne.
Enouf.
Eschassériaux.
Faure-Dère.
Fiot.

MM.
Gallabert.
Gauthier de Rumilly.
Gavaret.
Génot.
Genoux.
Girardin.
Girod-Pouzol.
Glais-Bizoin.
Grammont.
Gréa.
Guillemault.
Havin.
Hérambault.
Jolly.
Jousselin.
Junyen.
Kermorial.
Laboissière.
Lafayette (père).
Lafayette (fils).
Laffitte (Jacques).
Laguette-Mornay.
Lamarque.
Larabit.
Las-Cases, père.
Laurence.
Lenouvel.
Levaillant.
Luminais.
Luneau.
Marchal.
Mauguin.
Meilheurat.
Mérilhou.
Milory.
Muntz.
Nicod.
Odilon-Barrot.
Pagès.
Perreau.
Petit.
Petou.
Picot-Désormaux.
Podenas.
Portalis.
Pourrat.
Proust.
Raynaud.

MM.	MM.
Réal (Félix).	Subervie.
Reboul-Coste.	Taillandier.
Renouvier.	Tardieu.
Reysnier.	Teulon.
Robert.	Teysseire.
Robineau.	Thévenin.
Roger.	Thierry-Poux.
Rouger.	Thouret.
Sade.	Thouvenel.
Salverte.	Tracy.
Sans.	Tribert.
Saubat.	Vidal.
Senné.	Voyer-d'Argenson.

(7 **JANVIER** 1832.)

PROTESTATION

CONTRE LA DÉNOMINATION INCONSTITUTIONNELLE DE SUJETS.

« Les membres de la chambre des députés, qui ont assisté avec douleur aux deux séances des 4 et 5 janvier 1832, dans lesquelles les ministres du roi ont reproduit et essayé de justifier la double expression de *roi de France* et *sujets du roi*, attestée par le *Moniteur*, expressions qui ont été rayées de notre Charte de 1830, comme inconciliables avec le principe de la souveraineté nationale, se doivent à eux-mêmes et à leur pays de protester hautement contre les qualifications qui tendraient à dénaturer le nouveau droit public français; le président n'ayant pas mis aux voix la suppression de ces mots du procès-verbal, la chambre n'ayant pas voté sur cette suppression, ce qui tendrait à donner un caractère légal et parlementaire à la présente protestation, les soussignés ont recours à la seule voie qui leur soit ouverte, celle de la publicité, et déclarent protester, en présence de la France, contre la qualification dont les ministres se sont servis, et contre toutes les conséquences qu'on en pourrait tirer ultérieurement. »

Liste des députés qui ont protesté contre la dénomination inconstitutionnelle de sujets.

MM.	MM.
Accarier.	Arago.
Alcock.	Audry de Puiraveau.
Allier.	Auguis.

MM.
Bacot.
Basterrèche.
Baudet-Dulary.
Baudet-Lafarge.
Bavoux.
Beauséjour.
Bérard.
Bernard (de Rennes).
Bernard (Joseph).
Berthois.
Bertrand (général).
Beslay, fils.
Bignon.
Blaque-Belair.
Boudet.
Bousquet.
Boyer-Peireleau.
Bricqueville.
Brigode.
Brosse.
Bryas.
Cabanon.
Cabet.
Chaigneau.
Charamaule.
Charpentier.
Clauzel (le Mar.)
Clerc-Lasalle.
Cogez.
Colin.
Colomès.
Comte (Charles).
Corcelles.
Cordier.
Cormenin.
Couderc.
Coulmann.
Couturier.
Daunou.
Deludre.
Demarçay.
Desaix.
Duboys-Aimé.
Dubois (Ardèche).
Dubois (Loire Inf.).
Duchaffault.
Ducluzeau.
Dulong.
Dumeylet.
Dupont (de l'Eure).
Duris-Dufresne.
Escanyé.
Eschassériaux.
Faure (Hautes-Alpes).
Faure-Dère.

MM.
Fiot.
Fleury (Calvados).
Gauthier de Rumilly.
Gauthier de Hauteserve.
Gavaret.
Gay-Lussac.
Génot.
Genoux.
Girardin.
Girod-Pouzol.
Glais-Bizoin.
Gouve de Nunques.
Grammont.
Gréa.
Guillemault.
Havin.
Hérambault.
Hernoux.
Joly.
Jousselin.
Junyen.
Kermorial.
Kœchlin.
Laboissière.
Lafayette (Georges).
Laffitte (Jacques).
Laffitte (le général).
Lamarque.
Lapommeraye.
Larabit.
Las-Cases père.
Laurence.
Lebastard de Kerguifinnec.
Legendre.
Legrand.
Lenouvel.
Levaillant.
Leyraud.
Lherbette.
Louis Basile.
Loyer.
Luneau.
Mallye.
Marchegay.
Marchal.
Mauguin.
Meilheurat.
Mercier (de l'Orne).
Mérilhou.
Milory.
Mornay-Laguette.
Mornay (de l'Oise).
Mosbourg.
Muntz.
Nicod.

MM.
Odilon-Barrot.
Pagès.
Pelet (le général).
Périn.
Perreau.
Petou.
Podenas.
Pons.
Portalis.
Poux-Thierry.
Proust.
Raynaud.
Réal (Félix).
Réalier-Dumas.
Renouvier.
Reynard.
Reysnier.
Robert.
Robineau.
Roger.
Sade.

MM.
Salverte.
Sans.
Saubat.
Sémélé.
Senné.
Subervie.
Sulpicy.
Taillandier.
Tardieu.
Teysseire.
Teulon.
Thévenin.
Thiard.
Thouret.
Thouvenel.
Toupot de Bévaux.
Tracy.
Tribert.
Vidal.
Voyer d'Argenson.

« Ma santé ne m'ayant pas encore permis d'assister aux séances d'hier et d'aujourd'hui, je prie mes collègues de vouloir bien recevoir mon adhésion à leur protestation contre deux expressions que je regarde comme attentatoires à la Révolution de Juillet.

« Paris, 5 janvier 1832.

« LAFAYETTE. »

MM. Admirault fils, Aroux, Bellaigue et Jollivet, qui avaient été portés comme signataires sur une liste supplémentaire, ont déclaré ne point adhérer à la protestation (Voir le *Courrier-Français* des 10 et 11 janvier 1832). M. Genoux a désavoué les conséquences tirées de cette protestation par le *National*.

(28 MAI 1832.)

COMPTE-RENDU

DES

DÉPUTÉS DE L'OPPOSITION.

(SESSION DE 1831.)

A NOS COMMETTANS.

Les députés soussignés, présens à Paris (1), convaincus des périls d'un système qui éloigne le gouvernement, de plus en plus, de la Révolution qui l'a créé, regardent, dans la situation actuelle de la France, comme le plus impérieux de leurs devoirs, de rendre compte à leurs commettans de leurs principes et de leurs votes. S'il n'a pas été en leur pouvoir de ramener le gouvernement aux conditions de sa propre conservation, il est du moins en leur pouvoir de signaler le danger.

Notre Révolution de 1830 a été diversement appréciée. Les uns n'y ont vu qu'un incident, qu'une modification de la Restauration, et ils en ont conclu que les hommes et les principes de la Restauration devaient être les principes et les hommes du gouvernement nouveau. L'influence de cette opinion s'est retrouvée dans toutes les phases de la longue et stérile session qui vient de s'accomplir. On l'a reconnue dans les débats sur la liste civile, sur l'hérédité de la pairie, sur l'organisation de l'armée; elle a présidé à la discussion du budget; elle dirige l'administration de l'empire, et règle son attitude vis-à-vis de l'étranger.

Les autres, et les soussignés sont de ce nombre, ont salué, dans la Révolution de Juillet, la consécration définitive des principes et des droits proclamés par la grande Révolution de 1789. Ces principes et ces droits, telle est la base large et puissante sur laquelle ils auraient voulu asseoir le trône. Leurs

(1) L'original du *compte-rendu* a été signé par 41 députés présens à Paris, et qui s'étaient réunis pour en discuter la rédaction.

discours et leurs votes ont été constamment la conséquence de cette pensée.

Ainsi, lors de la discussion de la liste civile, nous avons cru que la royauté nouvelle avait d'autres conditions de force et d'existence que le luxe et la corruption des vieilles monarchies ; que, forte de son origine populaire et de la raison publique, elle n'avait besoin ni de frapper les imaginations par son opulence, ni d'acheter des dévouemens ; dans la même discussion, et sur l'insistance du ministère à rétablir, dans notre langage et dans notre droit politique, l'expression féodale de *sujets*, nous avons dû protester.

Les débats sur la constitution de la pairie ont été un vaste champ où les partisans des doctrines du régime déchu ont fait connaître à la fois leurs désirs et leurs regrets. A les entendre, rien de plus sacré que les priviléges préexistans à la Révolution, et, suivant eux, point d'État, point de société possibles hors l'hérédité de la pairie. C'était une pensée de Restauration.

Quant à nous, fidèles au principe d'égalité et de souveraineté nationale, nous avons fait prévaloir le vœu de la France, et l'hérédité a été abolie.

Nous voulions plus : nous demandions que le pouvoir législatif, même dans l'autre chambre, dérivât d'une délégation du souverain, c'est-à-dire de la nation. Nous ne voulions pas que certains pairs pussent se dire plus légitimes que le roi. Il nous paraissait que la Révolution devait élire ses législateurs, comme elle aurait dû instituer ses juges. La majorité en a jugé autrement : le temps et l'expérience prononceront entre elle et nous.

L'armée a été l'objet de notre plus vive sollicitude. Réparer, pour le passé, les injustices de la Restauration ; la rendre, pour l'avenir, redoutable aux ennemis de la France, sans que la liberté intérieure en pût être menacée ; assurer l'avancement non à la faveur, mais aux services ; répandre l'instruction dans les régimens ; enfin, améliorer, sous tous les rapports, la condition du soldat, tel était notre but. La proposition de reconnaître les grades et les décorations des Cent-Jours satisfaisait au premier de ces vœux, et elle avait été adoptée par les deux chambres. Il appartenait à une mesure législative de consacrer une réparation qui n'était pas individuelle, mais collective. Sans donner ni refuser la sanction royale, le gouvernement a substitué une ordonnance à une mesure législative, méprisant ainsi l'initiative des chambres, violant les règles de compétence constitutionnelle, et même les formes matérielles établies pour le refus de la sanction. Nous avons dû protester.

Deux systèmes étaient présentés pour l'organisation de l'armée : l'un, qui demandait une puissante réserve, composée de la garde nationale et des soldats libérés du service, aurait permis de diminuer la force et les dépenses de l'armée permanente; l'autre, au contraire, laissait la garde nationale mobile sans organisation; il exigeait inutilement la présence sous le drapeau d'un plus grand nombre de soldats.

Le premier système, plus économique, plus favorable à la fusion de la garde nationale et de l'armée, était le nôtre. Le second a obtenu la majorité.

Le budget semblait devoir réunir toutes les opinions dans des vues d'économie et de soulagement des contribuables.

Les continuateurs de la Restauration ont trouvé toutes les dépenses légitimes, tous les impôts bien assis : et, comme si ce n'eût pas été assez de la loi douloureuse de la nécessité, ils se sont chargés, dans leurs insultantes théories, de faire considérer comme un bienfait l'exagération de l'impôt. Nous aurions voulu que la Révolution apportât sa dot au peuple. Loin de nous la pensée de compromettre des ressources que la défense du territoire peut rendre nécessaires; mais une administration plus économique et plus simple, une meilleure assiette de certains impôts, un mode de recouvrement moins tracassier, diminueraient le fardeau des charges publiques; elles en deviendraient plus équitables et moins pesantes pour les classes laborieuses.

Les questions d'administration intérieure nous ont aussi trouvés divisés. Autant, et plus que nos adversaires, nous voulions, nous demandions la répression de toutes les atteintes à l'ordre public. Convaincus que la sécurité est le premier besoin d'un peuple dont l'existence est dans le travail, nous pensions qu'un gouvernement populaire aurait eu plus de force pour prévenir les troubles, et plus de modération pour les réprimer. Le gouvernement, qui s'est proclamé si fort, n'a réussi par ses violences, selon son propre aveu, qu'à organiser la résistance sur tous les points du territoire, et à jeter dans les populations les plus dévouées des fermens d'irritation et de désordre.

Quant au personnel de l'administration, après la chute d'un gouvernement auquel il se rattachait naturellement un certain nombre d'existences, il était facile de reconnaître où se trouveraient les ennemis d'un nouvel ordre de choses. Le gouvernement, abusé par de funestes doctrines et par d'injustes préventions, n'a vu d'ennemis que dans ceux qui avaient combattu pour le fonder.

Un membre de l'Opposition a voulu que la France sût enfin si son gouvernement craindrait de se compromettre sans retour avec elle dans la Révolution de Juillet. La proposition Bricqueville, après avoir échoué une première fois, a été reproduite dans la dernière session. Elle était comme le pressentiment d'une tentative récente, dès lors méditée, et dont le pouvoir, si l'on en croit son organe officiel, possédait déjà le secret. On a vu cependant le parti ministériel réunir tous ses efforts pour dénaturer cette proposition, et même, après le vote des chambres, un mauvais vouloir en a retardé la sanction, comme si cet inexplicable délai devait être une protestation tacite, et un motif d'absolution. Ce système de ménagement compromet la paix intérieure de la France, et porte les hommes timides à douter d'un gouvernement qui parait douter de lui-même.

La dernière session semblait plus particulièrement consacrée à la réalisation des promesses de la Charte. Les chambres devaient constituer le pouvoir municipal dans toutes ses branches, organiser la responsabilité des ministres, celle de tous les agens du pouvoir, l'instruction primaire et la liberté de l'enseignement. Nous avons pressé l'accomplissement de ces promesses. Nous demandions un système municipal qui décentralisât les petites affaires, simplifiât les grandes, étendît partout les élémens de la vie politique, et associât au moins au droit de cité le plus grand nombre possible de citoyens. Une large organisation du département et de la commune serait en effet le plus puissant moyen de force, d'ordre public et de prospérité matérielle. Des projets de loi avaient été arrachés, pour ainsi dire, au ministère par les exigences de l'opinion; ils ont été neutralisés dans la chambre par une secrète influence, et détruits enfin par des ajournemens indéfinis. Tels étaient nos vœux sur la politique intérieure, ils ont été impuissans.

Dans les relations de la France avec l'étranger, notre bannière a encore été celle de 1789 : point de guerre d'ambition ni de conquête, mais indépendance absolue à l'intérieur de toute influence étrangère. C'est la rougeur sur le front que nous avons plusieurs fois, dans le cours de la session, entendu les agens du gouvernement parler de la crainte de déplaire aux cabinets étrangers; nous croyions que la France était à jamais affranchie de cette humiliante influence : nous ne désavouons pas nos vives sympathies pour le bonheur et la liberté des autres peuples, mais nous n'avons jamais eu la prétention de les soumettre à nos institutions.

Après le renversement d'une dynastie imposée par la Sainte-Alliance, le gouvernement devait surveiller avec inquiétude les mouvemens des monarques étrangers. Il ne devait pas leur permettre surtout d'étendre et d'augmenter leur puissance.

Il l'avait reconnu lui-même, quand il avait annoncé à la France l'intention de secourir l'Italie contre l'Autriche, et de protéger contre la Russie la nationalité polonaise. Et cependant, malgré ses promesses formelles, malgré les intérêts anciens et nouveaux de la France, il a abandonné l'Italie à la domination de l'Autriche, et il a laissé périr la Pologne, cette Pologne que nous pouvions secourir, quoiqu'on en ait dit à la tribune, et que notre devoir était de sauver.

Que l'on ne croie pas qu'un langage mesuré et ferme eût amené la guerre : nous croyons au contraire que c'était le seul et le plus sûr moyen de conserver la paix.

En résumé, la paix avec l'indépendance et la dignité de la France, l'ordre par la liberté, une fidélité inaltérable à la pensée de la Révolution de Juillet, pensée de nationalité, de justice, d'ordre, de gloire et de modération, de liberté et de civilisation générale, pensée glorieuse et pure que nous aimons à reproduire, que tous nos votes ont fidèlement exprimée, que nos cœurs n'ont jamais trahie : telle a été et telle sera toujours notre religion politique.

Loin de nous d'imiter nos adversaires dans leurs violences et leurs calomnies. Mais que les hommes du 13 Mars nous disent si une seule de leurs promesses a été tenue.

Ils devaient réunir autour du trône toutes les opinions, et ils ont jeté des divisions funestes parmi des hommes généreux que rapprochaient l'amour de la liberté et le sentiment du danger de la patrie.

Ils devaient affermir la Révolution, et ils ont brisé ses appuis naturels par la dissolution des gardes nationales des villes les plus belliqueuses et les plus dévouées.

Ils devaient favoriser la liberté de la presse qui sauva la France, et ils l'ont traquée avec leurs réquisitoires, ruinée avec les impôts, corrompue avec leurs amortissemens, accablée avec les amendes.

Ils savaient que l'immense majorité de la nation et de la chambre des députés voulait abolir l'hérédité de la pairie, et ils ont traité de *visionnaire et de folle* la volonté nationale et parlementaire.

Ils avaient déclaré qu'ils feraient régner l'ordre légal, et il n'est pas une loi dont ils n'aient perverti ou faussé l'application :

Qu'ils s'appuieraient sur les chambres, et ils ont étouffé leur initiative; qu'ils acquitteraient, par l'hospitalité, la dette de la France envers les patriotes réfugiés de la Pologne, de l'Italie, de l'Espagne, et ils ont flétri cette hospitalité par les conditions honteuses qu'ils y ont attachées.

Ils nous garantissaient la sécurité intérieure, et sans cesse elle a été troublée par des émeutes, par des conflits violens entre les peuples et l'autorité, par les aggressions de plus en plus audacieuses du gouvernement déchu.

Ils nous annonçaient un désarmement général, et ils nous ont si bien enlacés dans un dédale inextricable d'intrigues diplomatiques, qu'il leur est impossible à eux-mêmes d'assigner un terme à cet état d'anxiété qui n'est ni la paix, ni la guerre, et qui tue notre commerce et notre industrie.

Enfin, dans quelle situation le système de la Quasi-Légitimité laisse-t-il la France, après deux ans d'expérience? Au-dehors, la coalition des rois n'est-elle pas plus menaçante que jamais? Au-dedans, la guerre civile n'est-elle pas flagrante? Ces soldats qui bordent nos frontières, ces complots, ces tentatives, ces troubles sans cesse renaissans dans l'Ouest et dans le Midi, ne suffiront-ils pas pour ouvrir les yeux du pouvoir? Attendra-t-il, pour se prononcer, que nos départemens soient en feu, nos provinces envahies, la France compromise, et qu'elle ne puisse se sauver qu'en prodiguant à la fois ses enfans et ses trésors?

Nous le proclamons avec une douloureuse et profonde conviction : que ce système se prolonge, et la Révolution de Juillet et la France sont livrées à leurs ennemis.

La Restauration et la Révolution sont en présence; la vieille lutte que nous avions cru terminée recommence. Que le gouvernement choisisse; la position équivoque qu'il a prise n'est pas tenable. Elle ne lui donne ni les forces de la Restauration, qui est irréconciliable, ni celles de la Révolution qui s'irrite et se défie.

La France de 1830 a pensé, comme celle de 1789, que la royauté héréditaire, entourée d'institutions populaires, n'a rien d'inconciliable avec les principes de la liberté. Que le gouvernement de Juillet rentre donc avec confiance dans les conditions de son existence. Le monde entier sait ce que la Révolution française apporte de puissance à ceux à qui elle se donne ; mais elle veut qu'on se donne à elle sans retour, sans arrière-pensée.

Pour nous, unis dans le même dévouement à cette grande et noble cause pour laquelle la France combat depuis quarante ans, nous ne l'abandonnerons ni dans ses succès ni dans ses revers ; nous lui avons consacré notre vie, et nous avons foi dans son triomphe.

Liste des députés qui ont signé le compte-rendu.

MM.
Allier (Hautes-Alpes).
Arago (Pyrénées Orientales).
Audry-de-Puiraveau (Charente-Inférieure).
Auguis (Deux-Sèvres).
Bacot, César (Indre-et-Loire).
Ballot (Orne).
Basterrèche (Landes.)
Baudet-Dulary (Seine-et-Oise).
Baudet-Lafarge (Puy-de-Dôme).
Bavoux (Jura).
Beauséjour (Charente-Inférieure).
Bérard (Seine-et-Oise).
Bernard (Côtes-du-Nord).
Bernard (Var).
Bertrand, le général (Indre).
Beslay fils (Morbihan).
Bioche (Eure).
Blaque-Belair (Finistère).
Blondeau (Doubs).
Boudet (Tarn-et-Garonne).
Bousquet (Gard).
Boyer de Peireleau (Gard).
Bricqueville (Manche).
Bryas, le marquis de (Gironde).
Cabanon (Seine-Inférieure).
Cabet (Côte-d'Or).
Chaigneau (Vendée).
Charamaule (Hérault).
Charlemagne (Indre).
Charpentier (Moselle).
Clauzel, le maréchal comte (Ardennes).
Clerc-Lasalle (Deux-Sèvres).
Cogez (Nord).
Colomès (Hautes-Pyrénées).
Ch. Comte (Sarthe).
Corcelles (Saône-et-Loire).

MM.
Cordier (Ain).
Cormenin (Ain.)
Couderc (Rhône).
Coulmann (Bas-Rhin).
Couturier (Isère).
Demarçay, le général (Vienne).
Desaix (Puy-de-Dôme).
Dubois (Ardèche).
Dubois-Aymé (Isère).
Duchaffault, le comte (Vendée).
Ducluzeau (Dordogne).
Dulong (Eure).
Dupont (Eure).
Duréault (Saône-et-Loire).
Duris-Dufresne (Indre).
Eschassériaux (Charente-Inférieure).
Falgayrac (Tarn).
Faure (Hautes-Alpes).
Faure-Dère (Tarn-et-Garonne).
Fiot (Seine-et-Oise).
Galabert (Gers).
Garnier-Pagès (Isère).
Gauthier de Rumilly (Somme).
Gavaret (Gers).
Genot (Moselle).
Genoux (Haute-Saône).
Girardin (Charente).
Glais-Bizoin (Côtes-du-Nord).
Gouve de Nuncques, de (Pas-de-Calais).
Grammont, de (Haute-Saône).
Gréa (Doubs).
Guillemault (Saône-et-Loire).
Havin (Manche).
Hérambault, d' (Pas-de-Calais).
Hernoux (Côte-d'Or).
Jollivet (Ille-et-Vilaine).

MM.
Joly (Arriége).
Jousselin (Loiret).
Junyen (Vienne).
Kœchlin (Haut-Rhin).
Laboissière (Vaucluse).
Lafayette, le général (Seine-et-M.)
Lafayette, Georges (Seine-et-M.)
Laffitte, le général (Arriége).
Laffitte, Jacques (Basses-Pyrénées).
Lamarque, le général (Landes).
Larabit (Yonne).
Las-Cases père, le comte de (Seine).
Laurence (Landes).
Legendre (Eure).
Lenouvel (Calvados).
Leprovost (Côtes-du-Nord).
Ludre, de (Meurthe).
Luminais (Loire-Inférieure).
Luneau (Vendée).
Mangin d'Oins (Ille-et-Vilaine).
Marchal (Meurthe).
Marchegay (Vendée).
Mauguin (Côte-d'Or).
Meilheurat (Allier).
Mornay, le baron de (Ain).
Mornay, le marquis de (Oise).
Muntz (Bas-Rhin).
Nicod (Gironde).
Odilon-Barrot (Bas-Rhin).
Périn (Dordogne).
Perreau (Vendée).
Picot-Désormeaux (Sarthe).

MM.
Podenas, le baron de (Aude).
Portalis (Var).
Pourrat (Puy-de-Dôme).
Raynaud (Allier).
Réal, Félix (Isère).
Réalier-Dumas (Rhône).
Reboul-Coste (Hérault).
Renouvier (Hérault).
Reynard (Bouches-du-Rhône).
Resynier (Haute-Vienne).
Robert (Ardennes).
Robineau (Maine-et-Loire).
Roger, le baron (Loiret).
Roussilhe (Cantal).
Salverte (Seine).
Sans (Haute-Garonne).
Saubat (Haute-Garonne).
Senné (Charente-Inférieure).
Subervie, le général (Gers).
Taillandier (Nord).
Tardieu (Meurthe).
Teyssère (Aude).
Teulon (Gard).
Thévenin (Puy-de-Dôme).
Thiard, le comte de (Saône-et-L.).
Thouvenel (Meurthe).
Toupot de Béveaux (Haute-Marne.)
Tracy, Victor (Allier).
Tribert (Deux-Sèvres).
Vidal (Hérault).
Voyer-d'Argenson (Bas-Rhin).

TABLE ALPHABÉTIQUE
DES DÉPUTÉS.

A.

Admyrault (Charente-Inférieure).	82
Alby (Tarn).	318
Alcock (Loire).	182
Allier (Hautes-Alpes).	40
Amilhau (Haute-Garonne).	133
Andigné de la Blanchaye (d') (Maine-et-Loire).	203
André (Haut-Rhin).	267
Angot (Manche).	208
Arago (Pyrénées-Orientales).	260
Ardaillon (Loire).	183
Aroux (Seine-Inférieure).	298
Aubert (Gironde).	144
Auberville (Orne).	244
Audry de Puiraveau (Charente-Inférieure).	82
Auguis (Deux-Sèvres).	312
Aventurier (Philibert) (Haute-Vienne).	333

B

Bacot (César) (Indre-et-Loire).	161
Bailliot (Seine-et-Marne).	302
Baillod (le général) (Manche).	208
Ballot (Orne).	244
Barada (Gers).	138
Barbet (Seine-Inférieure).	299
Barrachin (Ardennes).	45
Barrois-Virnot (Nord).	238
Barthe (Seine).	284
Bastard de Kerguiffinec (le) (Finistère).	125
Basterrèche (Landes).	178
Bastide-d'Isard (Haute-Garon.).	133
Baude (Loire).	183
Baudet-Dulary (Seine-et-Oise).	307
Baudet-Lafarge (Puy-de-Dôme).	250
Bayoux (Jura).	173
Baron de Beaujour (Bouches-du-Rhône).	66
Beauséjour (Charente-Infér.).	83
Bédoch (Corrèze).	93
Bellaigue (Yonne).	337
Belleyme (de) (Seine).	287
Bérard (Seine-et-Oise).	307
Bérenger (Drôme).	116
Bérigny (Seine-Inférieure).	299
Bernard (Var).	319
Bernard (Côtes-du-Nord).	101
Bermond (Var).	323
Berryer (Haute-Loire).	185
Berthois (de) (Ille-et-Vilaine).	154
Berthollon de Pollet (Ain).	29
Bertin de Vaux (Seine-et-Oise).	308
Bertrand (le général) (Indre).	158
Bertrand (Haute-Loire).	185
Beslay père (Côtes-du-Nord).	102
Beslay fils (Morbihan).	228
Bidault (Mayenne).	218
Bignon (le baron) (Eure).	118
Bioche (Eure).	120
Blacque-Belair (Finistère).	125
Blaise (Louis) (Ille-et-Vilaine).	154
Bleuart (Loiret).	192
Blondeau (Doubs).	112
Bodin (Félix) (Maine-et-Loire).	203
Boigues (Nièvre).	234
Boissy-d'Anglas (Ardèche).	41
Bonnefons (Cantal).	76
Boudet (Tarn-et-Garonne).	321
Bourqueney (Doubs).	113
Bousquet (Gard).	128
Boyer de Peireleau (Gard).	129
Bresson (Vosges).	335
Bricqueville (Manche).	209
Brigode (le baron) (Nord).	239
Brosse (Saône-et-Loire).	275
Brousse (*mort*) (Aude).	57
Bryas (le marquis de) (Gironde).	144
Bugeaud (le général) (Dord.).	107

23

C

Cabanon (Seine-Inférieure).	299
Cabet (Côte-d'Or).	90
Calmon (Lot).	196
Cambis-d'Orsan (le marquis de) (Vaucluse).	326
Caminade-Chatenay (Charente).	78
Carrichon (Rhône).	269
Caumartin (Somme).	314
Chaigneau (Vendée).	328
Chaillou (Loire-Inférieure).	187
Charamaule (Hérault).	149
Charlemagne (Indre).	159
Charpentier (Moselle).	230
Chasles (Eure-et-Loir).	123
Chassiron (le baron de) (Charente-Inférieure).	85
Chastellier (Gard).	130
Chédeaux (Moselle).	231
Chevandier (Meurthe).	220
Chevrier de Corcelles (Ain).	26
Clauzel (le maréchal comte) (Ardennes).	45
Clément (Doubs).	113
Clerc-Lasalle (Deux-Sèvres).	312
Cogez (Nord).	239
Colin (Jura).	174
Colomès (Hautes-Pyrénées).	258
Comte (Sarthe).	279
Conté (Lot).	196
Corcelles (de) (Saône-et-Loire).	275
Cordier (Ain).	26
Cormenin (Ain).	27
Cornudet (Emile) (Creuse).	104
Couderc (Rhône).	269
Coulmann (Bas-Rhin).	262
Courmes (Var).	323
Couturier (Isère).	167
Crignon-Bonvallet (Loir-et-Cher).	191
Crignon de Montigny (Loiret).	193
Cunin-Gridaine (Ardennes).	46

D.

Daguillon-Pujol (Tarn).	319
Danse (Oise).	242
Dariste (Gironde).	145
Daude (Aveyron).	63
Daunou (Finistère).	125
Decazes (le vicomte) (Aveyron).	62
Defermon (Jacques) (Ille-et-Vilaine).	155
Defermon (Joseph) (Loire-Inférieure).	187
Delaroche (Seine-Inférieure).	300
Delauney (Mayenne).	218
Delessert (Benjamin) (Maine-et-Loire).	204
Delessert (François) (Seine).	288
Delort (le général) (Jura).	174
Delpont (Lot).	196
Demarcay (le général) (Vienne).	330
Demeufve (Aube).	51
Desaix (Puy-de-Dôme).	251
Desprez (Orne).	244
Devaux (Cher).	87
Didot (Firmin) (Eure-et-Loir).	124
Dintrans (Hautes-Pyrénées).	258
Dollon (le marquis de).	281
Dozon (Marne).	212
Drée (le marquis de) (Saône-et-Loire).	276
Dubois (de l'Ardèche).	42
Dubois (de la Loire-Inférieure).	187
Dubois (d'Angers) (Maine-et-Loire).	205
Duboys-Aimé (Isère).	167
Ducayla de Montblanc (Lozère).	201
Duchaffault (le comte) (Vendée).	328
Duchatel (le comte) (Charente-Inférieure).	85
Ducluzeau (Dordogne).	109
Ducoëdic (Morbihan).	228
Dudouyt (Manche).	209
Dufau (Basses-Pyrénées).	253
Dufour (le général) (Lot).	197
Dufour-de-Nesle (Aisne).	30
Dufour du Bessan (Gironde).	145
Dugas-Montbel (Rhône).	270
Dulimbert (Charente).	81
Dulong (Eure).	120
Dumeylet (Eure).	120
Dumon (Lot-et-Garonne).	198
Dupin aîné (Nièvre).	235
Dupin (Charles) (Seine).	288
Dupont (Eure).	121
Dupont Minoret (Vienne).	332
Dupouy (Nord).	239
Duprat (Tarn-et-Garonne).	321
Duris-Dufresne (Indre).	159
Durosnel (le général) (Seine-et-Marne).	302
Duviergier de Hauranne (Cher).	88

E.

Énouf (Manche).	209
Escanyé (Pyrénées-Orientales).	260
Eschassériaux (Charente-Inférieure).	86
Estancelin (Somme).	315
Estourmel (le comte d') (Nord).	340
Etienne (Meuse).	225

F.

Failly (de) (Haute-Marne).	216
Falgayrac (Tarn).	319

Falguerolles (de) (Tarn). 320
Faure (Pascal) (Basses-Alpes). 40
Faure-Dère (Tarn-et-Garonne). 322
Félix de Beaujour (le baron) (Bouches-du-Rhône).
Finot (Yonne). 337
Fiot (Seine-et-Oise). 309
Fleury (du Calvados). 72
Fleury (Orne). 244
Fournier (Sarthe). 281
Foy (Aisne). 30
Francoville (de) (Pas-de-Calais). 246
Fruchard (Morbihan). 228
Fulchiron (Rhône). 270

G.

Gaillard (Gironde). 145
Gaillard Kerbertin (Ille-et-Vilaine). 156
Galabert (Gers). 138
Gallimard (Aube). 52
Ganneron (Seine). 290
Garcias (Pyrénées-Orientales). 260
Garnier-Pagès (Isère). 168
Garraube (Dordogne). 109
Gauguier (Vosges). 335
Gaulthier de Rumilly (Somme). 315
Gauthier d'Hauteserve (Hautes-Pyrénées). 259
Gautier d'Uzerche (Corrèze). 94
Gavaret (Gers). 138
Gay-Lussac (Haute-Vienne). 334
Gellibert (Charente). 79
Génin (Meuse). 226
Génot (Moselle). 231
Génoux (Haute-Saône). 273
Gérard (le maréchal comte) (Oise). 243
Gillon (Meuse). 226
Girardin (Ernest) (Charente). 80
Giraud (de la Drôme). 117
Giraud (Augustin) (Maine-et-Loire). 205
Giraud (Charles) (Maine-et-Loire). 207
Girod (de l'Ain) (Indre-et-Loire). 162
Girot-Pouzol (Puy-de-Dôme). 251
Glais-Bizoin (Côtes-du-Nord). 102
Gosse de Gorre (Pas-de-Calais). 247
Gouin (Alexandre) (Indre-et-Loire). 165
Goupil (Sarthe). 281
Gouve de Nuncques (de) (Pas-de-Calais). 247
Gouvernel (Vosges). 336
Grammont (de) (Haute-Saône). 273
Granier (Hérault). 150

Gras-Préville (le marquis de) (Bouches-du-Rhône). 68
Gravier (Basses-Alpes). 38
Gréa (Doubs). 114
Guillemaut (Saône-et-Loire). 276
Guizot (Calvados). 72

H.

Harcourt (d') (Seine-et-Marne). 303
Harispe (le général) (Basses-Pyrénées). 254
Harlé (de la Somme). 316
Harlé père (du Pas-de-Calais). 247
Harlé fils (Pas-de-Calais). 247
Hartmann (Haut-Rhin). 268
Havin (Manche). 210
Hector d'Aulnay (Nièvre). 237
His (Orne). 245
Hély-d'Oissel (le baron) (Seine-Inférieure). 300
Hérambault (d') (Pas-de-Calais). 247
Hernoux (Côte-d'Or). 97
Humann (Bas-Rhin). 263

J.

Jacqueminot (Vosges). 336
Jars (Rhône). 271
Jaubert (le comte) (Cher). 89
Jay (Gironde). 145
Jollivet (Ille-et-Vilaine). 156
Joly (Arriège). 48
Jouffroy (Doubs). 114
Jousselin (Loiret). 193
Jouvencel (le chevalier) (Seine-et-Oise). 309
Junyen (Vienne). 332

K.

Kératry (Finistère). 126
Kermorial (Finistère). 127
Kœchlin (Haut-Rhin). 268

L.

Laboissière (Vaucluse). 326
Laborde (le comte de) (Seine). 291
Lacaze (Pèdre) (Basses-Pyrénées). 254
Lachèze père (Loire). 183
Lachèze fils (Loire). 183
Lafayette père (Seine-et-Marne). 304
Lafayette fils (Seine-et-Marne). 306
Laffitte (le général) (Arriège). 49
Laffitte (Jacq.) (Basses-Pyrénées). 255
Lafond (Narcisse) (Nièvre). 237
Lafon-Blaniac (Lot-et-Garonne). 199

Laguette-Mornay (Ain).	28	Mangin d'Oins (Ille-et-Vilaine).	157
Laidet (le général) (Basses-Alpes)	59	Marchal (Meurthe).	222
		Marchegay (Vendée).	329
Lallemant (Meuse).	227	Marmier (le marquis de) (Haute-Saône).	273
Lallier (Nord).	240		
Lamarque (le général) (mort) (Landes).	179	Martell (Gironde).	147
		Martignac (Lot-et-Garonne).	200
Lameth (le comte) (Seine-et-Oise).	310	Martin (Nord).	240
		Martineau (Vienne).	332
Lamy (Dordogne).	110	Massey (Somme).	516
Larabit (Yonne).	337	Mauguin (Côte-d'Or).	98
Las-Cases père (le comte de) (Seine).	292	Meilheurat (Allier).	35
		Mercier (le baron) (Orne).	245
Las-Cases fils (de) (Finistère).	127	Mérilhou (Dordogne).	110
Lavialle de Masmorel.	94	Merle Massoneau (Lot-et-Garonne).	200
Laugier de Chartrouse (Bouches-du-Rhône).	66		
		Merlin (Aveyron).	63
Laurence (Landes).	180	Meynadier (le général) (Lozère).	201
Lecarlier d'Ardon (Aisne).	30		
Leclerc (Seine-Inférieure).	300	Meynard (Vaucluse).	326
Lecour (Mayenne).	219	Milory (Vienne).	332
Lecreps (Abel) (Calvados).	74	Montépin (de) (Saône-et-Loire).	276
Lefebvre (Seine).	292		
Legendre (Eure).	121	Montozon (le vicomte de) (Nord).	241
Legrand (Oise).	243		
Lemaire (Nord).	240	Morin (Drôme).	117
Lemercier (le vicomte) (Orne).	245	Mornay (le marquis de) (Oise).	243
Lempereur Jura).	177	Mosbourg (le comte de) (Lot).	197
Lenouvel (Calvados).	75	Mouton (comte Lobau) (Meurthe).	221
Lepelletier-d'Aulnay (le baron) (Seine-et-Oise).	310		
		Muntz (Bas-Rhin).	264
Leroy (Marne).	212	**N.**	
Lesergeant de Bayenghem (Pas-de-Calais).	248		
		Niay (Aisne).	32
Levaillant (Loire-Inférieure).	190	Nicod (Gironde).	147
Lévêque de Pouilly (Marne).	212	Noël Desvergers (Yonne).	338
Leverdays (Manche).	211	Nogaret (Aveyron).	64
Levrault (Charente).	80		
Leyraud (Creuse).	105	**O.**	
Leyval (le baron de) (Félix) (Puy-de-Dôme).	251		
		Odier (Seine).	293
Lherbette (Aisne).	31	Odilon-Barrot (Bas-Rhin).	264
Limpérani (Corse).	95		
Louis (le baron) (Marne).	212	**P.**	
Louis (Bazile) (Côte-d'Or).	97		
Loyer (mort) (Côtes-du-Nord).	103	Pagès (Ariège).	49
Ludre (de) (Meurthe).	221	Paillard-du-Cléré (Mayenne).	219
Luminais (Loire-Inférieure).	190	Panis (Seine).	293
Luneau (Vendée).	328	Parant (Moselle).	231
Lusignan (le marquis de) (Lot-et-Garonne).	200	Passy (Eure).	122
		Pataille (Bouches-du-Rhône).	67
M.		Paturle (Seine).	295
		Pevée de Vandeuvre (le baron) (Aube).	52
Madier de Montjau (Ardèche).	42		
Mahul (Aude).	57	Pélet de la Lozère (le baron) (Loir-et-Cher).	191
Maille (Eugène) (Seine-Inférieure).	300		
		Pelet (le général) (Haute-Garonne).	134
Mallet (Seine-Inférieure).	301		
Mallye (Haute-Loire).	186	Penet (Isère).	170

Périer (Camille) (Sarthe).	282	Roger (le baron) (Loiret).	194
Périer (Casimir) (mort) (Aube).	53	Rouger (Aude).	61
Perreau (Vendée).	329	Rouillé de Fontaine (Somme).	317
Perrin (Dordogne).	111	Roul (Gironde).	148
Persil (Gers).	139	Roussilhe (Cantal).	76
Petit (Loir-et-Cher).	191	Royer-Collard (Marne).	213
Pétou (Seine-Inférieure).	301	Rumigny (de) (Mayenne).	219
Peyre (Aude).	60		
Picot-Désormeaux (Sarthe).	282	S.	
Pinsonnière (de la) (Indre-et-Loire).	166	Sade (le comte de) (Aisne).	32
Plazanet (Corrèze).	94	Saglio (Bas-Rhin).	265
Podenas (le baron) (Aude).	60	Saint-Aignan (Auguste de) (Loire-Inférieure).	190
Pommeraye (de la) (mort) (Calvados).	75	Saint-Cricq (le comte de) (Basses-Pyrénées).	257
Pons (Vaucluse).	327		
Portalis (Var).	324	Salvage (Cantal).	77
Pouliot (Haute-Vienne).	334	Salverte (de) (Seine).	294
Poulle (Emmanuel) (Var).	325	Sans (François) (Haute-Garonne).	136
Poulmaire (Moselle).	232	Sapey (Isère).	172
Pourrat (Puy-de-Dôme).	252	Saubat (Haute-Garonne).	137
Prévost-Leygonie (Dordogne).	111	Schonen (le baron de) (Seine).	296
Proust (Deux-Sèvres).	313	Sébastiani (le comte Horace) (Aisne).	32
Prunelle (Isère).	170	Sébastiani (le vicomte Tiburce) (Corse).	95
R.		Sémélé (le général) (Moselle).	233
		Senné (Charente-Inférieure).	86
Raimbert-Sévin (Eure-et-Loire).	124	Simmer (le général) (Puy-de-Dôme).	252
Rambuteau (le comte) (Saône-et-Loire).	277	Sivry (de) (Morbihan).	229
Raynaud (Allier).	35	Stroltz (le général) (Haut-Rhin).	268
Réal (Félix) (Isère).	171	Subervie (le général) (Gers).	140
Réalier-Dumas (Drôme).	117	Sulpicy (Haute-Vienne).	334
Reboul-Coste (Hérault).	151		
Reinach (le baron de) (Haut-Rhin).	268	T.	
Rémusat (de) (Haute-Garonne).	134	Taillandier (Nord).	241
Renet (Seine).	294	Tardieu (Meurthe).	223
Renouard (Somme).	316	Tardif (Calvados).	75
Renouvier (Hérault).	151	Tavernier (Ardèche).	44
Reynard (Bouches-du-Rhône).	68	Teillard-Nozerolles (Cantal).	77
Reysnier (Haute-Vienne).	334	Teste (Gard).	150
Riboissière (le comte de la) (Ille-et-Vilaine).	157	Teulon (Var).	131
		Texier (Eure-et-Loir).	124
Richemont (le baron de). (Allier).	36	Teyseire (Aude).	62
		Thabaud-Linetière (Indre).	160
Rigny (l'amiral de) (Pas-de-Calais).	248	Thévenin (Puy-de-Dôme).	252
		Thiard (le comte de) (Saône-et-Loire).	278
Rihouet (Manche).	211		
Rimbaud (Var).	325	Thierry-Poux (Tarn-et-Garonne).	322
Riollay (Côtes-du-Nord).	103		
Rivière de Larque (Lozère).	202	Thiers (Bouches-du-Rhône).	68
Robert (Ardennes).	47	Thouret (Calvados).	75
Robert (Fleury) (Loire).	184	Thouvenel (Meurthe).	223
Robineau (Maine-et-Loire).	207	Tirlet (le général) (Marne).	216
Rochefoucault (le marquis de la) (Gaëtan) (Cher).	92	Tixier-Lachassaigne (Creuse).	105
		Toupot-de-Bévaux (Haute-Marne).	217
Rochefoucault (le comte de la) (Jules) (Loiret).	193	Tracy (Victor) (Allier).	36

Tribert (Deux-Sèvres).	314	Vernhes (Aveyron).	6
Tronchon (Oise).	243	Verrollot (Yonne).	5?
Tueux (Côtes-du-Nord).	104	Vidal (Hérault).	15
		Viennet (Hérault).	15

V.

		Vigier (Morbihan).	22
		Villemain (Morbihan).	23
Vandeul (Haute-Marne).	217	Villequier (le baron) (Seine-Inférieure).	30
Varsavaux (Loire-Inférieure).	190		
Vatimesnil (Nord).	242	Virey (Haute-Marne).	21
Vatou (Côte-d'Or).	100	Voisin de Gartempe (Creuse).	10
Vauguyon (de) (Sarthe).	283	Voyer-d'Argenson (Bas-Rhin).	26
Vaulot (Vosges).	336	Warein (Nord).	24

FIN DE LA TABLE.

ERRATA.

Page 109, avant dernière ligne, lisez : *du duc d'Angouléme* au lieu de *la duchesse d'Angouléme.*

Pages 134, 136. La première ligne de la page 136 doit être placée à la fin de la page 134.

Page 176, à la dernière ligne, *remit*, lisez : *remplit.*

Page 241, ligne 4, *la montagne,* lisez : *la montagne de la fable.*

Page 297, ligne 15, *ne coûte*, lisez : *ne nous coûte.*

www.ingramcontent.com/pod-product-compliance
Lightning Source LLC
Chambersburg PA
CBHW050255170426
43202CB00011B/1699